알랭 바디우 세미나

프리드리히 니체

알랭 바디우 세미나
Le Séminaire

프리드리히 니체
Friedrich Wilhelm Nietzsche

알랭 바디우 지음
박성훈 옮김

문예출판사

차례

일러두기

본문의 각주는 모두 옮긴이 주다.

프리드리히 니체를 다룬 1992~1993년 세미나에 관하여

내가 진행했던 여러 세미나는 내 철학의 발전 상태를 체계적인 방식으로 제시하는 책의 준비 과정 속에 포함된다. 1975년부터 1980년까지 진행된 세미나들이 이런 방식으로 취합되었고, 《주체의 이론 *Théorie du sujet*》이라는 책으로 꼴을 갖춰 1982년 출간되었다. 마찬가지로 1983년과 1987년 사이에 진행된 세미나들은 철학 분야(파르메니데스, 플라톤, 아리스토텔레스, 데카르트, 스피노자, 라이프니츠, 칸트, 헤겔, 하이데거)와 시 분야(횔덜린, 만델시탐, 페소아, 첼란)의 고전적 참고자료들 및 개념적 구조물들(철학의 네 가지 조건, 일자-없는-다수, 사건, 유적인 것……)을 축적하며, 1988년 출간된 《존재와 사건*L'être et l'événement*》을 구성했다. 《세계의 논리*Logiques des mondes*》(2005)는 범주론에 관한 길고 딱딱한 수학적 준비 과정을 넘어서는 작업으로, 이는 1996~1998년 세미나에서 제시된 나의 주체 이론에 대한 중요한 수정으로부터, 아울러 《현재의 이미지들 *Images du temps présent*》(2001~2004)이라든지 《사유에 있어서의 방향 설정, 실존에 있어서의 방향 설정*S'orienter dans la pensée, s'orienter dans* *l'existence*》(2004~2007)같이 역사적인 측면을 덜어내고 보다 동시대 속에서 전개되는 2000년대 초 세미나들로부터 자료를 얻은 것이다.

니체에 관한 세미나는 비록 반철학antiphilosophie이라는 매우 오래된 주제를 중심으로 구성되었고, 종국에는 라캉, 비트겐슈타인, 성 바울을 아우르게 된 1992~1996년 세미나 시리즈에 포함되긴 했지만, 여기서 그 기이한 뒤얽힘이 복원된 것은 베로니크 피노의 악착스러운 노고 덕분이다. 이 세미나는 순수한 결정이라 할 법한 무언가에 기인한 것으로, 그 결과물은 내 기획의 중요한 이론적 구획에 포함된다. 니체는 심지어 그의 동료들인 현대 및 고대의 반철학자들과 동떨어진 예외적인 자리에 줄곧 머물러 있었다. 라캉의 경우엔 매우 오래전부터 내 작업 속에 편재하고 있었다. 비트겐슈타인은 그 나름으로 천재적이지만, 내게는 동시대 이데올로기적 전장에서 필수적으로 들여다봐야 할 '분석철학'의 서글픈 참고자료였으며, 내가 《비트겐슈타인의 반철학*L'Antiphilosophie de Wittgenstein*》에서 강조했던 지정된 목표였다. 성 바울에 관해 말하자면, 나는 1998년에 출간한 책 《성 바울, 보편주의의 정초*Saint Paul, la fondation de l'universalisme*》를 그에게 할애한 바 있고 이 책은 세계로 퍼져나갔다. 나는 이미 1989년에 쓴 비극 《안디옥의 분쟁*L'Incident d'Antioche*》에서 성 바울을 은연중에 소환해두고 있었다. 니체에 관해서는 그런 작업이 없었다. 나는 니체에 관해 쓸 계획도 없었고 계획을 미뤄둔 바도 없기에, 본 세미나는 니체를 내 기획에서 예외적인 위치에 놓게 되는 셈이다.

그러나 실제로 그의 운명은 이런 것이 아닌가? 세미나를 위해 그를 더 연구하면 할수록, 나는 그의 저술만이 아니라 그의 삶과, 또한 필시 그가 끊임없이 요청했던 주체적 형식도 잘 알게 됐으며, 그가 점점 침잠해 들어갔던 그런 종류의 성스러움을, 절대적인 고독을, 사교적 황량함을 목격하게 되었다. 심지어 여자 과일행상이 그에게 가장 좋은 상품을 내놓을 때 행복함으로 환히 빛나던 이 토리노의 방랑자와 그의 쓰러짐 그리고 침묵, 죽음 이후 그의 저작을 기다리던 요란스러운 운명 사이에, 즉 '생명'의 힘[la puissance de la Vie]이나 비합리주의, 미학의 왕권, 또는 역사적 제전에 참가하는 금발의 운동선수로 간주되는 초인[surhomme]을 준거 대상으로 삼는 운명 사이에 분명히 엄청난 오해가 있었음을 더욱 잘 알게 된 것이다.

실제로, 갑작스럽게 이 텍스트들에 몰두하기로 결정하기 이전에(특히 1887년과 1888년 사이의 마지막 텍스트들로 돌아가게 될 텐데), 나는 대체로 이러한 오해의 영향 아래 있었다. 사르트르로부터 출발하여 라캉과 전투적인 마오주의 그리고 수학을 거쳐 현대 형이상학의 재창조 쪽으로 넘어온 내게 니체는, 몽환적인 양식과 장대하면서도 동시에 은밀하게 무한한 감미로움을 지닌 언어 덕분에 내가 좋아하게 되었던 니체는, '삶의 형식들'이라는 결정적인 주제에 의지하는 이 반철학자들, 곧 이 속박에서 풀려난 반플라톤주의자들이라는 적수들 편에 서 있는 자일 따름이었다. 나는 '유럽이 플라톤이라는 질병으로부터 치유되어야 한다'고 말하는 그를 용서할 수 있을 것인가? 철학자가 '범죄자 중의 범죄자'라고 생각하는 그를? 나의 소중한 성 바울에게서 사제의 형상이라는, 그중에서도 특히 가증스러운 패러다임을 찾아내는 그를? 나 자신이 언제까지고 결코 후회하지 않을 바그너 찬미자를 표방하지만, 그럼에도 바그너가 결국 독일의 청

춘들에게 타락을 초래할 하찮은 자이자, 가장 훌륭한 젊은 여성들 사이에 고약한 히스테리를 일으킬 감미로운 세부묘사의 마술사라고 보았던 그런 사람의 견해를 다룰 수 있을까?

이 세미나에서 나는 이런 지엽적인 오류들과 관련해 그를 용서한다. 이것이 내가 그를 내 사유에 있는 그대로 편입시킨다는 의미는 아니다. 알게 되겠지만, 나의 경탄은 니체 그 자신을 향한 것, 결국 모든 '니체주의들'을 협잡꾼으로 만들어버리며 자기 저술 가운데 모습을 드러내는 그러한 진정성을 가진 니체 자신을 향한 것이다.

그러나 그러한 경향은 반[反]니체주의들의 경우도 마찬가지다. 그리고 바로 거기서 그토록 많은 입에 오르내리던 이 니체라는 사람이 정확히 어떤 사람인지 가까이, 아주 가까이 다가가서 살펴보기로 한 나의 갑작스런 결정의 원인을 찾을 수 있을 것이다. 물론 나는 니체라는 인물이 푸코가 (하이데거의 마지막 사례 이후 최초로) 준거로 삼은 철학자임을 알고 있다. 나는 니체가 들뢰즈의 주요한 전거였다는 점도 알고 있다. 나는 1972년 스리시에서 열린 한 역사적인 토론회 중에 들뢰즈, 데리다, 클로소프스키, 리오타르, 낭시 같은 당대 철학의 귀족들[gotha]이 그를 현대 사유에서 일종의 사후에 추존된 왕으로 떠받들었다는 것도 알고 있다. 그러나 이 위대한 동료들에 대한 존경조차도 그들이 떠받드는 영웅의 저술들에 대한 부단하지만 고답적인, 심지어 산만하다고도 할 수 있을 독해 너머로 나를 이끌지 못했고, 그럴수록 나는 이러한 기념의 모든 주장으로부터 멀어져간다는 느낌을 받았다.

그런데 1991년 프랑스에서 반동적인 '철학자들'로 간주되는 자들이 모여 니체와 그의 영향에 대한 전쟁을 선포하는 일이 벌어졌다. 1968년 5월에 대한 복수심에 불타는 자들, 곧 1972년 토론회에 있었던 진정한 사상가들과 활동가들을 부끄럽게 여기는 이 반대자들은 암울한 1980년대에 정착된 성공적인 반동의 분위기에 고무되어, 니체를 그들의 확신을 나타내는 검은 표지로 만든다. 그들은 《우리는 왜 니체주의자가 아닌가*Pourquoi nous ne sommes pas nietzschéens*》라는 선언서를 발표하여, 반反혁명적 프로파간다의 합창단에 고용되기를 바라는 모든 삼류 문필가 무리의 호평을 받는다. 그중에서도 특히 다음과 같은 이름들이 눈에 띈다. 알랭 부아예(나와 격렬한 논쟁의 편지를 주고받았다), 앙드레 콩트 스퐁빌(소르본 인근에 위치한 오귀스트 콩트 석상의 기단석에 적힌 '콩트도 스퐁빌도 아닌'이라는 낙서, 즉 부당하게도 오귀스트 콩트에게 폐를 끼친 낙서가 가리키는 인물이다), 뤼크 페리(《68의 사유*La pensée 68*》라는 한심한 저작의 공저자이고, 시라크 대통령 휘하 라파랭 총리 시절의 불쌍한 장관이자, 사실상 니체 철학과는 거의 아무 상관도 없는 인물이다), 필리프 레노(범용한 자유주의자로 공개 석상에서 인사를 나눈 적이 있다), 알랭 르노(앞서 언급한 저작의 다른 공저자), 피에르 앙드레 타기에프(대담한 반反이슬람주의를 주창하며 자신의 열정을 공유하지 않는 자에게 자동으로 '반反유대주의자' 딱지를 남발하는 교조주의적 성향의 '사회학자')…….

그때 나는 생각했다. '설마 그럴 리가! 이런 자들이 모두 **니체에게 죽음을**이라는 목소리를 정교하게 가다듬는 고약한 자리에 모인다고? 그렇다면, 니체가 완전히 나쁜 놈일 수는 없지 않은가!' 그래서 나는 니체를 보게 되었고, 결국 니체에 감탄하고 그를 좋아하게 되었으나 그럼에도 내 사유를 구성하는 고유한 진행 방향에서 그를 제쳐두게 된다. 나는 모든 사람이, 신봉자들과 중상자들, 따르는 자들과 아우성치는 자들, 해석자들과 선동가들 모두가 방치해두었던 고독 속에 자리한 니체 그 자신을 좋아한다. 사람들이 그의 '광기'라 지칭했던 것 속에 유폐되기 직전에, 오로지 토리노에서만 고요하고 평온하게(의심 많은 서신 교환자들을 향한 격렬하면서도 막연한 편지들을 통해 자기 의도를 알리면서) '세계의 역사를 둘로 쪼갤' 수 있었던 그 자신을 말이다.

내가 연구의 중심에 둔 것은, 그리고 내 친구가 된 것은 바로 그런 니체, 즉 말년의 니체다. 《이 사람을 보라》, 《니체 대 바그너》, 이미 의심의 여지 없는 《우상의 황혼》, '디오니소스'나 '십자가에 달린 자', 심지어 '아리아드네' 등으로 서명했던 최후의 서간문들의 니체인 것이다. 나는 잘 알려진 이전의 책들, 즉 무겁고 우의적인 《차라투스트라는 이렇게 말했다》, 격정적인 《선악의 저편》, 정묘하면서도 설득력 있는 《도덕의 계보》, 시원적인 《비극의 탄생》 및 다른 저술들을 되풀이하여 읽고 생각하게 되었다. 그러고 나서야 마침내 '니체'라 이름 붙여진 사람이 따옴표 없는 니체의 중심에 있는 인물이 되었고, 매우 소란스러웠던 그 사람의 모든 것이 조심스럽게 밝혀졌으며, 광기를 향해 나아가는 고독한 자의 삶이, 비록 모든 인류로부터 종교의 독과 사제의 혐오스러운 형상과 죄의식culpabilité이라는 재앙적 효과들을 제거할 수 있고 변전하는 모든 것에 대한 위대한 '긍정Oui'의 지배를 창설할 능력이 있음에도, 자신은 '신Dieu이 되기보다는 바젤의 교수가 되는' 편을 선호한다고 고백하는 겸허한 자가 실행에 옮기는 완전한 혁명의 영향력 아래 있음을 알게 되었다.

앞으로 우리는 이처럼 깊은 동정심을 가진 채 니체를 자세하게 주해하면서, 어떻게 그를 경모하지만 그럼에도 그에게 아무것도 양보하지 않을 수 있는지 보게 될 터인데, 여기서 나는 니체에게 나 자신의 이름으로 다음과 같은 칭호를 부여할 수 있었다. 빈곤하지만 결정적인 반철학의 군주.

2015년 5월 코르동에서,

알랭 바디우

1강

1992년 11월 18일

이 강의의 매개체는 니체가 될 것입니다.

그저 이 이름을 상기하는 것만으로 제가 받게 되는 인상, 즉 제 정신에 가장 즉각적으로 다가오는 것은…… 바로 당혹감입니다. 좋습니다! 조심스럽게 적응할 시간을 갖도록 합시다. 방법, 쟁점들, 그리고 까다로운 목적을 명확히 하는 데서 나타나는 난점들에 관한 인내심 있는 전략이 없다면, 우리는 어쩌면 니체를 가로지르는 이 횡단에서 쉽게 길을 잃고 말지도 모릅니다. 그러니까 즉각적으로 중첩될 수는 없지만 그럼에도 연결되는 세 가지 목표를 가지고 이 사안에 접근하도록 합시다. 이 세 가지 목표란,

¶ 먼저, 니체 텍스트의 위상 stature을 드러내는 것입니다. 그 철학적 본질에 관해 의문을 제기하자면, 니체는 어떤 의미에서 철학자인 걸까요? 애초에 그가 철학자이기는 한 걸까요? 우리는 또 반대 방향으로도 의문을 제기할 수 있을 것입니다. 니체를 철학자라고 단언할 수 있으려면 철학은 어떤 것이어야 할까요? 혹은 다시 말해서, 니체가 철학자일 경우, 철학이 받게 되는 영향은 어떤 것이겠습니까? 이

것은 매우 복잡한 문제인데, 왜냐하면 그가 여러 구절에서 철학자의 정체성identité 혹은 자격statut을 주장하지만 동시에 다른 여러 구절에서는 철저하게 그런 것과 거리를 두기 때문입니다. 여기서는 참된 철학자가 어떤 것인지 보여주지만, 저기서는 언제까지나 철학자란 사실상 음흉하게 가면을 쓴 사제였다고 주장합니다. 그러므로 적절한 질문이라 할 만한 것은 이런 것인데, 말하자면 니체의 텍스트는 어떤 장소에서 유래하며, 어디로부터 발화되는 것일까요?

¶ 다음으로, 20세기가 어느 정도로 니체적이었는지 자문하는 것입니다. 그러니까 이는 역사적인 질문인데, 본질적으로 그 세기에 니체적인 것이 있었을까요? 이것은《우리는 왜 니체주의자가 아닌가*Pourquoi nous ne sommes pas nietzschéens*》라는, 큰 소동을 일으켰던 집단적 저작에서 몇몇 사람이 스스로 제기한 질문입니다. 그들이 어떤 자들인지 고려할 때, 이것은 누구도 그들에게 제기하지 않을 질문입니다! 그러나 결국, 그들은 이 질문에 대답할 필요가 있음을, 그들이 왜 니체주의자가 아닌지 어느 정도 소란스럽게 떠들어야 할 필요가 있음을 알게 되었습니다. 그리고 니체주의자가 아니라는 것은 그들이 어떤 영광스러운 예외가 된 일반적인 니체주의로부터 빠져나옴을 상징하는 것이었습니다. 이 그룹이 너무나도 확고하게 자신들이 니체주의자가 아닌 이유를 언명하는 것을 볼 때, 즉시 떠오르는 생각은…… 어쩌면 우리는 니체주의자일 수밖에 없을지도 모르겠다는 것입니다. 그러니까 저는 니체주의자입니다! 유익하게도 저는 **싫든 좋든** 나 자신이 니체주의자임을 깨닫는 놀라운 교훈을 얻게 되었습니다. 이 이야기는 반드시 해야겠는데, 그들의 몸짓은 세계의 모습과

20세기 사유의 차원이 어떤 의미에서 니체의 영향을 받게 되었는지 약간은 더 자세하게 살펴봐야 할 필요성을 촉진했습니다.

이러한 웃음거리와는 반대로, 사라 코프만이 쓴 매우 아름다운 책《폭발 I *Explosion I*》은 니체 문제의 핵심과 동시대성을 확립하거나 혹은 재정립합니다. 이 책은《이 사람을 보라*Ecce Homo*》에 대한 주의 깊은 분석으로, 사실상 문단이나 줄 하나하나를 샅샅이 살피는 주해가 거의 끝도 없이 이어지며, 풍부하고도 심도 깊은 이해를 제공합니다. 20세기의 무언가가 니체적이었으며 그 배치를 어떤 방식으로든 재표명하거나 또는 거기에 반대해야 한다는 견해의 영향 아래서, 우리는 무엇을 사유할 수 있을까요?

또 우리는 우리의 노정에서 이 문제에 관한 입장을 선택할 때 하이데거나 들뢰즈와 마주치게 될 것입니다. 하이데거와는 (갈리마르 출판사에서 엄청난 분량의 두 권짜리 책《니체 I *Nietzsche I*》과《니체 II *Nietzsche II*》로 출간되기도 했습니다만) 그가 1936년과 1946년 사이에 진행한 강좌를 통해 마주하게 되며, 또한 니체에 대한 다른 여러 텍스트적 암시 중에서도《니체의 차라투스트라는 누구인가?*Qui est le Zarathoustra de Nietzsche?*》라는 경탄할 만한 텍스트를 통해 마주하게 됩니다. 그리고 들뢰즈와는《니체와 철학*Nietzsche et la philosophie*》이라는 책을 통해 마주하게 될 것입니다. 하이데거에서 들뢰즈에 이르기까지, 즉 하이데거의 해석에서 들뢰즈의 재구성에 이르기까지, 제가 보기에는 니체의 동시대성이라는 문제에 관한 일종의 아치[arche] 혹은 최대 간격이 명확히 드러날 것입니다.

¶ 마지막으로, 중요한 것은 철학과 예술 간 관계의 본성을 규정

하고, 제가 작년 말에 이야기했던 것처럼 니체를 철학이 (그것이 지속되는 이상) 예술 활동과 맺는 유효하거나 현실적인 결정의 받침대로 삼는 일이 될 것입니다. 이러한 측면과 관련하여 철학의 고유한 영역에서 일어난 일을 대략 개괄해보도록 합시다. 예술에 대한 사변적 관심의 종말을, 이를테면 예술에 대한 철학적 관심의 종말을 알리는 헤겔의 고지와 일치하는 것은 20세기 초에 예술의 종말을, 곧 예술 활동의 실제적 종말로서 예술의 종말을 나타내는 형상이었습니다. 그런데 이것은 헤겔이 말하고자 한 것이 아닙니다. 헤겔은 예술이 그 자체로는 더 이상 철학에 정신 문제의 현안을 제시하지 않는다고 생각할 뿐이지요. 이러한 헤겔주의적 진행 방향에 반대하여, 19세기 초에 예술을 사유의 급진적 조건으로, 심지어 어떤 경우에는 사유의 독점적 조건으로 올려놓는 강력한 예술의 격상이 시작됩니다. 이는 특정한 독일 낭만주의가 나타낸 입장으로서, 확실히 쇼펜하우어에 의해 지속되었고 니체는 그 입장의 주요한 형상을 구성합니다. 니체가 철학의 중심적인 내부에서 예술 문제의 재편에 있어 중요한 형상이 되었던 것은 오로지 그의 고유한 철학적 유형이, 그의 용어로 말하자면 철학자-예술가philosophe-artiste의 유형이기 때문입니다. 니체에게 예술은 무엇보다 먼저 하나의 주체적 유형입니다. 작품에 앞서 그리고 그보다 본질적으로, 예술은 예술가의 형상인 것입니다. 니체는 이런 관점에서 철학자-예술가의 유형을 그려내는데, 이 유형은 사제가 아니거나 혹은 적어도 더 이상은 아닙니다. 이와 같이 예술은 니체에게 결정적인 패러다임으로 작용합니다. 모든 가치의 반전이라는 핵심적인 몸짓에서나, 특히 철학자의 유형 변화에서 말이지요. 이는 니체가 철학자의 탈유형화dé-typification 그리고 재유형화re-typification를 주장하는 이상, 그가 철학자인 동시에 반철학자라 이야기할 수 있으리라는 의미에서 여러 가지로 해석되는 변동입니다. 그리고 철학자에 대한 철학자-예술가로서의 유형화를 통해, 그는 철학과 예술의 연관을 재편합니다. 이런 이유로 니체는 철학과 예술의 관계라는 문제를 제시한 결정적인 창시자로 확인되며, 이 문제는 하이데거를 거쳐 오늘날까지 이어집니다. 그래서 이 문제는 우리에게 다음과 같은 질문을 던질 것입니다. 니체가 철학을 그 유형의 형상을 통해 다시 그려내는 것과 마찬가지로, 철학이 예술을 다시 그려내고 다시 이름 붙인다는 의미에서, 철학이 예술의 조건 아래 있게 되는 고유한 양식은 어떤 것인가? 이는 진리의 형상으로서의 예술에 대한 문제입니다. 예술은 현대 철학의 몸짓에서 어떤 방식으로 다시 그려질까? 예술은 제가 사용하는 용어로 말하자면 다른 모든 진리 절차와 마찬가지로 하나의 유類적인générique 절차이기에, 이 질문은 유적인 것이며 철학적 배치에 비추어본 예술의 유적 성질généricité을 대상으로 하는 것입니다.

이 세미나에서 제가 사용할 전략은 니체에 관한 세 가지 질문 — 니체 텍스트의 지위에 관한 장소적인topique 질문, 20세기가 어떤 의미에서 니체적이었는지를 묻는 역사적인 질문, 그리고 이와 함께 새롭게 싹트는 예술의 문제에 관한 유적인 질문 — 을 뒤얽는 것입니다.

니체의 텍스트에 대한 문제제기는 이미 그 자체로도 복잡한 이 뒤얽힘을 배가하는 다른 난점을 일깨웁니다. 니체의 텍스트를 활용한다는 것이 정확히 무슨 의미인지에 대해 아는 것의 난점을 말입니다. 니체 텍스트의 가능적 사용의 프로토콜은 어떤 것일까? 혹은 보다 정확히 말해서, 그러한 텍스트에 던질 수 있는 질문은 어떤 것일까? 심지어 단 하나의 질문이라도 던질 수 있기는 한가? 본질적으로 니체의 텍스트는 질문에 노출되어 있는 텍스트인가? 그 텍스트가 여기에 주어지기는 하지만 열려 있지는 않습니다. 정말로 니체의 텍스트를 읽은 사람이라면 이를 잘 알 것입니다. 니체의 텍스트는 명제proposition의 형태를 취하지 않는데, 말하자면 주장하기propose보다 노출하는expose 텍스트인 것입니다. 다소 피상적으로 설명하자면, 니체의 텍스트는 분노에 찬 비방문에서 드러나는 파괴 그리고 결코 이 파괴와 변증법적 관계를 맺지 못하는 긍정의 영역 사이를 오락가락합니다. 니체의 구조물montage은 그 속에서 부정이 긍정의 가능성에 앞서거나 혹은 이 가능성을 구성하게 되는 그러한 구조물이 아닙니다. 오히려 (그리고 이 지점에서 들뢰즈의 강조는 상당한 타당성을 얻게 되는데) 일종의 단독적인 이탈이 부정적이거나 비판적인 혹은 심지어 파괴적인 차원과 니체가 '위대한 정오Grand Midi'라 명명하는 고요한 긍정의 체제 사이에 주어집니다. 그러나 중요한 것은 비방적인 파괴나 디오니소스적 긍정이 아니며, 양자 중 어느 쪽도 질문을 당하는 검토에 회부되지 않습니다. 니체 텍스트의 지위는 그런 것이 아닙니다. 혹은 달리 말해서 (이렇게 말하는 편이 좋다면) 니체의 텍스트는 결코 변증법적이지 않습니다. 그는 대화로서의 철학이라는 플라톤주의적 형상에 들어가지 않습니다. 니체는 자신을 변증법적 성격dialogicité이나 변증법에서 벗어난 모습으로 드러내는 사상가입니다. 모두가 아는 것처럼 《우상의 황혼*Götzen-Dämmerung oder Wie man mit dem Hammer* *philosophirt*》의 부제가 우리에게 환기시키는 것은 '망치질로 철학하는 방법'입니다. 망치질은 문제를 제기할 일이 거의 없는 무엇입니다. 망치질은 파괴되어야 할 것을 파괴하는 동시에 가장 중요한 긍정의 못을 박아 넣게 될 무엇이지요. 그리고 힘의 불에 의해 빨갛게 달궈진 이 모루 위에서, 정신을 동[bronze] 다음가는 것으로 강화하는 정식, 다시 말해 인간의 위대함의 정식이, 매번 더 강하게 내려침으로써 점점 더 단단하게 벼려져 나오게 하는 것입니다. 따라서 니체 텍스트에는 어느 순간에도 근거 조사나 검증 의지 같은 것이 있을 수 없습니다. 심지어 니체의 장치는 논증적 체제를 망가뜨리는 것이라고도 할 수 있습니다. 명백히 논증이나 맥락이 있을 때에도, 망치질의 철학은 논증적 체제의 반대쪽 비탈[contre-pente]에 위치합니다. 《우상의 황혼》 마지막 금언과 그 충격적인 힘을 기억합시다.

> 증명해야 할 필요가 있는 것은 그다지 가치 있는 것이 아니다.
> (아포리즘 5)

이 말은 본래의 의미로 이해할 필요가 있습니다. **증명해야 할 필요가 있는 것은 그다지 가치 있는 것이 아니다**라는 말은 하나의 중요한 판단인데, 왜냐하면 당연히 니체에게는 가치[valoir], 곧 평가[évaluation]가 바로 핵심작용이기 때문입니다. 니체의 철학은 근본적으로 평가와 재평가[transvaluation]의 철학이며, 그런 것들이 이 사유의 두 가지 핵심작용인 이상 그의 철학은 가치 있는 것에 호소하거나 혹은 가치 있는 것으로서 존재하는 모든 것을 심문하게 됩니다. 증명할 필요가 있는 것은, 보다 일반적으로 볼 때 심지어 증명 자체는, 가치 없는 것을 통해 존재를 심문합니다. 여기서 결점은 여러분이 증명을 하게 되는 즉시, 그 논증이 강력하거나 취약하거나 억지스러움에 상관없이, 존재하는 것—가치 있는 것이 결여된—에 대면하게 된다는 점입니다. 존재하는 것이 지닌 가치의 일부분이 증명에서 빠져 있는 것입니다. 결과적으로 볼 때 어떠한 문제제기도 문제가 되는 어떤 것에 대한 논증적 구성이나 연관 논리를 지닌 입증과, 심지어 분명하고 규범에 따른 입증과 관련된 것일 수 없습니다. 그러나 당분간은 여기서 비합리주의의 주제는 살피지 말고, 모든 이성은 처음부터 끝까지 계산적이거나 논증적인 이성이라고 생각하는 정도에 그치도록 합시다. 간명하게 이렇게 이야기하도록 합시다. 만일 니체의 철학에 이성이 있다면 그 이성은 가치를 매기는 이성이며, 그가 가치 있게 여긴다는 관점에서 존재하는 것을 마음대로 사용하는 이성입니다. 그리고 가치를 평가하는 이성은 입증하는 이성이 아닙니다.

그런데 니체는 가치를 평가하는 이성에 대해 어떤 질문을 합니까? 그의 질문은 불순한 것인데, 왜냐하면 앞으로 보겠지만 우리는 계속해서 측정할 수 없는 가치평가 원칙들의 불화 가운데 있다는 느낌을 받게 될 것이며, 심지어 이러한 원칙들은 어떠한 공통의 공간도 구성하지 않는 까닭입니다. 이런 이유로, 이성이 가치를 평가하는 것인 이상, 철학은 변증법적일 수 없기 때문이겠지요.

니체의 텍스트를 심문할 때 겪는 어려움과 관련하여 보다 핵심적인 주장은 그의 기획에서 중심적인 원인이 니체 자신 외에 다른 무엇도 아니라는 것입니다. 이는 매우 놀라운 철학적 특이성입니다. 니체는 자기 자신의 기획에서 중심적인 가치평가의 본원으로서 그의 장치의 중심에 위치합니다. 그는 스스로 거기에 출두하여 우리로 하여금 이를 증언하게 하지요. 자기 자신의 깊은 바닥으로 하강할수록 그는 시간의 심층으로 더욱 침잠하며, 그 반향과 마주치는 일은 더욱 줄어듭니다. 그는 한 사람의 저자 혹은 텍스트의 보편성에서 다소 벗어난 저자일 뿐만 아니라, 텍스트의 부속물이며, 그것도 전략적으로 중심적인 부속물인 것입니다. 우리는 당연히 (이미 여러 차례 이야기한 것처럼) 다음과 같이 말할 것입니다. '하지만 그것은, 곧 자기에게 전달되는 이 현기증 나는 지복의 어조를 띤 찬송은, 이러한 자신에 대한 열광은 바로 광기'라고 말입니다! 모든 것이, 그러니까 우주가 환희와 음악으로 울려 퍼지고…… 그러고선 갑자기 모든 것이 조용해지는데…… 무언가가 쓰러지고, 그런데 안타깝게도 그건 니체 그 자신인 것입니다! 그는 자기 집 앞에서 쓰러지고…… 누군가가 그를 일으키는데…… 그는 더 이상 아무것도 알지 못하고, 더 이상 이해하지 못하게 됩니다…… 안으로든 밖으로든, 결코 더 이상의 빛은 없습니다. 1888년 그는 무언증과 정신착란 증세를 보일 정도로 파탄에 내몰렸습니다. 니체의 친구 에르빈 로데는 1889년 1월 니체가 쓰러진 것을 알았을 때, "그는 마치 아무도 살지 않는 지방에서 온 것처럼 여겨졌다"고 기술합니다. 하지만 저는 이 주장 — 이를 병리학적인 주장이라고 해둡시다 — 이 상당히 약하다고 생각합니다. 제가 보기에 니체는 정확하게 그 아이러니 또는 통찰력[lucidité]을 역설합니다. 《니체 대 바그너*Nietzsche contra Wagner*》에서 이 심리학자[✦]가 하는 말을 떠올려봅시다.

(…) 광기는 치명적이고도 매우 확실한 지식의 가면일 수 있다. (3)

이 언표에서 자신의 고유한 가치평가에 내재적인 원칙으로서 증언되는 것은 어떤 특정한 절대적인 주체적 확실성의 체제, 사유의 팽창, 매우 확실한 지식, 고유한 팽창 도중에 있으며 증명할 가치가 있는 자기에 대한 과잉적 지식입니다. 이것은 텍스트 자체의 배치를 알리는 중심적 주장이며, 말하자면 **니체의 텍스트는 과잉의 보관소라고도 할 수 있겠습니다.** 그의 텍스트는 이 과잉이 수탁되는 무엇이며, 결국 **치명적이고도 매우 확실한 지식의 가면**일 수밖에 없기에, 니체는 기본적으로 그것을 '광기'라 부르기를 마다하지 않습니다. 이 과잉은 진리의 과팽창이며, 그 자체에 대한 도발적 노출이 될 정도로 급진적이거나 팽팽하게 긴장된 전유의 체제를 통해 노출된 진리입니다. 아무리 자신의 진정성에 열광한다 하더라도, 니체는 지식을 가진 사람들 중에 속합니다. 쓰러지기 전날 그는 말했습니다. "나는 내 운명을 안다. 언젠가 내 이름에는 무언가 엄청난 것에 대한 기억이, 땅 위에서 이전에는 결코 없던 위기에 관한, 양심의 가장 깊은 충돌에 관한, 지금까지 신성한 것이자 믿음의 신조였던 모든 것에 대항하도록 불러일으켜진 결단에 관한 기억이 동반될 것이다."[◆] 그는 자신이 노출된 위험을 알고 있었습니다. 즉 첫 번째 저술 이래 그의 사유가 정확하게 자기 삶(생명)[vie]을 파괴할 이 위험하면서도 비극적인 중심 주변을 맴돈다는 것을 알고 있었던 것입니다. 니체가 보기에 **한 사람이 홀로 은거하는 위험의 정도**는 모든 고귀함을 측정하는 데 적합한 유일한 척도입니다. 오직 숭고하게 자기 생명을 위험에 처하게 하는 자만

이 무한한 것을 붙잡을 수 있습니다. 진리가 도래하는 한, 생명을 잃게 되는 것쯤은 아무것도 아닙니다. 열광은 실존 이상의 것이며, 삶의 의미는 삶 자체 이상의 것이지요. 그리고 거기서 텍스트는 단지 이 과잉을 수용하고 동시에 누그러뜨리기 위한 것일 뿐입니다. 텍스트가 이 과잉을 수용합니다. 이것은 팽창과 내부적 증명의 차원이 되겠지만, 그는 과잉을 누그러뜨리고 어쨌든 교묘한 방식으로 이를 기입합니다. 이것은 니체에게서 나타나는 매우 특수한 지점으로, 나중에 다시 다룰 것입니다.

그래서 그 텍스트가 자기에 대한 진리의 초과(과잉)excès를 담는 보관소인 이상, 이 증언은 형식 또는 문체를 통해 입증될 것입니다. 논증에서 빠진 것은 불가피하게 형식의 힘 속에서 자기에 대한 진리의 초과로서 발견되거나 포기되겠지요. 모든 철학 텍스트는 엄밀히 말해 그 형식상 지식의 허구와 예술의 허구를 중첩시키거나 뒤얽히게 합니다. 이것은 또한 철학을 불순물로 만드는 것입니다. 그런데 니체에게는 하나의 노골적인 단절이 있습니다. 말하자면 예술의 허구가 철학적 텍스트 전체 위에 그 자체의 제국을 확장한다는 것이지요. 그러나 그 영향력은 단순히 진리의 그 자체에 대한 초과를 입증하는 궤적, 곧 진리의 궤적이 아니며, 오히려 진리의 힘의 궤적입니다. 그

✦ 니체 자신을 가리킨다.

✧ 《이 사람을 보라》 마지막 장 〈나는 왜 운명인가〉에서 인용됨.

리고 이 힘은 진리에 대한 증명에 상당하는 것이며, 산문은 그 형식의 범위 안에서 이 힘을 포착하거나 조직합니다. 따라서 광기 혹은 탐욕스럽고도 맹렬한 지식의 열정이야말로 텍스트의 서술 체제 자체이며, 그 목적이 니체 자신을 자기 기획의 중심에 놓이게 합니다. 이러한 끊임없는 사유의 책무 중심에, 정지점point d'arrêt 없이 앞으로 나아가는 악마적 구속의 중심에 말입니다. 이로부터 텍스트에 대한 시의 절대적 지배권이, 반드시 필요한 것으로서의 철학과 시의 상호관계가 모습을 드러내는데(이 상호관계는 단순히 장식적이거나 아름다워 보이기 위한 소여가 아닙니다), 이는 오히려 이러한 텍스트 내에서 주체의 노출이라는 내밀한 논리에 따른 것이며, 그 논리는 셀 수 없이 많은 구절에서 명확히 드러납니다. 예를 들어 《이 사람을 보라》에서,

> 인간이 시인이자 수수께끼의 판독자이며 또한 우연의 구원자가 아니라면, 나는 어떻게 내가 인간이라는 것을 참을 수 있겠는가?

여기에는 현저한 양가성이 있습니다. 텍스트의 시적인 과팽창은 진리를 자기에 대한 과잉으로 놓는 한편 진리를 진리 자체의 증거로 구성하고, 동시에 텍스트는 이 상황을 지탱하고 누그러뜨리며, 이를 담화에 맡길 수 있도록 하는 것입니다. 유기적으로 철학적인 그 역할을 보건대, 니체의 텍스트적 시작詩作은 진리의 가능성이자 또한 진리를 지탱할 가능성이기도 합니다. 이것은 시의 힘이며 그 힘을 견뎌낼 가능성입니다. 이것은 정확하게 두 가지 움직임, 즉 참vrai의 과잉에서 오는 힘에 의해 횡단되거나 혹은 그 힘을 운반하며, 동시에 광적

이면서도 참을성 있는 보관소가 되기 위해 그것을 참고 견뎌내는 움직임에 몸을 맡기는s'expose 자로서 니체라는 인물을 중심으로 텍스트의 조직을 구성하게 될 것입니다. 그래서 시인 혹은 철학자-예술가로서 자신의 글쓰기에 사로잡힌 채로, 니체는 그가 선포하는 진리의 생명입니다. 그는 가장 완전한 충만함으로 향하는 삶vie의 끝없는 열광exaltation 가운데 있는, 열정적으로 강렬한 참의 의지입니다. 바로 그런 이유로 그는 친히 거기에 임해야 합니다. 이 사람을 보라*Ecce Homo*, 여기 그 사람이 있다! 논증이나 증명은 유일하게 중요한 것, 즉 가치 있는 것 바깥에 놓인 존재를 심문하는 것입니다. 그러나 존재가 무엇에 비길 수 있는지의 관점으로부터 혹은 그것에 어떤 가치가 있을 수 있는지의 관점에 따라 가치평가의 이유에서 그것을 심문한다면, 진리를 삶으로서 내놓을 필요가 있습니다. 설득력 있는 논증으로서가 아니라 말입니다. 그러나 삶으로서의 진리를 내놓는 것expose, 그것은 스스로를 내보이는 것s'expose이며, 거기에는 다른 방도가 없습니다. 그리고 이러한 노출exposition은, 진리의 삶으로서, 니체 자신을 그의 텍스트 속에 기입하는 시적인 문체를 구성하게 될 것입니다. 이것은 결정적인 지점입니다. 일단 그것을 이해하고 나면, 이를 읽어낼 독해법이 필요합니다. 즉 글자 그대로 가장 과장된, 가장 놀라운, 가장 비범한 니체의 선언들을 취하는 것입니다. 제가 믿기로, 한편으로는 광기의 표시가 명백히 드러나는 과잉적인excessif 언표(진술)énoncé와 다른 한편으로는 이른바 진정된 혹은 평범한 언표의 경계를 획정하는 것만큼 니체에 대한 깊이 있는 이해에 해가 되는 것은 없습니다. 중요한 것은 실제로 그 반대입니다. 과장된, 혹은 기상천외한, 혹은 정신이 나간 듯한 언표에 들어 있는 광기는 그저 니체가 선포하는 진리의 삶으로서 그 자신을 놓는 배치일 따름인 것입니다. 그리고 그렇게 읽을 때, 그의 명백히 과장되고 허황한 성격은 하나의 완전히 다른 차원을 취하게 되며, 이는 심지어 초인적인 **절제**의 증거로 확인될 수도 있습니다. 니체가 열광적인 어조로 "나는 시대의 운명을 짊어지고 있다 Je porte sur moi le destin du siècle"고 선언할 때, 이 언표는 약간은 더 제정신인 것처럼 여겨지며 — 물론 여전히 정신 나간 듯하지만(그러나 어떤 의미에서 제게는 이런 것이 중요합니다) —, 그것은 제가 텍스트의 서술 체제에 대한 설정이라 지칭하게 될 언표일 뿐입니다. 말하자면 니체의 텍스트가 가능한 것은 오직 비슷해 보이는 언표들 역시 가능할 경우인 것입니다. 정말로 어떤 한 진리에 대한 동의가 그의 삶 자체를 이룬다면, 주체적 노출은 전면적인 것이어야 하며, 그러한 언표들은 선언되는 진리와 공가능적일 수밖에 없는데, 왜냐하면 그는 이 진리에 대한 절대적인 책임을, 홀로 그 절대적인 책임을 져야 하기 때문입니다. "내 진정성이 사라질 때 나는 맹목적이 되며, 내가 알고자 할 때 또한 진정하기를 바라는데, 다시 말하자면 강경하게, 엄격하게, 편협하게, 잔인하게, 매정하게 되는 것이다"라고, 그는 열정적으로 말하기를 꺼리지 않습니다. 극단적인 지점에 이르지 않는 모든 진리는, 절대적이지 않은 모든 진실성은 어떠한 윤리적 가치도 지니지 못합니다. 바로 이런 것이 제가 이 언표들을 증상으로 간주하기보다는 글자 그대로 받아들이고 그것들이 철학적으로 작동하도록 해야 한다고 생각하는 이유입니다. 그렇다면 이제 이 언표들을 면밀하게 살펴보도록 합시다.

니체는 엄격하게 자기 이름으로 말하라는 명령을, 자기 자신으로서 말하라는 명령을 극한까지 밀어붙였던 사람이지요. 게다가 그가 '자기 자신으로서 말한다'는 말의 의미와 라캉이 '그의 욕망에 양보하지 않는다'는 말의 의미 사이에는 놀라운 연관이 있습니다. 만일 이 격률이 철학의 역사에서 무언가 환기시키는 것이 있다면, 바로 니체가 그 자신의 언표 가운데 존재하거나 혹은 자리 잡는다고 말할 때 이 격률의 육화incarnation가 된다는 점입니다. 《이 사람을 보라》에서 매우 자연스럽게 '양보하지 않는다'는 표현이 그의 펜으로 쓰이게 될 정도로 말입니다.

> (…) 나는 결정적으로 이 양보하는 습관을, 모든 사람과 같이하는 습관을 끝장내기로 각오한다. 나는 이렇게 말하기로 결심한다. '내 말을 들으시오, 나는 이러저러한 사람이니 말이오. 무엇보다 나를 다른 누군가로 착각하지 마시오!'

정말로 중요한 것은 '양보하지 않는다'는 점이며, 이에 따라 누군가는 그와 공외연적인coextensif 욕망 가운데 그가 말하는 것을, 자기 자신으로서 말한다는 것을 확신합니다. 진정하게 말하기의 관건은 자기 자신으로 받아들여지고, 누군가 다른 사람으로 착각당하지 않는 것입니다. 그런데 니체는 발언parole에 공통으로 나타나는 체제를, 언제나 모든 사람과 같이해야 하는 행동의 체제를, '누군가on'라는 익명성의 체제를, 혹은 연속적으로 제시되는 평범해지고 누그러뜨려진 의견의 체제를 완벽하게 알고 있습니다. 그러므로 확실히 바로 거기,

'그의 욕망에 양보하지 않을' 가능성의 쟁취에 팽팽한 긴장 혹은 예외가 있는 것입니다. 평범한 체제는 이런 것이지요. 말하자면 나는 모든 사람과 같이 행동하며, 결과적으로 나는 다른 사람으로 착각됩니다. 그에 반해 자기 자신으로 받아들여질 가능성을 쟁취하는 것은 따옴표를 친 '철학적인 말하기'의 진정한 관건입니다.

자기 고유명으로 발언한다는 것, 즉 자기 자신으로 인식된다는 것은 외부성이나 찬동의 형상의 소환이 아니라 결정의 형상의 소환과도 짝을 이룹니다. 진리는 언제나 결정의 체제에 있습니다. 《이 사람을 보라》에서 이 과장된 언표의 예를 가져와봅시다.

> (…) 나는 진리들의 기준을 보유한 최초의 사람이다. 나는 이에 대해 결정할 수 있는 최초의 사람이다.

'나는 최초의 사람이다'라는 말은 '치명적이고도 **매우 확실한** 지식의 가면'이라는 말과 마찬가지의 광기이며, 그 외에 다른 무엇도 아닙니다. 그러나 문제의 핵심은 진리는 오로지 결정의 가능성이 있을 경우에만 거기 있을 수 있음을 밝히는 것입니다. 즉 **나는 이에 대해 결정할 수 있는 최초의 사람인 것입니다.** 중요한 것은 분명히 힘pouvoir이지만, 이는 그 자체로 자기로 인식되는 것에 혹은 자기 고유명으로 말할 수 있는 가능성에 의존합니다. 마치 니체가 자기 철학 속에 진리의 히스테리적 체제를 투사하는 것처럼, 그의 히스테리적 체제에 따른 하나의 순수한 진리는 **나 자신을, 진리를, 나는 말한다**moi, la vérité, je parle인 것입니다. 또한 이것이 의미하는 바는 언제나 나 자신을, 진리를, 나는 처음으로 말한다는 것이거나 혹은 나는 그것을 말하는 최초의 사람이라는 것이며, 나는 논증의 전유라는 체제가 아니라 발화의 체제에 따라서 그것을 결정하는데, 왜냐하면 진리를 힘puissance과 연결하는 것은 발화이기 때문입니다. 이를 통해 그의 담화를 **진리의 진리는 없다**라는 테제 아래 가져갈 때, 진리의 결정은 있지만, 진리를 보장하거나 인가하는 결정 위로 드리워지는 것은 결코 아무것도 없습니다. 진리가 말로 표명되는 결정인 이상, 내가 다른 사람이 아닌 나 자신으로 인식될 때, 진리는 오로지 그 자체로, 정확히 순수하게 결정적인 출산procréation의 체제로 인가됩니다.

그 결과는 진리가 모든 지혜나 관조의 형상과는 달리 위험의 형상에서 주어진다는 것입니다. 모든 문제는 오직 무엇을 감당할 수 있는지 아는 것만이 될 것입니다. 진실로 내가 감당할 수 있는 것은 무엇인가? 이는 진리의 추구나 관조의 문제가 아니며, 오히려 우리가 견뎌내는 방식의 문제입니다. 진리는 부분적으로 고통의 문제입니다. 결단코 어떠한 인간 존재도 니체가 견뎌낸 고통만큼이나 무시무시한 고통 가운데 성장하지 않았을 것이며, 마찬가지로 어떤 인간도 진리의 추구로 인해 스스로 피 흘리지 않았을 것입니다. 니체가 스스로에게 가하는 이 고통은 구원적이거나 기독교적인 의미에 따른 것이 아니며, 그가 종종 되풀이하여 말할 것처럼, 이 고통의 밑바닥으로부터 구원이 도래한다는 의미에 따른 것이 아닙니다. 이는 오로지 내가 어떤 동물인지, 이러저러한 양의 진리를 지탱하거나 견뎌내거나 참아낼 수 있는지 알기 위한 것이지요. 《이 사람을 보라》의 한 지면에서 이것이 명확히 증언됩니다.

> — 한 사람의 영혼은 얼마나 많은 양의 진리를 **지탱할** 수 있으며, 얼마나 많은 양의 진리를 **감히 무릅쓸** 수 있는가? 바로 이런 것이 내게는 점점 더 가치들의 참된 기준이 되었다. (서문, 3)

그러므로 자기의 노출, 자기로 인식되는 것, 결정, 위험은 모두 텍스트적 배치를 중심에 둔 발화의 시학을 예시하는 주제들이며, 우리는 그것이 니체에 따른 철학적 행동임을 알게 될 것입니다. 진리는 결코 논증되거나 논의되는 것이 아니라 선언되는 것임을 말입니다. 모든 진리는 선언이라는 위험한 형상에 있으며, 이를 증언하는 가장 중요한 증인은 자신이 선언하는 것을 견뎌내고 지탱할 수 있는 역량을 지닌 발화 주체 자신입니다. 《이 사람을 보라》는 그러한 주체를 히스테리적 도식의 투사projection에 가장 가까운 형태로 이 인용문 속에 농축시킵니다.

> (…) 진리는 내 입을 통해 말한다. 그러나 나의 진리는 끔찍하다.

그리고 언제나 그렇듯 니체는 자신의 진리가 원래부터 끔찍한 것임을 암시합니다. 진리는 오직 세계를 공포에 질리게 할 따름이며(그것이 끔찍하다는 것이 드러나는 첫 번째 이유), 이는 주체의 입을 통해 진리가 말한다는 점에서 그것을 견뎌내는 주체를 위한 것입니다.

우리는 어떤 이유로 이 형상이, 그 유사성에도 불구하고, 사실상 순교자의 형상의 반대항이 되는지 살펴볼 것입니다. 그는 그가 선언하는 진리의 순교자가 아니라(니체의 관점에서 이는 받아들일 수 없는 해석일 것인데), 정확히 그 자체로 끔찍한 것에서 기쁨을 얻는 이상, 이와 관련한 기쁨의 증인입니다. "나는 어느 정도 내 파괴의 힘과 일치하는 파괴하는 기쁨을 알고 있다." 자기 자신에 대한 승리 중 하나가 그에게 더 많은 괴로움과 가혹함이라는 대가를 치르게 할수록, 그의 야망은 그가 자기 의지의 힘을 종속시키는 이 시험에서 더 많은 기쁨을 얻습니다. 참의 선언에 대한 증언이라는 이 '위대한 정오' 역시 끔찍한 것으로, 그것은 이런 만큼의 진리가 자기 자신이 되기를, 다른 누구도 아닌 자기로서 말하기를 수락한 주체에 의해 견뎌내졌음을 입증하는 것입니다. 오로지 이러한 태도를 기억함으로써만이 우리는 《이 사람을 보라》에 등장하는 이 문장을 이해할 수 있겠지요.

나는 내 어깨에 인류의 운명을 짊어지고 있다.

정신 나간 편집광paranoïaque의 문장이라 말할 수 있을 것이며, 실제로 그렇기도 합니다. 그러나 이를 어떻게 이해해야 할까요? 그 철학적 투사投射를 어떻게 이해해야 할까요? 사실상 우리가 관심을 가지는 것은 이런 것입니다. 그 문장의 기능은 증상이 아닌 다른 어떤 것일까요? 광기의 맥락이 아니라면? 음, 제가 보기에, 그것은 말해지는 것과 말하는 자 사이에 거리가 없음을 나타냅니다. 반동적인 것, 사제직, 예속과 낮아짐은 니체의 관점에서 볼 때 말하는 자와 말해지는 것 사이의 거리로 시작되기 때문입니다. 그러한 간격은 인류의 역사에서 거의 부정적인 것에 유래를 둔다 할 것입니다. 니체는 근본적으로 말하는 자와 말해지는 것이 하나이자 동일한 것이라고 가정합니다. 진정하고 진실에 부합하는 말하기, 즉 철학적 - 예술적 말하기는 단절로서의 발화의 노출이며, 말하기 자체의 내부적 단절로 볼 수 있는 끔찍한 것이라는 요소의 노출입니다. 그런데 단절로서의 발화가 완전히 노출될 때마다, 이 단절은 모든 인류를 연루시킵니다. 비록 이 연루가 그것의 쟁점 중 단 하나와 관계된다고 하더라도 말이지요. 그것이 단 하나의 쟁점과 관련된다는 사실이 중요치 않은 이유는 니체에게 수數적이거나 통계적이거나 수치화할 수 있는 것은 아무것도 없으며, 모든 것은 유형적typique이고 위치를 정할 수 있는 것이기 때문입니다. 그리고 그 쟁점 중 하나에서라면, 말해지는 것과 말하는 자 사이의 거리는 사실상 부재하며, 이런 일이 일어나는 곳이라면 어디서든, 인류 전체의 운명이 걸려 있는 것입니다. 바로 이런 이유로 니체는 **나는 내 어깨에 인류의 운명을 짊어지고 있다**고 말할 수 있으며, 그에게는 이 문장이 과장되거나 정신 나간 말이 아닌 것입니다. 그는 단지 사실상 말하는 자와 말해지는 것 사이에 간격이 없는 담화의 체제를 정립하려는 것일 뿐입니다. 이와 관련하여 니체는 그 순간 전적으로 인류의 운명이 관련된다는 점에 대한 깊고 신중하며 엄격한 인식을 보입니다. 글쓰기의, 예술의, 인류가 거친 사유의 역사를 놓고 볼 때, 한 지점에서 말하기le dire와 말해진 것le dit 사이 간격이 정황적으로 혹은 순간적으로 무효화되고, 발화 자체의 노출이 일어날 수 있는 것입니다. 이는 라캉의 언어에서 사유의 역사의 누빔점(고정점)le point de capiton이라 지칭되는 것으로, 거기서 말하기와 말해진 것 사이 간격의 해소가 일어나는 까닭에 사유의 역사와 그 실재가 연결되는 지점으로 간주되는 것입니다. 만일 '끔찍한'이라는 말에 니체가 할당하는 지위를, 즉 어떠한 진리든 상관없이 진리의 시원적 속성을 부여한다면, 그것은 또한 끔찍한 것의 도래를 의미합니다.

그로부터 니체의 작품에 대해 질문하기의 난점이 기인합니다. 어떻게 이 첫 번째 횡단에 착수해야 할까요? 사실상 우리는 일어난 것을 인식하라는 유혹에 빠질 수 있을 뿐입니다. 니체는 다짜고짜 니체 그 자신이 무엇보다 먼저 **사건**이며 자기 텍스트와 같은 것이라고 말합니다. 이를테면 이 사건을 인정해야 하는 까닭은 이 사건이 일어났기 때문입니다. 그러니까 니체에게 유일한 관계는 사건이 일어났음을 인정하고, 우리가 다른 모든 사건에 대해 바라는 것과 마찬가지로 그 사건을 자유롭게 사용하여, 그 사건의 항적 속에 기입되든지 혹은 반대로 그 사건의 효과들을 폐지하든지 하는 것이 될 것입니다. 그러나 저는 이러한 관점에서 니체적이니 반反니체적이니 운운하는 것에는 정말 아무 의미도 없다고 생각합니다. 니체적인 것은 어떤 한 교설의 견해를 지지하지만, 그 교설의 주된 테제들의 논증을 반反니체적인 것과 공유하는 것으로 귀착됩니다. 그런데 니체의 텍스트는 교설적 지형이 아니라 선언적인, 사건적인 형상 속에 자리하지요. 이 선언은 일어난 것이며, 따라서 일어난 것의 일반적 체제 속에 편입됩니다. 그리고 도래하는 것, 즉 일어난 것은 어떤 형식의 힘 속에 있습니다. 이 일어남avoir-lieu의 포착은 교설적이지 않고, 가담이나 확신을 필요로 하지 않으며, 거기서 요구되는 것은 모든 사건적 상황에서 그런 것처럼 우리가 이 일어났음avoir-eu-lieu의 단호한 힘을 사고한다는 사실입니다. 그리고 니체는 언어가 할 수 있는 모든 것을 보여줬다고 주장할 것입니다. 사건성^{événementialité}은 니체에게 참된 것의 선언적 도래이며, 그 도래의 가장 명백한 표적이 우리에게 언어의 역량의 놀라운 차원을 드러냈던 것입니다. 《이 사람을 보라》에서 가져온 인용구를 살펴보도록 합시다.

> 나를 읽기 전에는 독일어로 무엇을 할 수 있는지, 혹은 일반적으로 언어로 무엇을 할 수 있는지 알지 못한다.

또 다른 '광적'이면서도 격정적인 선언이 제시되는데, 이 선언이 의미하는 것은 한편으로 니체적 일어남이 언어의 지각되지 않은 역량을 통해 사건으로 드러난다는 것입니다. 그런데 진실을 말하자면, 이런 것은 모든 사건에서 발견됩니다. 즉 모든 사건은 언제나 언어의 지각되지 않은 역량을 소환하며, 그렇지 않다면 명명 불가능한^{innomable} 채로 남게 되며, 따라서 결정 불가능한^{indécidable} 채로, 다시 말해서 비非사건적인$^{\text{non événementiel}}$ 채로 남게 됩니다. 오로지 사실만이 언어의 가용한 자원을 통해 명명될 수 있을 뿐이며, 사건 자체는 (바로 이런 점에서 우리는 그 흔적을 좇아가는 셈인데) 언어가 이전에는 알려지지 않았던 그 고유한 내부적 공백에, 곧 그 자체의 명명적 자원에 소환될 것을 요구합니다. 여기서 니체는 그저 그 자신이 교설이 아닌 사건으로 읽혀야 한다는 말을 되풀이할 뿐입니다. 달리 말해서 니체가 사유의 사건임을 인식하는 것은 그가 독일어 — 실제로는 언어 자체 — 를 이전에는 이를 수 없던 경지에 이르게 했음을 받아들이는 것입니다. 혹은, 니체의 언어에 대한 문체론적stylistique 독해나 그에 대한 예술적 관계는 마찬가지로 그의 진리의 선언에 대한 인식 또는 언어를 통한 주체적 노출에 대한 인식입니다. 음성적 충동을 지닌 새로운 언어는 기쁘고 유연하며 충만한 것으로서, 자유의 언어는 탄력적이고 튀어 오르는 것으로서, 모든 것을 떠받치고 모든 것을 말할 수 있습니다. 게다가 말년의 니체는 그의 친구 메타 폰 살리스에게 보내는 편지에서 자기 텍스트를 위한 논거로 토리노의 거리에서 '그가 발산하는 매력'을 서술합니다.

> 가장 눈에 띄는 것은 내가 여기서, 즉 사회의 모든 계층에서 발산하는 완벽한 매력일 것입니다. 사람들은 나를 보자마자 한 사람의 군주prince처럼 대해줍니다. 그들이 내게 문을 열어주거나 접시를 내놓는 방식은 완전히 다르지요. 내가 가게에 들어설 때는 모든 얼굴이 바뀝니다. 그리고 나는 아무런 불평을 하지 않고, 모든 사람에게 태연한 태도를 보이지만 전혀 인상을 찌푸리지도 않기에, 언제라도 완전히 중요한 사람le premier이 되기 위해 이름이나 지위나 돈이 필요하지 않습니다.

이것은 매우 감동적이면서도 완전히 미쳤다 말할 수도 있을 구절인데, 어쨌든 이 구절이 어떻게 우리가 주장하는 것의 핵심에 이르게 되는지 살펴보도록 하지요. 니체는 그가 요구하는 것이 사건에 대한 인식이지 교설에 대한 찬동이 아님을 너무나도 분명하게 인식하고 있으며, 이에 따라 누구든 거리에서 있는 그대로의 자신을 알아본다고 생각하게 됩니다. 니체는 그가 자기 텍스트 속에 노출되고 있는 이상 말하는 자와 말해지는 자가 나눠질 수 없는 사람이며, 심지어 익명으로도 인식될 수 있다고 여깁니다. 실제로 이는 가장 유적인 논거입니다. 누구라도 니체에게서 발견하는 것은 예언자가 그러하듯 사람들이 주위로 모여드는 구원자가 아니라, 그가 말하는 자칭 '진리의 군주un prince de la vérité'입니다. 즉 이전에는 할 수 없었던 것을 할 수 있게 된 텍스트 속에서, 자신의 선언을 걸고, 벌거벗은 채로 노출되는 자나 다름없다는 것입니다. 혹은 《이 사람을 보라》에서 '나는 왜 이토록 좋은 책을 쓰는가'라는 제목이 붙은 어느 장을 통해 그 시절의 니체를 상상해봅시다. 절대적인 고독 가운데서 완전히 참을 수 없게 되어버린 독일을 멀리한 니체—"그 나라는 내게 마비시키는 독의 효과를 끼친다"—를, 그 나라에 엄청난 증오를 퍼부으며 그 '불행의 장소'를 벗어나 남쪽으로 향한 그를, 그럼에도 우울에 빠진 자신에게 이하찮은 고대의 향취를, '결코 사라지지 않은 것'의 장미향을 보존하는 그를 말입니다. 자신의 감정을 상하게 하는 독일 정신과 분명하게 단절한 채로, 그는 '고요함과 평온함으로 그리고 그러한 무신경으로' 그의 '정오'를 되찾습니다. 토리노의 행복한 계시에 이르기까지 말입니다. 진정한 관조자의 피난처를 제공하는 이 바로크적인 토리노에 대해, 그는 다음과 같이 기술할 것입니다.

> (…) 여기 토리노에서는 내가 가는 곳이면 어디에서든, 나를 보자마자 모든 얼굴이 밝아지고 예의를 차립니다. 지금까지 내게 가장 만족스러운 것은 늙은 청과물 행상인들이 나를 위해 가장 잘

익은 포도송이를 계속해서 모아주더라는 점입니다. 이럴 정도로 철학자가 되어야 하는 것입니다……

이 칭찬은 매우 아름답고도 익살스러우며 광적이고도 화려한데, 왜냐하면 우리는 여기서 적나라한 방식으로 철학의 유적인 소명 자체를 대하게 되기 때문입니다. 만일 그 소명이 정말로 니체가 말하는 것 — 즉 다른 사람으로 받아들여지는 데 굴하는 것이 아니라 단순히 자기가 되기로 수긍했으며, 그래서 끔찍한 것으로서의 진리를 견디고 있는 누군가의 발화를 드러내는 빛나는 노출 — 이라면, 누구든지 니체가 견뎌내는 이 꾸밈없는[naïve] 노출의 가시성을 띤 무언가를 읽어낼 수 있다는 단순한 사실에 따라, 그것을 읽었든 아니든 상관없이, 그의 담화에서 그 소명을 발견할 수 있을 것입니다. 다시 한번 말하지만, 태생이나 소명에 따라 비범한 인물인 것이 아니라, 그가 그저 말하는 자와 말해지는 것 사이의 간격을 두지 않는 데 동의하기에 그런 것입니다. 그 간격을 만들지 않는다면, 여자 청과물 행상인이 가장 잘 익은 포도를 내어주리라는 것이지요. 니체는 이 극도로 팽팽한 긴장의 지점에서, 이 창조적 환희의 순간에, 1889년 1월 3일 쓰러져 내려 무의 심연으로 들어가게 되기 직전에, 철학의 유적인 성질[généricité]을 찬양합니다. 1888년 12월 21일 그는 다시 어머니에게 편지를 씁니다.

(…) 오늘날 제 이름보다 더 많은 배려나 존중으로 말해지는 이름은 없을 것입니다. 이름도 지위도 재산도 없지만,

저는 여기서 진짜 군주처럼 대접받고 있습니다. 청과물 행상인들로부터 시작해서 모든 사람에게 말입니다.

철학의 유적인 정의에 대해 이야기하는 이 행들에 좀 더 머무르도록 합시다. 이 대목은 "오늘날 제 이름보다 더 많은 배려나 존중으로 말해지는 이름도 없을 것"이라는 이야기로 시작되는데, 이 문구가 의미하는 것은, 오늘날 나는 내가 말하는 것과 그것을 말하는 자 사이에서 분리될 수 없는 성격 속에 있으며, 그것을 말하는 자의 이름은 '니체'인데, 아무것도 아닌 이 이름이 모든 사람에게서 배려와 존중을 가지고 말해진다는 것입니다. 이러한 첫 번째 요소에 두 번째 요소가 덧붙여집니다. 말하자면 이 '니체'라는 이름은 자기 이름 외에 다른 무엇이 아니고, 마치 그 이름이 외부에서 온 것처럼 그를 호명하는 이름이 아니며, 이런 점에서 그는 이름 없는 자, **이름도 지위도 재산도 없는 자**인 것입니다. '니체'라는 이름은 이름 없는 이름, 익명의 이름, 이름에 따른[nominale] 인식의 표시가 없는 이름이며, 여자 청과물 행상인이 인식하는 것은 바로 이 '이름 없는 이름', 즉 그의 이름이 결코 그가 말하는 것 외에 다른 무엇이 아니기에 이름이 없는 자의 이름으로, 이런 점에서 그 이름은 오로지 이 '이름 없는 이름'의 피난처에서만 그 자체로 식별될 수 있으며, 누구라도 있는 그대로의 그를 유적으로 인식하고 그를 군주[prince]로 세우게 되는 것입니다. 군주의 은유가 지니는 중요성을 살펴보도록 합시다. 군주로서의, 작은 군주로서의 철학자는 모든 사람이 '이름 없는 이름'으로 인식하는 사람입니다. 그리고 어떤 익명의 이름은 끔찍한 것의 도래 외에 다른 보상이 없는 그 자신의 고유한 노출을 견뎌낸 이름입니다. 그런 것이 핵심적인데, 이로써 점진적으로, 니체가 자기 텍스트 중심에서 밝히는 그대로, 제가 '철학적 행동'이라고 지칭하게 될 어떤 것을 규정할 수 있게 될 것입니다. 그러나 이 행동은 이름도 지위도 없으나, 그럼에도 철저하게 주체적인 것입니다. 즉 이 행동은 바로 텍스트의 중심에 주체를 확립하며, 이런 점에서 또한 시적인 것이기도 합니다. 마지막으로, 그 이름은 유적인 방식에 따라 그 자체로 인식됩니다. 여기서 유적인 것의 표지는, 니체가 말하는 것처럼 여자 청과물 행상인입니다. 또한 철학적 행동의 몸짓은 근본적으로 관찰될 수 있는 것이 아니라 인식될 수 있는 것임을 말해두도록 합시다. 이런 이유로 그것은 검토나 찬동이 아니라 인정[reconnaissance]을 요하는 역설적인 행동입니다. 이에 따라 우리의 질문이 끈질기게 되돌아옵니다. 만일 철학적 행동이 인정을 요구한다면, 거기에는 어떤 질문이 제기되어야 하는가? 여자 청과물 행상인이 부지불식간에 알고 있는 것이, 다시 말해 이름이 없기에 그녀가 이름을 알고 있는 것이 하나의 선언적 사건성이라면, 이 행동에 제기되는 질문은 어떤 것인가? 이런 점에서, 우리는 예비적으로 니체에 관해 저술된 하이데거의 책과 들뢰즈의 책에 관심을 가질 것입니다. 이제 오로지 그 자신의 고유한 사건이 될 뿐인 사람에 대해 질문을 던짐에 있어 주어지는 모든 곤경을 염두에 두고서 말입니다.

하이데거의 해석은 어떤 것일까요? 그가 사용하는 방식은 니체의 사건성을 중시합니다. 이런 의미에서 그는 니체에게 충실한 셈입니다. 적어도 처음에는 말이지요. 하이데거는 정말로 니체를 하나의 사건으로 간주하며, 그래서 하이데거의 전개는 이 사건을 그것의 사건성 가운데서 심문하는 방식, 즉 이 사건의 급진성[radicalité]을 심문하는 방식이 될 것입니다. 이 사건은 실제로 어느 정도까지 사유를 위한 사건이 되는가? 니체는 어느 정도까지 그가 그 자신과 일치하는 급진성을 지탱하는가? 하이데거는 니체의 사건을 그 새로운 힘을 통해, 그 예외적 단독성[singularité]을 통해 심문할 것입니다. 그의 방법은 니체라는 사건에 대해 내재적인 위치를 유지하면서 니체의 철학을 하나의 교설적 문집으로 다루는 것이 아니라, 사건적 선언의 인식 속에서 대하게 될 것입니다. 문제는 이 사건이 그가 그렇다고 말하는 대로 그러한지 아는 것이 될 것입니다. 말하자면, 그 검토가 치밀해질 수밖에 없다는 이야기이지요.

하이데거는 니체의 행동을 이중적 접근법에 따라 평가합니다.

¶ 먼저, 니체가 부여했던 이름으로 이 행동 자체를 서술하고 평가하려는 시도를 보입니다. 이는 **모든 가치의 재평가**[transvaluation]가 되는데, 이 근본적인 방향전환[retournement]이 바로 니체가 노출되어 스스로 선언하는 이름으로 행해지는 행동인 까닭입니다. 하이데거는 그 이름이 하이데거 자신에게 전유될 수 있는 범위 내에서, 그 이름의 관점에서 니체의 행동을 파악하게 될 것입니다.

¶ 다음으로, 이 행동에 대한 사유의 조건들을, 혹은 이 행동이 그러한 이름을 갖도록 인가하는 존재의 형상을 밝히는 것입니다. 여기서 제기된 문제의 미묘함이 제시됩니다. 그가 인식되어야 한다고 요구하는 이름으로 행해지는 근본적 행동이 '모든 가치의 재평가'로 명

명될 수 있도록 하기 위해, 니체가 제시하는 사유와 존재의 관계는 실제로 어떤 것일까요? 여기에는 다음과 같은 난관이 뒤따릅니다. 말하자면 행동을, 이 행동의 조건들을 취하고, 이 행동의 이름에 대해 사유하는 조건들을 검토하는 것으로, 이는 **힘에의 의지**volonté de puissance와 **영원회귀**éternel retour라는 두 개념에 초점을 맞추게 될 검토입니다.

하이데거가 나아갈 길은 사건적 차원을 받아들이고, 이 행동의 이름을 파악하며, 존재의 운명이라는 관점으로부터 한편으로 힘에의 의지와 다른 한편으로 영원회귀라는 이중의 항목 아래 그 이름을 사유하는 조건들을 검토하는 길이 될 것입니다. 이 전개로부터 니체의 사건적 새로움은 완전히 상대적으로 유지되며, 니체적 단절의 행동은 여전히 서구 형이상학과 플라톤주의의 내부에 남아 있다는 결론이 도출된다 해도 그다지 놀랄 일은 없습니다. 기껏해야 하이데거는 짐짓 거들먹거리며 니체는 서구 형이상학의 완료achèvement의 가장 자리라고 말하는 데 동의할 것입니다. 하이데거 책의 결론부에 나오는 이 두 명제를 살피도록 합시다.

> 니체의 사유는 플라톤 이래 모든 서구적 사유에 따를 때
> 형이상학의 영역에 속한다.
> 형이상학의 완료의 시대는 니체의 형이상학의 근본적인
> 특징들에 대한 검토에서 발견할 수 있다.

첫 번째 언표에서와 같이 **니체의 사유가 형이상학의 영역에 속한다면**, 두 번째 언표에서와 같이 우리는 **형이상학의 완료의 시대**에 위

치한다고 말할 수 있게 됩니다. 하이데거의 니체는 기본적으로 서구 형이상학이 그 경계지점point-limite — 저 너머가 아니라 총괄적인 내부인 동시에 사실상 가장자리가 되는 지점 — 으로 그려내는 어떤 것에 대한 상세한 기록protocole이 될 것입니다.

이것은 니체가 자기 자신에 대해 내놓는 재현représentation과 완전히 반대가 된다는 점에 주목해야 합니다. 어쨌든 그런 것이 하이데거의 해석을 완전히 무효로 만들지는 않겠지만, 니체가 단언하는 사실이 하나 있다면 이는 곧 그가 경계지점도 총괄récapitulation도 완료도 아니라는 것입니다. 그가 자기 행동에 대해 내놓는, 그리고 다음 시간의 현상학적 관건이 될 재현은 폐쇄의 효과를 통해 위상학적 가장자리로 가게 되는 동시에 이 효과가 폐쇄하는 모든 것의 궁극적인 배치가 될 어떤 것이 아니라, 오히려 파괴의 개념, 즉 균열이나 '둘로 쪼개기casser en deux'입니다. 이 형상은 그에게 공포가 될 것입니다. 자기 행동에 대해 이야기할 때, 그는 그 행동을 무엇보다 하나의 정치적 행동으로 이해하며, 정치적 행동으로 이해된 이 철학적 행동은 그 경계의 위반이라는 입장으로서가 아니라, 역사를 완전히 둘로 쪼개는 것으로 귀착됩니다. 이러한 견해를 지지하는 텍스트 가운데 가장 충격적인 것은, 니체의 쓰러짐이라 부르는 편이 적절하리라 여겨지는 일이 있기 며칠 전에 그가 덴마크의 니체 주석가 게오르그 브라네스에게 보낸 편지 초안입니다.

> (…) 우리는 이제 막 위대한 정치la grande politique로, 심지어 엄청나게 위대한 정치로 들어간 것입니다. 나는, 1888년이 첫해가 될

새로운 달력이 필요하게 될 정도로, 필경 역사를 두 토막으로 부수게 될 어떤 사건을 준비하고 있습니다.

바로 이런 것이 니체가 자기 행동 혹은 광기에 대해 내놓는 재현입니다. 그러나 다시 한번, 공리적으로 광기가 '치명적이고도 **매우 확실한** 지식의 가면'일 뿐이라고 간주하도록 합시다. 확실한 것은 그가 자신의 철학적 행동을 인류 전체의 역사를 두 토막으로 부수는 이미지를 통해 이해하며, 그러한 행동을 새로운 시대의 절대적인 열림으로, '새로운 달력'으로, 그러니까 프랑스 혁명이라는 새로운 달력을 실제로 구성하는 데 성공한 유일한 기획에 필적하는 것으로 이해한다는 점입니다. 그러므로 철학적 행동은 혁명적이고도 정치적인 것으로, 급진적이면서도 정초적인 것으로 파악됩니다. 제게는 이것이 핵심적인 지점입니다. 그렇기 때문에, 저는 니체가 의심의 여지 없이 철학을 혁명의 경지로 가져가고자 노력했던 사상가라고 주장할 것입니다. 그는 혁명의 시대를 살아간 사람이지만, 사유에 관한 혁명의 시대를 살았던 것입니다. 니체는 프랑스 혁명을 혐오하고 사회주의자들을 싫어하지만, 사유에 관한 한 그는 결코 반反혁명가가 아닙니다. 혁명적 형상들에 대한 이데올로기적 증오와 관련해, 그가 힐난하는 것은 그 형상들이 무산되었고, 천박하며, 기독교로 포장되어 있고, 실패했다는 점입니다. 그러나 그가 주장하는 것은 진정한 첫 번째 해(제1년)[an I], 혁명의 사유가 행동에 이르는 그러한 혁명, 혹은 심지어 세계의 역사를 둘로 쪼갬으로써 나타나는 자기 행동과 구별되지 않는 사유입니다. 그것은 울타리 속에 내재하는 사유가 아니며, 제가 믿기로 사실상 균열의 사유인 것입니다.

하이데거의 평가가 비록 세련된 것이기는 하나 결국 거기서 무언가를 놓치고 있는데, 그것은 말하자면 니체가 의도했던 철학적 행동의 진정한 특징 규정입니다. 하이데거는 무슨 이유로 그 행동에 '모든 가치들의 재평가'라는 이름이 주어졌는지 의문을 제기하지만, 그 행동에 대한 술어적 한정qualification이 거기에 부여되는 이름으로는 (완전히) 소진되지épuisée 않는다는 점✦에 주의를 기울이지 않습니다. 그는 니체가 철학적 행동의 진정한 내용은 세계의 역사를 둘로 쪼개는 것이라고 말한다는 점을 고려하려 들지 않았지요. 제가 생각하기에는, 그 행동의 니체적 지형에는 무언가 하이데거가 거기에 부여한 이름에 맞지 않는 것이, 말하자면 '모든 가치들의 재평가'라는 이름에, '가치들'이라는 이름에 맞지 않는 무언가가 있는 것 같습니다. 이 쟁점에 대해 연구할 필요가 있을 텐데, 왜냐하면 철학의 질문은 니체가 그 행동(철학적 행동)에 대해 내놓는 비범한 재현으로부터 출발해야 하기 때문입니다. 그런데 하이데거는 지나칠 정도로 그 행동의 이름으로부터 출발하며, 일종의 니체-내부적인 유명론nominalisme intra-nietzschéen을 만들어냅니다. 물론 그는 니체에게 충실한 자세를 유지하는데, 왜냐하면 그것은 분명 니체가 제시한 이름이기 때문입니다. 하지만 그럼에도 '가치들의 재평가'라는 이름은 그 행동의 실체성과 니체의 사유 전체에 퍼져 있는 그 유포를 소진시키지 못합니다.

이와 대조적으로, 들뢰즈는 철학자의 비극적 본질에 의지합니다. 주체적 노출이나 행동의 혁명적 차원이 아니라, 그의 비극에 말입니다. 그것은 니체 자신이 주장하는, 예시적인 유형의 비극적 철학입니다. 그는 특히 정돈되고 밀도 높은 구성 속에 위치한 텍스트 자료를 가로지르며 질문을 던질 것입니다. 들뢰즈는 《이 사람을 보라》에 나오는 다음과 같은 말에서 출발합니다.

> (…) 내게는 나 자신이 최초의 비극적 철학자라고, 즉 염세주의적인 철학자의 극단적인 반대이자 대척점에 있는 자라고 간주할 권리가 있다.

비극과 염세주의의 결합이 핵심적이라 해도 과언이 아닌데, 이는 분명 니체와 쇼펜하우어의 대립을 나타내는 것이기도 합니다. 그러나 니체의 의미에서만이 아니라 기본적으로 거의 보편적인 의미에서도 비극적이라는 말의 의미는 어떤 것일까요? 제가 보기에, 비극적인 것은 두 가지 본질적인 준거를 갖는다고 여겨집니다.

¶ 첫 번째 준거는, 평가할 수 없는 토대fond에 마주치게 될 때, 바닥이 없는 혹은 그것이 토대 짓는 규범들에서 벗어난 토대이며, 그것은 이 토대가 토대 짓는 것으로부터 접근할 수 없는 것입니다. 그리고 이 평가할 수 없는 토대는 니체 사유의 전부를 통틀어 '삶'이라 지칭됩니다. 니체의 철학이 비극적인 것이 되는 이유는 모든 평가의 원리인 삶이 그 자체로 평가 불가능한 것이라는 데 있습니다. '삶의 가치

✦ 여기서 '완전히 소진되지 않는다'는 말의 의미는, 그 행동에 술어적 한정에 의해 규정되지 않는 부분이 남아 있다는 의미로 읽을 수 있다.

는 평가될 수 없다'고, 《우상의 황혼》에서 그는 말합니다. 이 격률은 어쨌든 평가의 체제 속에서 그러한 감산된(빠져 있는)soustrait 토대를, 즉 완전히 단언되는 동시에 나타내어지는 토대를 정립합니다.

¶ 두 번째 준거는 우연은 환원 불가능하다는 것이며, 이때 끔직한 것의 형상 속으로 도래하는 일어남occurrence은 무rien에 의해 해소되지 않는다는 것입니다. 《이 사람을 보라》에서 니체는 '나는 언제나 우연에 대처할 수 있었다'고 선언합니다. 들뢰즈가 이 지점에 관해 니체와 말라르메를 비교하는 매우 아름다운 부분을 읽어봅시다. 니체가 비극적이었던 것은 그가 '언제나 우연에 대처toujours à la hauteur du hasard' 하며 살았기 때문입니다.

그러므로 비극은 평가 불가능한 것과 보충적인 우연의 상호관계입니다. 한편에서 무언가 토대적인 것quelque chose du fond이 평가에서 감산된 채로 숨겨져 있고, 다른 한편에서 우연은 계산되지 않은 방식으로 일어날 수밖에 없는 무언가에 상당하는 것입니다. 혹은 이렇게 말해도 좋다면, 비극은 그 토대와 그것을 숙명fatalité으로, 즉 그리스적 의미에 따른 운명으로 만드는 우연의 초과 사이의 상호관계입니다. 비극적 철학은 삶의 가치는 평가할 수 없지만 그 우연에 대처할 수 있도록 노력해야 한다는 사유의 선언을 내놓는 그러한 철학입니다. 니체의 비극적 숙명은 두 가지 언표를 명령하는데, 《이 사람을 보라》에 수록된 '나는 왜 운명인가'라는 장 제목에서 하나—'나는 왜'—가 발견되며, 다른 하나는 누군가 평범한 사람이 무엇인지 알아내려 모색하는, 《우상의 황혼》의 '인간은 숙명의 한 조각이다'라는 언표입니다. '숙명'이라는 말을 제가 방금 말한 의미로, 즉 우리가 무언가 어떤 것일 때 우리는 바로 그것이라는 의미로 받아들인다면, 그것은 토대의 은닉과 우연의 보충을 교차시키는 사유의 단편입니다. 이것이 니체의 철학이 지닌 비극적 본성에 관해 들뢰즈가 전개하는 주제의 모든 것입니다.

일단 어쨌든 니체의 철학은 어떻게 구성되며, 어떻게 조립되는가? 들뢰즈는 두 가지 평면에서 이를 검토합니다. 즉 의미의 문제와 그 다수성multiplicité에서 말입니다. 그는 먼저 모든 비극적 철학이 의미의 문제를 진리의 문제로 바꾸게 되는 이유를 제시합니다. 이는 그 첫 번째 핵심적인 이해가 될 것입니다. 들뢰즈의 책은 "니체의 가장 일반적인 기획은 철학에 의미와 가치라는 개념들을 도입하는 데 있다"라는 문장으로 시작되지요. 니체는 의미의 문제의 체제에 따라 철학을 정립하는데, 그 이유는 바로 토대와 우연적 보충의 은닉에는 의미에 대한 문제제기가 요구되기 때문입니다. 비극적 철학은 실제로 의미에 대한 문제제기를 필요로 하는 것입니다.

그에 따라 두 번째 평면에서 비극적 철학은 의미의 다수성을 검토하는데, 왜냐하면 진리의 단일성unicité이 폐기되는 순간부터 우리는 의미의 복수성pluralité 가운데 놓이기 때문입니다. 그래서 들뢰즈가 니체에게 제기할 질문들은 본질적으로 유형학적인 것들이 될 것입니다. 의미가 부여됨에 따라 식별할 수 있는 다양한 유형들은 어떤 것들인가? 그리고 이 질문은 어떤 한 논리에 의해 가로질러지는데, 그것은 능동적인(작용적인)actives 힘들과 반동적인(반작용적인)réactives 힘들의 논리입니다. 의미를 부여할 유형들을 명확히 하려면, 우리는 힘들을 능동적이거나 반동적인 것들로 분류하는 이항적인 힘의 논리를 사용해야 합니다. 만일 들뢰즈가 니체에게 제기하는 질문을 단 한 문장으로 요약하려 한다면, 니체(의 철학), 그것은 유형적인 다수의 논리로서의 비극적 철학이라고 말할 수 있을 것입니다. 그 용어들에 대해 정확히 이야기해보지요. 비극적 철학이란 우연 그리고 토대의 범람이며, 논리란 능동적인 힘과 반동적인 힘으로 이루어지는 것, 다수적multiple이란 의미가 주어지되 결코 단 하나로 주어지지 않는다는 것이고, 유형적typique이란 사제, 차라투스트라, 초인, 마지막 인간 등과 같은 유형들로 구체화되는 것이며…… 그리고 마지막으로 니체 자신은 비극적 철학의 유형입니다.

다음 시간에, 저는 이상과 같이 제시된 이 모든 것에 비추어 저 자신이 나아갈 길을 그려보려 합니다.

2강

1992년 12월 9일

사라 코프만이 《이 사람을 보라》에 관해 주해한 저서에서 제시하는 것처럼, 두 사람의 니체가 있습니다. 한편으로는 고유명으로 유통되는 니체가 있고, 다른 한편으로는 텍스트가 인정하도록 요구하는 바에 따라 구두점이나 밑줄로 강조되는 '니체'가 있습니다. 니체는 자신을 소개하면서, '니체'라는 이름을 사유의 무한한 힘을 지닌 이름으로 소개하는데, 이 이름은 그 자체로 인식되어야 합니다. 이러한 인식의 요구는 자아도취적인 것과는 거리가 있으며, 사유의 장래에 범주로서 기입되어야 하겠습니다. 그것은 하나의 범주적 요구입니다. 니체가 그의 텍스트를 위해 내보이는 것은 그의 고유명으로 회복되는 것에 대한 확인입니다. 즉 '니체'는 그 텍스트의 장치에 내재적인 범주인 것입니다. 혹은 '니체'라는 고유명은 그의 텍스트에서 내재적 증거에 상당하는 것입니다. 그럴 때 미묘한 문제는 바로 그 이름을 저자의 서명, 즉 텍스트의 부재하는 원인으로 지시되는 누군가로서가 아니라, 그의 작품에 중심적인 한 가지 범주로서 이해하는 것입니다. 그 이름은 자기 텍스트는 왕성하게 살아 있으나 본인은 죽어 있는 저자의 폐지된 기저성sous-jacence이 아닙니다. 그것은 니체의 삶 자체 속에 있으며, 니체 텍스트에 내부적인 그의 말소나 죽음 속에 있는 것이 아닙니다.

니체가 요구한 이러한 범주적 인식은 유적인 인식이기도 합니다. 그것은 어떤 대상에게 지정되지도 전달되지도 않으며, '니체'라 불리는 평범한 누군가quiconque에 의해 인식될 수 있고 또 그래야만 한다는 의미에서 평범한 것quelconque이지요. 그리고 이는 거의 그의 텍스트와 관계없이 그럴 것이며, 심지어 이 독립성이 더 이상 심리학적 주체의 인식이 아니더라도 그렇습니다. 말하자면 니체는 그가 행하거나 저술하는 모든 것에 '니체'라는 이름의 표지를 기재합니다. 제가 여러분에게 읽어드린 텍스트를 기억해봅시다. "지금까지 내게 가장 만족스러운 것은 늙은 청과물 행상인들이 나를 위해 가장 잘 익은 포도송이를 계속해서 모아주더라는 점입니다." 이를 통해 여자 청과물 행상인은 니체에게서 '니체'의 표지를 알아본다는 것을 입증합니다. **바로 이런 방식으로 철학자가 되어야 한다**고, 그는 덧붙여 말합니다. 철학자가 된다는 것은 교설적 텍스트의 저자가 되는 것이 아니라, 삶의 글쓰기écriture가 텍스트가 되는 그러한 삶 자체의 확실한 표지들을 지니는 것입니다. 철학자는 그를 '니체'라 부름으로써 유적인 방식으로 인식되는, 즉 니체 스스로 자신을 '니체'라고 부르는, 그러한 군주적 익명성입니다. 이러한 철학자의 형상이 텍스트에 내재하는 하나의 범주라는 것은, 너무나도 분명하게 작품으로서의, 글쓰기로서의, 사유의 배치로서의 니체에 대한 관계가 주해를 배제하는 듯 보이는 결과를 함축합니다. 실제로 누군가가 니체주의자라면(오늘날에는 니체주의자가 되지 않는 편이 적절하겠지만!), 단지 그 텍스트가 분명히 그의 것인지, 그 텍스트가 그 속에 내포되거나 보유된 이 명시적인 범주, 즉 '니체'라는 범주와 동질적인지 확인하기만 하면 됩니다. 그 텍스트는 그것이 배제하는 주해보다는 확인의 과정을 요청할 것입니다. 그것은 검증하지만, 해명하거나 해석하지 않습니다. 게다가 보다 면밀하게 살펴보면, 니체 자신이 그가 쓰는 것이 확실히 '니체'에 대한 것임을, 이것이 텍스트의 골조 속에서 분명 '니체'의 내재적 현존에 대해 동질적이며 타동적인[transitif] 것임을 끊임없이 확인하며, 그 현존은 여기서 책이라는 개념의 매우 애매한 지위로 향하게 됩니다. 책이란 무엇인가? 그것은 어떻게 사용되는가? 니체를 읽는 것은 기껏해야 확인의 용도일 뿐입니다. 그러나 《이 사람을 보라》에서 그는 보다 일반적인 이야기를 합니다.

— 누구라도 책을 비롯한 사물들로부터 이미 아는 것 이상을 끌어낼 수는 없다.

그러므로 엄밀하게 볼 때, 책은 아무것도 알려주지 않습니다. 기껏해야 책은 그의 변화의, 그의 죽음과 부활의 이력이며, 그가 스스로에 대해 일으킨 전투의, 스스로에게 가한 징벌의 이력입니다. 더 이상, 이미 독자 속에 분명히 나타나는 잠재적 지식을 고백하도록 강요될 수 없습니다. 그러니까 책을 읽음으로써 사실상 이미 아는 것 이상의 다른 것을 끌어내리라 기대해서는 안 됩니다. 그러나 책을 자기 것으로 만들 수 있게 하는 이러한 '이미 아는 것'은 무엇일까요? 알 필요가 있는 것은 '니체'라는 말의 의미라는 대답이 주어질 것입니다. 그것은 적어도 이런 것입니다. 책을 확인될 수 있는 가능성으로 향하도록 하는 것(그리고 확인은 언제나 이미 알고 있는 것의 확인이며, 여기서 관건은 니체의 예술인데), 그것은 책의 작용적 범주로서 '니체'라는 고유명에 대한 최소한의 지배maîtrise인 것입니다. 니체의 책의 저술을 확인할 수 있는, 그리고 이에 따라 그 실존을 명백히 밝힐 수 있는 가능성은 그 이름에 대한 지배에 의존합니다. 마지막으로 '니체'라는 이름을 처분 가능하게 만드는 것은 담화의 차원이 아니라 오히려 그 문체의 차원에 속한다는 점을 덧붙이도록 합시다. 책의 작용적 역량으로서 '니체'라는 말에 대한 최소한의 인식은 바로 문체를 통해 실행됩니다. 그는 이렇게 말할 것입니다.

> 기호들과 이를 비롯한 이 기호들의 **템포**tempo로 열광의 상태 또는 내부적 긴장을 **알리는 것** —그런 것이 모든 문체의 의미이고, [문체는 기호들의 템포를 통해 내부적 긴장을 알리는 전언으로 이해해야 하며,] 만일 사람들이 내 경우에 내부적 상태들의 예외적인 다양성이 있다고 생각한다면, 내게는 여러 많은 문체들의 가능성이 있는 것이다.

여러분은 이 발언의 격정적이거나 정신 나간 듯한 측면에 빨려 들어가지 않도록 해야 합니다. 그 실질적인 내면을 상실할 위험을 무릅쓰더라도 말입니다. 니체가 자신에게 '내부적 상태들의 예외적인 다양성'이 있다고 이야기할 때, 가장 엄격한 절제와 가장 큰 성실함으로 그의 말을 믿어야 합니다. 비록 우리에게는 망상적인 것이라 여겨질지 몰라도, 분명 그의 선언들에는 니체 내면의 성스러움이 있습니다. 그런데 니체의 책의 문체를 만드는 것은, 다시 말해 직접적인 충격 또는 그 리듬 있는 운동을 만드는 것은 바로 기호들의 **템포**입니다. '니체'라는 말의 이해로 진입하는 것은 무엇보다 먼저 기호들의 **템포**가 나타내는 리듬에 사로잡히는 것입니다. 말하자면 사유의 무언가가 기호들의 **템포**가 추는 춤으로 진입해야만 문체가 존재하고, 문체가 존재할 때 그 단독성을 포착할 수 있으며, 이런 것이 바로 책을 확인으로 향하도록 하는 작용입니다. 바로 이런 것이 니체의 텍스트에 파고들어 이를 철학적으로 전유하는 데 따르는 엄청난 난점입니다.

이미 '니체'를 전유하는, 어쨌든 서로 별개인 두 가지 중요한 길이 있습니다. 하이데거의 길과 들뢰즈의 길 말입니다. 전자는 형이상학이라는 범주에, 후자는 비극이라는 범주에 따른 길이지요. 제가 보기에 하이데거의 사유 기획에서 가장 종합적이거나 가장 재현적인 구절은 '허무주의의 존재사적 규정'이라는 제목으로 제2권 301쪽에 나옵니다. 하이데거 사유의 전개를 이해할 수 있도록 여러분에게 이 구절을 읽어드리겠습니다.

> 니체의 형이상학이 하나의 가치로서 **힘에의 의지**라는 의미에서 존재자[étant]로부터 '존재[Être]'를 이해할 뿐만 아니라, 니체가 **힘에의 의지**를 새로운 가치들의 설정을 위한 원리로 사유하기에 이르며 그 의지를 허무주의를 극복하리라 여겨지는 것으로서 이해하고 이를 원한다면, 이때 형이상학의 극심한 곤경은 허무주의의

> 비본래성l'inauthentique에서 이러한 허무주의를 극복하고자 하는 의지 자체로부터 선언되기에 이르고, 그 결과 이 곤경은 그것의 고유한 본질로부터 절단되며, 이에 따라 허무주의의 축소의 형태로, 허무주의를 폭발하는 탈본질의 효력 속으로 옮겨놓을 뿐이다.

일단 하이데거의 용어를 내면화하고 나면, 접근법은 명확해집니다. '허무주의를 극복'하기는 니체의 사유 계획, 즉 모든 가치들의 전복이지만, 또한 무엇보다 우선 새로운 가치들의 설정이기도 한데, 이것은 허무주의의 극복을 의도하기는 하지만, 그런 의도가 그 자체의 본질의 모호함을 정립하는 이상, 허무주의 자체를 불러일으키게 됩니다déchaîne. 왜냐하면 허무주의는 바로 극복될 수 없는 것이기 때문이지요. 허무주의의 본질적인 역사적 규정은 그 자체의 내부로부터 극복될 수 없다는 것입니다. 이것은 거의 허무주의의 정의라고 할 수 있겠습니다. 그러나 니체의 형이상학이 이러한 극복의 계획으로 표현되며, 정확히 허무주의가 할 수 없는 일을 그것의 가장 최종적인 역량으로 말할 때, 결과적으로 허무주의가 불러일으켜지는 것으로 판명되는데, 왜냐하면 그것이 더 이상 그 자체의 본질에 의해 억류되지 않기 때문입니다. 이러한 과정은 하이데거가 '폭발하는 탈본질dés-essence déchaînée'이라 지칭하는 것입니다. 따라서 니체는 허무주의에 어떤 계획을, 즉 모든 가치들의 전복이라는 파괴적인 계획을, 그러나 또한 '위대한 정오'라는 긍정의 형상에서 새로운 가치들의 설정이라는 계획을 부여한 사람이 될 것입니다. 그리고 그런 이상, 그는 허무주의를 그 고유한 본질의 가시성으로부터 해방하는 동시에 이로부터 그 효력[efficience]을 불러일으키게 됩니다. 본질이 모호해져 그 효력을 본질로 삼는 어떤 것으로부터 절단되는 지경에 이를 때, 허무주의의 순수한 힘은 그 자체로 순수한 효력이나 존재자의 나포라는 형태로 해방되는 것입니다.

지나가는 길에 한 가지 덧붙여 이야기하자면, 하이데거는 확실히 니체의 사유에서 혁명적 본질을 지닌 무언가를 포착해냅니다. 혁명이란 말의 의미가 역사적 단절을 계획하는 전망 혹은 존재하는 것의 파괴와 철저한 새로움의 도래를 조합한 계획이라면 말입니다. 하이데거는 거기서 그러한 계획적 차원을 포착해내지만, 이는 그가 비판하는 것이기도 합니다. 하이데거가 어떤 회귀의 형식을 요청하거나 설정하는 이상, 그것은 결국 단절이라는 유적인 관념이 아니며, 설사 새로운 가치들의 설정이 있다 하더라도, 이 회귀가 어떤 설정을 위한 계획의 형식을 취할 수 있다는 관념인 것입니다. 하이데거가 주장하는 것은 그 반대로, 계획이 부여된, 탈출의 계획이 부여된 허무주의는 본질적으로 그것의 분출[dechaînement]의 본원을 완성한다는 것이지요.

들뢰즈의 편에서, '니체'라는 이름 자체는 비극적 철학을 나타냅니다. 이를 어떻게 이해해야 할 것인가? 이는 토대가 되는 것의 은닉과 우연에 의한 보충—당연히 토대가 되는 것을 가득 채우지는 않는—의 교차입니다. 비극은 결여와 초과의 상관항입니다. 말하자면 무언가가 결여되어 있고 이 지점에 초과적인 무언가가 주어지지만, 그것은 결코 이 결여의 채움이 아닌 것입니다. 니체의 논리를 조직하는 것은 바로 그런 것, 즉 결여와 초과입니다. 그런 것으로부터, 들뢰즈는 니체의 논리가 의미를 만들어내는 이상 정합적인 다수의 이론으로 들어가게 되는데, 여기서 의미란 **유형들**을 말하는 것입니다. 들뢰즈의 해석은 힘들의 논리로 지배되는, 다시 말해 능동적 힘들과 반동적 힘들 사이의 비변증법적 상호관계로 지배되는 니체의 유형학적 도정으로 구성됩니다. 하이데거가 니체적 사유의 계획을, 허무주의를 극복할 프로그램을 강조한다면, 이에 반해 들뢰즈는 니체의 텍스트에 등장하는 유형학적 다수성의 혼합된 도정을 기술하는 데 전념할 것입니다.

들뢰즈는 여기서 중요하고도 실재적인 쟁점을 건드립니다. 유형학적으로 매우 다양한 집들이나 원리들이나 혹은 의미의 강도들 — 이런 것들은 뻔하지요 — 을 말할 뿐만 아니라, 무엇보다 니체에게 고유명들[noms propres]의 문제가 되는 근본적인 문제까지 다루는 방식으로 말입니다. 그것들의 기능은 무엇일까요? '니체'는 고유명들 가운데 하나이지만, 유일한 것은 아닙니다. 니체를 이해한다는 것은 실제로 고유명들의 기능을 이해하는 것입니다. 들뢰즈의 어휘를 답습하자면, 이는 개념적인 인물상들[personnages]로 이루어진 사유입니다. 그 사유는 전적으로 니체적 장치의 결정적인 논점들을 농축하고 있는 이러한 인물상들로 이루어집니다. 여기에는 분명한 이유가 있습니다. 니체에게, 하나의 고유명은 처음부터 저변에 감춰진 관념성이 없다는 엄청난 이점이 있습니다. 그것은 그저 하나의 이름, 즉 고유한 이름(고유명)인 것입니다. 그러니까 이름이 명명하는 것이 무엇인지 그리고 그 이름 — 고유명 — 이 그 자체로 명명하지 않는 것이 무엇인지 말할 필요가 생기는 것입니다. 니체는 철학의 보통명사들noms communs에 대한 진정한 증오를 느낍니다. 진리, 선, 미, 정의, 부정의, 술어 등, 요컨대 철학을 구성하는 보통명사들의 그물망 전체에 대해, 그는 모든 가치의 전복이라는 몸짓을 통해 완전히 끝장내버리기를 작정하는 것이지요. 그는 이 보통명사들을 새로운 고유명(사)들로 교체하고 싶어 합니다. 진리, 선, 미가 있는 곳에 디오니소스, 아리아드네 또는 다른 무엇보다 우선 '니체'가 있게 되는 것입니다. 저는 보통명사들 즉 술어들을 전복시키고자 하는 니체의 움직임이 고유명을 위해 실행된다고 말할 것입니다. 보통명사는 무無, néant에 감염되어 있습니다. 인간은 아무것도 의지意志하지 않기보다는 차라리 무를 의지하는 편을 선호한다는 핵심적인 금언에 따를 때, 보통명사는 허무주의 혹은 무에의 의지를 조직합니다. 그 결과 허무주의의 시대에, 인간은 무를 전염시킬 뿐인 보통명사들 아래 무언가를 바라게 됩니다. 오로지 고유명(사)만이 의미의 강도를 나타낼 수 있을 것인데, 왜냐하면 모든 보통명사는 확정적으로 사용되기 때문이며, 그 마멸은 정확히 앞으로 그것들을 나타내게 될 무화의 응집물agrégation néantisante인 것입니다. 그러므로 고유명의 형상을 통해서만이 장차 도래할 새로운 강도强度들을 재부호화하거나 또는 재명명할 수 있습니다. 언제나 이로부터 니체의 텍스트에 질문하고 싶은 유혹이 따르게 될 것입니다. 아무개는 누구인가? 디오니소스는 누구인가? 혹은, 하이데거가 말하는 그대로, '니체의 차라투스트라는 누구인가?'라고 말이지요. 심지어 하이데거조차 이러한 '누구인가?'의 논리에 자리함을 목도하게 되는 것은 놀라운 일입니다. 아리아드네는 누구이고, 소크라테스는 누구이며, 바그너는 누구일까요? 그리고 당연히, 니체는 누구일까요?

하지만 니체에게 고유명과 관련하여, 이 '누구'라는 질문을 제기하는 것이 타당할까요? 이 이름들 각각에 관하여, '누구인가?'라는 것은 정확한 질문일까요? 더구나 이 고유명들은 정말로 어떤 하나의 유형을 나타내는 이름들일까요? 이 이름들은 그것들 자체로 개연성 혹은 의미의 부여라는 단독적 형상의 강도를 나타내는 것이 아닐까요? 이는 매우 중요하면서도 결정하기 어려운 질문입니다. 고유명들은 섬과 같은 기능을 갖지 않으며, 그것들은 역설적으로 고립된 '고유한 것'으로서 기능하지 않고 오히려 하나의 그물망을 구성합니다. 그리고 의미의 탐지는 오히려 고유한 것들의 이접적 상호관계가 됩니다. 저는 이 '니체의 차라투스트라는 누구인가?'라는 질문으로부터, 혹은 보다 일반적으로 '누구인가?'라는 질문으로부터 니체 텍스트의 작업적 진입구를 얻을 수 있다고 확신하지 않습니다. 왜냐하면 실제로 작동하는 것은 그물망을 이룬 이접적 상호관계이며, 이에 따라 배경막[toile]을 요하거나, 이름들의 (별들과 같은) 배치[etoilement]를, 혹은 고유명들의 문장[紋章, blason]을 요하기 때문입니다. 이를테면 고유명들은 니체의 대수학적[algébrique] 차원을, 다시 말해 그물망으로 이루어진 그리고 다른 관점에서 강도와 그물망들로 주어지는 것의 연산들로 이루어진 부호화를 구성합니다. 고유명에는 총괄적 요약이, 현기증 나는 사유들의 이 끝없는 흐름에서 언제나 운동 중에 있는 정신을 위한 정지점[point d'arrêt]의 요소가 있으며, 그 이름들 사이에는 매우 복잡한 작용들(연산들)opérations이 있습니다. 이런 이유로 여기서 제게는 대수학algèbre에 대한 생각이 떠오릅니다. 그렇다면 니체에게 위상학적 차원은 다른 본성과 관련되겠지요. 말하자면 그 차원은 의미의 강도의 체제와 역사적 체제의 지배를 받는 것입니다. 그리고 고유명은 이러한 강도의 체제의 원환에서 이를 이루는 부호이자 단절 혹은 정지인 것입니다.

한 가지 예를 들어봅시다. 여러분은 《이 사람을 보라》를 종결짓는 유명한 문구를 기억할 것입니다. "나를 이해했는가? — **십자가에 달린 자에 맞선 디오니소스**Dionysos contre le Crucifié……" 이 문구가 책 제목 혹은 니체의 모든 책의 제목이 될 수도 있었다는 점에 유의하도록 합시다. '십자가에 달린 자에 맞선contre 디오니소스'란 바로 니체 자신이니 말입니다. 그러니까 만일 우리가 그것을 이해했다면, 이는 두 고유명의 이접적 상호관계가 있음을 이해했다는 것입니다. 그리고 물론 이 고유명들의 상호관계에 대한 질문은 니체 텍스트의 최종 심급입니다. 그러나 이는 명백히 '십자가에 달린 자에 맞선 디오니소스'라는 문구 아래 놓이는 것은 '디오니소스는 누구인가?'라든지 '십자가에 달린 자는 누구인가?'라는 결정적인 질문이 아니라, **대립**contre에 대한 파악입니다. 그래서 '맞선contre'은 무엇을 의미하는가? 이해한다는 것은 실제로 이접적 상호관계에 놓인 고유명들을 이해하는 것입니다. 우리는 이 '맞선'이라는 말이 반대라는 의미가 아님을 알고 있습니다. 이것은 디오니소스가 십자가에 달린 자에 반대하는 요소라거나 혹은 디오니소스와 십자가에 달린 자를 연관 짓는 적대적 요소라는 의미에서 '십자가에 달린 자에 맞선 디오니소스'가 아닌 것입니다. 고유명들의 상호관계에서, **우리는 어떤 무모순적 대립**contre non-contradictoire **을 이해해야 합니다.** 그것은 니체적 작용 즉 맞섬의 비변증법적 작용이며, 이는 니체가 가장 마지막으로 쓴 책인 《니체 대 바그너》의 제목에서도 발견될 것입니다.

다른 한 예가 이 '맞선'의 뜻을 강조합니다. 바로 '광기의 짧은 편지들Billets de la folie', 즉 1889년 1월 3일과 1889년 1월 6일 사이에 니체가 쓴 서신집입니다. 이 말년의 텍스트들은 비록 마지막은 아닐지라도, 생명의 고지로부터 자기 자신의 밤으로 뛰어들기 이전에 남긴 가장 잊을 수 없으면서도 가장 강력한 텍스트들입니다. 이 텍스트들은 그가 때로는 '십자가에 달린 자'로 때로는 '디오니소스'로 서명할 만큼 열광적인 언어로 저술되었습니다. 마치 그 정신의 어떤 부분에서 비밀스런 이성의 둑이 이 무력한 존재 위로 쏟아지는 광기의 강물에 휩쓸려 가버린 것처럼 말입니다. 이 '광기의 짧은 편지들'은 니체가, 그의 장치에서 중심적인 범주로서, 십자가에 달린 자인 동시에 디오니소스가 될 수 있는 능력으로 도취되어 있음을 증언합니다. 혹은 이를테면 그는 두 이름 아래 놓일 수 있으며, 이때 그는 자기 자신에 '맞선' 자인 것입니다. **십자가에 달린 자에 맞선 디오니소스**라는 문구에서, 니체는 대립의 지점에 놓입니다. 그리고 이 두 이름은 '맞선'이라는 말의 영향 아래 '광기의 짧은 편지들' 자체 속에 배치됩니다. 자연히 미묘한 차이들이 보이는데, 이 쪽글들에 '디오니소스'라고 서명할 때, 그는 창조créer의 벅차오르는 힘 가운데 있습니다. 여기 몇 가지 예가 있습니다.

> 파울 도이센에게 보내는 짧은 편지, 1889년 1월 4일, 베를린으로 보냄:
> (…) 내가 정말로 세계를 창조했다는 것은 바꿀 수 없는 사실로 드러났습니다. 디오니소스.

이것은 있는 그대로 창조의 차원입니다. 그러나 디오니소스는 우선적으로 치욕의 파괴자이기도 합니다. 디오니소스는 창조의 힘과 파괴의 힘을 결합하는 어떤 것의 고유명입니다. 예를 들어,

> 프란츠 오버베크에게 보낸 짧은 편지, 1889년 1월 4일, 토리노로 보냄:
> (…) 나는 모든 반反유대주의자를 총살형에 처하도록 했습니다. 디오니소스.

반면 '십자가에 달린 자'라고 서명할 때, 니체는 우선적으로 세계의 고요한 변모와 관련됩니다. 이는 창조와 파괴의 결합이라기보다는 하나의 다른 어조, 다른 색채인 것입니다.

> 메타 폰 살리스에게 보낸 짧은 편지, 1889년 1월 3일, 마르슐린스로 보냄:
> (…) 세계는 신이 땅 위에 있기 때문에 변모되었습니다. 당신은 모든 하늘이 기뻐하는 것이 보이지 않습니까? 십자가에 달린 자.

어쩌면 보다 본질적으로, '십자가에 달린 자'라고 서명할 때 니체는 소멸되어야 하는 자celui qui doit être perdu, 다시 말해 파멸 너머에 대한 철저한 긍정을 제시하거나 감당하는 자가 아니라, 망각해야만 할 이 일어남surrection의 어슴푸레한 빛demi-jour 속에 있는 자일지도 모릅니다. 그 파스칼적인 어조를 들어봅시다.

> 게오르그 브라네스에게 보낸 짧은 편지, 1889년 1월 4일,
> 코펜하겐으로 보냄:
> (…) 당신이 나를 발견한 이후로, 나를 찾는 것은 복잡하지 않습니다. 어려운 것은 이제 나를 잃어버리는 것입니다.
> 십자가에 달린 자.

이것은 경탄할 만한 발언입니다. 경탄할 만한! 특히 그 시작이 말입니다. (…) **당신이 나를 발견한 이후로, 나를 찾는 것은 복잡하지 않습니다.** 이 모든 것은 파스칼적 성찰과 서로 엮이게 됩니다. 저는 이 기회를 빌려 파스칼이 니체의 장치인 항구적인 대화를 구성하는 위대한 고유명들 가운데 하나임을 이야기하겠습니다. 파스칼은 사랑받는 희생자를 가장 예시적으로 나타내는 사람인데, 왜냐하면 그는 기독교가 살아 있는 채로 집어삼킨 '위대한 정신'으로 니체의 동료가 되는 사람이기 때문입니다. 이 사람은 기독교적 희생제물의 예시 그 자체이지요. 그러나 파스칼의 힘은 기독교를 명명하는 것이 아니며, 그는 기독교의 내부로부터 파괴의 힘을 입증하는 무언가를 명명합니다. 명백히 이러한 파스칼과의 대척점에서 니체는 말하지요. "어

려운 것은 이제 나를 잃어버리는 것입니다."

'십자가에 달린 자에 맞선 디오니소스'를 말하는 것은 대립을 니체적 작용으로, 즉 들뢰즈가 말할 것처럼 절대적으로 비변증법적인 작용으로 생각하지 않을 모든 대립의 지각에서 즉시 해방되는 것입니다. 디오니소스와 십자가에 달린 자의 내밀한 대립이 되기에, '니체'라는 이름은 한편으로 창조/파괴에 대한 준거에, 그리고 다른 한편으로 변모/상실에 대한 준거에 놓입니다. 그것은 동시에 창조/파괴, 변모/상실, 그리고 그것들을 연결하는 대립을 명명할 수 있는, 가능한 한 '니체'로서의 디오니소스와 십자가에 달린 자입니다. 이는 또한 다른 가능한 이름들의 체제에서 발견될 것이며, 그 이후 이름들의 완전한 체계 속으로 이동하게 됩니다. 니체는 짧은 편지들 자체에서 본인이 '아리아드네'라고 하거나 혹은 '아리아드네와 함께' 있다고 할 것입니다. 다음에서 보듯 말입니다.

> 야코프 부르크하르트에게 보낸 짧은 편지, 1889년 1월 4일,
> 바젤로 보냄:
> (…) 왜냐하면, 아리아드네와 함께, 나는 오로지 모든 사물의
> 황금저울이어야 하기 때문입니다. (…)

니체의 사유는 고유명들 — '모든 사물' — 의 '황금저울'일 수 있으며, 그것은 무엇보다 우선 고유명들의 '황금저울'일 것입니다. 그리고 이 황금저울에서, 그것들 각각은 섬세한 의미의 사유가 될 것이고, 이에 대한 평가는 결국 이름들의 완전한 그물망을 전제할 것입니

다. 실제로 계산의 관점에서 '디오니소스 - 십자가에 달린 자'라는 서명으로부터, 니체는 이 이름들의 완결적인 그물망 속으로 이동해 들어갈 것입니다. 예컨대 1889년 1월 3일 코지마 바그너에게 보낸 짧은 편지에서는 "내 사랑 아리아드네 공주에게"라고 씁니다. 그가 '니체'이기 때문에 "내가 한 사람의 인간이라는 것은 편견"이며, '니체'는 인간이 아니라 힘이라는 말로 시작되는 이 짧은 글 전체를 여러분에게 읽어드리도록 하겠습니다.

> 내가 한 사람의 인간이라는 것은 편견입니다. 그러나 [그럼에도!] 나는 이미 종종 인간들 사이에 살았고, 가장 낮은 곳에서 가장 높은 곳에 이르기까지 나는 인간들이 경험할 수 있는 모든 것을 알고 있습니다. 나는 인도 사람들 사이에서는 붓다였고, 그리스에서는 디오니소스였습니다. 알렉산드로스와 카이사르는 나의 화신들이며, 셰익스피어라는 시인이나 베이컨 경도 그렇습니다. 마지막으로, 나는 또한 볼테르이자 나폴레옹이며, 필경 리하르트 바그너일 것입니다. (…) 그러나 이번에, 나는 땅을 축제의 날로 바꿔놓을 승리한 디오니소스처럼 도래합니다. (…) 내게는 많은 시간이 있지 않을 것입니다. (…) 하늘은 내가 거기 있음을 기뻐합니다. (…) 나는 또한 십자가에 매달리기도 했습니다. (…)

제가 알기로 이 짧은 편지는 '디오니소스'나 '십자가에 달린 자'로 서명되지 않았는데, 왜냐하면 내밀하게 여기 이 텍스트 자체에서 그는 두 사람 다이기 때문입니다. "나는 땅을 축제의 날로 바꿔놓을 승리한 디오니소스처럼 도래합니다"라는 문장부터 "나는 또한 십자가에 매달리기도 했습니다"라는 문장까지 살펴보도록 합시다. 그런데 우리를 여기에 붙들어놓을 것은 고유명들의 완전한 그물망으로, 즉 그것들의 완결적인 대수학으로 들어가는 진입입니다. 이름에서 이름으로 가는 이동 — 여기서는 연속적인 환생[réincarnations]으로 표상된 — 은 평가 불가능한 삶의 강도들이, 다시 말해 평가에서 벗어난 삶의 강도들이 부호화되는 노정을 만들어내며, 그것은 고유명들의 그물망의 완결적인 노정에 기입됩니다.

이런 이유로 저는 이름들이 '누구인가?'라는 질문으로 다뤄질 수 있음을 전적으로 확신합니다. 우리는 오히려 고유명들의 완결적인 그물망 —그 자체로 결국 평가할 수 없는 삶의 대수학 또는 계산인 — 이 주어질 때 '니체'를 구성할 수 있습니다. 니체, 즉 그가 '이 사람을 보라' — '여기 그가 있다!'는 의미 — 라고 선언하는 '니체'는, 이름의 그물망의 존재를 위해, 개인으로서의 니체[nietzsche-personne] 곧 주체로서의 니체[le nietzsche-sujet]를 원인이 아닌 희생물[proie]로 삼는 무언가라는 점을 이해하도록 합시다. 무한히 펼쳐지는 '니체'는 바로 그런 것입니다. 언제까지고 달아나지만, 그럼에도 결국에는 그에게 숙명적인 것이 될 이 광기 어린 과장에 이르게 되는 자. 그리고 이것은 1889년 1월 6일 자기 힘에 대한 열광적인 도취 가운데 부르크하르트에게 보낸 그의 마지막 편지에서 비극적으로 설명하고자 하는 것이며, 그 이후에는…… 침묵만이 남아 있게 될 것이었습니다. 이 편지는 "결국, 나는 신보다는 바젤에서 교수가 되는 편을 훨씬 더 선호할 것입니다"라는 말로 시작됩니다. 발화하는 '나'는 보통의 니체, 보통의 이름으로서의 니체이며, 고유한 이름으로서의 '니체'가 아닙니다. 또한 여러분이나 나와 마찬가지로, 전적으로 진지한, 완벽한 정직함을 지닌 다른 니체가 주어지는데, 왜냐하면 나는 "결국, 나는 신보다는 바젤에서 교수가 되는 편을 훨씬 더 선호할 것"이라는 이 말보다 진정성 있는 언표를 알지 못하기 때문입니다. 그가 이런 말을 할 때 그를 완전히 믿어보도록 합시다. 실제로 그것은 정말로 그가 선호하는 것이 아니기는 하지만, 범주적 '니체'의 희생자가 되는 주체로서의 니체 — '나의 절제에 있어 불쾌하고도 당황스러운 자' — 가 남아 있으며, 그는 다른 언표에서 이를 인정하고 있습니다. "사실상 나는 '역사'의 모든 낱낱의chaque 이름입니다." 제가 여러분에게 이 두 언표를 상기시켜드리는 것은 이것들이 정확히 니체와 '니체' 사이의 간격을 나타내기 때문입니다. 결국 보통의 이름(보통명사)으로서의 니체, 평범한 사람 혹은 자연스럽게 모든 사람과 같아지는 자는 **나는 신보다는 바젤에서 교수가 되는 편을 훨씬 더 선호할 것**이라고 말하는 자입니다. 이와 달리, 고유한 이름(고유명)으로서의 '니체'는 **나는 역사의 모든 낱낱의 이름**이라고 말할 것입니다. '모든 낱낱의 이름'이 의미하는 것은 고유명으로서의 '니체'가 분명히 이름들의 이름 — 역사의 모든 낱낱의 이름을 아우르는 이름이 될 역량을 지닌 이름, 요컨대 모든 이름들의 이름 — 이라는 것입니다. 이러한 관점에서, '니체'는 명명nomination을 나타내는 이름입니다. 그 이름은 명명 그 자체인 것입니다. 그러므로 최종적인 문제는 그것이 무엇의 명명인지 아는 일이 되겠습니다. 확실히 그 이름은 이름들을 인가하는 명명이지만, 여기서 이어지는 그물망은 무엇의 이름들일까요? 그렇지요, 이름들의 이름인 것입니다! 그러나 이름들의 그물망은 무엇의 작용일까요? 그것은 무엇에, 무엇으로부터, 그리고 어떤 항들 속에서 작용할까요? 니체를 파악하는 데에서 진정한 첫 번째 관문은 '니체'가 그 이름 혹은 명명이 되는 그러한 이름의 그물망이 무엇에 작용하는지 간파하는 것입니다. 이 작용들로부터 영향을 받는 것은 무엇인가? 예를 들어 대립[contre]은 무엇에 작용하는가? 당연히, 그것은 이름들 사이에서 작용하지만, 이름들 사이에 작용하는 이상, 다른 곳에서 작용하는 대수학을 규정합니다. 그렇다면 어디, 곧 어느 장소에서, 어떤 목적에 따라서? **그것은 행동의 문제입니다.** 니체에게 그 이름의 그물망이 윤곽선[tracé]이 되는, 그리고 '니체'를 최종적인 이름으로, 명명의 이름으로, 따라서 결국 행동의 이름 자체로 삼는 철학적 행동은 무엇인가?

이 질문에 어떻게 대답해야 할까요? 저는 들뢰즈가 하듯 시원적인[primordiale] 논리로부터 출발할 수 있다고 생각하지 않습니다. 니체에 대한 들뢰즈적 해석의 주랑[柱廊] 현관이 되는 것은 의미의 문제에 대한 논리적 조직으로서 작용적 힘과 반작용적 힘의 논리입니다. 그런데 흥미롭게도 이러한 들뢰즈의 접근법에는 제가 '체계적'이라 지칭할 요소가 하나 있습니다. 그것은 확실히 지금까지 니체에 대해 만들어진 가장 세심한 서술적 재구성이지만, 기본적인 논리 혹은 하나의 논리적 주형[matrice logique]— 유형들의 도정을 제시하게 될 반작용적인 것과 작용적인 것의 비변증법적 상호관계 —으로부터 지나친 지배를 받으며, 따라서 실제로 행동과 그 특이성[singularité]의 불일치를 파악하기에는 지나치게 확정적으로 구성되어 있습니다.

또한 저는 순전히 이름의 그물망이나 또는 이름들의 도정에 대한 기술로부터 출발할 수 있다고 생각하지도 않습니다. 설령 그렇게 할 수 있다 하더라도 말입니다! 여기에는 차라투스트라, 디오니소스-십자가에 달린 자의 쌍, 아리아드네, 소크라테스, 성 바울, 바그너 그리고 '니체'라는 일곱 개의 주된 이름들이 주어지는데, 이 이름들과 그것들의 내부적 상호관계들 그리고 그런 것들로 이루어진 그물망을 지배하는 작용들에서 출발하여, 우리는 어떻게 그 텍스트에 대한 니체적 노출의 횡단에 착수하는지, 그리고 어떻게 이 이름들로 이루어진 주형으로부터 다른 이름들이, 예컨대 독일인이나, 유대인, 러시아인, 이탈리아인, 붓다, 쇼펜하우어 또는 칸트 같은 이름들을 유추할 수 있는지 보일 수 있을 것입니다. 그러나 저는 그런 것으로 행동이 설명될 수 있다고 생각하지 않습니다. 우리는 실제로 니체를 너무 과도하게 대수화algébriser하여, 그를 연산들(작용들)의 그물망으로 환원해버릴 위험을 떠안게 됩니다. 확실히 그런 작업을 재개할 필요가 있을 것입니다. 니체적 연산들의 그물망이 중요하며, 고유명들의 체계가 민감한 표면으로 이루어져 있음은 이론의 여지가 없습니다. 하지만 이러한 대수화는 그 강한 설명력 때문에 우리가 빠져나가기 매우 어려울 구조적인 형태의 니체를 제공하게 될 것입니다.

그러므로 어떤 행동에 대한 명명으로서의 니체로부터 시작해야 하며, 우선 이런 질문을 해야 할 것입니다. 철학자의, 혹은 사상가의, 혹은 예술가의 행동과 관련하여 니체가 '니체'라는 이름으로 의미하는 것은 무엇인가? 그리고 거기서 행동의 결정이 관련된 이상 보통의 이름들(보통명사들)은 그다지 중요치 않습니다. 그가 자신에 대해 말하는 것을, 즉 **나는 왜 운명인가**를 이해해봅시다. (이 말은 자신에 대해 한 말이지만) 그것은 행동의 운명이며, 담화의 형상이나 작용이 아닙니다. **나는 왜 운명인가?** 철학적 행동은 그 고유명의 실재임을 이해해야 합니다. 그런데 제가 보기에는 거기에 결정적인 지점이 있습니다. 이 행동이 **사건**[événement]으로 받아들여진다는 점 말입니다. 해석으로서, 담화적 성격[discursivité]으로서, 혹은 지혜에 대한 접근로 등으로서가 아니라 말입니다! 니체는 그것을 다른 무엇보다 먼저 **사건**으로서 받아들입니다. 철학적 행동은 하나의 사건이며, 이 사건의 무대는 역사적 세계 전체입니다. 니체에게는 가장 급진적이고도 가장 불연속적인 철학적 행동의 정의가 있으며, 그 실행의 공간은 가장 광대한 것, 즉 전체적인 역사적 세계입니다. 그리고 이 사건은, 모든 사건과 마찬가지로, 하나의 철저한 단절입니다. 1888년 12월 8일 아우구스트 스트린드베리에게 보낸 편지에서 발췌한 인용문을 살펴봅시다. "(…) 왜냐하면 나는 인류 역사를 두 토막으로 부술 만큼 충분히 강력하기 때문입니다." 그는 그 행동(의 실행)과 관련하여, 다시 말해 그 행동을 저지를 만큼 충분히 강합니다. 그의 힘이 회자되고, 행동의 규모로 평가되는데, 그것은 그 자체의 형태로 (여기서는 그 내용에 대해 아무 이야기도 없는데) 인류 역사를 두 동강 내는 것이지요. 그는 같은 시기에 게오르그 브라네스에게 보낸 잘 알려진 편지에서 이미 이를 예견한 바 있습니다. "나는 (…) 필경 역사를 두 토막으로 부수게 될 어떤 사건을 준비하고 있습니다."

그러니까 이것은 철학적 행동의 최초 결정입니다. 그 결정 자체에 압축된 사유는 결코 하나의 담화가 아닙니다. 이런 의미에서 이 두 선언에 앞선 사후에 발견된 1888년 봄의 한 단편에서 그가 썼던 것을 이해할 필요가 있습니다.

> (…) 내가 살아가는 것과 같은 실험적 철학은 심지어 실험으로서도 근본적인 허무주의의 가능성들을 선취합니다.
> (…)

그의 철학은 실험적expérimental인데, 여기서 '실험적'인 것은 단지 개념적인 것, 기독교적인 것 등에 대해서만이 아니라 담화적인 것과도 대립됩니다. 요컨대 철학은 우선적으로 그 경험의 행동에서 파악되어야 합니다. 그리고 이 단편에서, '실험적 철학'이 의미하는 것은

¶ 그러한 철학은 행동에 준거하며, 그 행동은 어떤 사건적 돌발surgissement의 형상에 따른다는 것,

¶ 그러한 철학은 행동의 준비에 따라 결정되어야 하며, 이로부터 상당한 모호함과 복잡성이 발생하리라는 것입니다.

여러분은 앞서 제시된 문구 중에서 "어떤 사건을 준비하고 있습니다"라는 문구를 기억할 것입니다. 그러니까 '실험적 철학'은 사건으로서의 행동을 의미하는 동시에 그가 이 사건의 준비 중에 있음을, 니체가 또한 그의 선취anticipation라 지칭하는 준비 중에 있음을 의미합니다. 실험적 철학은 이와 같이 선취 중에 있는 사건입니다. 그런데 선취될anticiper 수 있는 것은 무엇일까요? 니체에 따를 때 철학하기의 핵심적 요소인 선취는, 다시 말해 세계의 역사를 둘로 쪼개버릴 이 전

대미문의 사건의 선취는 무엇을 나타낼까요? 그것이 급진적인 허무주의에서 일어난다는 점을, 그리고 그로부터 심지어 가장 앞서 나간 효과들조차 예견된다는[prévoit] 점을 잊지 말도록 합시다.

> (…) 나는 아무것도 빼앗거나 제외하거나 선택함이 없을 정도로 근본적인 허무주의의 가능성들을 선취함으로써 역으로 세계에 대한 디오니소스적 동의에 이를 것입니다.

그는 가장 급진적인 허무주의를 선취하여, 사건적으로, 허무주의의 역[逆]인 **세계에 대한 디오니소스적 동의**가 돌발하게 하는데, 그에게 허무주의란 무화에 대한 동의이기 때문입니다. 그러므로 철학자는 사건을 일으키는 자인 동시에 그것을 준비하는 자인 것입니다.

여기서 니체의 사소한 오류가 드러나는데…… 거기서 그는 글자 그대로 방향을 잃게 되지요. 이 오류란 실험적 철학인데, 그것이 행동의 의도인 동시에 그 준비의 의도인 탓입니다. 이것은 앞으로 다시 다루게 될 것입니다. 사건을 준비한다는 것은 정확히 무엇을 의미하는가? 사건이 될 수도 있는 급진적인 파괴의 차원, 곧 니체가 사건을 파악하고자 사용하는 이미지의 차원에서, 사건은 준비에 의해 결정되거나 혹은 결정될 수 있으리라 여겨지지 않습니다. 하지만 실험적 철학이란 그런 것입니다. 사건을 준비하고, 어떤 의미에서 사건 자체가 되는 것 — **나는 인류 역사를 두 토막으로 부술 만큼 충분히 강력합니다** — 말입니다. 요컨대 사건은 행동의 힘이자 이 힘의 예비적 행사입니다. 이는 실험적 철학이 언제나 그 자체를 선취하는 위치에 있음을 의미하는데, 왜냐하면 그러한 철학은 항상 그 행동을 선취하는 위치에 있기 때문입니다. 실험적 철학은 그 자체의 행동이자 이 행동의 선취인 셈입니다. 이러한 그 자체에 대한 선취의 차원을, 철학적 행동의 표시를, 니체는 《차라투스트라는 이렇게 말했다*Also sprach Zarathustra*》에 나오는 '감소하는 미덕에 대하여'라는 제목이 붙은 이 유명한 단락에서 이야기합니다.

> (…) 이 사람들 사이에서 나는 나 자신의 선구자이며, 수탉의 울음소리가 어두운 골목에서 나의 도래를 알린다.
> (바디우 번역, 아포리즘 5)

이런 것이 실험적 철학의 지위이지요. 그 자신의 선구자가 되는 것, 사건 자체의 선취가 되는 것, 그런 것이 절대적인 동의나 디오니소스적 긍정에 파괴를, 절단을, 파열을 가져올 철학적 행동입니다. 그리고 철학이 이 사건의 철학이 되는 것은 그것이 사건 자체이며 사건을 알리는 수탉의 울음소리 — 요컨대 그 자체의 선취 — 인 범위에서 그런 것입니다.

그런 것이 철학적 행동의 윤곽입니다. 이는 분명 우리를 프랑스혁명이라는 문제로 되돌려놓습니다. 그 자체로 행동으로서 선취되며, 또 그것이 가장 극도의 허무주의 가운데 있다는 단언을 선취하는 허무주의의 급진적인 경험에서 세계의 역사를 둘로 쪼개는 것, 여기서 그런 것은 바로 철학의 혁명적 형상이 아니겠습니까? 혹은 엄격한 의미에 따른 혁명으로서의 철학적 행동의 형상이 아닐까요? 저는 그렇다고 생각합니다. 저는 니체가 혁명의 시대의, 혹은 혁명의 요소로서의 철학적 행동을 보여주는 예시적 사유라고 생각합니다. 혹은 혁명은 그의 철학을 견주어볼 수 있을 무엇이라고 생각합니다. 그리고 니체에게 혁명은 언제까지고 프랑스 혁명일 것입니다. 19세기의 중요한 체계적 장치들은 혁명기보다는 혁명기 이후의 안정을 도모하는 결산의 요소로서 프랑스 혁명과 관련된다는 점을 잊지 않도록 합시다. 이 유형의 종합에 대한 첫 번째 중요한 시도인 헤겔에게나 혹은 두 번째인 오귀스트 콩트에게나 그렇다는 말입니다. 이는 그 질문의 프랑스-독일적 침투입니다. 그들의 철학적 문제는 어떤 사유의 주장이 혁명으로 깨져버린 세계를, 전유할 수 있는 기초 위에 다시 세울 수 있는지 알아보는 것입니다. 혁명에 관한 철학의 평가 또는 판단의 정도가 어떤 것이든, 그 목적은 혁명을 철학이 새로운 시대의 지층을 제시하기 위해 의탁해야만 할 무언가로서 전유합니다. 그러므로 회복의 요소가 있는데, 이는 이전을 회복한다는 의미에 따른 것이 아니라, 혁명적 휴지에 상응하는, 그리고 이 휴지의 모방 가운데 이루어지는 것이 아닌 활동의 안정성을 창시하기 위한 것입니다. 그것은 엄격하게 말할 때 혁명적인 것이 아니며, 혁명의 결산에서 어떤 새로운 질서를 정초하는 체계의 제안입니다.

그런데 제가 보기에 니체는 혁명과 전적으로 다른 관계를 맺는 사상가입니다. 그의 질문은 결코 혁명 이후의 정세를 안정시키거나 이 사건 너머 사유의 새로운 시대를 권장하는 따위의 것이 아니지요. 실질적으로 저는 그가 혁명과 경쟁 관계를 맺는다고 주장할 것이며, 그의 신념은 자신이 이해하는 그대로의 철학적 행동이 진정한 급진성임을 보이는 것이었고, 분명 이와 관련하여 혁명은 그저 유사물일 뿐이라고 보는 것입니다. 그리고 이 몸짓은 하나의 완전히 새로운 관계입니다. 즉 그것은 역사나 정치와 관련한 혁명적 단절의 사유에 대한 결산 혹은 이에 대한 통합의 관계가 아닙니다. 그것은 1789년 혁명의 패러다임을 뒤집거나 파기하기 위해 이 패러다임을 참조하는 것인데, 이는 그것이 혁명적이기 때문이 아니라 혁명적이지 않기 때문입니다. 이해해야 할 것은 니체 텍스트의 분명한 반혁명적 차원은 프랑스 혁명의 혁명적 차원을 평가절하하는 것이며, 니체의 관점에서 프랑스 혁명은 그것이 스스로 되기를 열망했거나 공표했던 것 — 즉 세계의 역사를 둘로 쪼개는 것 — 을 넘어서지 못했다는 점입니다. 그의 테제는 프랑스 혁명이 아무것도 둘로 쪼개지 못했다는 것으로, 그 중요한 근거는 세계의 역사가 여전히 기독교적인 것으로 유지되었고, 그것이 기본적으로 오래된 가치들의 요소에 머무르게 되었다는 데 있습니다. 우리가 상당수의 반혁명적인 니체 텍스트를 이해해야 할 방식은 이런 것입니다. 예를 들어《안티크리스트*Der Antichrist*》에 수록된 한 구절을 인용하겠습니다.

> (…) '신 앞에서 (모든) 영혼들의 평등'이라는 이 위선, 모든 비천한 영혼의 원한에 주어진 이 **구실**, 이 폭발적인 관념은 결국 혁명이 되었고, 근대의 이념이자 모든 사회적 구성이 몰락하는 근원이 되었다 — 그것은 **기독교적** 다이너마이트다. (아포리즘 62)

니체가 혁명에 대해 이야기하는 것은 바로 이런 것입니다. 여러분이 이 텍스트를 자세히 살펴본다면 매우 복잡하다는 것을 알게 될 것입니다. 이를테면 그는 분명 평등에 어떤 폭발적인 관념이 관련되어 있으며, 이 폭발적인 관념이 혁명이 되었고, 혁명이 모든 사회적 구성이 몰락하는 근원에 위치해 있다는 말을 합니다. 그러나 결국 최종적인 판단은 이 폭발이, 이 다이너마이트가 흔들림 없이 오래된 가치들의 공간에 남아 있다는 것이었습니다. 그것은 하나의 폭발일 뿐이었지만, 폭발을 일으키는 것과 관련된 내부적 폭발, 즉 **기독교적 다이너마이트의** 폭발이었습니다. 그래서 니체가 전념할 관심사는 비기독교적 다이너마이트를 찾는 일이 될 것입니다. 왜 그런가 하면, 그가 혁명적 가치에 반대되는 회복이나, 오래된 세계 혹은 안정성이라는 가치들을 옹호할 것이라는 의미에서 반혁명적이기 때문이 아니라, 프랑스 혁명이 오래된 세계 내에 촉발한 폭발이 정확히 오래된 세계로부터 유래한 것이라는(그 다이너마이트가 거기 있었던 것의 일부를 이루는 것이라는) 근거에서 프랑스 혁명이 혁명적이지 않았기 때문입니다. 그러니까 문제는 거기 있는 것의 평가에 있지 않은 다이너마이트를 찾는 일, 요컨대 다른 폭발물을 찾는 일이 될 것입니다. 이런 이유로 철학적 행동 또한 폭발의 모델에 기초하여 착상될 것입니다. 형식적으로, 혁명적 행동이 세계의 역사를 둘로 쪼개는 데 실패했다는 점만 아니라면, 철학적 행동은 혁명적 행동과 동일한 것이 될 텐데, 왜냐하면 혁명적 행동의 폭발이 이 세계 자체의 형상이었기 때문입니다. 그러므로 프랑스 혁명은 혁명이 아니며, 철학적 행동이라는 요소로 보자면 니체적 혁명만이 하나의 혁명이 될 터인데, 그 이유는 니체적 혁명은 알려지지 않은 폭발물을 사용하게 될 것이기 때문입니다. 사라 코프만은 자기 책을 '폭발 I'이라 명명했는데, 왜냐하면 운명적으로 말년의 니체에게 정말 중요한 것은 이전에 실존하지 않던 폭발물의 탐지와 구성과 제시이기 때문입니다. 《이 사람을 보라》에서 니체는 다음과 같이 기술합니다.

> (…) 나는 철학자가 전 세계를 위험에 처하게 하는 무시무시한 폭발물이라 생각한다.

이런 말을 철학자에 대한 극단적 정의로 착각해서는 안 됩니다! 첫 번째 폭발물, 첫 번째 다이너마이트, 첫 번째 균열이 인간성에 대한 허무주의적 왜곡으로 들어가는 보충적인 행보를 완성시킬 뿐임을 이해할 때, 니체의 관심은 세계의 역사에 대한 두 가지 폭발물, 두 가지 다이너마이트, 두 가지 혁명, 두 가지 균열에 대한 관심이 될 것입니다. 그래서 니체는 거리낌 없이 폭발물의 은유를 거듭합니다. 예컨대 10월 18일 토리노에 있는 프란츠 오버베크에게 보낸 편지에서 그런 것처럼 말입니다.

> [이번에는 큰 대포를 꺼냅니다!] 나는 인류의 역사를 터뜨려 둘로 만들까 봐 걱정이네.

혁명의 모방mimétique은 그 혁명적 의미에 따른 '공포(공포정치)Terreur'의 방식을 제안하거나 나타내기에 이를 것입니다. 이와 같이 그는 세계의 역사를, 오래된 질서의 이름들을 둘로 쪼갤 때 자신의 고유한 심판대 앞에 출두할 것이며, 이는 또한 혁명의 심판대이기도 하지요. 이러한 언표를 상기하도록 합시다. "나는 모든 반유대주의자를 총살형에 처하도록 했습니다." 그렇게 말한 다음, 광기의 가장자리에서서 1889년 1월 3일 토리노에 있는 메타 폰 살리스에게 보낸 짧은 편지에서 그는 이렇게 적고 있습니다.

> 나는 방금 내 재산을 차지하게 되었습니다. 나는 교황을 감옥에 처넣고 빌헬름✦과 비스마르크와 슈퇴커✧를 총살당하게 했습니다. 십자가에 달린 자.

니체 철학[nietzschéisme]이 드러내는 푸키에 탱빌✦✦식 결단은 어떠한 의심의 그림자도 드리우지 않습니다.

이 지점에 이르러, 우리는 엄격한 의미에서 니체의 철학적 행동이, 혁명적 행동과 관련하여 적어도 형식적으로라도 프랑스 혁명과 거리를 두고자 하는 노력에도 불구하고, 프랑스 혁명이라는 패러다임의 중요한 속성들로 이루어진 체계의 모습을 띠게 되는 사실상의

✦ 당시 프로이센 국왕이자 독일 황제 빌헬름 1세를 가리킨다.

✧ 아돌프 슈퇴커(Adolf Stöcker). 독일 황제의 종교관계 고문이자 루터파 목사.

✦✦ 앙투안 푸키에 탱빌(Antoine Fouquier-Tinville). 프랑스 혁명 당시 공포정치 시기에 혁명 재판소에서 일한 검사. 여기서 이 이름은 니체의 어조가 단호한 태도로 반혁명분자를 단죄하는 혁명 재판소의 검사와 같다는 의미로 사용된 듯하다.

모방적 과정임을 주장할 수 있을 것입니다. 즉 급진적인 단절rupture의 은유, 폭발적이고도 파괴적인 문체, 그리고 냉혹한 동시에 정당한 '공포'의 형상을 드러내는 것입니다. 그렇다면 이미 니체는 역사-정치적 혁명이라는 주제와 모방적 경쟁관계로 들어가 혁명적 행동의 형식적 속성들로부터 철학적 행동을 결정하게 된, 이러한 특이한 사상가의 사례가 된 것일까요? 우리를 생각으로 밀어 넣는 여러 요소가 있습니다. 달리 볼 때, 니체는 철학적 행동을 경멸한다고 선언되는 것 — 프랑스 혁명 — 에서 모방적으로 추출된 모든 속성으로 포화시키는 데 사로잡히고 만 절망적인 시도가 될 것입니다.

그러나 이것은 어느 정도는 지나치게 단순합니다. 왜 그런가 하면 급진적인 단절의 관념 — 세계의 역사를 둘로 쪼개기 — 은 약간은 초점이 어긋난décalée 다른 이미지, 곧 다른 주제와 중첩되기 때문인데, 그 주제란 먼 거리를 둔 무관심한 폭발과는 거의 반대로 획득된 **무시간성**intemporalité이라는 주제입니다. 저는 기꺼이 니체의 철학적 행동의 체제가 그러한 중첩 그 자체라고 주장할 것입니다. 즉 절대적 단절이라는 주제와 무시간적 거리라는 주제의 중첩인 것이며, 이는 무관심의 고독을 요구합니다. 《바그너의 경우*Der Fall Wagner*》를 예로 들어봅시다. 여러분은 거기 나타나는 문구들의 전적인 애매함과 미묘함을 감지할 것입니다.

> (…) 철학자가 최초이자 마지막으로 그 자신에게 요구하는 것은 무엇인가? (서언)

여러분은 무언가 인류 역사를 두 동강 내기에 충분히 강력한 것을 기대할 것입니다. 그러나 니체는 이렇게 서술합니다.

(…) 그 당대에 자기 자신에게 승리하여, 무시간적인 것이 되는 것이다.

이 언표는 정확히 다른 언표와 모순되는 것이 아니라, 초점이 어긋난 규정에 따라 다른 언표와 중첩됩니다. 중요한 것은 니체가 한편으로 스스로 자기 시대를 극복하고 무시간적인 것이 되어야 하며, 다른 한편으로 철학자는 세계의 역사를 둘로 쪼개야 한다고 단언하는 곳에는 형식적 모순이 있다고 말하는 것이 아닙니다. 게다가 형식적 모순의 탐지는 니체에게 아무런 관심사도 아니지요. 대립의 논리는 정확히 모순의 논리가 아닙니다. 마치 두 개의 충분히 이질적인 주제가 어떤 일시적 시퀀스 속에서 중첩되는 것처럼, 그것은 오직 중첩, 즉 거의 음악적으로 생각할 수 있는 다른 주제일 뿐입니다. 마찬가지로 《우상의 황혼》에서 그는 철학을 위한 금언으로 다음과 같이 덧붙여 말하지 않습니까.

(…) 시간이 부딪혀 실패하게 될 대상들을 창조하고, 형식과 실질에서 작은 불멸성을 향하는 것.

이 중첩은 최대의 공간을 갖는 단절의 원칙과 과업 — 시간이 부딪혀 실패하게 될 대상들을 창조하는 것 — 의 성과로서 무시간성 혹은 불멸성의 주제 사이에서 작용할 것이며, 말하자면 그것은 영원회귀의 요소일 것입니다. 그런데 제가 보기에 이 중첩은 특히 《안티크리스트》라는 이 놀라운 책에서 뚜렷이 드러납니다. 이 책은 절대적으로 중요하며, 니체의 관점에서 보자면 다른 책 중에 끼어 있는 책 하나가 아닙니다. 저는 여러분에게 그 이력을 간략히 환기해드리도록 하겠습니다. 그 책은 한동안 '힘에의 의지La Volonté de puissance'라 불렸던 실존하지 않는 책의 일부이며, 하이데거는 그리고 심지어 들뢰즈조차 그 실존을 부정함에도 불구하고 그들 각자의 니체 해설서에서 그 책에 대해 계속 언급합니다. 이 실존하지 않는 책이 보유한 실존의 완강함은 얼마나 특별합니까! 오늘날 우리는 과거의 일을 잘 알고 있습니다. 실제로 니체에게는 총괄적이면서도 결정적인 책을 저술할 계획이 있었고, 이 책이 '힘에의 의지'라 불려야 했을 터였지요. 그런데 1888~1889년부터 그는 이 제목을 버리고 다른 제목으로 바꾸게 될 터인데, 그 제목은 '모든 가치의 전복Renversement de toutes les valeurs'입니다. 그 이후로 계속, '세계의 역사를 둘로 쪼개는' 행동을 농축시킬 그 책은 '모든 가치의 전복 혹은 재평가transvaluation'로 바뀌게 될 것이었습니다. '안티크리스트'라 불리게 될 책은 바로 이 가정되거나 계획된 책의 첫 장이나 서론으로 쓰인 것이었지요. 니체는 그 책을 '모든 것'으로, 즉 이 미로 같은 과정의 최종 결과가 되는 것으로 여겼지만, 그것은 어느 순간 '힘에의 의지'라는 제목이 붙여지고, 그 이후에는 '모든 가치의 변경'이라는 제목이 붙여졌다가, 종국에 '안티크리스트' 외에는 잔해만이 남은 무언가가 될 터였습니다. 《안티크리스트》는 하나의 특수한 문학 장르입니다. 바로 저주imprécation인 것입니다. 이 책에는 '기독교에 대한 저주'라는 부제가 붙어 있지 않습니까? 그런 다음 이 책은 다시 이 책을 이해하기 위해 독자에게 무엇이 요구되는지로 향합니다. 머리말에서 읽을 수 있는 그대로, 독자가 해야 한다고 요구되는 것은 이런 것입니다.

> (…) 정치와 국가적 이기주의에 대한 오늘날의 초라한 장광설을 **초월했다고** 느끼도록 훈련되어야 한다. 우리는 초연해져야 한다. (…)

그러므로 이 책, 그 자체 속에 인류 역사를 두 동강 내는 단절의 행동을 농축시키고 있는 이 책에 접근하는 데 요구되는 것은 초연함(무관심)[indifférence]의 원칙입니다. 그리고 정확히 같은 시기에 니체는 한 편지에서 다음과 같이 씁니다. "나는 모든 가치의 전복이라는 기이하리만치 고독한 행동을 저지를 것입니다." 거기서 또한, 세계의 역사를 둘로 쪼개는 승리에 찬 계획적 전망과 그가 유지하는 혁명의 모방에는 뚜렷하게 고독과 초연함이라는 다른 체제가 중첩됩니다. 이런 것이 바로 이 행동에 들어가기 위해, 그것을 이해하고 거기에 참여하기 위해 요구되는 무엇입니다.

이제 제가 이 중첩을 여러분에게 이해시켜드릴 차례입니다. 너무나도 눈에 띄게 혁명의 모방인 행동이 어떻게 다른 관점에서 볼 때 초연한 고독으로 결정될 수 있단 말입니까? 혹은 다른 방식으로 이 질문을 발언하자면, 어째서 《안티크리스트》는 어떤 하나의 법으로, 법률의 제출로 끝맺는 것일까요? 그 이유는 결국 급진적인 행동에 대한 이 우레와 같은 제안이 기독교에 반대하는 법률로 주어지기 때문입니다. 저는 언제나 마르크스의 《공산당 선언*Manifest der Kommunistischen Partei*》 말미에서 우리가 경험하게 되는('우리'까지 끌어들이지 않더라도 최소한 내가 경험하게 되는) 실망에 대해 생각해왔습니다. 그 책은 기념비적인 계급투쟁의 역사로 시작하여, 자신들을 구속하는 사슬 외에 아무것도 잃을 것이 없는 프롤레타리아와 그들이 얻게 될 세상, 그다음으로 노동시간을 줄이는 등의 계획으로 이어집니다. 거기에 실망스러운 점이 있는 것입니다. 한편으로 《안티크리스트》와 기독교에 반대하는 법의 기획 그리고 다른 한편으로 마르크스의 《공산당 선언》 말미에 제시되는 강령(계획)의 개선들 사이에서, 감히 그렇게 말할 수 있다면 저는 어떤 모방적 유사성을 감지합니다. 자세한 내용으로 들어가지는 않겠지만, 《안티크리스트》—그가 발견한 새로운 폭발물의(다시 말해, 비기독교적 다이너마이트의) 농축물—를 따라서 《공산당 선언》이 법으로 끝을 맺는다고 말하도록 합시다. 그런데 무언가를 터뜨릴 때, 우리가 기대하는 것은 법이 아닙니다. 어떻게 말하면 좋을까요? 다이너마이트의 논리와 법의 논리 사이에 결합이 있는지는 분명하지 않습니다. 《공산당 선언》에서 공산주의 혁명의 술어적 규정과 마지막 부분에 위치한 정부 개혁의 계획이 결합될 수 있는지가 분명치 않은 것처럼 말입니다. 그 연관은 명백하지 않습니다. 여러분에게 구원의 날, 즉 제1년의 첫날(가짜 달력으로 9월 30일)에 공표된 이 기독교에 반대하는 법을 간략히 읽어주도록 하겠습니다.

악[vice]에 대한 철저한 전쟁 — 악은 기독교다.

1조. 모든 종류의 본성에 반하는 것은 악하다. 가장 사악한 종류의 인간은 사제다. 그는 본성에 반하는 것을 **가르친다.** 사제에 대해서는 아무 이유 없이 강제노역이 부과된다.

2조. 모든 종교 행사에 대한 참여는 선량한 도덕에 대한 위반이다. 우리는 가톨릭 신도보다 개신교인에 대해 더 엄격할 것이며, 엄격한 계율을 지키는 개신교인에 대해서보다 자유주의 개신교인에 대해 더 엄격할 것이다. 기독교인이 되는 것은 지식에 더 근접한 자일수록 더 큰 범죄가 된다. 따라서 범죄자 중의 범죄자는 **철학자**이다.

3조. 기독교가 바실리스크[basilic✦]의 알을 품었던 저주받아 마땅한 자리는 파괴될 것이며, 이 땅의 가증스러운 장소는 장차 올 세대들에게 공포를 불러일으킬 것이다. 거기서는 독사들이 길러질 것이다.

4조. 순결함을 설교하는 것은 공개적으로 본성에 반대하는 선동이다. 성적인 생활을 경시하고, '불순함'이라는 관념으로 이를 더럽히는 것, 그런 것이야말로 생명의 거룩한 정수에 반하는 진정한 죄악이다.

✦ 그리스·로마 신화에 등장하는 뱀 바실리스코스(βασιλίσκος)에서 유래한 이름. 눈을 보면 돌로 변한다고 전해진다.

5조. 사제와 같은 식탁에서 먹는 것은 금지되며, 이를 통해 그들은 정직한 사회로부터 파문당한다. 사제는 **우리의** 찬달라tchandala✦이다—그를 격리시키고, 굶주리게 하며, 최악의 황무지로 추방해야 한다.

6조. 우리는 '성스러운' 역사Histoire에 그것에 어울리는 이름인 **저주받은** 역사histoire라는 이름을 부여할 것이다. '신', '메시아', '구원자', '성자'라는 말은 범죄자들을 지칭하는 욕설로 사용할 것이다.

7조. 나머지 모든 것은 이로부터 유래한다.

안티크리스트.

오늘 저녁 시간은 여기까지입니다!

✦ 인도의 카스트에서 가장 낮은 계급. 도살, 고기잡이, 사냥 등을 담당한다.

3강

1992년 12월 16일

여명이 드러나는 그 지평의 황홀함에 사로잡혔던 1888년, 니체의 철학적 행동은 절대적인 단절이었습니다. 그것은 순수한 사건, 인류의 역사를 둘로 쪼개는 균열을 생산하는 것이며, 오래된 세계 또는 오래된 가치들의 해석이라는 관점에서 완전하고도 긍정적인 새로움이 도래하게 하는 것입니다. 그의 결정은 하이데거가 주장하는 것처럼 극복, 즉 허무주의의 극복이 아니라, 니체 자신이 "나는 (…) 필경 역사를 두 토막으로 부수게 될 어떤 사건을 준비하고 있습니다"라고 기술하는 것처럼 균열의 표지가 되며, 또한 혁명, 특히 프랑스 혁명과 모방적 경쟁관계에 있는 분명한 차원을 지닙니다. 이런 의미에서 제게는 니체의 행동이 **철학의 원元정치적**archi-politique **구상**을 드러낼 수 있을 것이라 여겨집니다. 원정치적 구상이라는 말이 의미하는 것은 당연히 철학의 요소 안에 정치의 토대 지음을 목표하는 주제, 요컨대 전통적인 주제일 수 없고, 더 이상 모든 정치에 내재하는 본질적 기원성의 결정이 아니며 심지어 정치의 본질에 대한 결정도 아닙니다. 오히려 그 말의 의미는 어떤 경우에도 정초적인 뿌리 뽑힘으로, 더 나아가 어떤 경우에도 윤리적인, 다시 말해 정치의 철학적 감시의 차원과 관련된 뿌리 뽑힘으로 이해해야 합니다. 원정치적이라는 말이 의미하는 것은 철학적 행동 자체의 결정입니다. 인류의 역사 속에 단절이 있는 이상, 근원적인 의미 즉 엄밀히 말해 정치가 지탱하지 않는 의미에서, 정치로 결정되는 것은 바로 행동 그 자체입니다. 그러한 행동은 '니체'—그의 기획에서 삭제된 주체 또는 저자가 아니라, 범주적 고유명 곧 사유의 장치 내부에서 사유를 조직하는 고유명이 되는 이름—외에 다른 것이 될 수 없는 고유명의 불투명성opacité✦ 아래 놓인 역사의 균열입니다. 이 '니체'라는 고유명의 불투명성 아래, 철학은 인류의 역사를 둘로 나누는 파열을 실행한다는 점에서 원정치적이지요.

그 정의는 이러한 설명을 덧붙이지 않는다면 완전하지 않을 것입니다. 철학적 행동이 원정치적이라는 것은 한편으로 그 행동이 힘(권력) 또는 정치적 역량의 놀라운 **확장**이지만, 동시에 다른 한편으로는 이 용어의 원정치적이지 않은 의미에서 모든 정치의 **와해**됨을 의미합니다. 원정치적인 것이 그 둘을 포섭하지요. 그래서 니체는 때로는 자기 행동이 모든 정치를 해지한다고 말할 것이며, 때로는 그 행동이 정치의 탁월함 자체라고 말할 것입니다. 예를 들어 1888년 12월 게오르그 브라네스에게 보낸 편지의 초안에서 "우리는 이제 막 위대한 정치로, 심지어 엄청나게 위대한 정치로 들어간 것입니다"라고 말했던 점을 상기합시다. 저는 이러한 측면을 '초超정치적supra-politique'이거나 혹은 급진적으로 정치적인 것이라 지칭합니다. 반면 빌헬름 2세에게 보낸 편지의 다른 초안에서, 그는 다음과 같이 씁니다.

"정치라는 개념은 정신들 간의 전쟁에서 완전히 무너져 내리고, 모든 힘의 이미지는 산산조각으로 터져버렸습니다 — 마치 이전에는 전쟁이 전혀 없었던 것처럼 여겨질 전쟁들이 있게 될 것입니다." 원정치적 행동의 결정과 관련하여 이런 종류의 구성적 동요는 정치의 급진성의 확장이라는 관념 자체와 정치의 실효성을 와해시키는 몸짓 사이에서 일어남을 이해하도록 합시다. 그런데 이것은 초안일 뿐이고, 두 텍스트 중 어느 것도 전달되지 않았습니다. 거기서 원정치적인 것의 본질에서 오는, 결코 전달되지 않는 파급효과를 발견한다면, 원정치적인 것은 그것과 정치의 있을 법하지 않은 관계에 있어 니체의 행동과 동일한 고뇌가 될 수밖에 없는 것일까요? 이로부터 하이데거적 해석학이 반박될 것입니다. 초超정치[la supra-politique]와 정치의 와해 사이에 일어나는 이러한 동요의 혼란한 형태에 의해서, 이러한 위대함과 와해로 이루어진 원정치적 사건의 공존에 의해서 말입니다. 하이데거는 니체와 마찬가지로 '정치'라는 무매개적 이름(명사) 아래에서는 오직 근대적 허무주의만이 모습을 드러냄을 받아들입니다. 니체는 허무주의가 정치적인 말의 실재적 내용물인 이상, 그 허무주의를 독일인들에게 할당하게 되는 그러한 준엄한 통찰력을 가질 것입니다. '독일적'이라는 이름은 니체에게 모든 단정적 사건의 소거를 지칭할 수 있을 무엇으로, 그것은 소거 또는 실패이지만 보다 정확히

✦ 여기서 '고유명의 불투명성'이란 '니체'라는 고유명을 다른 이름으로 대체할 수 없음을 말하는 것으로 보인다.

말하자면 삭제 또는 덮어씌우기, 다시 말해 모든 실제적 사건성의 은폐입니다. 이런 것이 바로 '독일적'인 것이지요. 《안티크리스트》에서 그 예를 들어봅시다.

> (…) 개혁, 라이프니츠, 칸트 그리고 소위 독일 철학, '해방'의 전쟁들, 독일 제국, 이런 것들은 매번 이미 존재하고 있던 무언가 위에, **교체할 수 없는** 어떤 것 위에 쓰인 '헛된' 말이다.
> (아포리즘 61)

니체적 명명의 범위 안에서, '독일적'이라는 말은 실제로 **교체할 수 없는 어떤 것 위에 쓰인** '헛된'이라는 뜻입니다. 정치의 현행적 의미, 즉 니체에 따르는 그 독일적 의미에 따를 때, 정치는 정확히 말해서 교체할 수 없는 것의 소거 또는 은폐이며, 모든 사건적 단언에 대해 가해진 부인입니다. 하이데거와 니체는 정치를 사건성의 소거로 놓는 결정으로 수렴합니다. 그러나 니체는 이러한 상황을 극복하거나 바로잡으려 들지 않습니다. 그는 이러한 배치의 모든 변증법적 처리에서 스스로 제외됩니다. 왜냐하면 그의 행동은 이렇게 정의될 수 있을 터인데, 대항이나 전복의 형상이 아니라 어떤 와해시키는 초과excès dissolvant의 형상에서 교체할 수 없는 것을 다시 단언하고자 하는 의지이기 때문입니다. 그의 행동은 그 자체에 대해 초과적인 정치를, 곧('와해시키는'이라는 말이 또한 동시에 이 초과가 모든 정치의 와해라는 사실을 지시할 때) 초정치적인 것으로서의 정치를 지탱할 무엇입니다. 그리고 그 자체로 교체할 수 없는 것의 재단언이 되는 이 와

해시키는 초과는 바로 일반적인 의미에 따른 정치가 소거해버린 것입니다. 니체를 겨냥한 하이데거의 기술을 옮기자면,

> 반[反]형이상학과 형이상학의 전복은, 하지만 또한 지금까지 실천되어온 형이상학의 옹호는 오래 전부터 '존재 그 자체를 결여한 채로 머물러 있음[demeuré manquant l'Être-même]'으로부터 일어난 누락[omission]을 번역해내는 단 하나이자 동일한 책략을 구성한다.

하이데거가 우리에게 이야기하는 바에 따를 때, 형이상학의 전복과 모든 가치의 역전과 반[反]형이상학은 사실상 기원적으로 혹은 공[共]기원적으로[co-originairement] 형이상학의 옹호와 동일한 요소 속에 자리하며, '존재'의 역사를 통해 **'존재 그 자체를 결여한 채로 머물러 있음'**의 은폐를 영속화합니다. 하지만 제 생각에 이 비판에는 한 가지 오해의 지점이 있습니다. 이를테면 니체의 행동은 본질적으로 반[反, anti]이라는 변증법적 형식을 취하지 않는다는 점입니다. 설사 그것이 반[反]형이상학적인 것[l'anti-métaphysique]이라 하더라도 말이지요. 전복 혹은 역전이라는 명시적인 은유나 안티크리스트[antéchrist]에 '반'이 들어 있음에도, 반[反]이라는 투쟁적[agonique]이면서도 적대적인[antagonique] 형상은 니체의 행동에 대한 재현에서 가장 심오한 단독적 형식이 아닙니다. 행동은 반[反]의 형식에도 역[逆, inverse]의 형식에도 있지 않으며, 하물며 옹호의 형식에는 더더욱 아닙니다. 행동은 교체 불가능한 것을 재단언하지만 그것을 교체할 필요는 없는 **균열**입니다. 교체 불가능한 것의 단언은 초정치적인 것이자 정치의 와해이며, 그것은 교체의 형

상이 아니라 이미 거기에 있는 것에 대한, 하지만 현재의 의미로 볼 때는 그저 정치에 의해 소거되거나 희미하게 마멸되어 있는 것에 대한 재단언의 형상을 이룹니다. 혹은 달리 말해서, 니체적 행동은 정치가 이미 단절을 지워버린 곳에서 인류 역사를 두 동강 내게 될 것입니다. 그 몸짓은 명백히 이러한 의미에서 영원회귀라는 요소 가운데 취해지거나 실행되는데, 왜냐하면 정치에 의해 희미하게 마멸된 단절이 이미 거기서 자리[site]를 이루기 때문입니다. 그리고 니체적 행동에 있어, 삭제된 교체 불가능한 것은 사건의 자리[le site de l'événement]입니다. 사건이 '이미 거기서 희미하게 마멸된 것' 속에 자리한다는 것은 그 교체 불가능한 성격에 대한 재단언이 계승이나 대체를 반드시 필요로 한다고 간주되지 않는다는 점을 나타냅니다. 바로 이런 이유로, 들뢰즈가 주장하는 논점 그대로, 니체의 원정치적 행동은 **주사위 던지기**[un coup de dés]에 따르게 됩니다.

여기서 주사위 던지기는 반反, 전복 또는 역전의 형식이 아니라, 대체 불가능한 것의 재단언의 형상에 있습니다. 들뢰즈가 말라르메의 **주사위 던지기** 문제를 얼마나 엄격하게 다루는지 확인하려면, 여러분에게 그의 책《니체와 철학》1장의 열한 번째 문단을 이야기해 주는 것으로 충분할 것입니다. 주사위 던지기는 어떤 의미에서 행동 그 자체이며, 그는 세 가지 특징을 제시합니다.

¶ 먼저, 주사위 던지기는 유일하다[unique]는 것입니다. 그것은 확률론적이거나 평균 또는 통계적 결과를 향하게 될 특정한 경향을 지닌 연속이 아닙니다. 그것은 정확히 니체가 '단 한 번에' 그렇게 할 것처럼, 대체 불가능한 것을 재단언함으로써 단 한 번에 세계의 역사를

둘로 쪼개는 것입니다.

¶ 다음으로, 주사위 던지기는 우연을 단언한다[affirme]는 것입니다. 요컨대 그것은 우연의 단언인 동시에 재단언이며, 이런 이유로 우연을 필연으로 만드는데, 필연은 우연의 긍정적[affirmatif] 요소나 다름없기 때문입니다. 이런 이유로 주사위를 던지는 자의 몸짓은 최종적으로 하나의 수[nombre]를, 혹은 말라르메가 말할 것처럼 '다른 수가 될 수 없는 유일한 수'를 펼쳐낼 것입니다.

¶ 마지막으로, 주사위 던지기는 결국 비인간적 행동이라는 것입니다. 그것은 의지라는 주체적 형상에 사로잡혀 있지 않습니다. 니체의 행동이 주사위 던지기의 형상에, 그것도 비인간적인 (따라서 우연과 그것이 단언하는 필연으로 이루어진 양면적인) 몸짓으로서 주사위 던지기의 형상에 있다고 주장하는 것은 니체를, 하이데거가 그를 주체와 데카르트의 운명적 상호관계 속에 붙잡아두는 장소인 주체라는 형이상학적 형상에 의한 규정에서 벗어나도록 하는 것입니다. 주사위 던지기가 비인간적 행동이며 그러하기에 그 속에서 우연이 필연으로 단언되며 대체 불가능한 것을 재단언하게 된다는 것은 니체가 한편으로 '나는 언제나 우연에 대처할 수 있었다'라는 말을 그리고 다른 한편으로 '나는 운명이다'라는 말을 동시에 선언할 수 있는 근거가 됩니다. 들뢰즈의 분석에서 이것이 의미하는 바는 '나는 주사위 던지기다' 혹은 '나는 주사위 던지기라는 행동 자체다'라는 것이며, 이를 통해 희미하게 마멸된 대체 불가능한 것이 우연히 재단언되고 역사가 둘로 부서지게 된다는 것입니다. 이런 이유로 니체는 **그가 인간이 아니라고** 선언할 수 있는 것입니다. 하지만 그렇다고 해서 그

가 '초인surhomme'인 것도 아닙니다. 오히려 '인간이 아님'은 주사위 던지기라는 비인간적 행동에 내재하는 고유한 조건입니다. 정확히 그가 쓴 그대로, **내가 인간이라는 것은 하나의 선입견**, 곧 '니체'가 아닌 니체와 관련된 선입견이며, 여기서 '니체'는 언제나 행동에 대해 불투명한 고유명으로, 합리적인 선입견을 거쳐 '인간'이라고 단언될 수 있는 니체와 구별되는 것입니다.

여담으로, 들뢰즈는 이 지점에서 말라르메와 명백히 상반된 입장을 취합니다. 《니체와 철학》에서 그는 니체와 말라르메의 두 가지 주사위 던지기를 대조하며, 후자에 대한 극단적인 폭력을 나타냅니다. 그는 주사위 던지기에 대한 말라르메적 이해가 니체의 주사위 던지기에 대한 허무주의적 이해이거나 혹은 그 허무주의적 되풀이라고 간주합니다. 들뢰즈를 인용해봅시다.

> 말라르메[의 사유], 그것은 주사위 던지기이지만, 그러나 그것은 허무주의에 의해 수정되고, 양심의 가책과 원한이라는 관점들에서 해석된 주사위 던지기다.

여러분은 이 발언이 제게 일으킬 분노를 상상해보십시오! 말라르메가 '양심의 가책과 원한이라는 관점들'에 할당된다는 말은 제게 깊은 분노를 일으키며, 그래서 저는 이에 대립하는 테제를 주장할 것입니다. 그런데 '대립적인 테제'란 무엇을 의미할까요? 우리는 말라르메의 해석이 훌륭한 인식이나 동의라고 말하지 않을 것입니다. 아니지요! 우리는, 니체의 주사위 던지기에 비추어볼 때, 말라르메의 경우는 광기 어린 의지의 난관으로부터 온전히 빠져나온 주사위 던지기이며(여기서 의지는 제가 '니체적 행동의 원환[cercle]'이라 부르게 될 어떤 것 안에 머무른다는 점을, 우리는 알게 될 것입니다), 시적으로 순수한 '거기 있음[il y a]'✦으로 사유되기에 이른다는 점을 인정할 것입니다. 달리 말해서 말라르메는 그 행동(주사위 던지기) 자체를 자기 고유명의 영향 아래 상정하지 않을 것이며, 그 행동의 '거기 있음'을 시적으로 상정할 것입니다. 말라르메는 이렇게 말할 것인데, 행동이 혹은 우연을 단언할 수 있는 가능성이 있으며, 이 단언으로부터 실제로 **하나의 다른 수가 될 수 없는 유일한 수**가, 즉 별자리[constellation]가 귀결되겠지만, 사건 자체는 '거기 있음'의 유예 속에 남겨질 것이라고 말입니다. 말라르메는 니체가 제시하거나 가정하는 것을 대체하게 된 사건성의 시를 제시하며, 이는 원정치적 행동의 광기라는 점을 분명히 말해두어야 하겠습니다. 또한 사건성의 시가 원정치적 행동의 결정을 대체한다는 점을 덧붙이도록 합시다. 이 모든 것은 차후에 다시 다루게 될 것입니다. 그럼에도 니체의 행동이 형이상학의 전복이라는 형이상학적 의지와 아무 관련도 없다는 점에는 변함이 없습니다. 니체적 행동은 우연에 있어서는 모든 정치를 와해시킬 것이며, 운명으로도 말해지게 될 우연의 단언(긍정)에서는 그 대체할 수 없는 중대함 가운데 정치를 확립하게 될 것입니다. 순수한 주사위 던지기 속에 내재한 행동의 양면성[le biface]은 그런 것이지요. 우연이 관

✦ '거기 있음'으로 옮기는 'il y a'라는 표현은 현존재(dasein)의 프랑스식 번역어다.

건인 이상 모든 정치의 와해가 관련되겠지만, 이 우연의 단언이 관련되는 이상 관건이 되는 것은 오히려 행동의 대체할 수 없는 중대함입니다.

행동이 일어났다는 가정과 그 고유한 논리의 결정 너머에는 순수하게 감산적인 차원도 있습니다. 니체는 행동이 결코 인류의 역사라는 그 일반적인 공간에서 일어나지 않게 되리라는 것을 묵인해야 합니다. 그렇다면 행동이 일어남을 증명하게 될 것은 무엇일까요? 행동이 일어났음을 확인하는 시험은 어떤 것일까요? 무엇이 원정치적 행동의 실효성을 알아보는 식별의 표지일까요? 혹은 주사위 던지기를 알아보는? 이는 행동에서 그 존재 자체를 표시하는 것의 문제인 동시에 그 증언자 혹은 우발적인 목격자의 문제이기도 합니다. '니체'라는 이름의 불투명성으로부터 소환되어 이 이름이 이름을 붙이거나nomme 혹은 별명을 붙이는surnomme 행동의 증언자가 될 수 있거나 되어야 하는 자는 누구일까요? 행동의 과장되거나 원정치적인 유효성과 반대로, 니체는 그것의 고독하고도 침묵적인 성격을 주장합니다. 이러한 침묵과 고독 가운데, 우리는 행동의 유효성이나 그 실재의 증언에 있는 불가해함l'indéchiffrable으로 들어가게 됩니다. 니체는 편지 교신에서 그것을 **나는 …… 저지를 것이다**je vais commettre…라는 말로 강조하지요. 언제나 이 **나는 ~할 것이다**je vais라는 말은, 이 행동의 차이는 임박한 것을 나타내지만, 그 임박성은 또한 언제나 멀리 떨어져 있는 것이기도 합니다. **나는 모든 가치의 전복이라는 너무나도 고독한 행동을 저지를 것입니다.** 그리고《안티크리스트》머리말에서,

> (…) 우리는 [그 행동을 위해 그리고 그것을 증언하기 위해] 초연해져야 한다……

고독, 침묵, 초연함, 그리고 마지막으로 무시간성. 전자에 중첩되는 이러한 행동의 다른 형상, 즉 이 고독하고 침묵에 싸여 있으며 확인되지 않는 초연한 형상에서, 언뜻 보기에 그 행동의, 다시 말해 세계의 역사를 둘로 쪼개는 행동의 시간 자체에 어긋난다고 여겨지는 무시간성이 모습을 드러낼 것입니다. 니체는 《바그너의 경우》 서언에서 다음과 같이 말합니다.

> 철학자가 최초이자 마지막으로 그 자신에게 요구하는 것은 무엇인가? 그 당대에 자기 자신에게 승리하여, 무시간적인 것이 되는 것이다.

그리고 《안티크리스트》 머리말에서 하는 말을 옮기자면,

> (…) 정치적인 것에 대한 오늘날의 하찮은 잡담**보다 우월하다고** 느끼도록 단련하는 것 (…)

그래서 우리는 자문해야 합니다. 어떻게 세계를 둘로 쪼개는 것이 무시간적인 것으로부터 입증될 수 있을까? 비기독교적인 폭발적 사건은, 폭발의 중심에서 비기독교적 다이너마이트를 발견하게 된 자는 어떻게 그들이 무너뜨리게 될 어떤 것**보다 우위에** 있을 수 있는

가? 그런 것이 바로 제가 말하는 중첩입니다. "그 행동을 세계의 역사를 둘로 쪼개기로 놓는 즉각적인 규정에, 다시 말해 철학에 원정치적 과업을 할당하는 규정에, 실제로 다른 하나의 규정이, 다른 하나의 결정이 중첩됩니다. 그 행동을 무시간적인 것의 침묵에, 그리고 비가시성이나 잠재성이나 혹은 차이라는 요소—절대적으로 이전의 형상으로부터 선언되는 빛나는 역사성이 아닌 어떤 다른 차원에 속한 요소—에 할당하는 하나의 다른 결정이 말입니다."

저는 이에 대한 열쇠를 찾고, 그럼으로써 한층 더 철학에 대한 니체적 결정의 역설로 들어가고자 합니다. 이 중첩은 무엇과 연결되는가? 그것이 원정치적인 한, 철학적 행동은 하나의 선언입니다. 무언가가 선언되기에 이르며, 바로 이 선언된 것이 세계의 역사를 둘로 쪼갤 것입니다. 그런데 이 행동은 무엇을 선언하는가? 선언되는 것은 무엇인가? 차라투스트라가 말하는 것처럼, 선언되는 것, 그것은 바로 언제나 그 행동 자체의 전조[précurseur]로 간주되는 행동의 임박함입니다. 선언으로서의 행동은 그 자체로 (이미) 도래한 것으로 선언됩니다. 차라투스트라는 자신이 그 도래에 선행하는 수탉이라고 말할 것입니다. 그것은 그 돌발적 도래에 대해 예고된 것이며, 결국 이 차원에 속한 어떤 것입니다. 이것이 첫 번째 가능성인데, 이 가능성은 철학적 행동이 그 자체에 앞서 놓이기에 순환적인 것입니다. 이러한 형상이 니체에게서 확인될 수 있기는 하지만, 그것은 니체 자신에게도 만족스럽지 않을 것입니다. 따라서 우리는 이런 질문으로 되돌아가야만 할 것입니다. '행동으로서의 철학적 선언에서 선언되는 것은 무엇인가?' 겉으로 보기에, 그 선언의 내용은 오래된 세계와 그 오래된 가치들에 대한 유죄판결입니다. 그리고 우리는 오래된 세계의 유적인 이름이 '기독교'임을 알고 있습니다. 그러므로 선언되는 것의 내용은 기독교에 대한 심판이며, 그 결과 선언으로서의 행동은 무엇보다, 서술적인 면이나 현상학적인 면에서 평결[verdict]의 형식을 취하며, 선언되는 것의 내용을 행동으로 상정하는 철학적 추론이 평결로 제시됩니다. 그 자체로 '기독교'라는 유적인 이름 아래 포섭되는 오래된 세계와 오래된 가치들의 체계에 대한 평결로 말입니다. 《안티크리스트》의 결론은 이런 방식으로 펼쳐집니다. 여러분은 그 이름을 지닌 책 혹은 팸플릿이 행동 그 자체라는 점을 상기하도록 합시다. 그것이 힘에의 의지에 대한 기획으로부터 모든 가치의 역전이라는 기획으로 이어지는, 그리고 이 역전의 환원으로부터 '안티크리스트'라는 제목이 붙은 그 첫 부분으로 이어지는 진행입니다. 그것은 어떻게 끝을 맺을까요? 바로 이런 방식입니다.

> (…) 나는 내 결론에 이르렀고, 이제 내 평결을 말한다.
> 나는 기독교에 유죄를 선고하며, 기독교 교회를 향해 지금까지 고발자에 의해 표명된 가장 심각한 고발을 제기한다. 그것은 내가 보기에 생각할 수 있는 타락들 중 가장 심한 것이며, 의도적으로 가능한 한 가장 심한 타락의 정점에 이르기 바란 것이다.
> 기독교 교회의 타락은 아무것도 남기지 않았으며, 모든 가치를 가치 없는 것으로 만들었고, 모든 진리를 거짓으로 만들었으며, 모든 진실됨을 비열함으로 만들었다. (아포리즘 62)

그 평결은 이상과 같습니다. 그 행동의 평결 혹은 선언은 공적인 차원에서 자리 잡게 되는데, 왜냐하면 니체가 약간 더 나아가 다음과 같은 말을 덧붙이기 때문입니다.

> (…) 기독교에 대한 이 영원한 기소mise en accusation를, 나는 벽이 있는 곳이라면 어디서든 모든 벽 위에 붙이기 원하는데, — 나는 이를 위해 눈먼 자들에게 시각을 돌려줄 편지들을 썼다. (…)
> (아포리즘 62)

원정치는 그 저주 혹은 평결을 알리는 공적 선포, 즉 모든 벽 위에 게시된 공식적 처분입니다. 그러므로 그 행동에 대한 전자의 서술적 결정에서, 그 행동은 유적인 공중公衆, public이 인식하게 된 오래된 세계에 대한 심판인데, 왜냐하면 '모든 벽'이란 '모든 벽 위에' 붙여져 보편적으로 누구에게나 전달되는 '말 건넴'을 의미하기 때문입니다. 그 행동을 평결의 공표로 하는 결정에 대한 이런 종류의 불확실한 동요에 유의합시다.

¶ 한편으로, "나는 (…) 기독교 교회를 향해 지금까지 고발자에 의해 표명된 가장 심각한 고발을 제기한다." 그 행동은 단지 평결이나 고발 혹은 저주로만이 아니라, 지금까지 교회에 전달된 가장 끔찍한 것으로 확인될 수 있습니다. 이 논점은 행동과 동질적입니다. 기독교와 오래된 세계를 향한 평결은 지금까지 일어난 가장 끔찍한 심판으로 입증될 수 있어야 합니다. 필연적인 초과의 차원을 살펴봅시다. 고발은 오로지 그것이 원정치적인 고발일 경우에만, 즉 앞서 초래된

모든 고발에 비추어 월등한 것으로 구별되는 고발일 경우에만 행동의 골자가 됩니다.

¶ 다른 한편으로, "(…) 기독교에 대한 이 영원한 기소"에서, 그 행동은 언제나 재단언(재긍정)[réaffirmation]의 형상에 있고 언제까지고 변함없이 이미 일어난 것으로, 그로 인해 니체는 우연적인 동시에 운명적인 재단언입니다. 주사위 던지기의 형식을 취하는 모든 재단언이 그러하듯이 말이지요.

철학적 행동이 결국 오래된 세계에 철저한 심판을 내리고 공적으로 영원한 저주를 선언하게 될 것을 기억하기 위해, 저는 어쨌든 주사위가 아직 던져지지 않았음을, 다시 말해 거기 있는 것이 그 급진성과 긴장 속에서 실제적인[veritable] 주사위의 던져짐보다는 여전히 잠재적인[virtuelle] 주사위 던지기의 형상임을 자각합니다. 그것이 가상적인 이유는 저주라는 그 평결이 주사위를 던지는 몸짓으로 여겨지기보다는 주사위 던지기의 형식으로 보이기 때문입니다. 저는 이를 말라르메적인 주사위 던지기의 순간과, 즉 단단히 쥔 주먹 속에서 주사위를 흔드는 그 순간과 비교할 것입니다. 니체의 단단히 쥔 주먹은 분명히 저주이자 기독교에 대한 비난이지만, 거기서 단언될 무엇 — 거기서 솟아오를 별의 수, 이 재단언의 우연이 정해지게 될 운명적 몸짓 — 은 우리에게는 아직 판독할 수 있는 것이 아닙니다. 이는 말라르메가 말할 것처럼, 주인(선장)[maître]이 조상 대대로 '무용한 머리 저편에서 꽉 쥔 손을 펴지 않'기를 망설이는 바로 그 순간입니다. 바로 그 이후로, 그것의 니체적 형상에서, 선언은 더욱더 니체적 행동의 원환에 사로잡힙니다. 선언은 오래된 가치들에 대한 저주를 전달하고, 그럼으로써 철학을 급진적 단절에 지정하지만, 그 선언 자체가 이를 실행하는 방식은 이 저주의 강력한 내용이 되는 것입니다. 달리 말해서 평결의 단정적 요소, 즉 세계의 역사를 둘로 쪼갬의 다른 가장자리로 기대되는 이 요소는 바로 평결 그 자체의 강도[intensité]입니다. 이로부터 니체가 이것은 지금까지 기독교에 내려진 심판들 중 가장 무시무시한 것이라고 단언할 필요가 생기는 것입니다. 다시 말해서, 그 선언의 유효한 타당성은 선언으로서 실존하는 것이라고 단언할 필요 말입니다. 그 행동의 유일한 차원은 다시 한번 니체 자신이며, 그는 몸소 그 자리를 차지해야 합니다. 이런 이유로, 이 시기의 글쓰기에 대한 니체의 태도에서 《안티크리스트》와 《이 사람을 보라》는 완전히 결합되어 어떤 주장의 단일성을 이룹니다. 《이 사람을 보라》는 어떤 말로 시작할까요? 예컨대,

> (…) 내가 곧 인류에게 인류가 지금까지 당면한 가장 심각한 도전을 제기해야 할 것임을 예상할 때, **내가 누구인지** 이야기하는 것은 불가피하리라 여겨진다.

'예상할 때[prévoyant]'라는 말에는 언제나 '나는 ~할 것이다', '바로', '곧이어', '그것은 ~ 될 것이다' 같은 말이 따라붙는데…… 이는 행동의 가장자리를 나타냅니다. 그리고 '내가 누구인지'라는 말은 거기서 선언적 동의의 전체를 구성하는 부분으로 오게 됩니다. 약간 더 나아가서 니체는 이런 비통한 외침을 외치게 될 것입니다. **나는 이러저러한 사람이니, 내 이야기를 들어주시오.** 모든 것은 마치 기독교에 대한 저주

의 선언, 다시 말해 오래된 세계에 대한 사형 집행의 선언과 그 행동 자체, 즉 선언의 강력한 힘 사이에 여전히 증인이라는 환원 불가능한 문제가 잔존하는 것처럼 일어납니다. 요컨대 증인이나 공중公衆 또는 청중이, 반드시 누군가가 있어야 하는 것입니다. 그가 선언에서 말하고 있는 것이 누구인지 이해한다는 의미에서 누군가인 것이지요. 문제가 되는 것은 선언 그 자체가 아닌데, 선언은 이해될 수 있고, 그것은 거기에 있습니다. 행동은 오로지 선언으로서 명시적이겠지만, 그런데 선언하는 것은 누구일까요? 그가 말하는 것으로는 충분치 않은데, 여전히 누군가는 이 (선언하는) '자'가 누구인지 알아야 하기 때문입니다. 공중公衆의 문제, 혹은 누군가의 문제, 혹은 타자의 문제 — 이 중 어느 것이든 원하는 대로 지칭하도록 합시다 — 는 궁극적으로 니체적 동기에, 다시 말해 선언과 그 선언의 행동적 차원 사이에, 이에 따라 행동과 (선언하는 자) 그 자신 사이에 삽입됩니다. 이 문제는 선언의 내용이 아니라 '누가 선언하는가?'에 결부됩니다. 제가 선언으로서의 '행동의 원환'이라고 부르는 것을 구성하는 무엇은 이런 것으로, 말하자면 선언적 언표가 전달되려면 발언의 주체가 그 자체로 선언되어야 한다는 것입니다. 그러니까 이것은 이중적 선언입니다. 니체적 의미에 따른 원정치적 선언으로서 제시되는 모든 선언은 이중적입니다. 즉 선언이 그 자체로 '누가 선언하는지' 선언할 능력이 없다 하더라도, 선언은 또한 중단 없이 '누가 선언하는가?'라는 질문을 담고 있어야 합니다. 선언은 '내가 누구인지'가 발언됨으로써 이중화되어야 하지만, 당연히 이해된다는 조건 아래 그렇게 되어야 합니다. '내가 누구인지'에 대한 동의는 더 이상 언표들의 이해 가능성으로부터 유예되지 않고, 그것은 전달되거나 아니면 비실존하며, 즉 들려지거나 아니면 무無가 될 것이며, 이런 이유로 **나는 이러저러한 사람이니, 내 이야기를 들어주시오**라는 니체의 외침은 행동 자체를 그 실효성에 걸게 되는 것입니다. 만일 '내가 누구인지'가 들려지지 않는다면, 그리고 두 번째 선언이 첫 번째 선언을 그 전달의 결과에 유효함을 인정하지 않는다면, 그의 철학적 행동이 일어나는 것은 가능하지 않습니다. 반드시 인식reconnaissance이 있어야 하는 것입니다. 인식이 필수적이며, 말하자면 그것은 단지 선언이 인식된다는reconnue 사실에 그치지 않습니다. 선언이 있으려면, '누가 선언하는지'가 그 자체로 인식되어야 한다는 것입니다. 결과적으로, 이러한 '누구'인지에 대한 인식은 최종적으로 사건 그 자체, 곧 환원 불가능한 돌발을 통한 사건이자 인류의 역사에 대한 진정한 파열의 지점이 아닐까요? 결국 그것은 (그렇게 말할 수 있다면, 하나의 비판적 귀결인) 기독교 저주가 아니라, '누가 선언하는지qui déclare'나 혹은 인식되는 '누가 선언하는지'의 강도가 아닐까요? 그리고 그 강도는 어떻게 인식해야 할까요? 니체는 여기서 물레를 돌립니다. 그러나 이어서 선언이 기능하려면 그 '누구qui'인지가 식별되어야 하며, 그러니까 무조건적인 인식이 요구됩니다. 즉 니체가 인식되어야만 하는 것이지요. 그리고 니체에 대한 인식은 오직 사건적 형상을 가질 수 있을 뿐입니다. 즉 그에 대한 인식이 도래하리라는 것입니다. 또한 니체는 결국 《안티크리스트》 머리말 첫머리에서 이렇게 말하게 됩니다. "필경 나의 독자는 아직 태어나지 않았다." 그러나 만일 니체의 독자가 아직 태어나지 않았다면, 그의 탄생은 실제로 진정한 사건인 것입니다. 진정한 사건, 진정한 돌발, 진정하게 새로운 것이란 '니체'가 일어났음a eu lieu을 인식하는 누군가 어떤 사람이 도래하여 '니체가 일어났다!'라고 말하는 것입니다. 그 인식은 무법적이며sans loi 계산 불가능하기에 사건적인 것입니다. 그것은 강요당하지 않으며, 선언의 산물이나 효과가 아니며, 오히려 사건의 선언을 위한 조건이 됩니다. 따라서 니체의 기획 전체는 누군가 어떤 사람이 일어나, 거기에 니체가 있다고, 아니면 거기에 니체가 있었다고, 아니면 '니체'가 존재했다고 말하는 것에 달려 있음이 밝혀질 것입니다. 혹은 바로 여기에 '니체'의 환원 불가능한 정체성identité에 달려 있는 선언이 있는 것입니다. 그동안en attendant, 무엇을 해야 할까요? 왜냐하면 우리는 거기에서 어떤 기다림attente을, 그가 선언적 행동의 가능성에 대한 연기 혹은 우유부단한 중단이라 말하는 기다림을 보게 되기 때문입니다. 무엇을 할 것인가? 그동안 그는 법을 통해 군림하게 될 것인데, 이는 정확히 인식이라는 요소가 무법적이기 때문입니다. 그로부터 기독교를 향한contre 저주 또한 기독교에 반대되는contre 법에 상당할 것이라는 이 놀라운 문제가 도출됩니다. 이로써 '법이란 무엇인가?'라는 질문에 이르게 되는데, 이에 대해서는 매우 일반적인 정의로 답을 얻게 될 것입니다. 말하자면, **법이란 인식이 발생하지 않았을 때 존재하게 되는 것입니다.** '누구qui'인지가 타자에 의해 말해질 수 없었을 때 말입니다. 이것이 바로 법의 유적인 정의입니다. 타자가 '누구'를 말하지 않을 때, '누구'의 인식에 대한 필시 무한정한 기다림을 막을 법이 있어야 합니다. 혹은 달리 말해서, 누구도 내가 누구인지 알아보지 못할 때, 법이라는 요소 속에는 익명적 분열partage이 만들어져야 하는 것입니다. 그리고 이 논점에 대한 통찰에서 니체는, 그가 일어났음을 발언할 수 있을 독자가 태어나기를 기다리며, 기독교에 반대되는 법을 세우게 될 것입니다.

이와 같은 사유의 결정은 진지하게 받아들일 가치가 있으며, 그 세부 내용이나 그로부터 제기되는 난점들에 대한 검토를 요구합니다. 저는 여러분에게 '기독교에 반대하는 법'이라는 제목을 상기시켜 드립니다. 이를 이루는 각각의 용어들인 '법', '반대되는', '기독교' 등은 행동의 차원에 위배됩니다. 계속해서 살펴봅시다.

¶ 법 : 법은 절대적으로 행동이나 사건성과 상반되는 것처럼 보이는데, 왜냐하면 세계의 역사가 둘로 쪼개진다면 어떠한 법도 기독교에 맞서도록 설립될 수 없기 때문입니다. 이는 매우 분명하지만, 법은 실제로 행동의 조건들의 잠정적 비실존—'니체'에 대한 인식의 비실존—을 메우게 됩니다.

¶ 반대되는contre : '반대되는'이라는 말 역시 행동의 단언적 본질과 상반되는데, 왜냐하면 이는 니체가 밝히는 바에 따를 때 반反, anti이나 역逆, reversement이 아니고, 투쟁적agonique이거나 적대적인 것antagonique이 아니며, 오히려 이는 단언적 균열이나 제가 '와해적 초과excès dissolvant'라 지칭했던 바 있는 것이기 때문입니다. 그가 철학에 부여했던 정의를 상기해봅시다.

> (…) 철학은 아무것도 제거하거나, 제외하거나 혹은 선택하는 일 없이 세계에 대한 디오니소스적 동의에 도달하기 원한다.
> (사후에 발견된 1888년 봄의 단편)

이는 그 행동의 단언적 가장자리 위에 선 철학입니다. 이로부터 '반대되는'의 역설이 유래하는 것입니다.

¶ 기독교: 기독교는 오래된 허무주의적 가치들을 일컫는 유적인 이름입니다. 이를 달리 받아들일 수 없습니다. 어쨌든 법의 텍스트에서 후일에도 지속될 어떤 것, 그것은 기독교는 거기서 허무주의의 유적인 이름으로서 기능하지 않으리라는 것이 아니라, 구체적으로 종교적인 말뜻acception으로 기능하지 않으리라는 것입니다. 이 문제는 나중에 다시 다루게 될 것입니다. 이 이름은 요컨대 양면성을 갖는 이중적 형상입니다. 한편으로 그 유적인 의미에서, 기독교는 허무주의적 가치들의 이름이거나, 평가라는 허무주의적 변전devenir의 이름, 혹은 무無의 의지에 붙여지는 역사적 이름입니다. 다른 한편으로 기독교는 하나의 단독적 입장configuration, 즉 사제의 형상의 단독적 생성devenir입니다. 그 교묘함을 살펴야 합니다. 기독교에 반대하는 법은 무의 의지에 반대하는 법이라기보다 어느 정도는 사제에 반대하는 법일 것입니다. 왜 그런가 하면 그것은 정확히 법이며, 행동이 아니기 때문입니다. 행동이 결여된 행동인, 혹은 아직 유효하지 않은 것으로서의 선언인 법은 오히려 종교의 구체적 형상, 즉 사제가 사용하는 장치 혹은 기구입니다. 제목에 관한 논의는 이상과 같습니다.

이어서, **법은 구원의 날에, 즉 제1년 첫날(가짜 달력의 1888년 9월 30일)에 공포됩니다.** 이에 관해서는 다시 다루지 않겠습니다. 저는 단지 제가 '혁명의 모방'이라 지칭했던 것을 강조할 뿐입니다. 이 법은 전적으로 국민의회의 법령들에 대한 모방에 사로잡혀 있으며, 여기에는 새로운 달력의 창제와 니체를 창설자로 하는 제1년이 포함됩니다. 그러나 법을 통해 한 시대를 열 수 있을까요? 이는 매우 미묘한 사안입니다. 거기서 만들어지는 원환을 보십시오. 이날이 제1년의 첫날로 결정되는 이유는 정확히 그날이 다른 어떤 날도 아닌 법을 공표하는 날이기 때문이라는 점을 말입니다. 바로 이날에 법이 공표된다는 점 외에 다른 어떤 것도 제1년의 첫날임을 입증하지 않지요. 법의 연대 결정은 법 자체의 효과일 따름인 것입니다. 이는 완벽한 원환입니다. 이렇게 말할 수도 있겠는데, 법은 그 자체의 날짜를 첫날로 기입합니다. 그리고 사건의 장소에 이르게 되기에, 법은 여전히 기다려지는 사건의 보충이며, 그 자체의 날짜의 (근거가 되는) 토대가, 혹은 법을 그 자체의 날짜와 관련짓는 사건이 될 수 있습니다.

마지막으로, 부제 '철저한 전쟁 — 악은 기독교다'를 살펴봅시다. 여기서 악은 결코 우리가 '선악의 저편에par delà le bien et le mal' 있게 하는 것이 아닙니다. 만일 그랬다면, 우리는 기독교를 악으로 말하는 선포 안에 있지 않았을 것입니다. 여기에는 순전한 대체commutation라는 요소가 주어집니다. 성스러웠던 것은 악하고, 악했던 것은 성스러우며, 혹은 긍정적이었던 것은 부정적이며, 부정적이었던 것은 긍정적입니다. 그러나 이 대체라는 요소는 결코 세계의 역사를 둘로 부수는 것과 동일하지 않습니다. 만일 각 항들의 서로에 대한 치환permutation이나 역전이 관건이라면, 여기서 우리는 실제로 승계relève나 조합combinatoire을 거칠 것입니다. 그래서 '악에 대한 철저한 전쟁' 혹은 '악은 기독교다'는 무엇을 나타낼까요? 이것이 나타내는 것은 우리가 여전히 사건 자체에 대한 선행성 안에 있다는 것, 우리가 부정적 선언 안에 있으나 아직도 이 선언이 창설하는 행동의 힘 안에 있지는 않다는 것입니다.

이 선언 자체에 매혹되고자 할 사람들을 위해, 그 일곱 개 항 각각을 빠르게 검토하도록 합시다.

1조:

모든 종류의 본성에 반하는 것contre-nature은 악하다. 가장 사악한 종류의 인간은 사제다. 그는 본성에 반하는 것을 **가르친다.** 사제에 대해서는 아무 이유 없이 강제노역이 부과된다.

이 항에 관해서는 빨리 지나가도록 하지요. 저는 조금 전까지 그 요지를 이야기한 바 있습니다. 요컨대 법은 사제의 형상을 향하게 될 것이며, 정확히 그의 유적인 존재에, 즉 무無의 의지에 심판이나 파열을 가져오지 않을 것입니다. 그것은 특정되지 않은 자연적 규범성 아래 있게 될 것입니다. **모든 종류의 본성에 반하는 것contre-nature은 악하다**는 문장은 본성/본성에-반하는-것nature/contre-nature 그리고 악/악이-아닌-것vice/non-vice이라는 이중항들을 담고 있습니다. 그렇다면 공포정치의 모방을 받아들이는 것은 정당한légitime 일이 될 것입니다. 바로 다음의 선언에서 혁명의 모방이 수용한 공포의 형식을 기억해 봅시다. "나는 모든 반유대주의자를 총살형에 처하도록 했습니다." 어떠한 추론도 증명도 없습니다. 여기서 아무것도 없다는 것은 니체의 결정적인 언표로 되돌려집니다. **증명을 요하는 것은 아무 가치도 없다**는 발언으로 말입니다. '사제에 대해서는'이라는 문구에서 악하고 본성에 반하는 그의 본성을 증명할 필요는 없으며, 이로 인한 강제노역이 부과된다 해도 별로 놀라울 것은 없습니다.

> 2조:
> 모든 종교 행사에 대한 참여는 선량한 도덕에 대한 위반이다.
> 우리는 가톨릭 신도보다 개신교인에 대해 더 엄격할 것이며,
> 엄격한 계율을 지키는 개신교인에 대해서보다 자유주의
> 개신교인에 대해 더 엄격할 것이다. 기독교인이 되는 것은 지식에
> 더 근접한 자일수록 더 큰 범죄가 된다. 따라서 범죄자 중의
> 범죄자는 **철학자**이다.

여기서 또한, 선량한 도덕^bonnes mœurs^의 위반이라는 개념의 회복은 악의 개념이나 나머지 모든 개념과 같은 선상에 있습니다. 우리는 이름의 전도^顚倒, inversion✦^ 가운데 있는 것입니다. 이름들의 전환^retournement^이라는 이 문제는 나중에 다시 다루게 될 것입니다. 이어서 방향을 반대로 틀어 범죄자들을 향하게 될 텐데, 이는 점차 화살을 돌려 철학자에게 향하도록 할 것입니다. 그 용어(철학자)의 관념론적 의미에서 말입니다. 철학자에게는 강제노역으로도 충분치 않아 보입니다! 하지만 그는 사형까지 가지는 않을 것입니다. 플라톤이 《법률 *Nomoi*》 10권에서 소피스트들에 대해서 하는 것과 달리, 니체는 사형을 꺼내 들지는 않습니다 — 이에 관한 행동은 그에게 맡기도록 합시다! 그러나 결국 이 두 번째 조항에서, '범죄자 중의 범죄자는 **철학자**'입니다. 이것이 바로 반^反^철학자가 되는 니체의 고유한 양식입니다.

그가 스스로 선언하지 않습니까? 그는 동시대적 반철학을 구성하는 인물들 가운데 첫 번째 정초자입니다. 동시대적이라 말하는 이유는 최초의 중요한 반철학자는 고전주의 시대 작가이기도 한 파스칼이기 때문으로, 니체는 이 사람과 본질적이면서도 까다로운 유대를 맺습니다. 여기서 니체에게 반철학이 필연적으로 어떤 것을 의미하는지에 대한 최초의 결정이 주어집니다. 반철학의 입장에서, 철학은 실제로 학문성이나 합리성이라는 화려한 옷을 입어 스스로를 위장하는 종교입니다. 그러니까 그것은 식별 불가능한 종교, 종교가 아닌 요소에 따른 종교인 것입니다. 그리고 플라톤 이래, 역사상의 철학은 종교에 대한 복무나, 그저 종교와 같은 어떤 것이나 심지어 정확히 변장한 종교와 같은 것 — 매우 다채로운 이미지를 지니는 것 — 으로가 아니라, 오히려 종교가 아닌 어떤 것과 식별될 수 없게 된 종교, 다시 말해 처음부터 그것과 이질적인 요소 속에 기생적으로 거주하는 종교와 같은 것으로 규정됩니다. 마치 바이러스처럼 철학은 그것이 기생할 생물 안에서 비가시성의 상태에 있을 것이며, 거기서 그 정체성은 더 이상 간파될 수 없으며 그저 차용될 수 있을 뿐입니다. 니체의 관점에서, 철학은 살아 있는 사유의 생물에 대한 명백한 동질성 속에 자리 잡은 바이러스 상태에 있는 종교이며, 이때 관건이 되는 것은 종교, 즉

✦ 원문에는 invention(발명)으로 적혀 있으나 다른 강의록에서는 inversion(전도)으로 표기되어 있는데, 논의의 흐름을 볼 때 inversion이 보다 적절한 것으로 보여 수정했다.

허무주의입니다. 이런 관점에서 반철학은 무엇보다 우선 가시적으로 만드는 것입니다. 반철학은 철학이 해체된 형태 혹은 그 자체에 대해 결여된 형태로 배치하는 종교적 요소를 가시성 속에 놓는 것입니다. 이런 의미에서 니체는 언제나 자신을 기독교에 대한 가장 위대한 심리학자로, 즉 기독교가 식별되지 않는 곳에서 기독교를 식별해낼 수 있는 자로 지칭합니다. 일단 철학을 이런 첫 번째 말뜻에 따라 묘사하고 나서야, 그는 '범죄자 중의 범죄자는 철학자'라고 선언할 수 있게 되는 것입니다.

> 3조:
> 기독교가 바실리스크의 알을 품었던 저주받아 마땅한 자리는 파괴될 것이며, 이 땅의 가증스러운 장소는 장차 올 세대들에게 공포를 불러일으킬 것이다. 거기서는 독사들이 길러질 것이다.

여기서도 또한, 저는 여러분에게 우리가 아직 혁명의 모방이라는 관념 속에 있음을 지적하고 싶었습니다. 상징들을 파괴하고, 문장紋章들을 망치로 두들기고, 왕들을 무덤에서 끄집어내 그 뼈를 흩어버리고…… 그런데 입상立像들의 전복만큼이나 터무니없는 행동에 몰두하는 혁명가들을 책망하는, 차라투스트라로부터 유래한 이 구절과 그는 상반되는 이야기를 하고 있지는 않은가요? 원정치적 의미에서, 그는 어디에서 그런 터무니없는 행동들을 정치혁명들의 덧없음이나 경솔함을 보여주는 예로 간주하는 것일까요? 그러나 법 안에서, 그리고 정확히 그것이 오로지 사건이 결여된 법이기 때문에, 이번에는 혁명의 모방이 우위를 점하게 되며, '니체' 또한 입상들의 전복과 유사한 어떤 몸짓에 혹은 이른바 상징들의 파괴에 빠져듭니다. 바로 여기서 장치의 변화라는 의미에 따른 모순이 주어집니다. 저는 여기서 프랑스 혁명을 구성하는 혁명적 패러다임에 비추어볼 때 철학적 행동에서 드러나는 모방적 불안정성의 징후를 목도합니다.

어쨌든 빠르게 5조로 넘어가도록 합시다.

5조:

사제와 같은 식탁에서 먹는 것은 금지되며, 이를 통해 그들은 정직한 사회로부터 파문당한다. 사제는 **우리의** 찬달라이다— 그를 격리시키고, 굶주리게 하며, 최악의 황무지로 추방해야 한다.

우리는 여기서 다시 사제를 다루게 됩니다. 이 조항에서 제게 놀라운 것은 상대적으로 온건한 어조인데, 특히 기독교에 대해 가해진 가장 급진적이고도 무시무시한 규탄을 고려하자면 그럴 수밖에 없을 것입니다. 하지만 솔직히 말해서, 프랑스 혁명의 반反기독교인들의 텍스트들과 비교해보자면 이는 대단한 것이 아니라고 이야기해야 하겠습니다. 사제와 그의 축출이 관건이 될 때, 역사적인 프랑스 혁명은 추방과 단두대와 체계적 박해 앞에서 물러서지 않았던 반교권주의적 시기에, 니체에게서 확실히 인지될 수밖에 없는 온건함과 대비되는 폭력성을 드러냅니다. 사제와 같은 식탁에서 먹는 것은 좋지 않은 일이고, 그런 일은 좋은 사회에서 용납되지 않을 일이며, 그는 격리될 것입니다. 또 그를 굶주리게 하고, 가장 끔찍한 황무지로 추방하는 등의 처우는 어쩌면 약간은 더 엄하게 다루는 것일지도 모르겠습니다. 하지만 여기서 사용된 은유는 살의를 품는다기보다는 그저 부정한 행위에 대해 과도한 발언을 하기 바라는 자의 것일 뿐입니다. 사제의 형상에 던져진 살기어린 발언들은 《르 페르 뒤셴*Le Père Duchesne*》✦의 문헌에서 발견되며, 단지 1790년부터 1794년까지 에베르가 출간한 이 신문에만 국한되지 않습니다. 니체가 낭만주의적이면서도 쇠락하는 기독교에 대해, 그 자체로도 낭만주의의 모든 이단적 성격들을 드러낼 정도로 격렬하게 내놓는 급진적인 비판은 기본적으로 무엇에 의해 완화되는가? …… 아마도 극단적으로 선한 성품[bonté]일 것입니다. 니체를 주의 깊게 읽은 사람이라면, 그의 내면적인 성스러움에 감동하여, 실제로 이 사람에게 (심지어 그가 점점 더 자기 행동의 광기에 노출되는 움직임에도) 매우 선한 성품이 있음을 깨닫게 됩니다. 각각의 독설은 그 자신에 의해, 니체의 착한 성격을 이긴 '니체'에 의해 쟁취되는 것입니다. 각각의 격노는 근본적으로 선한 성품이라는 언제까지고 소진되지 않을 배경을 지닌 격노입니다. 저는 이 선한 성품이 거기에 있음을 감지하는데, 말하자면 니체 발언의 내부적 논리가 그 자체를 살기 어린 발언으로 놓으려 하는 바로 그 순간에 발언을 자제하게 하는 신중함이 주어지는 것입니다. 하지만 니체의 언표는 명백하게 잔혹함을 옹호할 때조차 결코 살의를 띠는 데 이르지 않습니다. 안티크리스트는 두려움이나 악이 아니라 인간에게서 초인을 향한, 그리고 인간에게서 인간을 향한 순수한 우애적 반反테제[antithèse] 속에서 그에게 응답하는 누군가를 기다립니다. 니체는 반反니체anti-nietzsche를, 정말이지 그가 죽이고자 하는 것 자체를 밝히는 그의 외침의 폭발들에 대한 배려로 가득한, 한층 더 나아가 그 외침에 대한 감사로 가득한 반反니체를 기다립니다.

6조:

우리는 '성스러운' 역사에 그것에 어울리는 이름인 **저주받은** 역사라는 이름을 부여할 것이다. '신', '메시아', '구원자', '성자'라는 말은 범죄자들을 지칭하는 욕설로 사용할 것이다.

좋습니다, '메시아 종자, 더러운 구원자, 신의 돼지야!'라는 말, 이것은 모욕스런 말을 던지는 관습입니다. 우리는 언제나 이런 말들을 감탄이나 모욕을 나타낼 때 사용해왔습니다. 니체는 거룩한 이름들과 배설적인 이름들 사이에 놓인 이름의 고전적인 양가성에 자리하는 것 이상의 무언가를 하지 않으며, 이러한 이름들은 언제나 대체나 동일성의 관계에 있습니다. 신은 우리가 기도하는 대상인 동시에, 끔찍한 행동에 면하여 불러내는 대상, 즉 '하느님 맙소사, 도대체 무슨 일을 하신 겁니까! (혹은 내가 도대체 뭘 잘못한 겁니까!)'라고 절규하는 대상인 것입니다. 이러한 흐름에서 이름들의 불투명성으로 인해 니체는 단순히 그 불투명함을 일방적으로 다루며, 또 거룩한

✦ 프랑스 혁명기에 자크 르네 에베르가 발간한 급진적 성향의 신문으로, '르 페르 뒤셴'은 '뒤셴 신부'라는 뜻이다.

이름들을 단 한 번에 배설적인 측면으로 기울어지게 할 작정인 것입니다.

7조:

나머지 모든 것은 이로부터 유래한다.

이것은 실제로 이 기독교에 반대하는 법의 난제입니다! 그의 논증들의 전반적인 체계 이후에 오는 '나머지 모든 것'이란 무엇일까요? 저는 그 체계로부터 유래하는 '나머지 모든 것'이 사건 자체, 곧 물자체라고 생각하는 쪽으로 기웁니다. 이것은 법의 귀결들이 아니며, 여섯 조항들에 대한 단순한 이행인데…… 그런데 그로부터 귀결될 것은 무엇일까요? "나머지 모든 것은 이로부터 유래한다"는 것은 법이 법이기를 그치도록 할 소리 없는 사건의 이름입니다. 법의 나머지에서 유래할 수 있는 것, 그것은 비非법non-loi으로서의 사건, 혹은 법의 휴지부로서의 사건, 혹은 법이 법을 부여할 뿐인 것의 유효성으로서의 사건입니다. 그러므로 이로부터 유래하는 것은 일어남l'avoir-lieu, 법이 유예로 넘기는 모든 것의 일어남입니다. 혹은 다시 말해서 그것은 제1년 첫날의 실재적 도래입니다. 제1년은 돌발해야 하며, 제1년의 '하나un'는 필시 그것이 도래하게 될 때에는 또한 법과 그로부터 유래하는 모든 것을 수반하여 도래하게 될 것입니다. 그러나 제1년에는 아무것도, 즉 선언 외에는 아무것도 도래하지 않으며, 선언은 그 자체로 선언된 행동이 아닙니다. "나머지 모든 것은 이로부터 유래한다"고 말하는 7조는 사건과 관련한 조항으로서, 그 모든 것의 유효성이 어떤 도래를 전제함을 말하는 것입니다. 제1년은 와야만 합니다. 그리고 정확히 그 해가 도래하게 되거나 (이미) 도래해 있을 것이라면, 그것은 순전히 법으로부터 남겨진 것입니다.

이를테면 선언과 그 강도의 인식과 일어남이 있습니다. 원정치적인 것의 장치는 선언과 인식과 사건의 소실점을 유기적으로 결합합니다. 혹은 다시 말해서, 원정치적인 것은 법과 '누구?'를 결합하지만 그럼에도 그 행동을 규정하는 데 도달하지 못합니다. 이러한 결합은 사건에 대한 특정한 재현을 그려낼 것입니다. 즉 사건이 빠져나가는 것인 이상, 그것은 여기서 사건의 빠져나감을 설명하게 될 사건의 이론을 통해 재개되거나 다시 파악될 것입니다. 원정치적인 것의 장치는 발언과 법과 저주로, 혹은 '누구?'와 입증되지 않았고 입증될 수 없는 사건으로 이루어진 삼중항의 형상 속에서 최종적으로 그 자체에 대한 정당화를 통해 사건의 입증 불가능한 형상 자체를 생산해낼 것입니다. 따라서 모든 사건은 입증 불가능하며, 이로 인해 원정치적인 것의 사건적 형상은 결코 입증될 수 없습니다. 혹은 달리 말해서 선언의 유효화는 특히 비가시적인 것입니다. 혹은 그 일어남은 인식의 특징을 결여하며, 다시 말해 그 일어남avoir-lieu은 그 자체로 일어나지 않음ne-pas-avoir-lieu과 식별할 수 없는 것입니다. 이는 니체에게 있어 다음과 같은 형태를 취하게 될 것입니다. 사건은 특히 침묵 속에 있는 것이다. 침묵은 언제까지고 증명될 수 없는 사건의 성격을 나타내는 은유일 것입니다. 우리는 이것을 '위대한 사건들'이라는 제목이 붙은 《차라투스트라는 이렇게 말했다》의 두 번째 부에서 발견합니다. 그것은 차라투스트라가 지옥의 문턱에서 만나게 된 '불의 개'에 대한 교훈적 우화이지요.

'불의 개'란 무엇인가? '불의 개'란 들고 일어난 인민의 사건, 사건의 평민적 형상, 혹은 이편이 낫다면, 고전적인 혁명의 형상입니다. 불의 개, 그것은 '봉기와 천한 자의 악마'라고, 차라투스트라는 말할 것입니다. 이는 봉기가 내뱉는 용트림이며, 그 앞에서 부르주아들이 벌벌 떠는 무언가입니다. 이는 또한 '땅의 복화술'인데, 여기서 땅은 그 자체로 명백한 봉기의 격노로 말하는 땅이며, 인간으로 인해 병든 땅입니다. 말하자면 이 모든 것이 불의 개인 것입니다. 그리고 차라투스트라는 그런 것에 다음과 같은 방식으로 욕설을 퍼붓습니다.

> (…) 그대들은 부르짖을 줄 알고 또 연막을 뿌려 눈을 가릴 줄 안다! 그대들은 최상급의 허풍쟁이이며, 진흙이 끓어오르게 하는 기술을 완전히 배웠다. (…)
> '자유', 그것은 그대들이 모두에게 부르짖기 좋아하는 말이지만, 그러나 나는 허다한 부르짖음과 연기를 수반하는 '위대한 사건들grands événements'을 믿기를 그만두었다.
> 그러니 제발 내 말을 믿으라, 경애하는 지옥의 소요여! 가장 위대한 사건들 —그것은 가장 소란스러운 시간이 아니라 우리의 가장 중요한 시간에 우리를 엄습한다.
> 세계는 새로운 소요의 발명자가 아니라 새로운 가치의 창안자를 맴돌고 있되, 소리 없이 맴돌고 있다.

그러니 너는 분명히 고백할 수 있다. 너의 소요와 연기가
사라지고 나면 언제나, 거의 아무 일도 일어나지 않았음을 알게
된다고. 도시가 마비되거나 입상立像이 진흙 속에 쓰러졌다고
해서 무슨 상관이란 말인가!

이 구절에서 세 가지 사항을 살펴보도록 합시다.

사건의 문제에 관한 모든 반대는 소요와 고요함 사이에서 형성됩니다. 불의 개는 그 자체로 소요와 연기로 알려지는 이상 니체가 '위대한 사건'이라 부르는 것의 표지입니다. 이것은 그 도래가 그 자체의 징후가 되는 그러한 사건이지요. 소요와 연기는 사건이 거기 현상 그 자체 속에 있음을 뜻하는 것입니다. 이러한 사건에 대해 차라투스트라는 자기만의 고유한 사건의 형상을 맞세울 것이며, 그러한 사건의 형상은 고요한 것 혹은 '새로운 소요'를 발명하는 것이 아니라, 새로운 가치들의 언표를 통해 '소리 없이 맴도는' 세계 내에서 입증되는 것입니다. 차라투스트라 – 니체는 어떠한 외부적이거나 현상적인 징후라도 결코 사건 자체를 입증하지 못한다고 주장합니다. 이러한 논점은, 모방을 깨뜨리면서, 사건성의 혹은 단절의 자기선포로서 혁명적 소요와 반대되는 것입니다.

그 문장 전체에서 '새로운 가치들의 발명자'라는 표현을 다시 살펴봅시다. **세계는 새로운 소요의 발명자가 아니라 새로운 가치의 창안자를 맴돌고 있으되, 소리 없이 맴돌고 있다.** 이것이 의미하는 것은, 여기서 평민 혁명가에 맞세워진 새로운 가치들의 발명자가 그의 도래를 통해 알려지게 되리라는 것, 달리 말해 세계 내에서 그의 도래를

고지하는 것은 아무것도 없으리라는 것입니다. 그를 알리게 될 자, 그의 고유한 도래의 '수탉'이 될 자는 바로 그 자신입니다. 다시 한번, 우리는 그 자신에 선행하는 이 단독적인 **원환**의 형상을 보게 됩니다. 차라투스트라는 차라투스트라의 도래를 고지하는 자가 될 것입니다. 이 때문에 세계를 둘러싼 모든 사람은 입을 다물 수 있는 것입니다.

마지막으로, 전적으로 상징을 파괴하고 사제를 박해하려는 야만적 의지로 직조된, 기독교에 반대하는 법에 관해서, 차라투스트라는 반대 입장을 취합니다. **도시가 마비되거나 입상이 진흙 속에 쓰러졌다고 해서 무슨 상관이란 말인가!** 결국 우리는 이렇게 말할 수 없을 것입니다. 기독교가 바실리스크의 알을 품었던 장소들을 파괴한들 무슨 상관이란 말인가? 안티크리스트는 그저 혁명적 평민일 뿐인가? 차라투스트라는 말을 이어갑니다.

> (…) 그리고 입상을 전복시키는 자들에 관해서, 내가 이야기할 것은 이런 것이다. 소금을 바다에, 입상을 진흙에 던지는 것보다 어리석은 일은 없다.
> 우리의 경멸의 진흙 속에 입상은 쓰러지지만, 우리의 경멸 속에서 보다 생기 있고 더 아름다운 모습으로 되살아나게 되는 것이야말로 입상의 법칙이다!
> 입상은 고난을 겪고서 더욱 신성한 모습으로 보다 매력적으로 다시 일으켜 세워지며, 진정으로 그대들이 입상을 땅으로 던진 일에 대해 그대들에게 감사하리라, 입상의 파괴자들이여!
> 그러나 교회들에 대한, 그리고 노쇠하여 덕이 부족한 모든 것에

대한 충고가 여기 있다 — 전복당하라! 그대들이 다시 소생하고 그대들에게 덕이 돌아오도록 하기 위해!

여기서 우리는 매우 놀라운 역설에 들어서게 됩니다. 모든 가치의 전복이라는 전형적인 니체의 계획이 여기서 교회 자체의 가장 깊은 소원과 같은 것으로 서술되는 것입니다. 즉 오래된 가치들에 이전보다 더 영광스럽고 더 생기 있는 모습으로 다시 태어날 수 있도록 쓰러지라는 조언을 제공하는 것입니다. 그러므로 차라투스트라는 기독교에 반대하는 법을 공포하는 것은 아무 소용도 없는 짓임을 완벽하게 의식합니다. 교회에 반대하는 기존의 여러 법에서, 그는 언제나 미덕과 부활을 발견했습니다.

우리는 여기서, 입상들과 우상들의 전복을 말하는 선언적 측면에 놓인 혁명의 모방과 또 그 자체에 선행하지만 소음을 낮추고서 언제나 벗어나거나 회피하는 사건을 고지하는 측면에 놓인 박해의 법 사이에서 갈팡질팡하는 것으로서, 니체적 행동의 그러한 기이한 비결정성을 발견하게 되며, 반대편에서 보자면 이는 저주의 법을 공포하거나 건물이나 입상을 파괴하는 것이 아무 소용도 없다는 것입니다. 왜 그런가 하면 그 전복이 어쨌든 결국에는 강화intensification이기 때문입니다. 하이데거에게는 외람된 이야기가 되겠지만, 전복에 대해 니체가 가지는 의식은 형이상학의 의식이 아니며, 차라투스트라는 이를 잘 알고 있습니다. 전복된 것은 언제나 실제로 되살아나며, 모든 전복은 갱생인 것입니다. 니체는 형이상학의 전복이라는 계획이, 하이데거가 그에게 전가하게 될 것처럼, 형이상학의 완성임을 알고 있으며, 허무주의의 전복이 그 자체의 본질로부터 분리된 허무주의임을, 따라서 사슬에서 풀려난 광적인 허무주의임을 알고 있습니다. 차라투스트라는 다른 것을 말하지 않습니다. 즉 모든 전복은 일어섬이고, 모든 박해는 재탄생[renaissnace]이라는 것(을 말할 뿐)입니다. 그러나 이 경우에 그 행동은 무엇이란 말입니까? 이는 《안티크리스트》가 우리에게 선언하는 것이 전복과 박해의 차원과 관련되기 때문입니다. 그러므로 우리는 반드시 부정적인, 즉 파괴적인 선언의 중복의 필연성을, 《안티크리스트》라는 폐지의 명령의 필연성을, 다른 것을 통해 사유해야만 합니다. 무언가가 와서, 다른 방식으로 혹은 다른 곳에서, 사건 자체가 그 본질에 있어 긴급한 선언이나 혹은 진흙에 던져진 입상의 전복이 아님을 이야기해야 하는 것입니다. 종국에 안티크리스트는 그리스도 자신이 아니며, 그의 근대적 전복의 형상에 따른 그리스도의 궁극적 부활이 아니라는 주장은 어디에서 제시될까요? '안티크리스트'라는 서명으로 니체가 떠맡게 되는 형상에서? 우리는 이미, 니체가 '광기의 짧은 편지들'에 세계의 역사를 둘로 쪼개는 데 있어 두 측면이 된 '디오니소스'나 혹은 '십자가에 달린 자'라고 초연하게 서명했을 때, 같은 문제에 마주친 바 있습니다. 우리가 이야기한 것처럼, 어떻게 '니체'라는 고유명이 이 두 측면을 뒤덮거나[surplomber] 혹은 이 두 측면을 '디오니소스'와 '십자가에 달린 자'로 동시에 재명명할 수 있을까요?

여기서 이 질문은 다른 형태로 제기됩니다. '안티크리스트' 외에 다른 것들은 무엇일까요? 무엇이 '안티크리스트'를 둘로 만들어[doubler] '디오니소스'와 관련되게 할까요? 혹은 달리 말해서, 그리고 이것이 이 강의의 계속을 지배하게 될 문제, 즉 니체에게 던져진 큰 문제인데, 말하자면 '디오니소스'는 어디에 있을까요? 왜냐하면 그 문제는 미궁labyrinthe의 문제이기 때문입니다. 니체는 자신이 미궁에 들어가도록 예정되어 있기에 아리아드네를 이해하는 유일한 사람이라고 단언하지 않았던가요? 이런 것이 우리가 다음번에 다시 다루게 될 사안입니다. 내년이 될 다음 시간에…….

4강

1993년 1월 6일

오늘 저녁에도 니체를 마주할 전략에 대한 이야기를 이어가도록 합시다. 우리는 세 가지 뒤얽힌 논점으로 이야기를 이어갈 텐데, 먼저 여러분에게 이 논점들을 상기시켜드리겠습니다.

¶ 첫째, 니체적 담론의, 혹은 철학이란 무엇인가에 대한 그의 진술의 반철학적 본성을 파악하는 것.

¶ 둘째, 그 세기(20세기)는 니체의 반反플라톤주의의 보다 역사기술적인 평가의 형식과 관련하여 어떤 의미에서 니체적이었는지, 혹은 그렇다고 주장되었거나 주장될 수 있었는지에 대해 규명하는 것.

¶ 셋째, 그리고 실제로는 가장 중요한 논점으로, 이 니체라는 매개자vecteur를 통해 철학과 예술 사이에서 가능한 동시대적 관계를 결정하고, 또 이 관계를 거쳐 봉합이나 동일시가 아닌 항들로 이루어진 예술의 조건 아래 철학을 위치시키는 것.

만일 니체가 마음속에 그리는 철학적 또는/그리고 반철학적 행동—사유의 단언적 자원들로 세계의 역사를 둘로 쪼개는 행동—이 원정치적 내재성을 띤다면, 우리는 철학의 내부로부터 '정치'라는 말의 조건 아래 그려지는 것이 무엇인지 알아야만 할 것입니다. 단순히 즉각적이거나 경험적인 결정으로는 불충분합니다. 이는 대체로 우리가 작년에 검토했던 문제이기는 한데, 그렇지만 여러분이 그에 대해 알지 못한다고 가정하고 이야기하자면, 정치라는 말은 근본적으로 두 가지 의미로 파악될 수 있습니다.

¶ 한편으로, 정치라는 말을 우리는 **주권**[souveraineté]에 대한 사유의 양상들로 이해합니다. 그럴 때 이 말은 **국가**[l'État]의 도식 아래 놓입니다. 정치와 철학의 관계는 국가의 문제가 철학의 내부로부터 서술되는 방식으로 주어집니다. 이는 오늘날 상당히 유행하는, 정치철학을 규정하는 정향입니다. 비록 그것이 사실상 국가를 위한 철학의 포기가 되기는 하지만 말입니다.

¶ 다른 한편으로, 이 말의 다른 의미는, 다시 말해 제가 생각하기에 철학이 확실히 정치의 조건 아래 놓일 수 있다는 의미는 정치를 **진리의 과정으로서, 혹은 달리 말해 집단적 상황들의 본질적인 무한성에 대한 사유로서** 구상하는 것입니다. 그럴 때, 정치는 그것들 자체의 무한을 통해 파악되는, 집단적 상황들에 관한 몇몇 진리를 생산해내는 충실한 사건적 절차가 됩니다. 우리는 주권의 형상으로서 국가의 구조가 아니라, 오히려 국가에 대해 거리를 둘 수 있는 역량 또는 가능성을 공동체 속에 기입하는 사건적 충실성으로 회부되며, 이러

한 거리 두기는 집단적 상황들의 본질적 무한성에 대한 사유를 가능케 합니다.

그렇다면 우리가 니체의 철학적 행동을 원정치적이라는 말로 나타낼 때, 니체가 '정치적'이라는 말에 할당하는 의미는, 혹은 우리가 그 말에 부여하는 의미는 무엇일까요? 여기서 저를 놀라게 하는 것은, 어떤 특정한 의미에서, '정치적'이라는 말의 양가성을 되풀이하는 니체 자신의 양가성입니다. 1888년 봄 사후에 발견된 두 단편이 우리에게 명백한 사실을 상기시킵니다. 우선 제목입니다. 니체는 (그런 것은 없음에도) 마치 실재하는 책이라도 되는 양 저자의 이름을 동반하여 지면 중간에 위치시키는데, 그 제목은 '프리드리히 니체의 정치 논고^Un tractatus politicus de Friedrich Nietzsche^'입니다. 이 '정치 논고'에서 '니체'는 단지 하나의 이름이 될 뿐 아니라 하나의 범주가 됩니다. 니체는 거기서 주권의 계보학^généalogie de la souveraineté^ — 미덕^vertu^의 주권의 계보학 — 이라는 계획을 그려내며, 그는 이 계획에 자신의 '정치 논고'라는 제목을 통해 '정치적'이라 명명될 수 있는 가치^mérite^를 부여합니다. '정치적'이라는 말은 첫 번째 의미로, 진정으로 그것이 주권에 대한 사유라는 의미에 따라 수용되는 것으로 여겨집니다. 하지만 두 번째 단편은 국가와 관련한 철저한 해방^désenchaînement^을 표명하며, 국가가 사유 또는 원정치적 행동의 무게중심일 수 있다는 관념을 파기합니다. 이 글을 인용해봅시다.

(…) 인간이 국가를 위해 실행하는 모든 것은 그의 본성에 반한다. (…) 마찬가지로, 그가 장차 국가에 대한 봉사를 목적으로 배우는

모든 것은 그의 본성에 반한다.

이런 관점에서, '정치'라는 말은 그 말의 다른 가능한 의미로 이동하는 듯 보입니다. 정치는, 하물며 원정치는 단지 행동의 차원만이 아니라 삶의 차원에도 관련되는 모종의 국가의 형상의 자리비움 가운데에만 있을 수 있습니다. 인간이 국가를 위해 실행하고 배우는 모든 것은 본성의 변질dénaturation을 수반합니다. 그리고 본성nature이라는 말의 니체적 가치를 감안할 때, 누군가가 국가를 위해 실행하는 것이나 혹은 국가에 대한 봉사를 목적으로 배우는 것은 모든 진정한 사유로부터 외부적인 것입니다.

한편으로 주권과 다른 한편으로 국가에 대한 급진적인 거리 사이에 놓인 이 양가성을 어떻게 해결해야 할 것인가? 그렇습니다, '어떻게'입니다. 음, 이는 '본성'이라는 말 또는 '삶'이라는 말의 모호함을 움직이게 함으로써 해결할 수 있습니다. 이 모호함은 삶(생명)이 모든 평가의 가치를 매길 수 없는inévaluable 토대라는 점에 기인합니다. 삶의, 그러나 궁극적으로는 본성의 본질적인 속성은 평가 불가능한 것입니다. 그리고 모든 평가의 토대가 되는 것의 평가 불가능성입니다. 정치적이라는 말의 모호함을 지탱하는 것은 바로 이러한 본성의 평가 불가능한 차원입니다. 실제로, 주권은 니체적 의미에서 전적으로 생명의 힘의 강화가 목표로 하는 것입니다. 만일 주권이 경향적으로 평가 불가능한 토대의 현상이라면 주권은 언제나 평가 가능할 것인데, 왜냐하면 그것은 모든 생명의 힘의 평가가, 또 본성 그 자체의 전적인 강화가 목표로 하는 것이기 때문입니다. 바로 이런 이유로 1887년 봄 니체는 자기 계획을 고정할 수 있게 된 것입니다. **사회학 대신에, 주권의 구성에 대한 교설**을 말입니다. 그러므로 '정치'가 사유 속에서 주권의 구성에 대한 교설을, 즉 생명의 힘을 강화하는 유형들에 대한 교설을 나타낼 수 있다는 것은 사실입니다. 그러나 평가 불가능성의 다른 의미에서, 그리고 여기서 우리는 이에 대한 대가를 치르게 되는데, 주권은 언제나 반동적입니다. 그것은 생명의 힘의 활성화이지만 동시에 반동적인 것입니다. 특히 국가의 양태에서, 주권은 새로운 삶(생명)의 긍정[affirmation]을, 즉 이 강화의 도중에 있는 긍정을 왜곡합니다. 그로부터 이 균형 또는 비결정[indécision]이 나오는데, '정치적'이라는 말은 그것을, 한편으로, 삶 또는 본성이라는 평가 불가능한 토대에서 나타나는 현상으로서의 주권과, 다른 한편으로 정립된 이상 평가받게 되는 주권 사이에서, 다시 말해 강화의 도중에 있는 모든 것에 대해 필연적으로 반동적 본질을 지닌 힘으로, 그리고 이 강화를 그저 힘에 대항하는 힘으로, 요컨대 정립된 주권에 대항하는 힘으로 만들 뿐인 현상으로 평가될 수 있는 주권 사이에서 표현하거나 억제하게 됩니다.

원정치적인 것은 언제나 이러한 모호함을 통해 이해되어야 할 것이며, 여기에는 행동 그 자체의, 곧 원정치적 행동의 모호함이 포함됩니다. 이 원정치적 행동이 반철학적인지 철학적인지에 상관없이, 그것은 어떤 새로운 주권을 정립하도록 정해져 있지 않습니다. 그러나 사유의 본질적 운동과 관련하여, 세계의 역사를 둘로 쪼개는 행동은 혁명적 도식과 다르고 또 이에 대한 모방일 뿐이며, 하나의 주권을 다른 주권으로 승계되도록 하지 않거나 혹은 반동적인 주권을 능동적인 주권으로 교체하지 않는다는 점을 정확히 알아둬야 합니다. 이는 니체의 철학적 행동의 계획을 단순화하는 시각이 될 것입니다. 그 행동은 새로운 주권을 창조하는 원인이 아니며, 하이데거가 강력하게 답습하는 니체의 절대적으로 상반되는 선언들에도 불구하고, 그 행동의 본질은 실제로 새로운 가치들의 설립이 아닙니다. 모든 가치의 전복은 본질상 새로운 가치들의 설립이 아니며, 또한 기독교 또는 사제의 주권을 기존의 정립된 다른 형상으로 교체하는 것이 아닙니다. 실제로 원정치적 행동이 창조해야 하는 것은 곧 세계를 긍정하는 affirmer 역량입니다. 그리고 세계를 긍정하는 역량은 하나의 새로운 주권으로 환원되지 않습니다. 근본적으로, 한편으로 주권의 형상들에 대한 평가와 다른 한편으로 모든 주권에 대한, 특히 국가에 대한 거리두기 사이에서, '정치적'이라는 말의 모호함에 대해 결정을 내리는 것, 그것은 바로 원정치적 행동이 모든 잠재적 주권에 내재하는 긍정적 역량의 해방이라는 점입니다. 이것이 바로 니체가 '긍정 oui 을 향한 나의 새로운 길'이라 부르게 될 무엇입니다. 중심적인 문제는 '예 oui'의 문제입니다. 어떤 조건에서 우리는 긍정을 말할 수 있을까요? 그리고 그 긍정은 무엇에 대한 긍정일까요? 세워야 할 것은 **있는 그대로의 세계에 대한 디오니소스적인 '예'를 말할 힘**입니다. 원정치적인 것은, 니체의 철학적 행동에 대한 결정으로서, 주권의 편에 있다고 받아들여져서는 안 됩니다. 주권의 편에 있다고 받아들여져야 할 것, 그것은 기존의 주권들에 대한 파괴적 평가입니다. 실증적인 사회학을 대신하여 있어야 할 것은 주권의 형성을 평가하는 사회학, 이를테면 해석적 사회학입니다. 지식 곧 과학의 편에서 볼 때, 분석적 기술記述, description을 평가의 프로토콜(규약)protocole — 단지 이미 정립된 주권들에만 관련된 — 로 교체해야 한다는 것입니다. 행동의 계획에 관련하여 보자면, 그것은 하나의 주권에 대한 다른 하나의 주권으로의 교체가 아닙니다. 즉 그 행동은 세계의 긍정을 위한 새로운 체제인 것입니다. 이런 이유로 그것은 **있는 그대로의 세계에 대한 '예'를 말하는 것이지만,** 또한 있을 수도 있는 세계에 대한 '예'를 말하는 것이기도 합니다. 그래서 여러분은 그 행동이 정확하게 세계의 변화를 말하는 것이 아님을 알게 됩니다. 그것은, 혁명적 도식과의 경쟁 관계에 놓이는 모방적 형식과 관련해서가 아니라면, 변화로 결정되지 않습니다. 왜냐하면 긍정적 평가를, 다시 말해 완결된 행동에 대한 위대한 '긍정'을 전적으로 가능케 하는 것이 아닌 이상, 그것은 있는 그대로의 세계이며 다른 것이 아닐 것이기 때문입니다.

이러한 '예'의 가능성은 제가 보기에 19세기에서 20세기로 가는 모든 통로를 가로지르는 문제입니다. 조이스가 쓴 《율리시스*Ulysses*》의 말미가 이와 관련한 암시적 지표입니다. 즉 몰리 블룸의 독백은 전적으로 최종적인 긍정 쪽으로 편중되어 있습니다. 모든 것은 마치 이 거대한 구축물이 긍정의 운명 아래, 최종적인 긍정의 형상 아래 있는 것처럼 일어납니다. 마치 문학적인, 운율적인 조작이, 완전한 긍정의 있을 법하지 않은 가능성이 돌발적으로 일어나는 허구였던 것처럼 말입니다. 이 독백을 읽을 때, 우리는 실제로 긍정의 차원에서 받아들여야 할 것은 있는 그대로의 경험 전체임을 알게 됩니다. 그것은 경험의 전환이 아니라, 완전한 긍정 속에서 경험을 되찾는 것입니다. 이

《율리시스》라는 작품의 결말은 결국 행동이라는 지점에서, 다시 말해 행동의 발생을 통해 가능해지게 할 필요가 있는 것 — 완전한 긍정 — 이라는 지점에서, 니체적 차원을 가질 것입니다. 이를 달리 말하자면, 니체주의의 파괴적인 부분은 주권의 형태론과 해석을 통한 기독교의 분쇄이며, 이는 '기독교'가 반동적 주권의 구성을 일컫는 일반적 이름(일반명사)임을 드러냅니다. 이 파괴는 오로지 긍정의 다수적 구성을 제공하게 할 뿐입니다. 그것은 다른 하나의 구성으로 교체될 수 없습니다. 다시 말해, 그것은 재긍정(재단언)해야 할 세계를 효과들의 상태로, 즉 다수적 상태로 넘기게 될 것입니다. 우리가 긍정하게 될 것 혹은 재긍정하게 될 것은, 세속적 다수로서, 또한 오래된 가치들의 잔해이기도 한 그런 것으로부터 구성됩니다. 혹은 다시 말해서, 니체에게 있어 다수에는 새로운 것이 없는 것이지요. 다수, 즉 다수적 생성devenir을 통해 주어진 '거기 있음'은 그 자체와 동일하고(게다가 이는 영원회귀의 의미들 중 하나이기도 한데), 이러한 그 자체에 대한 동일성은 다수를 잔해의 형상 속에서 디오니소스적인 새로운 긍정에 노출시키며, 이러한 새로운 긍정은 다수를 다른 세계의 혹은 다른 주권의 허구화된 형상을 통해 재구성하는 것이 아니라 다수 자체로부터 재구성하는 것입니다. 《디오니소스 찬가*Dionysos-Dithyramben*》에서도 발견될 1888년 여름의 이 문구를 생각해봅시다. "(…) 별들의 잔해, 이 잔해로부터 나는 우주를 만들었다." 이는 분명히 단언적 행동에서 관건이 되는 것 — '별들의 잔해' 혹은 인간의 하늘에서 별과 같이 군림했던 어떤 것 — 에 대한 금언입니다. 우리는 충분히 망치질로 철학을 한 셈입니다. 그렇지 않습니까. 더 이상 별들이 없고, 오직 잔해만이 남아 있도록 했으니 말입니다. 그러나 우주 만들기 혹은 구성하기는 이 잔해로부터 이루어지고, 다른 방식으로 이루어질 수 없으며, 그것은 잔해로서의 잔해에 대한 긍정입니다. 새로운 우주의 구축은 오래된 세계의 잔해들에 대해 '예'라고 말할 가능성인데, 그것들이 우리에게 세계 그 자체를 제공한다는 의미에서 그럴 것입니다. 그리고 세계로서의 세계의 잔해는 디오니소스적인 긍정을 통해 단언되거나 재단언되어야 할 무엇입니다.

이러한 너무나도 빠른 영감의 소용돌이 속에서, 현기증 나는 사유의 끊임없는 흐름 속에서, 니체는 그 활동을 보다 잘 규정하기 위해 도약과 춤의 은유를 사용합니다. 한 내적인 환희의 폭발 속에서 그는 '나는 뛰어올랐다!'고 외칩니다. 왜 뛰어오름인가? 왜냐하면, 만일 그 행동이 디오니소스적 긍정을 통해 있는 그대로의 세계 전체를, 그 잔해 속에 있는 그대로의 세계를 긍정하거나 재긍정하는 것이라면, 만일 그 행동이 파괴와 잔해를 넘어서 거기서 부서져 있는 것에 대한 긍정을 말하는 것이라면, 그것은 오직 삶 그 자체가 만들어낸 장애물 저편으로 가는 뛰어오름 혹은 도약이기 때문입니다. 행동은 잔해 위로 뛰어오름 또는 잔해 속으로 뛰어듦으로 제시될 것이며 이로써 우리는 실제로 저편에 있게 될 것입니다. 그러나 이 저편[au-delà]은 오로지 그 자체의 저편일 뿐인데, 이는 우주가 오로지 잔해의 지점에서 구성되거나 재구성될 뿐이기 때문입니다. 행동, 그것은 사실상 그 자체를 뛰어넘는 삶의 힘입니다. 도약이 지시하는 것은 바로 그런 것이지요. 삶의 힘의 심급은 주권의 구성으로서 주어지며, 반동적 주권 또한 그러한 것입니다. 주권을 발명해낸 것은 삶의 힘인데, 왜냐하면 그 힘 외에 다른 것은 없기 때문입니다. 그리고 이러한 발명품의 파괴에 대한 긍정은 삶의 힘이 그 자체로 만들어낸 장애물 너머로 가는, 그리고 이 장애물의 파괴로 들어가는 도약입니다. 그러므로 사유의 사건으로서의 철학적 행동은 어떤 내재적 초과일 것입니다. 말하자면, 오래된 가치들의 형상에 대한, 그러나 그것이 초과하는 것에 내부적인, 그러한 초과인 것이지요. 이는 부정성이나 헤겔적 지양止揚, dépassement이 아닙니다. 도약이 의미하는 것은 자기 너머로 가는, 자신의 고유한 그늘 너머로 가는 뛰어오름입니다. 이것이 긍정이라는 환원 불가능한 새로운 심급을 생산해냅니다. 이 밀도에 관해 명확히 하기 위해 《디오니소스 찬가》의 다른 한 부분을 상기할 필요가 있습니다.

> (…) 이 최상의 장애물, 이 낭비된 사유, 무엇이 그 자체로 그런 것을 만들어낸 것인가? 최상의 장애물을 만들어낸 것은 바로 삶 자체였다. 지금 삶은 두 발로 그것의 사유 너머로 뛰어오른다.

이 텍스트에 두 개의 구두점ponctuation을 찍을 것입니다.

¶ 하나는 '최상의 장애물, 이 낭비된 사유'에 대한 것인데, 이는 분명히 몇 개의 이름을 갖는 반동적 주권의 창설입니다. 우리가 지금까지 유적인 이름으로 받아들인 '기독교'를 생각해봅시다. 바로 근대적 세계에 그 자체의 그림자를 드리우는 것을 말입니다. 무엇이 그 자체로 이 장애물을 만들어내며, 무엇이 원정치적 행동을 위해 주권의 구성이라는 이 특이한 정치적 장애물을 만들어내었을까요? 그것은 바로 삶 자체입니다.

¶ 다른 하나는 '지금'에 대한 것입니다. 행동의 지금에서, 삶은 그 자체의 사유 너머로 뛰어올라야 할 것입니다. 이것은 제가 내재적 초과라고 명명하는 것입니다.

행동이 일어나려면, 이 내재적 초과가 일어나려면, 행동이 선언되거나 고지되어야 하겠지만(그 행동이 일어났음에 대한 고지 외에 그것을 나타낼 다른 가능성이나 표시는 없습니다) 이 고지는 행동을 전제합니다. 혹은 다시 말해서, 세계의 역사를 둘로 쪼갤 것임에 틀림없는 이러한 급진적인 사건에 대한 고지는 오로지 이 일어나지 않은 것으로서의 사건을 선취하는 명명일 뿐입니다. 니체의 원정치적 행동은 어떤 원환 속에 갇혀 있습니다. 그것에 대해 오랫동안 강변했기에 이를 자세히 다시 다룰 생각은 없지만, 이는 완전히 차라투스트라에게서 나타나는 자기 자신에 대한 선행의 형상입니다. 그는 자기 자신에 대해 미리 알리는 예고자이거나, 혹은 니체가 다른 구절에서 말하는 것처럼, **반드시 도래하게 될 자의 그림자**로 제시되는 자입니다. 차라투스트라는 이 원환의 형상이며, 그런 이유로 그를 나타내는 동물은 뱀입니다. 그런데 니체 행동의 순환성을 지탱하는 것은 사건과 그 명명 사이의 관계입니다. 저는 기꺼이 바로 거기에 니체 사유의 십자가의 길이 있음을, 곧 그의 다마스쿠스로 가는 길이 있음을, 그리고 그것이 다른 무엇도 아닌 차라투스트라의 형상임을 말할 것입니다. 왜인가? 왜냐하면 분명히 사건은 그것이 무엇이건 사라지기 위해 있는 것일 뿐이기에(그것은 심지어 존재 자체에 대한 초과로 정립되는 것이기도 합니다), 오직 그 자체의 명명에 의해서만 보존되기 때문입니다. 사건이 상황 속에서 혹은 사건적 보충 너머에서 존재를 지속하는 어떤 것의 내부로부터 재현될 수 있는 가능성은 이름의 작용을 전제합니다. 사건의 도래는 그 이름에 달려 있다고 할 수 있습니다. 이에 따라 이 명명이 어디에서 유래하며 어떻게 진행되는지에 대해 묻는 질문이 발생하는데, 이는 어떤 순환성과 이 순환성의 단절에 대한 요구를 동시에(둘을 한 번에) 상정하는 매우 복잡한 문제입니다. 니체에게는 언제나 명명의 선행성이 있습니다. 모든 것이 일어나는 양상이 마치 명명이 사건에 앞서는 것처럼 보이며, 이와 함께 어떤 모호함이 혹은 사건 자체와 그 이름 사이의 본질적인 비결정성이 있기라도 했던 것처럼 보입니다. 문제는 단지 사건의 사라짐이 사건의 이름에 의해서만 서술된다는 점만이 아니며, 우리가 사건을 다루는 것인지 아니면 그 이름을 다루는 것인지 아는 문제가 결정 불가능해진다는 점이기도 합니다. 제가 보기에는 이것이 바로 니체적 역설의 핵심, 즉 그 광기입니다. 이 광기가 원환의 절단을 대신하는 자리에 들어와서, 이 원환이 열릴 수 있게 될 지점에서 니체의 인격personne을 대가로 치르게 되지는 않을까요? 니체의 광기는 실제로 하나의 단절이지만, 결국에는 정신착란으로 말을 잃어버린 어떤 분열 속에서 자기가 그 자신으로부터 분리되는 단절—니체로부터 분리된 '니체'—일 뿐입니다. 이런 이유로 그는, 자기 고유명으로 그리고 자신의 몸으로서, 원환이 깨어지고 자신의 광기를 대가로 사건과 그 이름이 서로 떨어지게 되는 지경에 이릅니다.

이 광기는 어떻게 기술됩니까? '니체'는 세계를 창조했는데, 왜냐하면 세계의 역사가 결국 둘로 쪼개질 것이라고 고지할 수 있는 고유한 양식 혹은 세계의 재단언이 고지될 수 있는 고유한 양식은 세계가 이미 창조되었다는 사실로 귀착되며, 그 원환은 광기 속에서 다뤄지기 때문입니다. 말하자면, 내게 세계를 다시 창조할 권리가 있는 것은 내가 그것을 창조했기 때문이라는 것이지요. 그의 광기는 사실상 영원회귀 자체이자 그 실효성이며, 말하자면 세계를 재단언하는 것을 자기 행동으로 하는 자가 또한 세계를 단언했던 자여야만 하게 되는 고유한 양식인 것입니다. 재단언은 첫 번째 단언으로 귀착됩니다. 세계의 역사가 둘로 쪼개지게 하는 행동은 '니체'라는 이름 아래 놓이도록 정당화되는데, 이는 '니체'가 이미 세계를 창조했던 자라는 점에서 그런 것입니다.

니체의 원정치적 행동은 실제로 그 수단과 방법, 논변과 문체에서 두 가지 핵심적인 경향을 드러내는데, 하나는 세계에 관한 것이며, 다른 하나는 언어에 관한 것입니다. 이 두 가지 엄격한 조건에 따를 경우에만, 우리는 행동의 명명에 대한 담론에 혹은 '니체'라는 이름으로 행동을 명명할 가능성에 착수할 수 있을 것입니다.

세계에 관해 축이 되는 테제는 어떤 것인가? 세계는 진리들과 의견들의 장소가 아니라, 유형들types의 장소여야 합니다. 세계는 언표 혹은 발언할 능력이 있는 자의 유형들로 이루어진 그물망이며, 이에 따라 '니체'는 어느 한 유형의 고유명이, 다시 말해 세계가 부서지는 동시에 '별의 잔해'와 '우주의 구축'으로 재단언될 궁극적인 유형의 고유명이 될 수 있습니다. 그러므로 유형학typologie, 계보학généalogie, 주권의 구성, 능동적 힘들과 반동적 힘들 사이의 분류distribution의 문제에 관한 그의 모든 교설 — 가장 잘 알려져 있으나 우리는 최소한으로 이야기하게 될 — 에 관해서는, 요컨대 니체의 기술記述적 프로토콜에 관해서는 어쨌든 들뢰즈가 이미 모든 면에서 탁월한 풍경을 그려낸 만큼 긴 주석을 달 필요가 없을 것입니다. 지금 제게 중요한 것은 니체의 반철학이라는 사안입니다. 어떤 한 언표는 오로지 발언의 힘의 유형으로부터 평가될 수 있을 뿐이라고, 니체는 주장합니다. 만일 역사적으로 실존하는 어떤 한 언표를 평가하려 한다면, 여러분은 발언을 떠받치는 힘의 유형을 끌어냄으로써만이 그렇게 할 수 있을 뿐입니다. 이것이 니체의 반철학적 논쟁에 관한 요점입니다. 그것이 어떤 것이든 언표들의 내부적 평가 프로토콜은 결코 실존하지 않습니다. 모든 언표의 평가는 그 언표를 지탱하는 발언의 유형에 대한 탐지를, 그리고 결과적으로 거기에 관련된 발언의 힘의 유형에 대한 탐지를 전제할 것입니다. 하나의 언표는 언제나 힘의 투여가 집약된 것récapitulatif이며, 관건이 되는 어떤 다수에 대한 힘의 투여의 유형은 우리가 그에 의거하여 그 언표를 평가할 수 있게 하는 것입니다. 혹은 다시 말해서 말하기의 기준은, 그 말하기가 어떤 것이든, 언제나 다른 말하기에 맞서는 힘으로 귀착될 것입니다. 이 논점에 관해서 평가의 형상은 본질적으로 논쟁적입니다. 이 지점을 주도하게 되는 것은 전쟁의 은유입니다. 이를테면 니체의 작업에서 전쟁이라는 문제틀은 철학이 진리의 전쟁을 위치시키는 장소 자체에 있습니다. 어떤 내부적 평가의 원칙을 진리의 이름이나 혹은 다른 모든 대등한 이름으로 주어지는 언표들로 바꾸는 교체는 발언의 힘에 대한 평가의 원칙으로 대체되며, 그 발언 자체는 언제나 대립적antagonique 형상으로 주어집니다. 그러므로 발언 유형의 기술記述은 언제나 관계의 기술이거나 힘의 관계의 역사적 형상에 대한 기술이 됩니다. 이런 관점에서 니체의 유형학은 일반화된 소피스트적 담론sophistique✦인 것입니다. 우리가 '소피스트적 담론'이라는 말로 의미하게 될 것은 언표들의 내부적 가치평가가 존재하지 않는다고 생각하거나, 혹은 어떤 언표의 가치평가를 그 언표를 떠받치는 힘의 유형으로 되돌리는 모든 교설입니다. 저는 곧바로 이어서 니체와 소피스트적 담론의 관계에 대한 문제를 다루기를 원치 않습니다. 그 문제는 복잡한데, 그것이 반철학과 소피스트적 담론 사이에 놓인 관계를 다루기 때문입니다. 간단히 말해서 계보학이나 유형학은 분명히 일반화된 소피스트적 담론입니다. 게다가 니체가 소피스트적 담론에 보내는 노골적인 존경이 이를 증거합니다. 그는 소피스트적 담론이 플라톤 시대에 그리스 철학에서 유일하게 건전한 부분이라고 말하기를 주저하지 않는데, 그 이유는 그것이 언표들의 평가가 언제나 힘의 평가라는 논쟁적 체제들을 지시한다고 단언했기 때문입니다. 생성(변전)의 법칙 혹은 역사의 법칙이기도 한 세계의 법칙에 관해서, 주권의 구성들에 대한 교설 혹은 힘의 유형들에 대한 유형학인 니체의 계보학은 하나의 **역사화된 소피스트적 담론**이라고 말해두도록 합시다. '소피스트적 담론'이라 말하는

✦ 바디우는 소피스트가 철학자의 대화 상대라는 점을 인정하며, 그런 이유로 적어도 바디우 논의의 배경에서 sophisme이나 sophistique를 궤변이나 궤변술 등으로 옮기는 것은 적절치 않다. 따라서 이 번역에서는 sophistique를 '소피스트적 담론'으로 옮긴다.

것은 니체의 계보학이 언표들에 대한 평가의 체제가 힘의 관계 속에 사로잡혀 있어야 하기 때문이며, '역사화된historialisée'이라 말하는 것은 유형들의 계보학이 관건이 되거나, 혹은 모든 유형이 유형들의 계보학의 변전 속에서 또는 그것과 예술-유형들arts-types이 맺는 관계의 역사 속에서 파악되기 때문입니다.

이제 언어의 편에서는 어떨까요? 여기서도, 그것이 평가들의 공유의 장소가 될 수 없다는 점은 명확합니다. 언어는 타자의 법칙 아래 논변이나 언표의 노출을 위한 장소가 될 수 없는데, 왜냐하면 정확히 타자의 법칙은 없으며, 따라서 우리가 위치한 어느 장소에서도 언표들의 내부적 평가는 없기 때문입니다. 언어는 근본적으로 단언하는 힘의 자원으로, 따라서 선언적 행동에 따라서 혹은 언어가 할 수 있는 것에 대한 증명에 따라서 결정됩니다s'ordonnant. 언어의 문제는 그 힘의 문제이며, 그 일치의 문제가 아닙니다. 그리고 언어가 할 수 있는 것 — 그 담론의 모든 구멍을 통해 빠져나오는 힘으로 전율하며, 재주넘기와 광대놀이로 넘쳐나는 것 — 은 시를 불러내어, 그것이 너무나도 대단한 이 정신(영혼)의 열광 속에서 울려 퍼지게 하는 것입니다. 그 열광은 시적 예술에 의해 포착됩니다.

우리는 여기서 매우 중요한 지점에 닿게 됩니다. 니체의 예술에 대한 견해는 절제된 과잉 혹은 터무니없음gratuité이라는 점에 말입니다. 언어가 담당하는 것은, 그것이 평가의 언어일 경우, 언어의 정확성이나 일치에 대한 인증이 아닙니다. 그것은 오히려 언어가 이전에 할 수 있는 것으로 드러난 것에 대해 과잉이 되도록 하는, 즉 초과역량surcapacité에 있도록 하는 언어 역량의 해방입니다. 달리고, 뛰어오르고, 팽팽히 당겨지고, 춤출 수 있는 언어, 모든 것을 지탱하고 모든 것을 말할 수 있는 언어가 되는 것입니다. 요컨대 평가의 언어는 필연적으로 창조적인 것이 될 것입니다. 그것은 사용 가능한 언어일 수 없고, 오히려 그 자체를 발명하여 전쟁의 공간 속에 스스로를 제공하는 언어, 마치 무기를 제공하듯이 스스로를 제공하는 언어입니다. 이런 의미에서 우리는 니체가 《바그너의 경우》에서 이야기한 것에 귀 기울일 필요가 있습니다.

> 모든 진실로 아름다운 예술은, 모든 진실로 위대한 예술은 감사를 본질로 삼는다.

니체에게 정확성exactitude이라는 개념에 대립하는 것은 감사gratitude라는 개념입니다. 정확한 언어라는 개념은 너그러운 언어라는 개념으로 대체되지요. 그것이 할 수 있는 것을 보여주는 언어, 이 역량을 너그럽게 분배하는 언어라는 개념으로 말입니다. 이런 이유로 그것은 또한 예술가-유형을 지시하는 언어인데, 왜냐하면 정확히 '진실로 위대한' 예술은 감사를 본질로 삼기 때문입니다.

분명 시에 대해서 그것이 감사로서의 언어 혹은 그 감사의 표명이라고, 정확성이 아니라 바로 감사의 표명이라고 말하고 싶은 유혹을 받게 됩니다. 이런 의미에서 언어의 본질은 그리고 최종적으로 철학적 행동의 언어의 본질은 시와 밀접하게 연관되어 있습니다. 이를테면 니체의 사유와 너무나도 내밀하게 연결된 니체의 문체는 일종의 논쟁적 시학poétique polémique입니다. 시학poétique이라고 하는 것은 니체의 문체의 본질이 과잉이자 감사이기 때문이며, 논쟁적polémique이라 말하는 것은 이러한 힘의 행동이 언제나 다른 하나의 힘에 의해 측정되기 때문입니다.

니체의 삶이나 그 삶의 배경이 비극임에도, 그의 문체는 연극théâtre을 특히 눈에 띄는 적수로 삼습니다. 그의 관점에서 감사로서의 언어는 재현으로서의 언어와 대립하는 것입니다. 옳건 틀리건 간에, 니체가 보기에 언어를 재현으로 나타내는 것은 바로 연극인 것입니다. 우리는 한편으로 시를 최종적 자원으로 삼는 논쟁적인 감사와, 다른 한편으로 전적으로 연극의 형상 속에 주어진 연극적 과장행동histrionisme의 재현에 사로잡힌 언어를 배열하는 이 지점에 어떤 극성polarité이 있다고 말할 수 있을 것입니다. 이와 관련하여 저는 《바그너의 경우》를 인용하겠습니다.

> 그러나 우리는 바그너주의자들의 면전에서 연극이 어떤 것인지 주장하기를, 다시 말해 그것은 언제나 예술의 이편en deçà에 있는 것이라고, 언제나 이차적이고 과장되며 왜곡되어 있는 것이라고 주장하기를 싫증내지 말아야 한다.

니체는 《비극의 탄생*Die Geburt der Tragödie aus dem Geiste der Musik*》에서 비극이 (원래) 음악적인 것이었음을 보임으로써 논의를 시작하며, 연극성에 대해, 연극에 대해 지속적인 논쟁을 제기합니다. 그의 관점에서 보기에, 연극은 언어에 대한 배은망덕ingratitude입니다. 시가 언어에 대한 감사인 것과 마찬가지로, 연극은 언어에 대한 배은망덕인데, 왜냐하면 연극에서 언어와 시는 그리고 이에 따라 음악 또한 재현에 사로잡힌 채로, 외부로 드러냄에 사로잡힌 채로 남겨지기 때문입니다. 니체가 연극의 본질을 정말로 이렇게 이해하는지를 아는 문제가 남아 있습니다. 제 느낌으로는 그렇지 않은데, 어쨌든 저는 이 논쟁을 나중에 다른 곳에서 다루도록 남겨둘 것입니다. 어쨌든, 니체의 담론은 역사화된 소피스트적 담론과 반연극적 시학으로 이루어진 구성물입니다. 그 배열은 충분히 복잡합니다. 즉 역사화된 소피스트적 담론은 세계에 대해 만들어진 운명이며, 반연극적 시학은 언어에 대해 만들어진 운명인 것입니다. 그런 것이 바로 니체가 자신의 고유한 창조물의 후과l'aprés 속에 배치되게 하는 동력이며, 그가 이러한 그 창조물 자체 너머로 가는 사유와 삶의 도약— 행동의 선행성의 본질이 되는 그 자신의 너머로 가는 도약— 을 시도하는 동력입니다.

우리는 이제 우리가 그에게 제기하는 질문들의 체계를 통해 이 담론에 접근할 것입니다. 저는 네 가지 질문을 제기합니다.

¶ 첫 번째 질문: 모든 원정치적 논제나 기획은 그 비판적 수단에 있어 필연적으로 소피스트적인 것une sophistique일 수밖에 없을까요? 관건은 계보학, 유형학, 힘의 영역에 놓인 그의 장치에서 드러날 니체의 단독성이 아닐까요? 혹은 보다 일반적인 방식으로, 원정치적 기획 곧 세계의 역사를 둘로 쪼개는 기획이, 그 내력이나 정당화야 어찌 됐든, 그 비판적 수단에서, 그가 오래된 세계로부터 만들어내는 서술의 프로토콜에서, 필연적으로 소피스트적인 것일 수밖에 없다고 말할 수 있을까요? 어떤 한 언표의 평가는 내재적인 것일 수 없으며, 그것

은 언제나 발언의 힘의 체제를 평가함으로써 실행될 수 있습니다.

¶ 두 번째 질문: 모든 원정치적 기획은 필연적으로 그 단언적 차원에 있어 시적인 것[une poétique]일 수밖에 없을까요? 혹은 다시 말해, 관건은 단지 니체의 특이성일 뿐인가요? 혹은 이런 편이 좋다면, 두 가지 질문을 서로 연결하여, 역사화된 소피스트적 담론과 반[反]연극적 시학은 그의 사유 자체의 양식[style]이 되기도 하는 니체의 문체[style]에 대한 요약이 아닐까요? 혹은 이것은, 니체를 넘어 그러나 (또한) 니체를 관통하여, 모든 원정치적 유형의 기획의 특징을, 사유에 철저한 단절이나 또는 결말의 초과[outrepassement d'une fin]라는 기능을 할당하게 될 모든 기획의 특징을 나타내는 것이 아닐까요?

¶ 세 번째 질문: 모든 원정치적 논제는 필연적으로 연극에 대한 증오일 수밖에 없을까요? 이 질문은 보다 단독적이며, 또한 결국 연극에 대한 플라톤의 증오가 있는 이상 더욱 중요해집니다. 니체의 반[反]플라톤주의는 모호합니다. 니체의 반플라톤주의에는 플라톤주의가 잠재해 있으며, 이와 관련하여 연극은 분석장치들 가운데 하나입니다. 그러나 그것이 유일한 것은 아닙니다. 하이데거는 이런 방향에서 훨씬 더 멀리까지 나아갑니다. 그는 여러 언표들에서 결코 그 누구도 니체보다 더 플라톤주의적이지 않았다고 선언하지 않습니까? 하이데거의 이러한 약간은 공격적인 태도에까지 이르지는 않더라도, 우리는 니체를 초과나 결말, 철저한 변동이나 혹은 절대적인 닫힘이라는 개념으로 향하게 하는 모든 사유의 기획이 필연적으로 연극의 증오를 담고 있는지 알아보는 문제를 다룰 수 있을 것입니다. 그렇다면 우리에게 연극에 관해 가르치는 것은 무엇일까요? 결국 이 불길한 연

극은 여기서 무엇을 하게 되는 것일까요? 니체의 관점에서 연극에 대항하는 이 논쟁은 중요한 것일 수밖에 없을 터인데, 그가 거기에 생애 마지막 해의, 다시 말해 행동의 해 혹은 광기로의 추락이 일어난 해의 상당 부분을 바치게 된다는 점을 감안하자면 말입니다! 먼저 무엇보다 《바그너의 경우》와 《니체 대 바그너》는 연극에 반대하여 저술되었습니다. 이 논점은 본질적인 것이며 부차적인 것이 아닙니다.

¶ 네 번째 질문: 예술의 원정치는 무엇을 요구하는 것일까요? 이것은 사실상 앞선 세 질문을 요약하는 질문입니다. 예술은 원정치의 요소와 관련해 어떤 기능을 떠맡거나 부여받게 될까요? 이 발언으로 그 기능에 관해 예증하도록 합시다.

> 어느 순간에 즐거워하든지, 인간은 언제나 자기 기쁨 속에서 동일자[le même]로 유지된다. 그는 예술가로서 즐거워하고, 힘으로서의 자기 자신을 즐기며, 거짓말은 힘이 된다. (…) 예술, 오직 예술만이 삶을 가능케 하는 위대한 원동력[la grand possibilisateur de la vie]이다.

철학이, 또는 반철학이 '예술, 오직 예술만이'라고 말할 수 있으려면 예술은 어떤 것이 되어야 할까요? 니체에게 있어 '삶'이라는 말이 무엇을 의미하는지 안다면, 이것이 '삶을 가능케 하는 위대한 원동력[possibilisateur]' — 단지 삶을 강화하는 것이 아니라 삶을 가능케 하는 것 — 을 의미할 수 있음을 상상해봅시다. 그리고 언어의 도취[ivresse]가 영웅적인 춤의 음악으로 전화[轉化, devenue]될 때, 그는 음악이 없는 삶은 살 가치가 없음을 고백합니다. "음악이 없는 삶은 그저 고역이며 오류일 뿐이다." 휴식으로서의 음악, 그것은 니체의 최종적인 구원인 것입니다. "지금 나는 음악의, 음악의 안식처에 있다!" 가볍게 하는 것, 일어날 수 있게 하는 것, 삶의 무게와 난해함을 잊게 하는 것, 오직 그것만이 영감grâce의 원천인 것입니다. 삶을 가능케 하는 것으로서의 예술에 대한 사랑은 이로부터 유래합니다. 밝고 해방시키며 가벼운 음악은 이제 이 심각하게 불안에 빠진 영혼에 가장 소중한 위안이 됩니다. 그래서 이러한 과장된 요구를 지탱하기 위한 예술은 어떤 것인지 알아보고자 하는 우리의 질문이 제시됩니다. '원정치가 예술에 요구하는 것은 무엇인가?'라는 질문은 '그러한 질문을 감당할 수 있기 위한 예술은 어떤 것인가?'로 바뀌게 되는 것입니다.

제가 다루게 될 질문은 이런 것들입니다. 예술이 '가능케 하는 위대한 원동력la grand possibilisateur'으로 지시되는 이상, '예술, 오직 예술만이'라는 금언에 대해 치러지는 대관식의 장엄함이 있는 이상, 이 네 가지 질문들을 통해 세계와 언어가 어떤 것인지 아는 것이 관건인 이상(그 이하는 아무것도 없습니다!), 우리는 니체의 반철학적 입장을 대표적인 최상의 질문과, 즉 존재의 질문과 대결시킬 것입니다. 니체의 존재론에 대해 강의할 생각은 결코 없습니다. 제 목적은 니체의 반철학에 대한 확인을 목표로 하는 우리의 전략에 핵심적인 몇 가지 명제를 정식화하려는 것입니다.

첫 번째 명제. 니체에게 있어서 '거기 있음il y a'은 '생성devnir' 또는 '삶'이라는 이름을 갖습니다. 이렇게 말해도 좋다면, 그것은 글자 그대로 경험적인 것입니다. 애초에 삶 혹은 생성은 '거기 있음'의 이름들과 다른 것이 아닙니다. 이 이름들 — 삶과 생성 — 은 의미를 지닌 이름들이 아니며, 평가에서 빠져나가 있기에 그 자체로 어떤 의미가 없는 '거기 있음'의 이름들이라는 의미에서, 이 이름들에는 상관물이 없습니다. 모든 의미는 하나의 평가이지만, '거기 있음'은 평가할 수 없습니다. 따라서 생성 또는 삶으로 명명된 '거기 있음'은 어떤 의미도 지시하지 않습니다. 그러므로 삶이나 생성을 은유화하는 모든 해석에 대해 추가적인 신중함이 요구되며, 그 벌거벗음 자체에 있어, 순수한 '거기 있음'은 어떠한 의미와도 연관될 수 없습니다.

1888년 초의 단편을 결정적인 출발점으로 표시하도록 합시다. 우리는 그 중요성 때문에 이를 거듭 반복하여 사용하게 될 것입니다.

> (…) 생성은 언제라도 정당화된 것으로 드러나야 한다. [혹은 평가 불가능한 것으로 드러나야 하며, 이 둘은 같은 것입니다.]

완전한 정당화 — 디오니소스적 긍정oui이라는 문제틀의 토대이자 따라서 행동의 관건이며, '생성은 언제라도 정당화'되는 — 는 그 자체로 생성이 평가 불가능하다는 사실에 달려 있다는 점을 잘 기억해두도록 합시다. 제가 보기에 이 논점은 중요한 것으로 드러납니다. 긍정은 평가가 아니며, 모든 평가나 모든 의미 부여가 다른 힘에 맞서는 힘이라는 의미에서, 디오니소스적 긍정은 주권의 형상이 아닙니다. 있는 그대로의 세계에 대한 긍정은 생성에 대한 긍정이며, 정확히 말해서 단지 생성이 평가 불가능함을 의미할 뿐인 '언제라도' 있게 될 그것(생성)의 정당화에 대한 긍정이기 때문입니다. 결과적으로 예oui라고 말할 수 있는 역량은 의미에 대한 긍정oui이 아니라, 의미를 갖지 않는 것에 대한 긍정과 관련됩니다. '거기 있음'이 생성이나 삶의 영향 아래 명명되며 디오니소스적 긍정에 의해 '언제라도 정당화'되어야만 할 것이므로, 니체의 긍정affirmation은 주권의 형상이 아닙니다. 그것은 의미의 형상이 아니며, 실제로는 의미에서 감산된 것에 대한 긍정이기 때문입니다. 평가할 수 없는 것은 의미에서 감산되지만, 또한 무의미non-sens로부터 감산되기도 하는데, 이는 평가할 수 없는 것이 의미의 값도 무의미의 값도 갖지 않는 까닭입니다. 생성이나 삶의 이름으로 (발언되는) '거기 있음'에 대한 긍정은, 평가할 수 없는 것으로부터 그리고 그 자체의 고유한 창조 속에서 의미나 무의미를 갖게 됨에도, 의미와 무의미의 대립에서 감산된 채로 유지됩니다.

이 논점을 강화하면서도 나머지 모든 것이 부스러지지 않도록 하기 위해, 저는 다시 한번 니체를 인용하겠습니다.

> (…) 생성은 언제라도 동등한 가치를 갖는다. 그 가치는 그 자체와 동등하게 유지된다. 바꿔 말하자면 그것은 어떠한 가치도 갖지 않는데, 왜냐하면 그것을 평가할 수 있게 하고 상대적으로 가치라는 말이 의미를 갖도록 대응되는 무언가가 결여되어 있기 때문이다. [그리고 그가 결론짓는 바에 따르면] 세계의 전체적인 가치는 평가할 수 없다. 그 결과, 철학적 염세주의는 희극적 사물들 가운데 놓인다.

이것은 생성, 가치, 의미, 무의미라는 말들이 명백히 복합적인 방정식들 속에서 뒤얽히는 구절이지만, 이 말들은 단지 텍스트를 해명할 수 있는 장점이 있는 은유들일 뿐입니다. 만일 우리가 생성이나 삶이란 말들을 '거기 있음'의 이름들로 수용한다면, 대가—'거기 있음'이 어떠한 가치도 갖지 않게 되는 대가—를 치러야 할 것인데, 왜냐하면 모든 가치는 평가에 의존하며 따라서 국지화된[localisé] 단독적인 '거기 있음'에 의존하지만, 있는 그대로의 '거기 있음'에는 의존하지 않기 때문입니다. 요컨대 '거기 있음' 전체는 모든 가치로부터 감산되거나, 혹은 '거기 있음'의 견지에서 가치라는 말은 의미를 갖지 않습니다. 달리 보자면, **거기 있음의 견지에서 가치라는 말은 의미를 갖지 않는다**는 것은 또한 가치의 가치는 없으며, 모든 의미는 그 자체로 모종의 평가가 됨을 의미한다는 점에 유의합시다. 특히, 세계에 대한 전체적인 평가가 그 운명에 따라, 혹은 존재의 역사적 의미에 연결된 운명적 형상에 따라 실행될 수 있게 하는 데 관련된 운명적 의미는 결코 없습니다. 니체는 '거기 있음'이 평가 불가능하게 되고, 따라서 의미가 박탈되어, 결국에는 의미 자체가 의미를 갖지 않으며, 가치가 가치를 갖지 않게 되는 순간부터, 그가 배제하는 모든 메시아적 의도나 미래의 기대에 대해 끊임없이 논쟁을 벌입니다. 이는 라캉에게서 '메타언어는 없다' 또는 '타자의 타자는 없다'라는 명제에서 찾을 수 있을 정도로 놀라운 영향력을 지닌 언표들이며, 니체의 단독적인 입장에서 '의미의 의미는 없다'라고 말해질 것입니다. 여기서 어떻게 '신은 죽었다'라든지 심지어 '전체[Tout]는 평가될 수 없다'는 명제를 읽어내지 않을 수 있겠습니까? 이 모든 언표는 등가적인 것입니다.

이 단편의 마지막 부분을 되풀이해봅시다. 즉 **철학적 염세주의는 희극적 사물들 가운데 놓입니다.** 왜 그럴까요? 왜냐하면 염세주의는 세계의 무의미가 하나의 가치라고 주장하기 때문입니다. 그것은 세계를 무의미로 평가합니다. 그러나 세계가 무의미라는 이야기는 사실상 하나의 평가이며, 따라서 평가할 수 있는 세계를 전제하지만, 이에 반해 평가할 수 있게 되는 것은 세계를 의미와 무의미의 대립으로부터 감산합니다. 염세주의가 이 특정한 희극에 넘어가려면, 다시 말해 '거기 있음'이 의미로부터 빼내어져 있다는 사실에 가장 가까이 접근한다면, 그것은 이 감산으로부터 의미 — 무의미의 의미 혹은 염세주의의 의미가 되는 의미 — 를 만들어내야 합니다. 염세주의자는 거기에 의미가 없다는 이 사실에서 의미를 만들어내는 사람입니다. 그는 기껏해야 이 의미를 좋아하거나 좋아하지 않는다고 말할 수 있을 뿐입니다. 그러나 그는 거기에 의미가 없음을 알기 위해 무의미가 의미를 갖는다는 점에 계속 머물러 있을 경우 우스운 꼴이 됩니다. 그럴 때 그는 쇼펜하우어와 같은 희극의 인물이 될까요? 염세주의의 희극은 연극적일까요? 이는 분명히 우리가 스스로 제기할 수 있는 질문입니다. 필경 니체가 '희극적'이라는 말에 부여하는 의미를 추적하기 위해서라면 다시 마주해야 할 질문인 것입니다. 그의 웃음에 대한 은유가 핵심입니다. 신들은 우리가 그들을 믿었다는 사실에 대해 웃다가 죽었다! 그 사실은 그들이 죽음에 이를 정도로 웃도록 만든 것입니다! 어떤 의미에서, 금욕적이면서도 반동적인 교양교육[formation]은 거의 웃음에 대한 적개심으로, 웃는 자들에 대한 정죄로 규정된다고 할 수 있습니다. 그러나 동시에, 니체를 오랫동안 읽으면서 저는 그에게서 정말로 웃음에 대한 인상을 받지 않는다는 점을 고백합니다. 기껏해야 아이러니가, 그것도 지나치게 폭력적인 아이러니가 주어지지만 유머는 그리 많지 않습니다. 자신에 대해서도 다른 사람들에 대해서도 말입니다. 희극적이라는 말이 일방적으로 아이러니의 형상에 할당될 때 희극성le comique이 어떤 것인지 아는 것은 흥미로운 문제인데, 연극의 희극성이 어떤 것인지 아는 문제와의 교차에 있어서도 그럴 것입니다. 유머, 아이러니, 웃음, 반복의 희극은 여기서 이것들이 존재 자체에 대해 취해진 입장들임이 완전하게 알려진 형상들입니다. 이것이 매우 심각한 문제라는 니체의 이야기는 틀리지 않았습니다. 그러나 그 문제의 심각성이 그가 웃음에 부여하는 중요성을 심각하게 속박하는 것은 아닐까요?

어쨌든 우리는 '거기 있음'이 의미를 갖지 않는다는 사실에 의미를 부여할 것이며, 따라서 그것을 의미와 무의미의 대립에서 감산해낼 것입니다. 여기에서 이것은 우리와 동시대적인 매우 의미심장한 니체적 평결입니다. 니체가 이로부터 적절하게 끌어내는 결과는, 제가 보기에 사건, 곧 보충물supplément — 단지 '거기 있음'만이 아니라 또한 그 돌발surgir이나 일어남advenu — 은 결코 의식의 형상으로 파악되어서는 안 된다는 것입니다. 그 돌발은 절대적으로 모든 돌발의 인식과 별개로 독립적으로 사유되어야 합니다. 여하튼 이 1888년의 단편에서 니체는 생성에 대해 이야기합니다.

> 사건에 대해 함께 지각하고 의식하는 존재의 관점에 관계짓지 않기 위해서, 우리는 어떤 생성의 의식을, 곧 '신'을 부정해야 한다.

만일 사건을 있는 그대로 파악하거나, 사건의 사건성을 사유하거나, 혹은 돌발로서의 갑작스런 나타남에 관련되기 바란다면, 우리는 사건을 의식의 존재라는 관점과 관련짓지 말고, 결코 주체를 전제하지 말아야 할 필요가 있습니다. 일어나는 것의 순수한 사건성은 오직 그 사건을 주체의 선존재로부터 감산해냄으로써 보존할 수 있습니다. 이 언표의 중요성에 유의하도록 합시다. 만일 주체가 거기 있다면, 이는 사건이라는 조건 아래 그럴 것이며, 그 역은 성립하지 않습니다. 주체는 그 자체로 사건적이며, 그는 구조적이지 않을 것입니다. 사건에 대한 의식conscience 혹은 (이를 지각하는) 감성sensible으로 가정되는 주체에게, 사건은 결코 없을 것입니다. 그리고 모든 사건에 대해 사건의 주체를 가정하지 않으려면, 니체가 정확하게 덧붙이는 그대로, 우리는 무엇보다 먼저 생성이 의미의 범주에 지배당하는 것을 부인해야 하며, '거기 있음'을 의미 또는 가치의 문제의 관점에서 무력화하거나, 혹은 '거기 있음'이 평가 불가능함을 상정해야 합니다.

여러분은 순수한 존재가 의미의 문제에서 감산된다는 단언과 사건의 사건성의 보존, 즉 있는 그대로의 돌발에 관련될 가능성의 보존 사이에서 매우 강한 연관을 보게 됩니다. 이 연관은 결정적인 존재론적 힘을 가집니다. 사건의 사건성에 대한 사유와 관련한 발상은 존재가 의미의 문제에서 감산된다는 점에 달려 있습니다. 여기서 니체 사유의 탁월함과 심오함을, 그 위대한 근대성을 확인할 수밖에 없습니다. 이름(명사)들의 결백성에 대해 자문하지는 않더라도, 존재를 '삶'으로, '생성'으로 명명할 수 있는 이유는 무엇일까요? 어쨌든 이 질문은 이후에 다시 다루게 될 것입니다. 저는 될 수 있는 한 이 질문을 눌러놓고 있었으나, 결국 다음과 같이 묻게 됩니다. 왜 다른 말들이 아닌 이 말들인가? 우리가 '저기 있음', 사건, 의미의 감산을 '삶'이나 '생성'으로 명명해야 할 이유는 없습니다. 왜냐하면, 만일 생성이 매 순간 정당화되어야 한다면, 생성의 차원은 평가될 수 없는 것인 이상 즉시 삭제되기 때문입니다. 만일 평가가 평가할 수 없는 것을 평가하는 한 언제나 동일하다면, 생성되는 것은 무엇일까요? 결국 '생성'이 매 순간 다른 모든 것과 동등한 이유는 무엇일까요? ―그것이 '거기 있음'의 순간인 이상, 그것은 평가 불가능합니다. 그런데 여러분은 오직 평가를 통해서만 차이를 도입할 수 있습니다. 만일 '거기 있음'이 엄격하게 말하기로 평가될 수 없다면 '거기 있음'은 생성될 수 없을 터인데, 왜냐하면 생성에 대해 어떤 생각을 한다 해도 그 사유는 차이의 사유를 전제하는 탓입니다. 그리고 모든 차이가 차이의 평가라면, 평가 불가능한 것으로서의 '거기 있음'은 생성될 수 없습니다. 생성은 생성되지 않습니다. 그래서 '예'라고 대답하는데, 왜 그럴까요? 이 질문은 강변합니다. 이를 '삶'과 '생성'이라고 명명하는 것은 의뭉스럽게도 사실상 하나의 평가가 아니겠습니까? 이 평가할 수 없는 것이 '삶'으로 명명되어야 한다는 이야기는 실제로 그것을 평가하는 것이며, 최종적으로 생기 없는 것inerte과 상반되는 살아 있는 것vivant, 동일한 것과 상반되는 창조물, 단일성과 상반되는 다양성 등 잠재적 범주들을 통하여 평가하는 것입니다. 결국 '거기 있음'을 '삶'이나 '생성'이라 명명하는 것은 필경 가려진 차이의 평가일 따름입니다. 니체에게 가해질 수 있을 비판은 이런 것입니다.

그러나 니체를 정당하게 평가하려면, 그가 그러한 비판을 완벽하게 인식하고 있었음을 인정할 필요가 있습니다. 이것이 그가 영원회귀의 교설로 수정하는 무엇입니다. 즉 '삶'이나 '생성'이라는 말들에 대해 평가하는 경향은 거기서 중립성으로 다시 기울게 될 것입니다. 영원회귀의 교설이 실제로 우리에게 이야기하게 될 것은 생성은 생성되지 않는다거나, 긍정되는 것 또한 재긍정된다거나, 혹은 '거기 있음'이 도래하는 동시에 다시 도래한다고 말해질 수 있다는 것입니다. 이러한 도래와 재래의 중첩 또는 떠남과 돌아옴의 중첩은 결국 '거기 있음'을 평가 불가능한 것 속에 유지시키는데, 왜냐하면 '거기 있음'은 '삶'과 '생성'이라는 이름들 아래서 평가 불가능한 채로 유지될 것이며, 또한 영원회귀의 사유 아래 놓일 때, '거기 있음'의 단언은 재단언임이, 생성되는 것은 동일한 것임이, 또는 도래하는 것은 다시 도래하는 것임이 알려질 것이기 때문입니다. '삶'이라는 것은 유동하는 평가들의 평가될 수 없는 토대이지만, 이는 또한 동일한 것의 원칙 혹은 평가 불가능한 것의 동일성의 원칙le principe de l'identité de l'inévaluable입니다. 그러므로 저는 이 논점에 관한 하이데거의 해석을 공유하지 않을 것입니다. 말하자면 니체에게 힘에의 의지는 존재자의 이름이 아니며, 영원회귀는 존재의 이름이 아닌 것입니다. 왜 그런가 하면, 한편으로 힘의 강화의 체제로 나타나는 힘에의 의지와 다른 한편으로 니체에게 동일성의 원칙으로 나타나는 영원회귀 사이에 때론 절대적인 역설로 고려되기도 하는 어떤 긴장관계가 있기 때문입니다. 그렇다면 이것들을 어떻게 화해시킬 것인가? 하이데거가 정확하게 언급하는 것처럼 중요한 것은 화해가 아니며, 오히려 서로 다른 기명registration입니다.✦ '힘에의 의지'라는 이름 아래 사유되는 것은 존재자

étant 자체인 데 반해, '영원회귀'라는 이름 아래 사유되거나 되기를 시도하는 것은 존재être일 것이며, 이런 의미에서 영원회귀는 망각되거나 삭제된 존재이고, 그 존재의 존재자는 '힘에의 의지'라 명명될 것입니다.

하이데거의 변증법이 더 정밀하기는 하지만, 그 연구의 틀은 대략 이런 것입니다. 하지만 저는 전혀 하이데거를 따라가지 않을 것입니다. 저는 영원회귀와 힘에의 의지 — 혹은, 저로서는 '평가들의 다수성multiplicité des évaluations'이라고 말하는 쪽을 선호하긴 하지만 영원회귀와 평가 — 가 삶의 의미로부터의 감산이 균형 잡히거나 유지되도록 영향을 주는 이름들이라고 말할 것입니다. 영원회귀와 평가들의 복수성pluralité des évaluations 혹은 강화들의 복수성은 삶이 의미의 문제로부터 감산된다는 점을 붙잡거나tenir 억류하는détenir 이중적 명명의 체제를 구성합니다. 이를 납득하려면, 사실상 삶이 영원회귀 — 동일자의 형상으로서의 평가 불가능한 것을 지시하는 — 를 통해 힘의 강화와 기저에 깔린 복수성으로부터 억류하는 어떤 것을 바로잡을 필요가 있습니다. 그러므로 가버림과 돌아옴 혹은 도래와 재래가 필요하며, 평가들과 영원회귀를 동시에 알아야 할 필요가 있습니다. 사유와 존재 사이의 분포가 아니라 그 배치의 유일한 지형에 따라 니체의 존재에 대한 사유를 구성하는 것이 그런 것인데, 왜냐하면 니체에게 존

✦ 하이데거는 니체에게 힘에의 의지는 존재의 상태의 이름이며, 영원회귀는 존재의 이름이라고 언급한다. (하이데거의 니체 강의 참조)

재에 대한 근본적인 술어는 의미의 문제에서 (존재를) 빼내는 감산이며, 이는 평가할 수 없는 것이기 때문입니다. 바로 거기에 하이데거와의 진정한 논쟁이 있습니다. 하이데거의 관점에서, 존재는 운명적으로 의미에 의해 영향을 받게 되거나 받을 수 있습니다. 설령 의미가 이 의미의 망각에 의해 규제되거나 지배된다 하더라도, 거기에는 존재의 운명적 의미가 있다는 것입니다. 하지만 니체의 관점에서는 거기에 아무것도 없습니다. 이것은 하나의 중심적인 논점입니다. 기본적으로, 한편으로 동일한 것의 영원회귀와 다른 한편으로 삶의 강화에 대한 은유 사이의 명백히 역설적인 균형은, 평가들의 대립적이거나 논쟁적인 복수성으로부터 전적으로 해명됩니다. 만일 균형이 삶의 기원성이란 의미에서 감산이 평형 가운데 유지되도록 하는 이중적 명명일 뿐임을 안다면 말입니다. 니체의 관심사는 '삶'은 동일자와 타자의 순환성을 명명한다는 것, 또는 '거기 있음'은 그것이 동일한지 다른지 아는 문제와 관련하여 결정 불가능하다는 것입니다. '영원회귀'는 동일자의 편에 속하고 '힘에의 의지'는 타자의 편에 속한다고 말하는 것은 정당한데, 왜냐하면 힘에의 의지는 언제나 서로 연관된 여러 유형으로 구체화되기 때문입니다. 하지만 중요한 것은 평가 불가능한 것이 동일한 것도 다른 것도 아니라는 점, 혹은 그것이 결정 불가능한 방식으로 동일하면서도 다른 것이라는 점입니다.

존재에 대한 니체의 사유에 헤라클레이토스적 토대가 놓여 있다고 할 수 있을까요? 그 토대 자체의 중요한 지형으로부터 빠져나오는 감산의 인식이 이를 증명할 것입니다. 헤라클레이토스가 '불'이라 부르는 것은 니체가 '삶'이라 부르는 것과 근접한 것입니다. 니체의 장치를 그 존재론적 벌거벗음을 통해 받아들인다면 말입니다. 헤라클레이토스의 단편 30번에서 가져온 다음 예를 살펴보도록 합시다.

> (…) 이 세계를, 어쨌든 신도 인간도 이 세계를 만들어내지 않았지만, 영원히 언제라도 살아 있는 불은 있었고 있으며 있을 것이다. (바디우 번역)

이 단편은 완전히 니체적입니다. '거기 있음'에 의해 동일성identité과 이타성異他性, altérité의 균형이 정해지지 않는 결정 불가능성은 그것을 결정하기 위해 의미를 요구하는데, 의미가 없는 이상, 그것은 니체가 '삶'이라 부르고 헤라클레이토스가 '불'이라 부르는 것입니다. 니체의 존재론에 관한 첫 번째 명제에 관해서는 이상과 같습니다.

두 번째로, '존재'를 '거기 있음'으로 명명하는 것이 적절치 않다는 점을 끌어낼 필요가 있습니다. 존재Être는 존재l'être를 나타내는 데 부적절한 이름이며, 혹은 더 나아가 '거기 있음'은 존재의 형태로 표현되어서는 안 됩니다. 왜냐하면 그렇게 하는 것은, 즉 존재나 존재자를 '거기 있음'으로 명명하는 것은 반동적 평가이기 때문입니다. 계보학적으로, 유형학적으로, '존재'를 '거기 있음'으로 명명하는 데 관심을 가지는 자는 누구일까요? 그들은 좋지 않은 사람들일 것입니다! 이것을 비존재라고 말해서도 안 된다는 것을 즉시 이해해야 할 텐데, 이 역시 좋지 않은 이름인 탓입니다. 우리는 이러한 이름들의 논리를 파악할 필요가 있습니다. 어떤 한 이름이 불신될 때마다, 상반되는 이름 역시 그렇게 됩니다. 이런 의미에서 니체의 사유는 결코 변증법적이지 않습니다. 하나의 명명을 상반되는 명명으로 부각시키는 것이 문제가 아닌 것이지요. 존재는 사실상 반동적인 힘의 관심사들을 떠받치기에 나쁜 이름이라고 발언할 때, 여러분은 또한 그것을 비존재라고 명명하는 것도 좋지 않다고 말하는 셈입니다. 그러므로 존재와 비존재의 결합을 통해서가 아닌 다른 방식으로 그것을 명명할 필요가 있습니다. 이를 헤라클레이토스의 단편 49a와 비교해봅시다.

> 우리는 존재하며 그리고 우리는 존재하지 않는다.
> (바디우 번역)

'우리는 존재하며 그리고 우리는 존재하지 않는다'는 말은 거기에 질문이 있지 않음을 의미하는 것입니다. 헤라클레이토스는 말합니다. 여하튼 '존재'나 '비존재'는 질문과 관련된 이름이 아닌데, 왜냐하면 '거기 있음'에 관해서 우리는 기껏해야 '우리는 존재하며 그리고 우리는 존재하지 않는다'고 말할 수 있을 뿐이며, 이는 '거기 있음'에 대한 질문을 명목상의 유예 가운데 내버려두는 언표이기 때문입니다. 이는 또한 니체의 입장이기도 합니다. 1888년 초 유고의 단편을 가져와봅시다.

> (…) 일반적으로, 우리는 존재자에 대해 아무것도 인정하지 말아야 하는데, 왜냐하면 그럴 경우 생성이 그 가치를 상실하기 때문이다[이는 우리가 이야기한 모든 것에 비추어볼 때 매우

뒤틀린 문장입니다]. 결과적으로, 남은 것은 어떻게 존재하는 것의 환상이 발생할 수 있었는지 자문하는 것이다.

'거기 있음'을 '존재자'라고 부를 경우, 우리는 생성이 그 가치를 잃도록 만들게 됩니다. 여기서, 여러분은 모두 펄쩍 뛰며 '생성은 불가피한 것이다!'라고 말할 수밖에 없겠지요. 그러나 니체는 이렇게 선언합니다. 만일 우리가 '거기 있음'을 명명한다면, 우리는 생성이 그 특유한 가치를, 다시 말해 정확히 그것이 평가 불가능하다는 가치를 상실하게 만들고, 우리는 하나의 평가를 시작하게 된다고 말입니다. 누구라도 '거기 있음'을 '존재자'로 명명하거나 혹은 존재자가 있음을 인정할 때, 존재하는 어떤 것은 생성을 그것이 평가 불가능한 것이라는 사실로부터 감산합니다. 그것은 특정한 평가의 형상 속으로 들어가게 되는 것입니다. 이런 이유로 니체는 이어서 곧바로 '결과적으로, 남은 것은 어떻게 존재하는 것의 환상이 발생할 수 있었는지 자문하는 것이'라고 기술하며, 그렇지 않았다면 그 말은 이해할 수 없었을 것입니다. 그리고 이 문구는 이런 방식으로 이해할 경우 완벽하게 정합적입니다. 누구라도 '거기 있음'을 존재의 이름이라고 명명하는 자는 하나의 평가를 시작하게 되며, 그럴 때 우리는 누가 평가하는지, '거기 있음'의 존재론적 평가의 이점이 무엇인지 물을 권리를 갖습니다. 《우상의 황혼》에서 여러분은 다음과 같은 문장을 볼 수 있습니다. "존재는 의미 없는 허구이다." 존재는 필시 의미가 없겠지만, 이는 하나의 평가 — 정확히 삶에 관한 평가 — 입니다. 그리고 모든 허구에 대해 그러듯 우리는 그것을 생동하게 하는 의지가 어떤 것인지 자문해야 합니다. 우리가 하나의 허구적 명명을 포착할 때, 그 명명은 유형을 찾아야만 하는 평가입니다. 그런데 니체의 진단에서 핵심적인 논점으로서, '존재'나 '존재자'를 '거기 있음'으로 명명하는 의지의 유형은 반동적 의지의 유형입니다. 그것은 진정한 의지에, 다시 말해 무의미 혹은 의미의 감산에 대해 '예'라고 말하는 것에 반대합니다.

그 궤변chicane을 검토해보도록 합시다. 최초에, 헤라클레이토스에 대립시키게 될 파르메니데스의 이름으로 '존재'를 '거기 있음'이라 부르기로 선택했던 철학은 결코 순진한 조작에 넘어가지 않았습니다. 철학은 평가를 실행했고, '거기 있음'을 어떤 평가에 끌어 넣었습니다. 하지만 '거기 있음'이 평가될 수 없기에, 이 평가는 어떤 유형에 관련되며 이에 속하는 것입니다. 파르메니데스적 철학자는 원래 '거기 있음'을 존재라는 이름으로 표명하는 유형이며, 여기에 투여된 의지는 반동적 의지인데, 왜냐하면 '거기 있음'에 존재의 이름을 부여하며 따라서 존재와 비존재의 궤변에 그 이름을 끌어들이는 것은 생성에 대한 완전한 디오니소스적 긍정 — 존재/비존재의 대립에서 제거되는 — 을 방해하는 하나의 평가이기 때문입니다. 만일 '거기 있음'에 존재라는 이름을 부여하는 것을 '존재론'이라 부른다면, 존재론은 하나의 반동적 허구이며, 다시 말해 디오니소스적 긍정에, 평가 불가능한 것의 긍정에, 혹은 의미를 갖지 않는 것의 긍정에 반대하는 철학에 의해 기원적으로 만들어진 가설인 것입니다. 니체가 주목할 만한 한 문장에서 말하는 것처럼, '이러한 존재자의 가설은 세계에 대한 모든 비방의 원천'이 됩니다. 만일 '거기 있음'에 존재라는 이름을 부여한다면, 그래서 우리가 존재와 비존재의 변증법에 들어가게 된다면, 우리는 이미 그것을 반대를 통해, 디오니소스적 긍정에 대한 금지를 통해 평가한 셈이 되는데, 왜냐하면 평가 불가능한 것을 허구적으로 평가하려 했기 때문입니다. 요컨대 우리는 '세계에 대한 모든 비방'을 인가하게 될 것입니다. 그리고 철학이 바로 이 인가입니다. 여러분이 존재의 측면에서 '거기 있음'을 평가하게 된 순간부터, 비방은 단지 무언가를 비존재로 평가할 수 있는 권리를 확보하는 것으로 이루어진 형태를 취합니다. 그때부터, 여러분은 언제나 그것은 존재하지 않고, 실제로 존재하지 않으며, 존재해서는 안 된다는, 하지만 불행히도 그러하다는 등의 이야기로 이루어진 '세상에 대한 모든 비방'의 주형 속에 있는 것입니다. 그리고 이는 현상 대 본질, 외양 대 진리 등의 논리입니다. 따라서 세계에 대한 모든 비방의 주형, 즉 있는 그대로의 세계 전체에 대한 디오니소스적 긍정에 던져진 불가능성 혹은 금지는 '거기 있음'을 존재의 이름에 병합하기로 선택한 최초의 철학적 명명에서 그 원천을 얻게 됩니다. 그리고 여기서, 우리는 제가 차후에 유적인 의미에서 반철학이라 지칭하게 될 어떤 것을 구성하는 한 요소에 다가갑니다.

반철학은 항상 철학이 '거기 있음'에 대한 가치절하(경시)^dépréciation^에 책임이 있음을 말하는 이야기입니다. 이제 철학적으로 '거기 있음'의 경시가 가능하게 된 것입니다. 반철학은 철학에 전반적인 가치절하의 체계에 대한 책임을 지게 하며, 또한 결과적으로 긍정의, 곧 철저한 의미에 따른 긍정 — 니체가 디오니소스적인 것이라 말할 긍정 — 의 불가능성에 대한 책임을 지게 합니다. 혹은 다시 말해서 철학은 기원적으로 '긍정'의 난점에 책임이 있습니다. 이는 여러분이 모든 중요한 반철학자에게서 발견하게 되는 결정적인 반철학적 주형입니다. 라캉은 존재론ontologie을 옹톨로지hontologie, 즉 집에서의 부끄러움honte au logis으로 말해야 한다고 하지 않았습니까? 그런데 니체는 이 사안에 관해 라캉과 다른 말을 하지 않습니다. 철학이 '존재'를 '거기 있음'으로 명명했다는 사실에서 부끄러움이 있으며, 이러한 명명의 귀결은 오늘날 우리가 세계에 대해 '예'라고 말하기 어렵게 되었다는 것입니다. 니체가 끊임없이 우호적인 인사말을 보내는 파스칼이라는 악명 높은 다른 반철학자를 예로 들자면, 그 역시 니체와 다른 이야기를 하지 않습니다. 즉 철학은 신에 대한 긍정을 모호하게 만든다는 것입니다. 우리가 비현실적인 '철학자들과 학자들의 신'으로 거북해할 때, 철학은 모든 문제는 '이삭과 야곱의 신'에 대해 '예'라고 말하는 것임을 보지 못하도록 방해합니다. 철학이란 거짓 이름들을 동원하여 우리가 거기 있는 것을 기쁘게 긍정하지 못하게 막는 우울증적 징후라는 것이 바로 반철학의 결정적인 평결이지요. 이 저녁에, 우리는 이 준엄한 선고로 세미나를 마칠 것입니다.

5강

1993년 1월 13일

여러분에게 이야기한 것처럼, 우리는 니체에게서 '정치적'이라는 말의 복잡성을 발견하는데, 이 말은 주권의 문제와 해방의 문제 사이에서 사로잡히거나 혹은 양쪽으로 찢겨져 있습니다. 이 논점에 관해 가장 명시적인 텍스트는 《차라투스트라는 이렇게 말했다》의 1부 '새로운 우상에 대하여'입니다. 그러므로 저는 이 노래에 대한 검토를 통해 제가 여러분에게 이야기했던 것을 완성할 것입니다.

새로운 우상, 그것은 바로 '국가État'입니다. 차라투스트라는 새로운 우상에 맞선 논쟁에 착수하여, '그러니 이 곰팡내 나는 악당으로부터 달아나라! 불필요한 것들에 대한 우상숭배에서 벗어나라!'고 명령합니다. 여기서 관건은 국가이며, 이 텍스트는 오랫동안 니체의 무정부주의anarchisme를 이야기할 수 있게 할 정도로 매우 강력한 반국가주의anti-étatisme를 드러냅니다. 실제로, 주권의 구성들에 대한 교설에도 불구하고, 거기에는 일자un가 있습니다. 거기서 텍스트의 시작부터 거의 상투어가 되어버린 정식이 발견됩니다. **국가, 그러니까 모든 차가운 괴물 중 가장 차가운 놈으로 선정되는 괴물**이라는 표현은 드골 장군이 즐겨 인용했고, 다른 많은 사람이 인용했던 표현입니다. 바로 정치가들hommes d'État이 말입니다! 니체의 은유에서 차가움이나 괴물성이라는 말이 심각한 비난이라는 점은 분명합니다. 국가에 대한 니체의 테제들이 어떤 것인지 질문함으로써, 우리는 그와 국가의 관계에 대한 결정적 암시로 드러나는 '차가운 괴물 중 가장 차가운 놈'을 향한 이러한 은유적 저주로부터 빠져나와서, 원정치에서 '정치'가 갖는 의미를 해명할 수 있을 것입니다. 저는 이 책의 모든 텍스트가 그렇듯 수수께끼같이 여겨지는 이 텍스트를 이해 가능한 것으로 만들기 위해 몇 가지 테제를 선택할 것입니다.

¶ 첫 번째 테제가 핵심적입니다. 국가는 인민peuple에 준거할 수 없습니다. 이는 '인민'으로 나타내지는 것과 국가가 정당하게 준거할 수 있는 것 사이의 분리를 말하는 테제입니다. 혹은 보다 정확히 말해서, 인민으로부터 나타낼 수 있는 국가적 형상화는 없습니다. 이는 모든 재현적 국가 이론에 대한 철저한 비판입니다. 이에 대한 니체의 근본적인 이유는 다음과 같습니다. 인민은 언제나 하나의 창조물creation이라는 것입니다. 이것이 바로 그가 사용하는 용어인데, 인민은 그 말의 기초적인 의미에서 정확히 국가가 아닙니다. 즉 그것은 하나의 사태事態, état de choses가 아니라 창조물이며, 결과적으로 '인민'이라는 이름으로 명명되는 발명의 차원이 있되 그것은 국가적 형상 속에서 상실되거나 망각된다는 것입니다. 모든 인민은 믿음이나 사랑으로 만들어진 그 자체의 자기발명을 통해 제시된 무언가에 속한다고 니체는 말합니다. 믿음과 사랑이라는 말들을 잘 기억해두도록 합시다.

> (…) 창조자들은 인민들을 창조하고 그들 위에 믿음과 사랑을 매달아놓은 자들이다. 그들은 이런 방식으로 삶에 소용이 되었다.

두 개의 단어가 인민을 창조물로 지시합니다. 그것은 그 자체를 평가함에 있어 무사심한[désintéressée] 창조물, 곧 그 자체로 가치 있는 창조물입니다. 그리고 반대로, 국가는 **덫**의 성질을 갖는다고, 니체는 말할 것입니다. 국가는 군중을 향해 놓인 덫, 칼과 이익에 지배되는 덫이라고 말입니다.

> (…) 파괴자들, 그들은 많은 수의 덫을 놓고 그것들을 국가라 부르는 자들이다. 그것들 위로 그들은 하나의 칼과 백 가지의 욕망을 매달아놓는다.

인민이라는, 믿음이나 사랑의 전형을 창조하는 에너지는 그 자체에 대한 긍정이며, 이에 반해 국가는 '군중을 향해 놓인 덫', 칼에 의해 즉 폭력에 의해 그리고 이익의 확장에 의해, 이 창조물 자체를 향해 놓인 덫입니다. 인민은 무사심한 창조물이며, 이에 반해 국가는 이익의 포획이라고 요약하도록 합시다.

¶ 두 번째 테제는 계보학적입니다. 이 테제는 국가가 실존하는 이유를 묻습니다. 이 덫은 왜 그 무관심한 형상 속에서 인민이라는 창조물을 향해 놓이며, 그 창조물을 관심들의 그물망에 제출하거나 혹은 여과하는가? 국가는 왜 발생하는가? 비록 반동적인 힘이기는 하지만, 국가를 지탱하는 힘은 무엇인가? 니체의 대답에 따를 때, 국가

즉 근대 국가는 그 자체를 위해 신들에 대한 승리를 손에 넣으며, 따라서 그는 국가를 '새로운 우상'이라고 명명합니다. 신의 죽음이라는 요소 혹은 지평에 있어, 국가는 대체적인 우상입니다. 그리고 국가가 손에 넣는 에너지는 신에 맞서는 전투에 투입된 것으로 인해, 소진된 에너지, 이미 부분적으로 투입이 중단되거나 잔여물이 된 에너지입니다.

> (…) 국가는 또한 너희를 간파한다, 너희 예전의 신에 대한 승리자들이여! 그 전투에서 너희는 고단해졌고, 이제 너희의 무기력은 새로운 우상을 위해 복무한다!

새로운 우상으로서, 평가로서, 달리 말해 주체성으로서 근대 국가는 단순히 건축물이나 국가 장치가 아닙니다. 니체가 관심을 가지는 것은 국가에 대한 우상숭배의 이유, 즉 국가에 대한 굴종의 이유입니다. 그러므로 그의 관심사는 분명히 주체성으로서의 국가 혹은 의지로서의 국가입니다. 그것에 대한 심문의 열쇠는 패배한 의지와 관련되며, 국가는 이로부터 우상의 힘을 끌어냅니다. 바로 이 무기력이 예전의 신에 대한 승리 너머에서 혹은 이후에 정신들을 사로잡은 것입니다. 그러므로 우리는 '신은 죽었다'라는 금언이 (만일 그 금언을 지탱하는 의지의 측면에서, 그것을 인가하거나 가능케 했던 투쟁의 측면에서, 그것을 받아들인다면) 국가가 그 덫의 가능성을 이끌어내는 바로 그것이라는 점을 잘 이해해야 합니다. 국가는 반反종교적 전투의 고단함 위에, 피로함의 형상을 한 신의 죽음이라는 사건 위에 쌓아 올려집니다. 그것은 사실상 모든 승리 이후 뒤따르는 무기력함 가운데 도래하는 것입니다. '국가는 또한 너희 예전의 신에 대한 승리자들을 간파'하며, 그 반동적 권위를 세우는 것은 바로 여러분인 것입니다. 결과적으로 '신은 죽었다'라는 금언은 '국가는 죽었다'라고 말할 수 있을 경우에만 그 긍정적 힘에 이를 수 있을 것입니다. 이 (국가는 죽었다는) 언표의 가능성은, 회복되어 다시 세워진 무기력함에 젖지 않은 다른 방식으로, '신은 죽었다'라는 언표를 완성할 수 있을 유일한 어떤 것입니다. 말하자면, 니체적 논리에서, 국가를 향한 저주의 필요성은 신의 죽음에 대한 질문 — 국가가 이로부터 잔여 에너지를 얻는다고 말할 수 있는 — 에 긴밀하게 고정됩니다.

¶ 오늘날 우리가 관심을 가질 법한 세 번째 테제는 국가는 본질적으로 타락이라는 것입니다. '타락corruption'이라는 말은, 이렇게 말해도 된다면, 국가가 타락의 에너지로서 또한 본질적으로 잉여적인 것superflu이라는 의미에서 이해해야 합니다. 니체의 체계에서, 우리가 국가의 모든 기능주의적 전망으로부터 얼마나 멀리 떨어져 있는지 알아봅시다. 주체적 포획의 관점에서 보자면, 국가의 본질적인 잉여가 있거나, 혹은 니체의 직관과 교차하는 내 용어로 말해서, 국가는 돌출excroissance✦로 나타납니다. 어떤 단언적 상황과 관련하여, 국가는 본질적으로 타락한 그 성격으로 인해 언제까지고 기생적이며, 이것은 단적으로 국가가 긍정적인 힘force의 타락임을 의미합니다.

> (…) 이 쓸데없는 것들superflus을 보라! 이 날쌘 원숭이들이
>
> 기어오르는 것을 보라! 그들은 서로 넘어서려고 서로를

> 기어오르며, 그래서 진흙탕과 심연 속으로 내던져진다.
> 그들은 하나같이 왕좌에 오르려 하는데, 그것은 망상이다. 마치 행복이 왕좌 위에 좌정하고 있기라도 한 듯한! 대체로 진흙탕이 왕좌에 앉아 있기도 하고, 또 왕좌가 진흙탕에 처박히기도 한다.

니체의 명령이 어떤 것이 될지 감안하여, 저는 다시 한번 그 명령을 인용하겠습니다.

> (…) 그러니 이 곰팡내 나는 악당으로부터 달아나라! 불필요한 것들에 대한 우상숭배에서 벗어나라!

국가의 권위라는 진흙탕은 그 초과적이거나 혹은 잉여적인 본질의 현상입니다. 봉기의 흥분 너머에서, 니체는 신의 죽음에 투입되고 남은 잔여 에너지의 포획 위에 국가가 세워진다고 진술하며, 결국 국가는 결코 인민의 의지에 대한 형상화로 표상될 수 있는 정당성을 갖지 못한다고 말합니다.

¶ 네 번째 테제. 국가는 '문화culture'라는 이름으로 사유를 전유합니다.

> (…) 따라서 이 쓸데없는 것들을 보라! 그것들은 부정하게 발명가들의 작업과 현자들의 보물을 전유한다. 문화,✦ 이것이 바로 그것들이 훔친 장물에 붙이는 이름이다—그리고 모든 것이 그것들의 질병이자 실패가 된다!

이는 전적으로 암시적인 정의를 통한 문화에 대한 우화적이고도 급진적인 비판입니다. 문화는 국가에 사로잡힌 예술입니다(우리는 이를 패러다임으로 받아들이지만, 이는 또한 과학, 철학, 지혜이기도 합니다).✦✦ 하지만 주의해야 할 것은 언제나 그것을 주체성으로 이해해야 한다는 점입니다. 그것은 또한 실존하지만 부차적인 것일 뿐인 국가 예술이 아닙니다. 관건은 새로운 우상의 관점에서 주체성으로 실천되거나 전유되는 예술, 다시 말해 새로운 우상인 국가에 대한 주체적 관계 속에서 피로에 지친 의지로 실천되거나 전유되는 예술인 것입니다. 그러므로 문화적인 것은 예술적인 것과 대립되겠지만, 국가가 인민과 대립되는 것처럼, 실제로 과학적인 것이나 철학

✦ 《존재와 사건》에서 제시되는 존재의 유형론에 따를 때, 존재의 유형은 정상성(normalité), 돌출(excrescence), 단독성(singularité)으로 구분될 수 있다. 이를 구분하는 기준은 상황 내에서의 현시(présentation)와 재현(représentation)인데, 먼저 현시와 재현 모두 될 경우 정상성, 현시는 되지 않고 재현만 될 경우 돌출, 현시만 되고 재현이 되지 않을 경우 단독성으로 지칭한다. 여기서 '돌출항'은 본문에서 언급되는 '쓸데없는 것(superflu)'과 연관지어 생각할 수 있는데, 왜냐하면 돌출항은 상황 내에 존재하지 않지만(다시 말해 현시되지 않지만), 재현의 기제(상태/국가état/État)로부터만 인정되는 것으로, 상황의 관점에서 보자면 일종의 잉여적인 것이거나 혹은 비유적으로 말하자면 상황의 표면에서 솟아오른 사마귀나 뾸 같은 것이기 때문이다.

✧ 바디우의 관점에서, 네 가지 진리 절차(정치, 예술, 과학, 사랑) 중 하나인 예술은 상태/국가에 의해 전유될 때 문화가 된다. 다른 진리 절차들에도 비슷한 이야기를 할 수 있는데, 그러한 전유가 일어날 때 정치는 통치(혹은 관리)가 되고, 과학은 기술이 되며, 사랑은 상품으로 전락한 성으로 변질된다.

✦✦ 프랑스어 'culture'에는 '문화'라는 뜻과 '교양'이라는 뜻이 함께 있다. 《차라투스트라는 이렇게 말했다》에서 'culture'는 통상 '교양'으로 번역되는데, 여기서는 '문화'를 논하는 맥락이므로 함께 병기한다.

적인 것에 대해서도 그렇습니다. 인민과 국가 사이의 분리 혹은 비관계 — 여하튼 관계로 표현되는 — 는 예술과 문화 사이의 관계로 표현되는 비관계에서 그 유사물을 찾습니다. 만일 우리가 의지나 주체성의 차원에서 '교양culture'이라는 말 — 독일어로는 '빌둥Bildung' — 에 접근하려 한다면,✦ '문화culture'는 국가라는 피로에 지친 형상을 지시하는 것입니다. 모든 문화는 피로함인데, 왜냐하면 오로지 피로함만이 국가적 전유를 주체적으로 가능하게 만들기 때문입니다. 어쨌든 이 논점을 기억하도록 합시다. 하지만 예술에 긍정하는 의지가 있다는 것은 그 (의지의) 피로함의 지점에서 예술이 절취되어 도용되며, 이 훔쳐진 장물로부터 문화적 요소가 구성된다는 것입니다. 니체의 눈으로 보기에, 모든 국가는 문화적이며, 역으로 모든 문화는 국가적étatique입니다. 문화와 국가의 형상, 즉 피로에 지친 의지의 새로운 우상 사이에는 본질적인 상호관계가 있습니다.

¶ 마지막으로 다섯 번째 테제는 다른 모든 테제를 아우르는 요약입니다. 말하자면 인간성humanité은 언제나 국가 너머에 있다는 것이지요. 저는 여러분에게 한편으로 새로운 우상에 대한 노래를 종결짓는 다음과 같은 텍스트를 읽어드리겠습니다.

> (…) 국가가 (있기를) 그치는 곳, 오직 거기서만이 쓸데없지 않은
> 인간이 시작되며, 그곳에서만이 필수성의 노래가, 유일한 것이,
> 대체할 수 없는 멜로디가 시작된다.
> 국가가 (있기를) 그치는 곳 —그러니까 그곳을 보라
> 내 형제들이여! 너희들은 보이지 않는가, 무지개와 초인의

다리들이?

이 구절에서 기억해야 할 것은 초인surhomme이라는 주제입니다. 사실상 이 텍스트는 '초인이란 무엇인가?'라는 질문을 제기합니다. 초인, 이렇게 말해도 된다면, 그것은…… 당연히, 그러나 대체할 수 없는 긍정으로서, 인간 homme입니다. 그것은 대체할 수 없는 긍정이 될 수 있는 인간인 것입니다. 우리가 흔히 사용해온 한 가지 논리는, 세계의 역사가 둘로 쪼개질 때, 좋은 주권이 나쁜 주권으로 승계된다는 것이며, 인간이 초인으로 넘어가는 이행은 한 유형의 다른 유형으로의 (교체라는 의미에 따른) 자리바꿈이라는 것에 지나지 않습니다. 실제로 초인은 '유일한', '대체할 수 없는' 멜로디와 같은 인간 자체에 대한 긍정입니다. 니체의 원정치적 몸짓은 초인을 고지하지만, 원정치적 몸짓의 일반 논리 속에서 초인을 유지해야만 하며, 그 일반 논리란 '긍정oui'의 가능성입니다. 초인이란 대체할 수 없는 긍정의 역량을 지닌 인간입니다. 그런데 우리가 텍스트에서 이해한 바에 따르면, 초인은 국가가 끝장나는 바로 그곳에 있는 자입니다. '국가가 (있기를) 그치는 곳 — 너희들은 보이지 않는가, 무지개와 초인으로 이르는 다리들이?' 이를 보다 잘 살펴보자면, 초인의 국가라는 개념은 니체의 관점에서 볼 때 부조리한 것입니다. 초인성surhumanité이 가능한 국가적

✦ 여기서는 '교양'이라는 뜻의 독일어 'Bildung'을 함께 사용하고 있어 '교양'으로 옮긴다.

지형은 없습니다. 텍스트는 절대적으로 명시적입니다. 초인의 조건은 국가가 끝나는 곳이 된다는 것입니다. 초인성의 형상은 국가화할 수 있는 것이 아니고, 단호하게 국가가 끝나는 곳이 아닌 다른 곳에 있을 수 없으며, 특히 무엇이 되었든 국가에 속하는 어떤 형상 아래 있을 수 없습니다. 이는 피할 수 없는 것입니다.

니체와 나치즘 사이의 계보학적 관계에 대한 논쟁에 들어가지 않더라도, 무언가 확실한 것이 있습니다. 초인성의 국가적 형상이 있다는 것은 완전히 터무니없으며 생각할 수도 없는 일이지요. 이로부터 우리는 (제가 이르고자 한 곳은 바로 이 지점인데) 한편으로 주권의 형상들의 계보[généalogie]로서의 정치와 다른 한편으로 단호하게 반국가적인 것으로서의 정치 사이에서 일어나는 변동에 대해 아마도 약간은 다르게 단언하거나 해명할 수 있을 것입니다. 니체에게 있어, '정치'라는 말은 어떻게 그 둘을 함께 포착할 수 있으며, 주권의 지형들의 규칙을 포착함과 동시에 국가의 형상 자체로부터의 거리 — 절대적으로 급진적인 것임을 알 수 있는 — 를 포착할 수 있을까요? 원정치적 몸짓에서 관건이 되는 것, 고유명으로서의 '니체'가 그 시대에 제안하는 것, 그것은 비국가적 주권의 구성물[formation]로서 인간이라는 발상입니다. 주권의 구성물이라는 것은 긍정의 체제이고 따라서 능동적인 힘의 절정에 있기에, 그것은 분명히 주권의 구성물로서 인간 자체인 것입니다. 그것은 인간과 삶에 **기초한** 구성물이 아니며, 따라서 반동적 주권의 구성물이 아닙니다. 그것은 국가의 지배 아래 있을 경우가 아니라 오로지 국가가 끝장나는 곳에서만 그렇게 될 수 있다는 관념을 지닌 비국가적 주권의 구성물로서 인간 자체인 것입니다. 그리고 비국가적 주권의 구성물로서 인간을 규정하는 것, 그것이 바로 초인입니다. 즉 디오니소스적 긍정의 역량을 지닌 인간인 것입니다.

여기서 지체하지 않겠지만, 어쨌든 19세기에 비국가적 주권의 구성물로서 인간이 지녔던 다른 이름은 바로 **공산주의**communisme였습니다. 이 문제를 니체와 관련해 숙고해보도록 합시다. 그리고 모든 원정치는 비국가적 주권의 구성물로서 인간의 가능성이 작용하게 된, 혁명이라 불렸던 몸짓입니다.

저는 이제 이 우회에서 우리가 그대로 내버려두고 떠났던 곳으로 되돌아갈 것입니다. 니체에 대한 반철학적 확정의 증명으로 말입니다. 니체의 원정치적 주제에 관해 질문하자면, 그것은 그 비판적 수단에 있어 필연적으로 소피스트적인 것일 수밖에 없을까요? 그것은 그 긍정적 자원들에 있어 시적인 것일 수밖에 없을까요? 그것은 필연적으로 연극에 대한 증오일 수밖에 없을까요? 그리고 그것은 예술에 무엇을 요구할까요? 그 자신이 전통적으로 철학의 유기적인 문제가 되는 어떤 것을, 존재의 문제를 제기하는 방식을 한 걸음 한 걸음 따라감으로써, 저는 필수불가결한 인용 부호가 쳐진 그의 '존재론'을 심문할 것입니다. 니체의 텍스트에서 작품oeuvre은 무엇일까요? 토대fond의 교설, 혹은 토대의 부재에 대한 교설, 혹은 일반적 현시의 교설은 어떤 것일까요? 저는 여러분에게 여섯 가지 명제를 이야기한 바 있는데, 이 중에서 앞선 두 개는 이미 검토된 바 있습니다. 여러분에게 그 모든 것을 아주 간략하게 환기시켜드리도록 하겠습니다.

¶ 첫 번째 명제. 니체에게 '거기 있음il y a'은 거기 있는 것ce qu'il y a이며(따라서 그것을 절대적인 불확정indétermination 가운데 놓인 존재être라

고 부르기로 합시다), **'거기 있음'은 '생성**devenir' **혹은 '삶**vie'**이라는 이름을 갖는다.** 생성, 삶은 (그리고 이는 또한 방법의 문제라고 저는 주장하는데) 처음부터 '거기 있음'의 이름들—그 의미가 어떤 것이든—과 다름없는 것으로서 받아들여져야 합니다. 게다가 이 이름들은 의미에 있어 직접적으로 상관물을 갖지 않고, 그것들은 모든 의미가 평가인 이상 '거기 있음'에 의미를 부여하는 것이 아니며, 삶은 '거기 있음'의 이름으로서 명백히 평가할 수 없는 것으로 제시됩니다. 하이데거의 말로 옮기자면, 이는 정확히 전체로서의 존재자l'étant en totalité라는 의미를 갖지 않는다는 것입니다. 전체로서의 존재자는 니체가 '전체적인 삶la vie totale'이라고 명명하는 것입니다. 어떻게 이 첫 번째 명제가 전적으로 불확정된 채로 남아 있는 '거기 있음'과 복잡하게 얽이기 시작하는지 살펴봅시다. 즉 어떤 방식으로 이 '거기 있음'의 이름들—생성과 삶—과 의미의 문제가 얽이게 되는지에 관해서 말입니다.

¶ 두 번째 명제는 부정적인 것으로, 다음과 같습니다. **존재는 '거기 있음'에 대한 부정확한 명칭이다.** 거기서도 마찬가지로 니체는 존재 또는 존재자의 형태를 취하는 명명의 정당한 과정을 통지함으로써 '거기 있음'을 '삶'과 '생성'이라 부르는 명명의 정당성을 구성할 것입니다. 그 한 쌍의 말 자체는 여기서 배제됩니다. '거기 있음'은 존재 또는 존재자의 형태로 표현될 수 없습니다. 존재는 하나의 허구적 명칭입니다. 말하자면 존재는 의미가 비어 있는 허구라고 《우상의 황혼》에서 이야기되지만, 중요한 것은 허구적이고도 부적확한 명칭을 탐지할 때 다음과 같이 물을 필요가 있다는 것입니다(이것은 니체의 중요한 절차입니다). 누가 이 명명에 관심을 갖는가? 누가 '존

재' 또는 '존재자'를 '거기 있음'의 힘으로 명명하는 데 관심을 갖는가? 그가 선언하는 것, 그것은 바로 '거기 있음'의 현상에 대한 존재론적 가치절하를 통해 그것에 대한 지배를 확실히 하는 것이 철학이며, 이러한 삶의 가치절하가 '존재'나 '존재자'라는 말의 선택에 원래 이미 내포되어 있다는 것입니다. 하이데거와는 달리, 삶의 철학적 가치절하는 파르메니데스로부터 시작되었고, 따라서 니체에게는 소크라테스 이전의 무고한 형상이 부재합니다. 소크라테스 이전의 철학자들 전체를 볼 때, 이들에게 망각되거나 말소되었던 존재에 대한 적실한 사유가 있었다는 것은 참이 아니지요. 당연히 그렇지 않습니다! 파르메니데스 이후로, 철학과 반철학 사이의 전투가 시작되었습니다. 여기서 철학자는 파르메니데스, 반철학자는 헤라클레이토스입니다. 이들 간의 상호작용은 철학과 반철학에서 기원하는 것이며, 이는 이름들의 선택에서, 다시 말해 명명의 행동 자체에서 그 시초적 형태로 주어집니다. 존재의 영향 아래 '거기 있음'을 명명하는 것은, 파르메니데스 이래, 철학을 '거기 있음'의 힘을 가치절하하는 지배로서 구속시킵니다. 반대로 '거기 있음'을 생성의 형상으로 명명하는 것은, 헤라클레이토스에게서 그런 것처럼, '긍정[oui]'의 가능성을 보존하는 것이며, 다시 말해 디오니소스적 긍정의 가능성을 보존하는 것입니다.

¶ 세 번째 명제. **논리는 존재의 반동적 교설에 의존한다.** 우리는 인식론의 혹은 니체의 반反인식론[anti-épistémologie]이라 불릴 수 있을 어떤 것의 구역으로 들어갑니다. 정확한 의미에서 논리는 반동적 교설에 의존하며, 다시 말해 존재의 영향 아래 이루어지는 '거기 있음'의 명

명에 의존합니다. 이러한 관점에서, 논리는 하나의 철학적 창조물입니다. '거기 있음'을 '존재' 또는 '존재자'로 명명함으로써 최초에 '거기 있음'의 힘을 훼손하는 것에 있는 선택지는 논리의 가능적 공간을 토대 짓는 것입니다. 여러분에게 1887년 가을의 조각글을 인용해드리겠습니다.

> (…) 논리는 (기하학이나 산술처럼) 오로지 우리가 창조한 허구적 진리들에 있어서만 타당하다. 논리는 우리 자신에 의해 제시된 존재의 도식에 따라 현실 세계를 이해하려는 시도다.

이 텍스트는 명확합니다. 저는 여러분에게 두 가지 논점을 제시하겠습니다.

¶ 첫 번째 논점. 논리logique는 존재의 도식에 의존한다. 논리는 오직 존재-론적onto-logique 선택지 자체 아래 있습니다. 혹은 간단히 말해서 모든 논리는 파르메니데스적이며, 모든 논리는 존재의 이름 아래 이루어지는 '거기 있음'의 명명을 전제하거나 그 명명에 의해 지탱됩니다. 그 명명은 단순히 본질적으로 반동적인 몸짓과 관련된 이러한 존재의 도식을 현실 세계에 맞추려 모색하는 것입니다. 명백히 니체의 원정치적 행동 혹은 몸짓에 있어, 우리가 받아들이는 의미에서, 논리를 사용하는 것이 불가능하다는 결과를 끌어내도록 합시다. 본래 존재론적 선택지에 의해 타락해 있기에, 논리는 니체의 반철학적 행동을 위한 방책으로서의 자격을 잃게 됩니다. 제가 이렇게 말하는 것은 니체의 비합리주의라는 반복되는 주제가 매우 복잡하기 때문입

니다. 때로 니체는 매우 고전적인 합리주의적 냉정함을 보입니다. 중심적인 질문은 실제로 다음과 같은 것입니다. 논리 —그 역사적 장치를 우리가 물려받은— 는 반철학적 행동에 전유될 수 있는가? 니체의 주장은 본질적인 부적합성이 있다는 것인데, 이는 합리성 또는 불합리성에 대한 논쟁과 아무 관련도 없으며, 오히려 논리의 가능성의 조건에, 그 계보에 연관됩니다. 관건이 되는 것은 모든 논리의 저변에 깔려 있는 존재론적 선택지입니다. 즉 존재의 형상에서 '거기 있음'에 대한 명명의 형태로 요약되는 존재론적 선택지인 것입니다. 이에 의거하면 논리는 단순한 존재론적 계산이 됩니다. 만일 비극가적 주권의 구성으로서 인간에 대한 재전유를, 그러한 인간의 가능성을 목표로 한다면, 우리는 논리의 요소를 통해 그렇게 할 수 없을 것입니다 (이는 가치평가의 문제가 아니라 필연성의 문제입니다). 그러므로 우리는 논리를 그것 자체로서, 다시 말해 원정치적 행동의 수단이나 도구 — 즉 그것이 될 수 있는 것 — 로서가 아니라, 순전히 기호나 계산의 이론 — 존재자 또는 존재에 대한 허구적 테제에 적합한 — 으로서 다루게 될 것입니다. 이런 방식으로 우리는 논리의 경계를 정하는 동시에 한정하며, 그 존재의 이유를 보일 것입니다. 만일 존재하는 모든 것tout ce qu'il y a에 (긍정의) '예oui'를 말한다면, 우리는 또한 논리에 대해 '예'라고 말하게 될 것입니다. 그러므로 비합리주의는 논리에 맞세워진 '아니오non'의 의미로 받아들여져서는 안 되는데, 왜냐하면 우리는 논리에 대해 그것 자체와 다른 지점의 긍정oui을 말할 것이기 때문입니다. 우리는 논리가 존재의 도식에 대한 계산에 혹은 존재론적 계산에 적합한 기호들의 이론인 이상, 그것에 대해 '예'라고 말할 것입니다. 《우상의 황혼》에서 명확히 말하지 않습니까?

> (…) 논리와 수학이라는 이 응용된 논리로서의 기호들의 이론, 그것들에 현실은 결코 현존하지[presente] 않으며, 심지어 문제로서도 현존하지 않는다.

논리는 바로 이런 사실입니다. 말하자면, 현실 즉 '거기 있음'은 거기에, 심지어 문제로도, 현시될[présenter] 수 없는데, 왜냐하면 그것이 이전에 형성된[préformée] 존재론의 계산이며, '거기 있음'에 분배된 이름들인 '존재'나 '존재자'라는 시원적인 이름들의 층위에서 이미 결정되어 있기 때문입니다 '거기 있음'은 그 자체로 결코 논리 속에 문제로서 현존하지 않으며, 따라서 논리는 원정치적 행동에 적합한 수단이 될 수 없습니다. 이것은 논리가 아무것도 아니라는 의미라거나, 혹은 심지어 유용하며 쉽게 알아볼 수 있다거나, 더구나 그 자체의 것인 장이나 영역 — 말하자면 존재를 위한 존재론적 선택의 규정 아래 있는 기호들의 이론 — 에서 본질적이라는 의미가 아닙니다. 이상이 첫 번째 논점에 대한 논평입니다.

¶ 두 번째 논점은 분명히 보다 기술적이기는 하지만, 확실히 보다 중요합니다. 말하자면, 니체는 줄곧 논리와 수학을 동일시한다는 것이지요. 인용된 텍스트가 이를 확인해줍니다. '논리(여기서 논리라고 불리는 것은 직접적으로 수학, 즉 기하학과 산술입니다), 더 나아가 '논리와 수학이라는 이 응용된 논리로서의 기호들의 이론'은 둘 사이의 미묘한 차이를 나타내지만, 결국 모든 것이 같은 종류로 취급됩

니다. 논리와 수학의 본질적인 동일시가 있는 것입니다. 수학 그 자체는 실제로 어떤 존재론적 계산입니다. 우리는 이를 파르메니데스적 유형의 존재론적 선택지에 대한 계산으로, 존재의 이름 아래 일어나는 '거기 있음'의 말소에 대한 계산으로 이해하도록 합시다. 저는 여기 이 논리와 수학의 부자연스런 동일시에 심지어 니체를 넘어서 반철학적 주체성을 특징짓는 모든 추론의 연쇄가 있다고 생각합니다. 저는 그 추론의 연쇄를 다음과 같이 펼쳐낼 것입니다.

1) 반철학적 주체성은 언제나 논리의 가치절하를 내포합니다. 이 가치절하는 논리가 행동에 부적합하다는 점에서 기인합니다. 반철학적인 것 또는 원정치적인 것에는 행동의 중심화[centration]가 있다는 점을 상기하도록 합시다. 가치절하는 보통 테제(명제)의 외양을 취할 것이며, 이에 따를 때 논리는 시원적인 존재론적 선택지, 곧 허구의 계산 아래 놓이는 기호들의 이론일 뿐입니다.
2) 반철학적 입장은 논리와 수학을 동일시합니다. 이 두 번째 지점은 이 가치절하의 내부에서 일단 펼쳐지게 되면 우리를 매우 멀리까지 데려가게 될 이유들에 따라 첫 번째 지점과 연결됩니다. 반철학적 주체성은 수학 자체를 순수한 기호들의 이론으로 취급하는 경향을 보일 것입니다. 이러한 관점에서 보자면, 반철학과 일반적으로 논리환원주의[logicisme]라는 이름으로 알려진 테제 사이에는 유기적인 공모가 있습니다. 모든 반철학은 논리환원주의를 내포하며, 이는 세기 전환기에 있었던 논쟁들에서 듣게 되었던 것처럼 수학의 본질이 논리라고 주장합니다. 논리환원주의는

러셀의 그것이 그렇듯 논리와 수학 사이에 연속성continuité과 추이성推移性, transitivité이 있다고 주장합니다. 요컨대 수학은 논리적 형상으로 환원될 수 있다거나, 혹은 수학이 일종의 논리라는 것입니다. 바로 이런 것이 논리환원주의인데, 그것은 논리적 문법 가운데 문제가 되는 것과 수학에서 문제가 되는 것 사이 어느 지점에서도 진정한 불연속성을 식별하지 못합니다. 모든 반철학 가운데 있는 행동이라는 이름으로 취해진 논리의 가치절하의 내부에서, 니체에게 매우 충격적인 논리환원주의가 있음이 명확히 드러납니다.

3) 반철학적 입장의 궁극적 목적은 수학은 아무것도 사유하지 않음을, 수학은 사유가 아님을 말하는 것입니다. 니체의 발언을 가져와봅시다. "(…) 그것들[논리와 수학]에 현실은 결코 현존하지 않으며, 심지어 문제로서도 현존하지 않는다." 그러므로 수학은 사유의 장치가 아니라, 기호들의 이론이자 곧 일종의 단순한 형식적 문법일 뿐인 것입니다.

4) 그런데 논리환원주의에는(즉 수학은 아무것도 사유하지 않는다는 테제에는) 소피스트적 담론과의(즉 이에 따를 때, 언어는 그 나름으로 진리들의 담지자가 아니라는 테제와의) 되풀이되는 공모가 있습니다. 여기서 우리는 우리의 탐구에 있어서 결정적인 문제를 얻게 됩니다. 반철학과 소피스트적 담론 사이의 공모 혹은 간접적 동질성의 지점에 대한 포착이라는 문제를 말입니다. 이 논점은 수학에 대한 논리환원주의적 이해를, 그에 따를 때 수학은 사유가 아니라는 이해를 경유합니다. 이러한 간접적 공

모의 지점은 어떤 까닭으로 전략적 위치를 점할까요? 수학이 사유냐 아니냐를 아는 문제가 본래 철학과 소피스트적 담론 사이에서 토론된 기초적인 문제가 아니기 때문입니다. 사실에 비추어볼 때, 그러나 또한 기원에 있어, 패러다임적인 문제인 것입니다. 이는 플라톤과 소피스트들 사이의 논쟁으로 거슬러 올라가기에 충분합니다. 수학이 사유하는지 혹은 그저 문법이거나 형식적 기호들의 수사일 뿐인지 아는 것은, 그 기원으로부터, 플라톤주의에 의해 설정된 철학적 경향과 동일한 쟁점에 관한 소피스트적 저항 혹은 반론 사이를 가르는 구획의 선을 그리고 이와 동시에 거울 관계의 선을 그리는 문제입니다. 이는 연속되는 철학적 선택지들의 역사 내내 같은 정도의 격렬함으로 오늘날에도 여전히 계속되는 어떤 것입니다. 이를 간단히 말하자면, 반철학적 주체성 — 우리가 점차 니체로, 그리고 또 비트겐슈타인으로 명명하고 구축하고 쌓아 올리게 될 주체성 — 에는 소피스트적 담론의 편에 서는, 다시 말해 수학은 사유하지 않는다고 단언하는 편에 서는 요소가 있습니다. 이는 전적으로 결정적인 지점입니다. 다시 한번 말하지만, 그것은 결코 반철학적 입장을 소피스트적 담론으로 전환하지 않습니다. 왜일까요? 반철학적 입장에서, 행동의 문제가 핵심으로 남아 있으며, 급진적 행동이 있을 수 있다는 테제는 그 자체로 소피스트적인 것이 아니기 때문입니다. 이 테제는 심지어 어떤 의미에서 소피스트적 담론이 도모하는 모든 것에 대해 극히 대립적인 것입니다. 사유의 차원에서, 급진적인 단절이라는, 디오니소스적 '긍정'의 도래라는 니체의 테제는 소피스트적 담론과 하등의 관계가 없습니다. 하지만 이러한 본질적 분리에는 사유로서의 수학의 피할 수 없는 가치절하와 수학의 문법적 추방형 사이에서 되풀이되는 공모의 지점이 있습니다. 우리에게 중요한 것은 급진적 행동의 반철학적 주체성이 어떤 이유로 분명히 부수적인 질문에 관해서 소피스트적 담론과 결탁하게 되는지 이해하는 일이 될 것입니다. 수학은 사유인가 사유가 아닌가? 이는 훌륭하게 제기된 질문입니다! 그리고 그런 질문을 하나 찾은 것으로도 이미 그리 나쁘지 않은 것입니다!

¶ 네 번째 명제. **오직 관계들만이 있다.** 저는 이를 이런 방식으로 도입할 것입니다. 어떻게 존재론적 명명으로 다시 떨어지는 것을 피할 것인가? 그것은 반철학의 철학에 대한 매우 복잡한 관계를 지배하는 중대한 위험입니다. 니체라는 반철학자가 철학자는 범죄자 중 가장 큰 범죄자라고 선언한다는 사실을 넘어서, 그와 철학자들의 관계는 그가 철학자 모두를 총살해버릴 수도 있을 만큼이나 복잡하게 남을 것인데…… 그런데 '거기 있음'에 '삶'이나 '생성'이라는 이름을 부여하는 반철학은 어떻게 존재론적 선택지에 의해 행사된 기원적 압력에 저항하게 될까요? 존재라는 이름 아래서 존재론적 선택지를 '거기 있음'의 명명이라 부르기로 합시다. 존재론적 선택지에 완강하게 저항할 유일한 노선은 '거기 있음'에는 결코 존재가 없다고 받아들이는 것입니다. 우리는 충실하게 존재와 존재자가 순수한 허구에 속한다고 생각해야 합니다. 혹은, 허무주의의 의미에 따라서가 아니라

존재에 의한 명칭에서 '거기 있음'을 빼내는 감산의 의미에서, 아무것도 존재하지 않는다고 생각해야 합니다. 그렇다면, 어떻게 아무것도 존재하지 않는다고, 존재자는 현시의 형상 속에 있지 않다고 생각할 수 있을까요? 음, 글쎄, 오직 관계만이 있다는 관념을 받아들이면 됩니다. 존재가 거기 있지 않기에, '삶'이나 '생성'이라는 유적인 이름들 아래에는 오직 관계들만이, 즉 힘의 관계들만이 있습니다. 그런데 이는 엄격한 의미로 받아들여져야 합니다. 말하자면 오직 관계들만이 있다는 것은 이 관계들에 연루된 동일성이 없다는 것을 나타냅니다. 엄격하게 관계들만이, 힘의 관계들 또는 관련성들만이 있다는 것입니다. 네 번째 명제는 이런 방식으로 읽을 수 있을 것입니다. **오직 힘의 관계들만이 있다**고 말입니다. '거기 있음'은 관련된 개체들이 없는 관계들만이 있다는 것이며, 달리 말해 관계들의 관계들만이 있다는 것이며, 그렇지 않다면 관계들 사이에 기초 원자들이 도입되어야 할 것입니다. 하지만, 그렇지 않습니다! 관계들의 관계들만이 있을 뿐이며, 하나의 관계는 언제나 관계들의 관계임을 고려할 때, '거기 있음'에 대한 조사는 관계들의 유형에 대한 조사로 실행될 수 있을 뿐입니다. 여러 텍스트가 이를 환기하며, 심지어 들뢰즈도 이를 매우 중요하게 다룹니다. 저는 여러분에게 1888년의 한 조각글을 예로 들도록 하겠습니다.

> (…) 세계는 본질적으로 관계들의 세계이며, 그것은 각각의 지점에서 이따금 다른 측면을 볼 수 있었다. '그것의 존재'는 각각의 지점에서 본질적으로 다르고, 각각의 지점에 무게를

> 가하며, 각각의 지점은 거기에 저항하는데, 어쨌든 함께 더해진 그 모든 것은 서로 완전히 일치하지 않는다. 힘의 양은 어느 존재가 다른 힘의 양을 가지는지, 어떤 형태를 띠는지, 어떤 폭력과 필연성으로 행동하거나 저항하는지 결정한다.

첫 번째 문장은 즉각적으로 주요한 정식을 드러냅니다. 이어지는 문장들은 이 핵심이 되는 텍스트의 복잡성에 매우 심하게 뒤얽혀 있습니다. '거기 있음'이 존재라는 이름을 얻을 수 없음에도 불구하고, 모든 곳에서 존재를 찾아낼 정도로(우리는 이런 것에 길들여져 있습니다) 존재론적 선택지가 오래토록 지속되어왔는데, 니체는 이를 숨기지 않습니다. 달리 이야기해서 만일 여러분이 이름들을 바꾸고자 한다면('삶'을 '존재'라 불렀던 것으로, 또 점차 '관계들'을 '개체entité'라 불렀던 것으로, 그리고 힘의 관계들의 관점에서 동일자와 타자를 결정하려 한다면), 여러분은 매우 어려운 사유의 저항에 끌려 들어가게 될 것임에 틀림없습니다. 이름들을 바꾸는 것은 하나의 작업이며, 또한 존재론적 선택지에 대한 사유의 저항 행동이기도 합니다. 이러한 저항은 언제나 곤란하고, 위태로우며, 분쟁을 일으키는데…… 왜냐하면 확실히 '세계는 본질적으로 관계들의 세계'이지만, 만일 그것에 대해 추상적으로 진술하기가 하나의 문제chose라면, 이 진술을 취하는 것 즉 이 선언을 취하는 것 또한 하나의 매우 곤란한 문제이기 때문입니다. 니체는 이 난점을 두 단계로 배치합니다. 먼저, 이 언표 —'오로지 관계들만이 있다'— 는 전체에 대한 결정을 금지합니다. 세계의 존재는 없습니다. 만일 '세계는 본질적으로 관계들의 세계'라는 말을 진지하게 받아들인다면, 이로부터 세계의 존재는 없다는 결론을 내려야 합니다. 혹은 다시 말해서, 세계는 그 자체의 현시이지만 현시되지 않는다는, '그 모든 것은 서로 완전히 일치하지 않는다'는 결론을 내려야 하는데, 왜냐하면 세계의 존재에 대한 현시가 없기 때문입니다. 그러므로 첫 번째 공리는 이렇게 말할 수 있는데, 말하자면 세계의 존재는 없습니다. 이어서, 모든 관계는 관계들의 관계이고, '힘의 양은 어느 존재가 다른 양의 힘을 가지는지 결정'하는 것이며, 당연히 역으로 다른 힘의 양 역시 어느 존재가 최초의 힘의 양을 지니는지 결정할 것입니다. 모든 것이 관계들의 관계로 평가될 뿐인 어떤 한 관계로 특정됩니다. 어떤 관계에 연루된 개체는 파악될 수 없습니다. 유일하게 입증되는 존재는 관계가 그 자체의 관계 혹은 그것이 관계하는 것으로 확정하는 존재입니다. 두 번째 공리는 관계가 관계들의 관계라는 것입니다.

이 두 준칙을 명심합시다. 첫 번째 준칙 — 세계의 존재는 없다 — 으로부터, 양상들만이 곧 현상적이기보다는 존재론적인 의미에서 받아들여져야 할 양상들만이 있음을 기억합시다. 오직 여러 다른 무게들pesées이 있을 뿐이지만(사유의 이미지가 양상의 이미지보다 더 선호됩니다), 무엇보다 연결은 없으며, 따라서 세계에 현시된 존재는 그리고 필연성에 따른 존재는 없습니다. 두 번째로, 언제나 국지화된 힘의 무게들의 형상에서, 관계는 관계들의 관계가 됩니다. 이는 확실히 토요일 세미나에도 이어질 어떤 것을 상기시킬 것입니다. 하지만, 니체에게 있어, 존재의 사유가, 존재론적 선택지의 의미에서 받아들여지지 않을 존재의 사유가 있는 이상, '거기 있음'의 사유가 있는 이상, 이 사유는 두 가지 핵심적인 특징을 나타냅니다.

1) 이 사유는 결코 모든 것을 제시하지 않습니다. 그것은 원래 탈전체화되어 있습니다. 하지만 그것은 무력한 것이 아닙니다. '거기 있음' 자체는 탈전체화된 방식 외에는 결코 존재에 주어지지 않습니다. 이는 사유의 선택지의 힘이 어떤 것인지에 대한 좋은 예입니다. 만일 존재가 그 접근 불가능성으로 인해 완전히 주어지지 않는다고 생각한다면, 이 사유가 파악되지 않고 우리에게서 감춰져 은닉될 것이기에 우리는 실제로 존재론적 선택지 가운데 있는 것입니다. 여러분은 오직 현시의 탈전체화된 성격이 현시 자체에 있어 유기적이라고 가정할 경우에만, 그리고 그것이 주체의 무력함이나 주체의 망각과 아무 관계도 없거나, 혹은 주체나 인간적 현실이나 사유의 역사적 운명은 아무래도 좋을 경우에만 존재론적 선택지에서 벗어나게 될 것입니다. 니체에게 있어서는 증여[donation]의 편에서 탈脫전체화[détotalisation]가 지각됩니다. 즉 전체의 형태로 현시되는 것은 아무것도 없다는 것입니다. 혹은 다시 말해서, 오직 탈전체화의 심급에서 주어진 전체가 있을 뿐입니다. 그리고 한 번 더 말하지만, 이는 비판적 의미에서 사유의 한계에 따른 것이 아닙니다. 이는 우리가 그것에 접근할 수 없다거나, 혹은 우리 이성의 구성이 우리를 무력하게 만들었다거나, 혹은 우리가 그 문제를 해결할 수 없기 때문이 아닙니다. 그렇지 않지요! 일치하지 않는 것은 '거기 있음'의 본질에 따른 것입니다. '더해지는 모든 것은 절대적으로 일치하지 않'습

니다. 절대적인 것, 그것은 바로 비일치non-concordance인 것입니다.

2) 이에 따라 모든 관계의 평가는 국지적입니다. 그 텍스트는 이렇게 말합니다. '힘의 양은 어느 존재가 다른 힘의 양을 가지는지 결정'하지만, 여기서 '힘의 양'은 언제나 하나의 특정한 힘의 양입니다. 그러므로 모든 평가는 국지적인데, 왜냐하면 화합 없이 주어지는 것은 '거기 있음'의 본질에 따른 것이기 때문입니다. 따라서 이렇게 말할 수 있을 터인데, 오직 국지적인 진리만이 있거나, 혹은 진리를 국지화하는 유형학만이 있습니다. 이 문제에 관한 매우 복잡하고 심지어 모순적이기도 한 텍스트들을 자세히 살펴보자면, 그 실마리는 니체가 논쟁의 대상으로 삼는 것은 시원적 존재론의 선택지에 종속된, 다시 말해 '거기 있음'의 이름이 존재라는 생각에 종속된 진리의 개념입니다. 그리고 만일 그런 것이 '거기 있음'의 이름이라면, 그로부터 그가 쉴 새 없이 맞서 논쟁하는 진리의 범주가 귀결되는데, 왜냐하면 이 범주가 필연적으로 전체적 소여 또는 전체라는 개념과 짝지어지기 때문입니다. 심지어 그것이 특정하거나 단편적인 진리로 제시될 때에도 말입니다. 반면, 그는 또한 그 자신이 다른 존재론적 선택지 아래 '진리'라고 부르게 될 어떤 것에서 가능한 국지적 규약protocole이 있다고 주장할 것입니다. 그것은 존재의 규정 — '거기 있음'을 '삶' 또는 '생성'이라고 명명하는 — 으로부터 감산된 진리, 곧 절대적으로 일치하지 않음을 인정하지만 그럼에도 결코 진리가 없다고는 주장하지 않는 진리입니다. 간단히 말해서, 국지화될 수 있다는 것être localisable이 진리의 본질인 것입니다. 그러므로 진리

는 언제나 계보학적이며 또 역사화될 것이며, 그럴 때 유형들과 관련될 것입니다. 모든 진리는 어떤 유형학 속에 위치하게 될 것입니다. 우리는 니체가 진리에 대한 유형학적 견해를 갖는다고 말할 수 있습니다. 쟁점은 그 장소를 찾는 것입니다. 장소 바깥의 진리는 없습니다. 여러분은 그것이 부분적으로 초월, 이면의 세계들arrière-mondes, 신 등에 반대하는 논쟁이지만, 또한 니체의 증기기관임을 확실히 이해할 수 있습니다! 근본적으로 이러한 논점은 전대미문의 것입니다. 말하자면 심지어 어떤 국지화된 진리를 진술하려 할 때에도, 만일 우리가 존재론적 규정의 영향 아래 있을 경우, 실제로 우리는 진리의 장소 바깥에 대한 이해를, 초월이나 종교 등이 단지 가능적 형상 중 하나일 뿐이지만 필시 지배적인 형상이 될 것인 장소 바깥에 대한 이해를 갖게 됩니다. 결정적인 논점은 다음과 같은 것입니다. 우리에게는 진리들의 문제를 걸러내고 자리 잡게 하는 유형학이 있는가 없는가? 그리고 니체에게 이 유형학은 또한 하나의 유형학입니다. 오로지 이 장소들과 이 유형들에 비추어진 진리들만이 있을 것입니다. 제 토요일 세미나에서 이어지지 않을 사안들이 난해해 보이겠지만, 그럼에도 제가 이야기할 것은 진리의 문제에 관한 니체의 장치가 집합론적ensembliste이기보다는 범주적catégoriel인 것이라는 점입니다. 우주의 규정은 집합론la théorie des ensembles의 장치의 등재 아래 있는 것이 아니라, 어떤 특정한 교설, 곧 범주론la théorie des catégories의 영향 아래 있습니다. 왜냐하면 한편에서는 일치하지 않는 우주들이 있다는 관념이 발견되며, 다른 한편에서는 진리에 대한 참된 질문은 언제나 국지적locale이거나 혹은 위상학적topologique이라는 관념 — 이것은 진리의 장소의 문제입니다 — 이 발견되기 때문입니다. 이상이 네 번째 명제에 관한 논의이며, 이를 간단한 형태로 말하자면, 오직 관계들만이 있을 뿐입니다.

¶ 다섯 번째 명제. **적합한 언어는 없다.** 사유의 매개는 적합한 언어의 편에서 찾을 수 없습니다. 이는 명백히 세 번째 명제의 일반화인데, 이 명제가 진술한 것은 논리가 존재론적 선택지 아래 있고, 그러한 선택지 아래 있는 이상, 행동에 소용이 될 수 없다는 것이었습니다. 적합한 언어라는 이상형은 행동에, 그리고 이에 따라 사유에 소용이 될 수 없습니다. 그것은 또한 진리에 대한 아리스토텔레스적 정의를 비롯한 모든 일치adéquation의 이론에 대한 비판입니다. 사유의 목적은 일치 또는 적합한 언어를 결정하는 시도일 수 없습니다. 1888년의 조각글을 읽어봅시다.

> (…) 적합한 표현의 양식을 요구하는 것은 터무니없는 짓이다. 그것은 언어의 본성에, 표현 양식의 본성에, 단순한 관계만을 표현하고자 하는 본성에 내재적이다. [그리고 니체는 이를 갑작스러운 사유의 도약과 연결짓습니다.] '진리'라는 개념notion은 아무 의미도 없다.

지금 여러분은 언어나 반철학적 행동을 비롯한 매개의 문제로 수렴하는 앞선 언표들의 연결이 느껴지지 않습니까? 여하튼 수단은 일치의 차원에 속하지 않을 것입니다. "적합한 표현의 양식을 요구하는 것은 터무니없는 짓"입니다. 행동에 적합한 것은 결코 아무것도 없으며, 언어와 행동 간 일치의 요구 자체는 의미를 갖지 않습니다. 어떤 이유일까요? "그것은 (…) 단순한 관계만을 표현하고자 하는 본성에 내재적이"기 때문입니다. 이것은 두 가지 의미로 받아들여야 합니다. 먼저, 오로지 관계들만이 있기 때문입니다. 이에 따라 언어는 언제나 그 자체로 관계들의 관계이고, 관계를 이야기하며, 관계를 가져옵니다. 둘째, 언어는 또한 국지화되어 있거나 혹은 위상학적·유형학적 규정 아래 있어, 단독적 관계를 표현하기 때문입니다. 언어활동langage, 즉 말langue은 관계들의 그물망 위로 튀어나오지 않습니다. 언어가 일치하지 않는 것을 일치하게 만들기를 바랄 수 없음을 분명히 인지하도록 합시다. 언어는 그 자체로 일치하는 것이 아닙니다. 우리는 일치하지 않는 것이 언어적 협약을 통해 통일되기를 바랄 수 없습니다. 다시 말해 언어적 협약이란 없는 것입니다. 언어는 그 자체를 직조하는 관계들의 관계에 대한 국지화에 사로잡히거나 고정되어 있으며, 일치하지 않는 것이나 또는 관련되지 않은 것으로 주어지는 것을 통합하기 위해 위로 튀어나와 있는 것과는 거리가 멉니다. 이런 이유로 우리는 '그것이 단순한 관계를 표현할 뿐인 언어의 본성에 내재적'이며, '진리라는 개념은 모든 의미가 결핍되어 있'음을 받아들여야 하는 것입니다. 인용부호 사이에 놓인 '진리'는 언제나 전체를 지탱할 수 있는 가설의 포괄적인 규정 아래 놓인 진리를 나타냅니다. 그리고 그것은 아무 의미도 없는데, 왜냐하면 엄밀하게 말해서 거기에 일치하는 적합한 표현 양식이 없기 때문입니다. 그러니까 그런 의미에서 보자면 심지어 '진리'에 맞는 가능적 장소도 없는 셈입니다. 언어는 그러한 장소가 아닙니다. 진리가 있게 되는 것은, 말하자면 언어가 사물이나 관계와 일치하는 경우인데, 하지만 문제는 그러한 언어가 없다는 점, 그 언어가 그 자체로 일치하지 않는다는 점입니다. 관계들의 관계들에 사로잡힌 비일치의non concordants 언어들 혹은 이질적인 표현 양식들이 있을 것입니다. 제거되는 것은 진리라는 주제에 관해 맺어진 언어적 계약pacte이라는 관념입니다. 이와 관련한 일자un는 있을 수 없습니다. 말하자면 언어에는 합의를 정할 권한이 주어지지 않습니다. 그것은 어떤 가능한 합의적 방편이 아닙니다. 이렇게 말해도 괜찮다면, 그것은 가능한 합의적 방편으로서 경험의 이질성 맞은편에 놓이는 것이 아닙니다. 언어에 대한 니체의 견해는 언어가 다른 것들과 마찬가지로 비일치하거나 부적합하다는 것입니다. 이것이 '적합한 표현의 양식을 요구하는 것은 터무니없는 짓'인 이유를 설명해줍니다. 따라서 철학적 행동은 일치의 규칙이나 혹은 협약적이거나 계약적인 표현 양식의 규칙 아래 놓이지 않을 것입니다. 언어적 작용은 그 자체로 힘의 작용이며, 그런 이유로 힘의 결정들 가운데 사로잡힌 관계들의 관계입니다.

¶ 우리를 여섯 번째 명제로 이끄는 것은 바로 **사유의 자원으로서 강렬한 허구**입니다. 만일 사유의 수단이 적합한 언어의 편에 있지 않다면, 그것은 어디에 있을까요? 음, 글쎄요, 그것은 강렬한 허구의 매개, 허구적 강화의 매개일 것입니다. 그것은 그 자체로 유형화된typées, 혹은 자리sites나 유형types의 비일치적 그물망에 사로잡힌, 허구적 강화로 나타날 것입니다. 이전에 우리를 반철학과 소피스트적 담론의 공

모로 이끌었던 수학적-논리적 연결관계에 관해 그랬던 것처럼, 우리는 여기서도 마찬가지로 이 테제가 넓은 의미에서 반철학적인지 질문하게 될 것입니다. 모든 반철학은 적합한 언어의 교설에 반대하여, 사유는 언제나 강렬한 허구의 차원에 속한다고 단언하는가? 저는 '예'라고 대답하고 싶은 유혹을 받습니다만, 그렇지 않을까요? 모든 반철학은 결국 적합한 언어라는 주제를 존재론적 선택지 아래 사로잡힌 것으로서 결정합니다. '거기 있음'을 존재로 이름하는 최종적인 명명이 의지하는 것은 바로 언어입니다. 이 명명이 역사에 의해 휘둘리거나 뒤집혔을 때에도 말입니다. 그 협약적인 혹은 가상적인 형태에서 언어는 존재론적 선택지의 마지막 피난처입니다. 그런 것은 이미 니체가 확신했던 바였습니다. 우리는, 20세기 초부터, 현대 철학에서 언어 문제의 중심적 특징이 니체적 관점에 따라 존재론적 선택지의 최종적인 폭발로 이해될 것이라고 주장할 수 있습니다. 다시 말해 필시 존재가 그 피난처를 구하는 장소를 정하는, 곧 '거기 있음'의 허구적 이름인 존재라는 이름이 최종적으로 피난처를 구하는 장소를 정하는 결정으로 이해될 것이라고 주장할 수 있습니다. 이 피난처는 언어가 될 것입니다. 그런 이유로 언어는 우리 시대의 초월성le transcendantal이 될 것입니다. 신성한 초월의 형상들이나 구성적 주체 등의 폐기 이후에, 언어는 시원적인 파르메니데스의 존재론적 선택지가 최종적 형태 — 니체의 입을 통해 허무주의적이라 말해질 — 의 피난처를 구하는 지점이 될 것입니다.

이는 의심의 여지 없는 하이데거에 대한 니체적 해석일 것입니다. 결국 산 자들의 지배 아래 넘겨질 때, 죽은 자들은 복수할 수밖에 없는 겁니다! 하이데거가 니체를 통해 설명되는 것입니다만, 그런데 하이데거에 대한 니체적 해석은 어떤 것일까요? 우리는 그것을 상상하거나 꿈꿀 수 있습니다! 니체는 말할 것입니다. 하이데거는 존재의 형태를 취하는 이 '거기 있음'이라는 기원적 명명이 오래전부터(필경 고래古來로 계속) 병들어 있었음을 잘 알고 있던 사람이며, 그래서 존재에 피난처를, 시의 불확실한 말로 취해지는 언어의 자원에서 나타나는 약속의 피난처를 부여한다고 말입니다. 그는 또 이런 이야기를 할 것입니다. 하이데거가 파르메니데스와 헤라클레이토스를 한데 묶어 같이 분류하는 것 — 이는 하나의 기원적 오류인데 — 은 우연이 아니라고 말입니다. 왜 그럴까요? 왜냐하면 그는 실제로 헤라클레이토스가 기원적으로 반대의 존재론적 선택지이며, 이것이 다른 이름들을 부여하고 의도함을 알지 못했기 때문입니다. 따라서 하이데거에 관한 니체적 분석은 언어를 시라는 규범 아래 놓는 하이데거적 견해의 교활한 협약적 성격과 '나는 어제 하이데거를 총살시켰다!' 같은 종류의 필연적인 모독 사이를 오가며 동요할 것입니다. 제가 보기에, 그것은 이러한 간격 속에 있을 것이며, 이러한 차원에 속할 것이라 여겨집니다. 본질적으로 이 우화의 발상은 어떤 것일까요? 그것은 반철학적 선택지는, 설령 고도로 정교화된sophistiqué 형태를 취한다 하더라도 어떠한 적합한 언어, 즉 불가능한 시의 열림ouvert 속에 머무르는 언어의 가설 속에 들어갈 수 없다는 것입니다. 니체가 하이데거에게 있어 근본적인 존재론적 선택지를 여전히 붙들고 있으며 그 선택지를 이 언어적 주장으로부터 피신시키는 것으로 보아 쫓아낼 것은 바로 적합한 언어라는 마지막 피난처일 것입니다.

오히려 반철학이 주장하는 것은 강렬한 허구가 국지화된 테제이며, 반철학은 이 허구로부터 특이성을 제공하지 않음을, 말하자면 언어가 그 자체로 관계들의 관계일 따름이며 결코 근본적인 일치에 피난처를 제공하지 않음을 받아들입니다. 그런 것은 비일치의 격화이지요. 니체는 이것을 종종 전쟁의 은유들을 통해 내놓게 될 것입니다. 예를 들어 '그의 대포grosse artillerie'를 꺼내겠다고 말하게 될 때 말입니다. 이 은유는 언어 자체의 일치하지 않는 특성을 나타내는 예증이나 다름없으며, 이런 관점에서 언어는 평화가 아니라 전쟁이 유지되게 하는 것입니다. 니체의 선택지에는 언어적 반反평화주의anti-pacifisme가 있습니다. 그리고 저는 이것이 반철학의 테제라 생각하는데, 적어도 부정적인 이유들에서 그렇습니다. 모든 반철학은 데카르트의 긴 추론의 연쇄longues chaînes de raisons로부터 하이데거의 은밀한 시론le crypto-poétique에 이르기까지, 어떠한 형태로 주어짐에 상관없이 적합한 언어의 가정에 이의를 제기합니다. 이 모든 경우에, 니체의 관점으로 볼 때 중요한 것은 음험하게 감춰진 적합한 언어의 가정입니다. 누군가 언어적 협약에서 떨어져 나간다고 상상해봅시다. 그는 필연적으로 국지화된 강렬한 허구의 체제에 따를 것이며, 우리는 이것이 이미 파스칼의 주제였음을 분명하게 증명할 수 있을 것입니다. 파스칼이 (중요하게 언급해야 할) 비관계에 대한 언어의 관계라는 문제에 주의를 기울인다는 점은 분명합니다. 그러나 만일 사유의 매개가 강렬한 허구의 매개라면, 그 매개가 이어서 예술의 매개와 구별할 수 없게 될 어떤 지점이, 어떤 참된 것un vrai이 있습니다. 그래서 하이데거에게서 매우 모호한 측면이 드러나는데, 이는 정확히 예술이 또한 언어의 힘의 규율로, 혹은 언어의 힘에 대한 언어 내부적인 표명으로 나타나기 때문입니다. 하지만 하이데거의 근거에 반대되는 근거들에 따라, 니체는 예술의 형상을 승급시킵니다. 예술이 필연적으로 철학적 행동에 적합한 언어를 인정하지 않는 누군가를 이끌어가는 강렬한 허구의 체제와 구별될 수 없는 까닭입니다. 어쨌든 존재론적 선택지에 다시 빠져드는 경우가 아니라면, 이 예술은 필연적으로 재현의 예술이 될 수 없습니다. 만일 예술이 재현이라면, 우리는 불가피하게 존재론적 형상에, 존재의 선택지와 존재의 구획에 빠지게 될 것입니다. 결과적으로 사유에 요구되는 매개는, 사유가 연극적인 것이 아니라는 조건 아래(여기서 '연극'은 재현적 강화의 패러다임으로 파악됩니다) 강렬한 허구의 매개이며, 따라서 재현에 연루되지 않은 예술의 매개이자, 급진적으로 비연극적인 예술의 매개입니다. 연극에 대한 니체의 논쟁은 이런 방식으로 전개될 텐데, 이는 부속적이거나 이차적인 요소가 아니라 중심적인 요소로 그럴 것입니다. 그것은 사유의 매개나 다름없는 무엇입니다. 그런데 절대적으로 비연극적인 강렬한 허구는 있을 수 있을까요? 문제는 그런 것입니다. 바로 여기에 바그너와의 갈등이 위치합니다. 그의 감수성의 범위를 무한하게 확장하는 상궤를 벗어난 격정적인 갈등 말입니다. 상궤를 벗어난다고 하는 이유는, 니체의 작업에서 처음부터 끝까지, 바그너가 실제적인 집착으로, 처음에는 감정이입적인 경탄이 나타나지만 종국엔 파괴적 증오가 드러나는 집착으로 순환되기 때문입니다. 정확히 말해서 그 이유는 니체의 모든 정신이 이러한 격렬한 정신적 사랑으로 가득 차 있었으며, 이어서 그러한 사랑의 파열이 그의 내부에서 지속적으로 곪아

터지고 크게 벌어져, 결코 닫히거나 완전히 아물지 않을 거의 치명적인 상처를 내기 때문입니다. 바그너는 사실상 니체적 장치를 드러내는 본질적인 고유명입니다. 그러나 '바그너'는, 바그너라는 이름은 어떤 것인가? 언제나 그렇듯, 진정한 문제는 이름들의 문제입니다. 바그너는 무엇을 명명할까요? 니체에게 그 이름은 무엇을 의미할까요? 그 자체로, 이는 실질적으로 어떤 철학적인 혹은 반철학적인 얽힘의 문제입니다. 저는 이 문제의 해결의 끝에 이르렀는지 확실치 않습니다. 바그너라는 이름이 어떤 것인지 묻는 이유는 그것이 비연극적인 강렬한 허구의 가능성을 나타내는 모호한 이름이며 동시에 이 가능성의 타락을 나타내는 이름이기 때문입니다. 그리고 그에 따라 재현의 반대급부revanche와 관련된 이름이기 때문입니다. 그러나 이는 곤란합니다! 곤란할 일이라는 말입니다! 비연극적인 강렬한 허구의 가능성이 시작되는 패러다임은 그 자체로 연극적으로 더 많이 타락한 것으로 밝혀지지만, 사유의 매개의 문제는 유예되어 있습니다. 그런 것을 잘 이해해야 합니다. 말하자면 이것은 플렉지히를 찾은 슈레버 같은 편집증자paranoïaque의 문제가 아닙니다.✦ 이는 완전히 다른 차원의 문제입니다. 만일 바그너만이 있다면, 강렬한 허구는 연극적 성격으로부터 벗어나지 못하며, 우리는 여전히 재현의 반대급부에, 따라서 여전히 파르메니데스적 시대에 붙들려 있게 됩니다. 왜냐하면 재현의 반대급부는 존재론적 선택지 자체이기 때문입니다. 이런 이유로 니체는 이러한 질문과 씨름하게 됩니다. 바그너가 비연극적인 강렬한 허구의 가능성을 나타내는 이름인 동시에 그 가능성의 타락의 이름인 이상, 오직 바그너만이 있을까요, 아니면 다른 것도 있을까요? 명백히, 니체가 우리에게는 비제가 있다고 말할 때, 우리는 안심하지 못합니다! 그리고 그가 우리에게는 오펜바흐가 있다고 말할 때, 이때 우리는 압도당합니다! 왜냐하면 사유의 매개가 있도록 하기 위해 치러야 할 대가가 결국 오펜바흐가 대단하다는 점을 발견하는 것이라면, 우리는 여기서 심한 금욕적 수행으로 돌아가는 셈이기 때문입니다!

다음 시간에는 이 논점을 다른 각도에서 다루도록 하겠습니다. 강렬한 허구라는 측면에서 말입니다. '강렬한 허구[fiction intense]'라는 말은 어떤 의미가 되어야 할까요? 우리는 《차라투스트라는 이렇게 말했다》의 문체를 통해 이 사안으로 되돌아갈 것입니다. 언어의 관점에서 볼 때 니체가 《차라투스트라는 이렇게 말했다》에서 시도한 것은 무엇일까요? 이를 통해 우리는 예술가의 유형에 대한 질문에 이르게 될 것인데, 왜냐하면 '바그너 외에 다른 어떤 것이 있는가?'라는 질문은 '예술가의 유형은 어떤 것인가?'라는 질문이 되기 때문입니

✦ 다니엘 파울 슈레버(Daniel Paul Schreber)는 1800년대 후반기에 독일에서 판사로 일했던 인물로, 편집증적 망상을 겪게 되어 이에 대한 심리 치료를 받았던 사람이다. 그는 자기 증상이 어느 정도 회복되었을 때 《한 신경병자의 회상록》이라는 책을 집필하기도 했으며, 프로이트 등 여러 정신분석가가 이 사례를 정신분석적인 관점에서 분석하는 논문을 작성하기도 했다. 플렉지히는 슈레버가 찾아가 치료를 받았던 의사 파울 플렉지히(Paul Flechsig)를 지칭한다. 여기서 슈레버가 언급되는 것은 니체의 《바그너의 경우》가 일종의 심리학적 분석 사례를 표방하여 저술된 책이기 때문이다(이 책 제목은 보통 '바그너의 경우'로 번역되긴 하지만, 니체가 자신을 일종의 심리 분석가로 그리고 바그너를 분석 대상자로 상정하고 저술한 책이라는 점에서 '바그너 사례 연구'나 '바그너 케이스 연구' 정도로 번역되는 편이 정확하다 할 것이다).

다. 예술가의 유형이 비연극적인 강렬한 허구의 가능성인 동시에 또한 광대극의 가능성이나 심지어 그 필수성, 즉 재현의 반대급부 — 예술에서 연극적인 것 — 임이 밝혀진 이상, 예술가는 무엇일까요? 그리고 이 '예술가는 무엇인가?'라는 질문을 거쳐 우리는 바그너와의 분쟁, 즉 니체 대 바그너 분쟁에 대한 실제적인 역사에 다가갈 수단을 다루게 될 것입니다. 이상!

6강

1993년 1월 20일

만일 운명적 행동acte fatal이 모든 반철학의 결정적인 몸짓이라면, 그것은 모든 사유의 정립된 장치로 환원될 수 없는 휴지休止일 것입니다. 이 행동은 어떤 단독적인 이름을, 담론적 장치에 대한 이질성의 표식을 취할 것입니다. 여기에는 파스칼, 키르케고르, 니체라는 세 가지 예시적인 인물상이 있습니다. 그 행동은 첫 번째 사람에겐 도박이고, 두 번째 사람에겐 '이것이냐 저것이냐'로 나타날 양자택일이며, 세 번째 사람에겐 세계의 역사를 둘로 쪼개는 행동이라든지 혹은 모든 가치의 변환이나 반전 또는 재평가에 대한 보다 신중한 환기를 통해 부과될 것입니다. 바로 이 장치의 핵심에 그러한 급진적 행동이 있습니다. 그것을 명심하도록 합시다. 여섯 가지 주요 언표의 영향 아래, 니체의 반철학은 언제나 이 명령으로부터 이해되어야 할 것입니다. 마지막으로 여러분에게 그 언표들을 환기하기에 앞서(그리고 저는 단지 그것들을 인용할 뿐인데), 우리가 여기서 구하는 것이 그것들을 철학의 언표들과 대조하는 것임을 알아야 합니다. 니체 반철학의 언표들은 완전한 반철학의 언표들일까요? 여기 그 언표들이 있는데, 이것들은 기본적으로 존재에 관한 명제들입니다.

¶ 첫 번째 언표. '거기 있음'의 이름은 '삶'이며, 이 이름은 평가 불가능하다는 것입니다.

¶ 두 번째 언표. 존재나 또는 존재자를 '거기 있음'으로 이름하는 것은 하나의 반동적 명명이라는 것. 혹은 다시 말해서, 존재론적 선택지 — '존재'를 '거기 있음'으로 이름하기로 한 선택지 — 는 본래 '긍정oui'을 말소하는 존재의 의미를 '거기 있음'에 부과한다는 것입니다. 반철학은 무엇보다 우선 반反존재론anti-ontologie이 될 것입니다.

¶ 세 번째 언표. 논리는 수학과 동일하며, 이 동일성에 포섭된 그 둘은 그저 존재론적 선택지의 언어적 귀결일 뿐이라는 것입니다.

¶ 네 번째 언표. '거기 있음'에 존재가 결여되어 있는 이상, 사유는 그것이 무엇이든 오로지 힘의 관계들만을 발견하며, 거기에는 정해진 바탕이나 이 관계들에 연루되었음이 명시적으로 드러나는 개체들은 없다는 것입니다. 오로지 힘의 관계들만이 있을 뿐입니다.

¶ 다섯 번째 언표. 반철학적 사유의 매개는 적합한 언어의, 또는 언어적 합의의 규범이나 이상형 아래 놓일 수 없다는 것입니다.

¶ 여섯 번째 언표. 반철학적 사유의 매개는 강렬한 허구의 매개라는 것입니다. 그러므로 그것은 예술의 수단이며, 이는 예술이 재현으로부터 풀려나거나 혹은 연극이 가진 힘에의 의지로부터 부여되지 않기 때문입니다. 명백히 이로부터 바그너에 대한 중심적인 문제가 나옵니다. 여기에 행동의 관할 아래 있는 니체의 반철학을 이루는 유기적인 몸이 있습니다. 이러한 반철학의 여섯 가지 언표들에 대해 철학의 여섯 가지 다른 언표 — 예를 들어, 여러분이 허락한다면 제

가 제시할 언표들 — 이 맞세워질 수 있습니다!

여기서도 저는 단지 그것들을 언급하는 데 그칠 것이며, 그것들에 대한 논의를 전개하는 것은 제 의도가 아닙니다.

¶ 첫 번째 언표. '거기 있음'의 이름은 다수성[multiplicité] 또는 순수한 다수[multiple pur]입니다. 라캉의 표현을 가져와 덧붙이자면, '거기 있음' 자체에 대한 누빔점[point de capiton]은 공백[vide]입니다. 그리고 순수한 다수의 사유의 실현은 다수와 공백에 대해 역사화된 교설로서 제시되는 수학 그 자체입니다. 니체의 반철학에 반대하여, 우리는 '거기 있음'을 그저 순수한 다수성을 대신한 '삶'으로 명명하는 것이 이미 해석의 차원에 속한다는 점을 덧붙일 것입니다. 그것은 '거기 있음'의 명명을 충분히 무력화시키지 않습니다. '다수'는 여기서 가능한 해석들의 장에 비추어볼 때 가장 철저하게 중립화된 호칭으로 받아들여집니다.

¶ 두 번째 언표. '존재'를 '거기 있음'으로 명명하는 것은 이 명칭을 의미 개념과의 전적인 연속성으로부터 떼어놓을 경우 결백할 것입니다. 니체에게 '거기 있음'을 존재라는 이름의 영향 아래 명명하는 것이 기원적인 범죄, 즉 세계를 향한 중상모략이라는 점을 상기하도록 합시다. 우리는, 근본적인 결합 관계에 있어 존재와 진리가 의미의 형상과의 해석 불가능한 불연속성에 사로잡혀 있을 경우, 이 명명이 무해하다고 말해질 수 있다는 데 반대할 것입니다. 그리고 이 결백함은 존재가 '순수한 다수'라 명명될 때 완성되는데, 왜냐하면 순수한 다수가 오로지 공백으로 직조되는 이상 그것은 어떠한 의미도 앞서 예단하거나 전제할 수 없기 때문입니다. 혹은 다시 말해, '존재'라는 이름의 부과가 실제로 '의미'라는 말의 가면일 때, 반동적인 것은 존

재론적 선택지가 아니라 해석학적 선택지입니다. 우리는, 만일 종교가 진리와 의미 사이에 연속성을 구성하는 것이라면, 해석학적 선택지가 종교와 유기적으로 연결된다고 보는 니체의 견해에 동의할 것입니다. 종교는 바로 그런 것입니다. 그러므로 반동적인 것은 존재론적 선택지가 아니라 종교적 선택지이며, 다시 말해 존재론적 명칭에 의미를 입히는 잠재적이거나 명시적인 영성의spirituelle 전제조건 아래 놓인 존재론적 선택지인 것입니다.

¶ 세 번째 언표. 논리는 철학이 그 자체 속에서 수학의 효과로서 다시 그려내는 무엇입니다. 수학의 '거기 있음' 아래, 철학은 실제로 아리스토텔레스, 스토아 철학자들, 라이프니츠를 통해 발명된 논리적 경향을 다시 그려내도록 강요당합니다. 논리의 발명은 수학의 '거기 있음'을 드러내는 철학 내부의 흔적입니다. 이에 따라, 수학과 논리는 당연히 기원적으로 서로 구별됩니다. 우리는 논리환원주의에 반대할 것입니다.

¶ 네 번째 언표. '거기 있음'이 순수한 다수성인 이상, 관계는 없습니다. 그것의 존재에 있어 그 자체에 의해 관계되는 것은 없으며, 관계될 수 있는 것도 없습니다. '거기 있음'은 관계라는 요소에 있지 않습니다. 정확히 이 지점에서, 삶을 통하거나 혹은 순수한 다수을 통하여, '거기 있음'에 대한 최초의 명명에서 분기하는divergents 효과들이 드러납니다. 간단히 말해 이는 만일 관계가 없다면, 진리들은 그 자체로 순수한 다수성의 영역에 속하며, 진리들은 결코 관계들에 대한 이해일 수 없기 때문입니다. 관계들은 이해와 지식의 영역에 속합니다. 모든 진리는 지식의 관계들에 구멍을 내거나 혹은 이를 찢는 것입니

다. 이것이 의미하는 바는 실제로 힘의 관계로서 의미를 말하는 니체의 교설이 그 자체로 지식의 관계들이라는 허구에 붙들려 있으며, 그 허구가 진리의 차원이 아니라 지식의 차원에 속한다는 것입니다. 하지만 우리는 니체에게 있어 모든 행동의 문제는 참된 것의 주위를 맴돈다는 것을 인정할 것입니다. 결국 행동은 그 자체로 힘의 관계와는 다른 것이며, 여기서 (이 행동이 그의 이름 아래 놓인 이상 이것은 니체 스스로 그 속에 처하게 되는 극도의 긴장인데) 진리라 명명되는 것의 모습이, 다시 말해 오로지 관계되어 있거나 관계될 수 있는 것에 있는 열상裂傷이나 구멍이 될 수밖에 없는 어떤 것의 모습이, 그 자체로 비관계된 채로 남게 되는 어떤 것의 모습이 드러나게 합니다.

¶ 다섯 번째 언표. 철학적 사유의 매개는 적합한 언어라는 이상형과 강렬한 허구라는 이상형을 중첩시키거나, 조합하거나 또는 연결합니다. 어떤 하나의 진리란 지식의 관계를 찢음으로써 '거기 있음'의 순수한 다수성이 발생하도록 하는 것임을 받아들여야 합니다. 이런 것이 진리라고 상정해봅시다. 그러니까, 만일 철학이 **진리의 사유**라면, 만일 그 중심 범주로서의 이 진리라는 범주에 연관된다면, 진리는 언제나 철학이 윤곽을 그려내고자 시도하게 될 틈새의 가장자리에 대한 묘사에 자리하게 될 것입니다. 그러므로 철학은 항상 어떤 특정한 측면에서(말하자면, 관계들의 찢어진 가장자리 위에서) 지식이나 관계의 성격을 가진 언어적 이해appréhension에 있게 되는 동시에 틈새 자체를 되돌리려 노력할 것입니다. 이에 따라 철학의 언어는 필연적으로 불확실한 것이 될 수밖에 없는데, 왜냐하면 그것이 가장자리에 대한 사유를 시도하기 때문입니다. 이 불확실한 것을 저는 철학

이라 명명합니다. 그것은 부분적으로 적합한 언어의 규범 아래, 즉 지식의 관계들로 이루어진 허구에 지배되는 규범 아래 있으며, 부분적으로 강렬한 허구의 규범 아래 있습니다. 혹은 행동이나 틈새의 언어, 혹은 관계가 결여된 언어, 관계가 아니라 비관계로부터 발생하는 언어의 규범 아래 있는 것입니다. 만일 수학소가 적합한 언어의 이상형 혹은 완전한 전달의 이상형이며, 그것이 또한 형식화의 이상형이라면, 그리고 만일 시가 정확하게 그 자체의 힘을 지닌 언어라거나 또는 관계나 지식이 아니라 관계되지 않은 강도intensité를 부여하게 될 언어라면, 철학은 수학소mathème와 시poème가 결합된 규범 아래 있습니다. 제가 보기에 이것은 명백한 시의 기능인데, 그 구성이 어떤 것이든, 관건은 관계의 허구에서 감산된 어떤 것을 해방시키는 것입니다. 이런 이유로 철학적 사유의 매개는, 조합들과 매 경우에 단독적인 연금술들에서, 적합한 언어의 규범과 강렬한 허구의 규범을 중첩시키거나 뒤얽히게 할 것입니다.

¶ 여섯 번째 언표. 개별적인 철학에 들어 있는 강렬한 허구의 요소는 실제로 철학에서 예술적 조건에 따라 다시 그려지는 것입니다. 그리고 이는 정확히 논리가 철학에서 수학적 조건에 따라 다시 그려지는 것과 마찬가지입니다. 철학은 언제나 강렬한 허구 — 때로 예술의 허구가 되는 — 의 작용에 따르지만, 예술은 그렇지 않습니다. 그러한 허구의 작용은 진리를 경계 또는 구멍으로 다루도록 정리된 불가피한 예술적 조건을 오로지 내재적인 방식으로 다시 그려낼 뿐입니다. 철학은 예술적 주체성이나 혹은 예술가-주체sujet-artiste로 되돌려지지 않을 것입니다. 필연적으로 니체적 장치에 있어 그런 것처럼

말이지요. 이제 여러분은 철학의 여섯 가지 가능적 언표들로 지탱되는 반철학의 여섯 가지 언표를 얻게 되었습니다.

어쨌든 니체로 돌아가 이 마지막의 여섯 번째 언표에 대해 집중하도록 합시다. 강렬한 허구에 대한 반철학의 요구에 대해서 말입니다. 바로 여기가 예술에 대한 그리고 예술과 철학의 관계에 대한 문제를 다루는 우리 고찰의 전환점 입니다.

여하튼 출발점은 매우 단순합니다. 오로지 강렬한 허구만이, 혹은 일치가 아니라 힘에 사로잡힌 언어만이 힘의 관계를 파악할 수 있다는 것입니다. 힘의 관계에 대한 파악은 힘으로서의 언어를 요구합니다. 다음으로 힘으로서의 언어는 힘의 부과가 되며, 그것이 파악하는 관계와 힘의 관계를 정립합니다. 이런 이유로 주인의 언어는 그게 어떤 것이든 힘의 차원 혹은 지시나 명령의 차원에 속하지만, 명령은 언어의 힘으로서 입증될 수밖에 없습니다. 그것은 오직 그 자체로부터 언어의 힘으로서 인가될 뿐인 것입니다. 남은 것은 니체가 파악하려 하는, 그리고 그 자신의 언어적 자원을 최대한 집중시키게 될, 근본적인 관계가 어떤 것인지 아는 것입니다. 좋습니다. 모든 것은 힘의 관계이며, 여러분은 계보학적으로든 유형학적으로든 니체에 의해 서술된 여러 이야기를 완벽하게 알고 있습니다. 주인의 이야기discours, 노예의 이야기, 예술가의 이야기, 마지막 인간의 이야기 등에 대해서 말입니다. 차라투스트라 자신은 힘의 관계라는 유형학에 속합니다. 그러나 이는 직접적으로 우리가 붙들고 있는 것이 아닙니다. 우리가 붙들고 있는 것은 바로 이런 문제인데, 말하자면 이 모든 힘의 관계 중에서, 어떤 것이 가장 파악하기 어려울까 하는 것입니다. 어떤 것이 최대의 힘의 부과를 요구할까요? 제가 생각하기로, 파악할 필요가 있는 것은 니체에게 허무주의와 행동 그 자체 사이의 근본적인 관계입니다. 그런 것이 니체적 난해함이 여과되어 집중되는 지점인데, 제가 이런 말로 의미하는 것은 외래적인 난해함이나 그 지점에 외부로부터 전달될 질문이 아닌 내재적인 난해함으로, 다시 말해 가장 어려운 것 혹은 최대의 힘의 부과를 요구하는 것입니다. 허무주의, 곧 '기독교'라는 이름이 요약하는 지배적인 동시에 구시대적인 힘의 형상과 세계의 역사를 둘로 쪼개는 그 지점 자체에서 제시되는 니체적 행동 사이의 연관성은, 그 관계는 어떤 것일까요? 그리고 그것은 힘의 관계일까요? 실제로 모든 니체 텍스트의 해석에서 결정적인 쟁점이 되는 것은 바로 **그** 질문입니다. 이는 심지어 다음과 같은 질문에 대한 대답이기도 합니다. 니체는 한편으로 허무주의와 다른 한편으로 그의 행동 사이의 (필시 하나의 비관계가 될) 관계를 어떻게 이해하는가? 덧붙여 말하자면, 여기서 관건은 힘에의 의지와 영원회귀 사이에 놓인 관계를 이루는 진정한 실체substance입니다. 제가 이를 간단히 환기하는 이유는 이 관계가 하이데거가 선택하거나 설정한 입구이며, 이것이 그의 해설 대부분을 결정하기 때문입니다. 이 해석과 반대로 '영원회귀'라는 표현이 1886~1887년 겨울 니체의 어휘에서 사라졌고, 1887년 말에는 '힘에의 의지'가, 그리고 1888년에 쓴 모든 글에서 이 두 표현이 사용되지 않는다는 점에 주목합시다. 그의 세 번째 개념인 '초인'이라는 표현은 훨씬 전인 1884~1885년부터 사라지게 되었습니다. 이로부터 귀결되는 통상적인 판단은 결국 1888년에 일어난 일이 일어나지 않았다는 것, 즉 니체의 책이 쓰이지 않았다는 것입니다. 어쨌든 '영원회귀'와 '힘에의 의지'는 둘 다 1888년이라는 결정적인 해의 벽두에는 이미 사라져버린 용어들입니다. 맹렬한 창조의 열광으로, 열광적인 토로에 이른 황홀경에 도취하여, 성공을 볼 수 있으리만치 충분히 오래 살지 못하리라는 심한 걱정으로, 인쇄업자들에게 출판을 서두르도록 다그치며, 그가 가장 많은 글을 썼던 해에 말입니다. 하여간 영원회귀와 힘에의 의지는 더 이상 결정적인 것으로 보이지 않습니다. 진실을 말하자면, 제가 하는 것처럼 1888년에 비추어 니체를 파악하게 되면 우리에게 영원회귀나 힘에의 의지나 초인 같은 것은 더는 필요가 없어집니다. 이것은 하나의 철저한 벗겨냄인 것입니다!

이에 반해, 우리에게 남겨지는 것은 한편으로 허무주의와 데카당스(쇠퇴)^{décadence} 그리고 다른 한편으로 세계의 역사를 둘로 쪼개는 기획 사이에 놓인 관계입니다. 제가 확신하기로는 바로 그런 관계가 이전에 '힘에의 의지'라는 이름과 '영원회귀'라는 이름으로 표현된 어떤 것의 진정한 실체입니다. 그렇다면 쟁점은 바로, 정립된 주권의 장치가 허무주의적일 때 어떻게 급진적인 행동이 가능한지 아는 것이 됩니다. 허무주의는 우리가 관심을 기울여야만 할 두 가지 의미를 갖습니다.

¶ 이 장치가 허무주의적인 것은 (의지의 무無, néant de volonté와 완전히 다른) 무에의 의지volonté de néant에 의해 유기적으로 통제되기 때문입니다. 그것의 필수적인 내용은 이런 것인데, 말하자면 관건이 되는 의지vouloir의 본질이 무無, rien에의 의지가 된다는 것입니다.

¶ 그리고 두 번째 의미에서, 이 무에의 의지는 그 자체에 대해 취약합니다. 즉 그 자체의 의지에 대한 강렬한 힘에 있지 않으며, 이에 따라 그것의 이름은 데카당스가 됩니다. 무에의 의지는 약화되며, 그것과 힘의 관계 또한 그렇게 될 것입니다. 하지만 그 의지는 의지의 무가 될 수는 없습니다. 그렇지만 그것은 어떤 하나의 의지, 곧 정립된 의지이며 주권의 구성입니다.

그렇다면 문제는 전적으로 다음과 같은 것이 될 텐데, 제가 환기시킨 두 가지 의미에서, 어떻게 그토록 급진적인 행동이 니힐리즘의 형상이라는 주권의 형상 내부로부터 묘사되거나 혹은 명명될 수 있을까요? 그러므로 행동이 불가피하게 허무주의와의 결합/탈구articulation/désarticulation를 통해 사유되어야 하는 이상 모든 것은 행동의 결단에, 그것에 부여될 이름에 달려 있습니다. 여기에 니체의 의도가 매우 집약적으로 농축되어 있습니다.

그러므로 직접적 표현이 힘에의 의지나 영원회귀에서 주어지는 주제적인 (그리고 아마도 보다 폭넓게 철학적인) 표현을 대체했다고 해도 놀라울 것은 없습니다. 니체에게서 니체의 주제에 대한 파악이나 사고를 구성하는 무언가로서 힘에의 의지나 영원회귀로 돌아가는 것은, 제가 보기에 그의 반철학을 철학적 담론le philosophique에 더 적합한 무언가로 갱신하는 것이라 여겨집니다. 마지막 해의 팽팽한 긴장으로부터 극단적인 반철학 혹은 급진적인 원정치적 욕망으로서 주어지는 것은, 그것을 힘에의 의지-영원회귀라는 개념쌍에 따라 사유할 때, 이미 범주적인 것으로 되돌려졌거나 혹은 이미 철학적 담론에 의해 길들여져 있었습니다. 그런데 저는 여기서 가능한 최소한의 길들이기라는 어렵고도 고통스러운 시험에 머무르며, 원시적 상태에 있는 반철학에 대한 포착을 시도합니다. 하지만 그 원시적 상태에서, 그 관계는 힘에의 의지와 영원회귀 사이의 모순적이거나 비모순적인 관계라는 범주적 체계 아래에서 회자되기보다는, 허무주의적 지형과 행동의 필요성이나 가능성 사이에서 더 많이 회자될 것입니다. 이런 이유로 니체는 이 범주들을 만들어내어 사용한 이후에 내던져버립니다. 그 해석의 체제는 최종적으로 이 문제로 집중될 것입니다. 우리는 어떻게 근대성에 관한 진단으로서 허무주의의 지형 — 근대성이 허무주의라는 주권의 기이한 형상인 이상 — 과 디오니소스적 긍정 혹은 '예'라는 대답의 가능성을 발언하는 행동 사이의 본질적인 관계를, 그리고 어쩌면 본질적인 탈연결[déliaison]을 사유할 수 있을까요? 문제는 허무주의가, 정확히 무에의 의지를 그 주요한 헤게모니의 본질로 지닐 때, 어떤 행동을 통해 '예'라는 대답을 낳을 수 있는지 아는 것입니다.

이 극단적인 지점, 즉 '니체'라 명명되는 행동에는, 실제로 일관적인 적어도 세 가지 해석이 있습니다. 우리가 거리를 두게 될, 그리고 숫자 0으로 부르게 될 해석은 변증법적 도식으로의 즉각적인 전환, 즉 허무주의의 극단적인 부정성이 내재적인 운동 중에 있는 완전한 긍정으로 방향을 돌리는 해석일 것입니다. 우리는 무에의 의지의 절정에 이르는 곳에서 모든 것에의 의지가 돌발하는 니체적 지형에 대한 대대적인 헤겔 철학화[hégélianisation]를 회피할 것인데, 왜냐하면 실제로 존재가 무의 전환인 것처럼 전체는 무의 본질이기 때문입니다.

난점을 손쉽게 해결할 수 있게 될 이 유혹을, 우리는 한편으로 밀어놓게 될 것입니다. 우리는 한층 더 하이데거에 동의하게 되겠지만, 행동이 절대적인 긍정의 형상 속에 감춰진 허무주의 자체의 내밀한 존재를 부여하게 될 변증법적 전환의 도식과 거리를 둠에 있어서는 특히 들뢰즈에 동의하게 될 것입니다. 비록 부정이나 파괴라는 개념들이 매우 복잡하기는 하지만, 여기에는 부정적인 것의 작용과 유사할 수 있는 것은 아무것도 없습니다. 부정적인 것은 니체에게 작동하지 않습니다. 만일 작동한다면, 그것은 망치를 휘둘러서 그런 것입니다. 그래서 그 행동에 관한, 그리고 그 귀결로 허무주의와 행동 사이에 놓인 결정적인 역설적 관계의 사유에 관한 두 가지 해석이 나옵니다.

이 두 가지 해석은 어떤 것일까요?

¶ 첫 번째 해석, 이것은 니체가 매우 오랫동안 상당히 늦은 시기까지 동의했다고 여겨집니다. 말하자면 행동은 새로운 가치들의 창조를 본질로 삼는다는 것입니다. 그는 스스로 허무주의에서 우월한 지위를 누리는 반동적 가치들에 맞서 (실제로 전복 또는 완성의 형상이 아닌) 창조 또는 발명의 형상이 됩니다. "나는 새로운 가치들을 창조할 것이다!"라고 그는 그에게 소중한 여러 즐거운 아포리즘 중 하나에서 외치며, 이에 따라 하나의 다른 주권의 구성이 나타나게 합니다. 실제로 새로운 가치들을 말하는 자는, 그것들에 대한 평가가 어떤 것이든, 필연적으로 새로운 주권의 구성을 말하게 됩니다. 그래서 우리는 혁명의 모방 가운데 있게 됩니다. 행동과 허무주의 간의 관계는 고전적인 의미에서 혁명적 유형의 관계가 될 것입니다. 말하자면 행동은 낡은 주권의 구성물을 파괴하고 긍정하는 주권의 구성을 정립

하는 것입니다. 하지만 이것은 우리가 니체에게서 듣게 되는 더 심오한 이야기가 아닙니다. 우리는 무언가에 다가가게 될 때 그런 이야기를 점차 덜 듣게 되는데⋯⋯ 그런데 무엇에 다가가게 될 때일까요? 음, 글쎄, 그것은 행동이며, 이 행동은 결국 숙명적인 눈부심 혹은 광기 속에서의 동요가 됩니다. 이것은 다음과 같은 방식으로 이해해야 할 것입니다. 행동의 가장자리에서, 심연의 가장자리에서, 어떤 한 주권의 구성물이 다른 주권의 구성물로 이어지게 하는 것은 실제로 더 이상 중요하지 않다고 말입니다. 아니지요! 만일 이 첫 번째 해석의 본질이 새로운 가치를 만들어내고자 하는 의지로서의 이러한 허무주의에 대한 관계라면, 그것은 하이데거의 결정적인 반대에 직면하게 됩니다. 즉 니체는 오직 허무주의를 그 자체의 본질과 분리시킬 뿐이라는 견해에 말입니다. 이 반대에는 근거가 있습니다. 어떤 이유일까요? 허무주의의 본질은 바로 새로움 없는 의지의 분출, 즉 의지意志하고자 하는 순수한 의지의 분출이기 때문입니다. 허무주의에 대한 깊은 사유는 거기서 되돌릴 수 없는 소멸 혹은 망각으로서 의지의 분출을 간파해내고, 이에 따라 이러한 분출이 새로운 가치의 창설이나 창조로 정돈될 수 있음을 주장하게 됩니다. 이것은 허무주의의 정점이라 할 것인데, 왜냐하면 이때 허무주의가 그 자체의 힘에 대해 눈멀어 있거나, 혹은 눈먼 상태에 빠져 그 자체의 본질로부터 분리되어 있기 때문입니다. 만일 정말로 니체적 행동의 본질이 새로운 가치의 창설을 관건으로 삼는 무엇으로 요약된다면, 그래서 혁명에 대한 사변적 모방으로 요약된다면, 제가 보기에 하이데거는 이 몸짓이 허무주의의 진단에 미치지 못한다는 의견에 반대했다는 점에서 전적으로 옳습니다. 허무주의는 정확히 아무것도 창설하지 못하는 무능력인데, 이는 그것이 어떤 힘이 아니라서가 아니라 오히려 있는 그대로의 힘의 분출이기 때문으로, 허무주의는 하이데거에게는 기술에 의한 존재의 나포拿捕를 통해 주어지지만, 니체의 관점에서 보자면 그것은 허무주의적 의지가 무에의 의지로 향하도록 정해진다는 인식을 통해 주어집니다. 그런 것이 근대성의 본질이지요. 무를 의지하는 것이 아니라 차라리 무언가를 의지하는 것은 분명히 무에의 의지 자체를 붙잡기에 미치지 못합니다. 이것이 하이데거가 이야기했던 내용의 골자이며, 이에 관해서 그는 옳은 이야기를 했습니다.

¶ 이 행동에 대한 첫 번째 기본적인 해석에는, 행동은 존재하는 모든 것에서 최대 강도intensité maximale를 행사한다는 두 번째 해석이 이어집니다. 실제로 이것은 들뢰즈의 해석입니다. 그 해석을 극단적으로 요약하자면, 행동 혹은 어쨌든 니체의 명제에서 관건이 되는 것은 존재하는 모든 것에서 그 최상의 형태를, 다시 말해 최대 강도를 행사한다는 것입니다. 심지어 허무주의가 주어지는 곳에는, 언제나 그와 동시에 창조가 주어집니다. 우리는 또한 (의지의 반동적 차원의 승리라 할 수 있는) 정립된 것 혹은 기성 체제로서 힘에의 의지와 오로지 의지되거나 재긍정될 수 있을 따름인 (무엇보다 능동적 허무주의를 포함하는) 능동적 의지를 구별할 필요가 있습니다. 그리고 실제로 니체는 능동적 허무주의와 수동적 허무주의를 구별합니다. 그렇기에, 사실상 이러한 허무주의와 행동 사이의 관계에 관해, 허무주의가 그 자체로 국지적 창조로부터 혹은 불편을 유발하는 새로움으로부터 은닉하는 어떤 것에서 확실히 드러난다고 말하는 데에는 어떠

한 어려움도 따르지 않습니다. 그러므로 변증법적 존재와는 가장 거리가 먼 행동과 허무주의의 상호관계는 실제로 반동적인 것으로부터 능동적인 것을 감지하여 드러내는 내재적인 긍정의 상호관계입니다. 이 상호관계는 대개 능동적인 것 자체에서 작동하는 능동적 차원을 간파하고 단언하거나 혹은 재단언할 수 있는데(예를 들어 무에의 의지를 비롯한 의지의 요소를 단언함에 있어), 왜냐하면 거기에는 단정적으로 의지의 요소가 남아 있기 때문입니다. 그리고 이 의지volonte를, 이 바람vouloir을 원할 경우 우리는 반동적인 것을 활성화하게 됩니다. 이것은 허무주의와 행동의 결과적인 상호관계입니다. 여러분은 1964년 들뢰즈가 니체에 관해 개최된 중요한 학회의 마무리로 발표했으며, 미뉘 출판사Les Éditions de Minuit가 그 기록을 '카예 드 호아요몽, 필로소피 n. 6, 니체Cahiers de Royaumont, Philosophie n° 6, Nietzsche'라는 제목으로 발간했던 이 멋진 텍스트를 어떻게 읽지 않을 수 있단 말입니까! 거기에는 푸코, 들뢰즈, 장 발, 잔니 바티모, 장 보프레(또한 여러분은 하이데거가 거기 있었다고 할 수 있을 것입니다!), 카를 뢰비트, 앙리 비로(다시 한번 하이데거!) 등이 있었는데, 그 텍스트들이 보인 해석적 풍요로움 혹은 그만치의 밀도와 명징함을 지닌 니체의 현대적 전유 양식들은 진정으로 주목할 만한 것이었습니다! 그리고 개입과 자신의 고유한 성찰의 부조화를 뒤섞으며 쌓아 올리는 멈출 수 없는 강연 방식으로 그 학회를 마무리지었던 것은 바로 들뢰즈였는데…… 어떻게 하이데거적 해석, 고전 인문주의적 해석, 회의주의적 해석 등등이 함께 모여, 마치 종국에는 생명이 그 접힘pliure의 모든 효과들에 협력하듯 모든 것이 협력하는 것처럼, 들뢰즈의 해석에서 완전히 자연스러운 자기 자리를 찾게 되는지. 저는 여러분에게 그의 결론의 한 구절을 읽어드릴 텐데, 이는 제가 여러분에게 이야기하려는 것보다 훨씬 더 명징한 것입니다. 그 구절은 "그래서 비로 선생은 옳습니다"라는 문장으로 시작되며(모든 사람이 옳다는 것[a raison], 그것은 매우 니체적입니다!), 호아요몽의 학회를 긍정합니다. 마치 니체가 모든 부분에서 세계를 긍정하고 아무것도 무시하지 말라고 요청했던 것처럼 말입니다! 더 지체하지 않고, 여기서 그 구절을 이야기해보겠습니다.

> 그래서 비로 선생은 옳습니다. 니체에 따를 때, 극단적인 형태들과 평균적인 형태들 사이에는 본성의 차이가 있다는 주장에서 말입니다. 새로운 가치들의 창조와 기존 가치들의 인정 사이에 놓인 니체의 구별도 마찬가지입니다. [우리는 우리 질문의 핵심에 이르게 되는데, 그렇지 않습니까?] 그러한 구별은 역사적 상대주의의 관점에서 해석할 경우 모든 의미를 상실할 것입니다. 인정받는 기존의 정립된 가치들은 그 당대에는 새로운 가치들이었고, 새로운 가치들은 다음 차례로 기존의 정립된 가치들이라 불리게 될 것입니다. 이런 해석은 핵심적인 것을 간과합니다. 우리는 이미 힘에의 의지의 층위에서, '현행의 가치들을 할당하기'와 '새로운 가치들을 창조하기' 사이에 본성의 차이가 있음을 알게 되었습니다. 이 차이가 바로 영원회귀의 본성이며, 영원회귀의 본질을 구성하는 차이입니다. 말하자면 '새로운 가치들'은 정확히 존재하는 모든 것의 우월한

형태들입니다. 그러므로 정립된 채로 탄생하는 가치들이 있고, 오로지 인정의 체제를 얻게 됨으로써 나타나는 가치들이 있습니다. 물론 그것들이 유효하게 인정받으려면 유리한 역사적 조건들을 기다려야 하겠지만 말입니다. 반대로, 영원히 새로운 가치들이, 영원히 때맞지 않은intempestives, 언제까지고 그 자체의 창조와 동시대적인 가치들이 있는데, 이것들은 이미 인정받고 있으며 겉으로는 사회에 동화된 것으로 보일 때조차, 실제로 다른 힘들과 관계하며 이 사회 내에서 심지어 무정부주의적인anarchiques 다른 본성의 힘들을 불러일으키기도 합니다. 오직 이 새로운 가치들만이 역사횡단적trans-historiques이고 초超역사적supra-historiques이며, 진정한 혼돈을, 어떠한 질서로도 환원될 수 없는 창조적인 무질서를 증언합니다. 니체가 말한 이 혼돈은 영원회귀와 반대되는 것이 아니라 영원회귀 그 자체입니다. 이러한 초역사적 바탕으로부터, 이 때맞지 않은 혼돈으로부터 위대한 창조들이 시작됩니다. 참을 수 있는 것의 경계에서 말입니다.

이 텍스트는 예시적인 힘과 명료함을 드러냅니다. 긍정은 거기에서 사실상 철저하게 내재적인 것입니다. 난점은 바로 새로운 가치들의 창조를 하나의 내재적 요소로 사유하는 것인데, 이 요소는 언제나 이미 거기 있는 힘의 관계 속에서 정립된 것에 반대합니다. 그러므로 새로운 가치들은 **본질적으로** 새로운 것입니다. 어떤 가치의 새로움은 혹은 그 새로움을 지탱하는 힘의 작용은 정립된 것의 형상 속에서 쇠락하거나 평가절하되도록 정해져 있지 않습니다. 그렇지 않지요. 그것은 영원히 새로운 것이며, 마찬가지로 반동적인 기존의 정립된 가치들은 영원히 고루한 것입니다. 그리고 내재성의 체제에 대한 그것들의 공속coappartenance에 따라, 행동은 어쨌든 행동이 있는 이상 새로운 것의 새로움을 감지하여 재긍정하는 것으로 이루어집니다. 그러나 새로운 것의 새로움은 창조물 혹은 창조된 것의 내재적 상흔이며, 그것은 창조된 것 자체에 영원히 고정됩니다. 그 바탕에는 당연히 예술작품이라는 패러다임이 있는데, 이것이 그런 고정에 관한 통찰력을 제공하지요. 예술작품은 창조물로서, 언제나 새로움으로서 동원됩니다. 예술작품은 기존의 정립된 제도나 반동적인 것으로 빠져들지 않으며, 언제나 영원히 하나의 새로운 창조물과 가치로서 재소환될 수 있습니다. 따라서 어느 한 가치의 새로움은 이 가치의 고유하거나 유기적인 속성이며, 그럴 때 허무주의에서 이를테면 내재성의 관계를 지지하는데, 이것은 단순히 모든 복잡한 주권의 구성에서 능동적인 것과 반동적인 것 사이에 배치된 관계입니다. 새로운 것은 그 혁신의 내재적 영원성으로 되돌려집니다. 새로운 것의 본질, 그것은 혁신이지만, 그 평가의 체제에 있어 영원히 내재적인 혁신입니다.

비록 과장된forte 것이기는 하지만, 이 해석은 의심의 여지 없이 행동을 용해시킵니다. 혹은 보다 정확히 말해서, 행동은 철저하게 흩어지며 세계의 역사를 둘로 쪼개기를 쓸어가버립니다. 여기서 우리는, 모든 복잡한 주권의 구성이 긍정에 의해 재활성화될 수 있는 잠재적인 혁신으로부터 허용하는 것과 연결된 가능적 가치평가들의 체계에 의해, 긍정으로 소환됩니다. 내 생각에 들뢰즈의 해석은 구조적인 것입니다. 그의 해석은 허무주의와 행동의 상호관계를 기존의 정립된 지형의 구조적 체제로 확정합니다. 비록 허무주의적 주권으로부터 결정된 그 지형이 반동적이라 하더라도, 어떤 내재적 긍정은 가능적인 것으로 남습니다. 그러므로 영속적으로 구조적인 긍정의 체제가 있으며, 그것은 내재성을 가지고 행동과 허무주의 사이의 상호관계의 문제를 해결합니다. 하지만 행동을 무효화하거나 보다 특수하게 볼 때 그것을 허무주의적 지형의 전체 표면에 흩뿌림으로써 그 문제를 해결하는 것입니다. 이것이 사건의 편재성에 대한 들뢰즈적 교설입니다. 사건은 결코 휴지休止나 균열의 희소성으로 주어지는 단독성이 아니며, 오히려 그것은 어디서든 소환될 수 있고, 또한 반동적인 것의 형상과 무기력한 것의 형상으로 파악됩니다. 그러나 새로움에 대한 해석적 개봉은 언제나 가능한데, 이는 언제나 사건événement의 수용이 가능하며 사건성événementialité은 결국 존재의 법칙인 것과 마찬가지입니다. 그리고 만일 사건성이 존재의 법칙이라면, 이는 사건이 없기 때문입니다.✦ 그러므로 니체적 행동의 흩어짐과 이러한 행동의 형상의 와해 사이에는 절대적인 가역성이 있습니다. 하지만 어쨌든 마지막 형상에서, 우리에게 진입구 구실을 하는 이 1888년이라는

✦ 바로 앞에서 들뢰즈의 해석이 구조적인 것이라고 말하는 부분과 연관지어 읽을 수 있다. 여기서 '사건성'이란 어떤 의미에서 '사건'이 일어나는 구조를 말하는 것이며 사건 자체가 아니기 때문이다. 마찬가지로 '주체성'과 '주체'의 관계에 대해서도 같은 이야기를 할 수 있다. '주체성'은 '주체'의 행위가 일어날 수 있는 구조를 말하는 것이며 주체 자체가 아닌 것이다.

해에 니체는 전적으로 다른 방식으로 추론하고 있음을 확인할 수밖에 없습니다. 즉 그는 그 행동이 급진적인 단독성singularité이며, '두 천년기의 교차점에 위치한 폭발물'이라고 진술합니다. 무언가가 재긍정되어야 한다고 가정할 때에도, 이 긍정은 새로운 것의 영원한 가용성 속에 즉각적으로 흩어져버릴 수 없습니다. 이 경우에 새로운 것은 전례 없는 것입니다. 어떻게 '전례 없는' 것이 영원회귀의 법칙 아래 놓일 수 있는지 아는 것은 복잡한 일이지만, 필시 영원회귀의 법칙은 더 이상 없으며, '전례 없는' 것은 바로 최후의 니체에게서 영원회귀의 형상보다 우월할 것입니다. 어쨌든 들뢰즈의 해석에는 행동의 원정치적 차원에 대한 삭제가 있거나, 혹은 달리 말해서 행동의 원정치적 차원이 그 단독성에 대한 내재적이거나 외연적이거나 분산적인 이해에 의해 삭제된다고 할 것입니다. 바로 여기서 저는 들뢰즈와 맞서게 될 것입니다. 비록 그가 새로운 가치들의 창조라는 발상을 확신하는 하이데거주의자가 내놓을 수 있을 반대를 매우 능숙하게 처리하고 있기는 하지만 말이지요. 들뢰즈 그 자신은 전적으로 새로움과 기존의 정립된 것 사이의 모순contradiction이나 대우對偶, contraposition가 없는 요소 속에 자리 잡고 있습니다.

¶ 따라서 저는 이 두 번째 해석에 반대하여 세 번째 해석을 제시할 것입니다. 행동이 허무주의의 잔해débris로 이루어진 긍정oui의 가능성을 만들어낸다는 해석을 말입니다. 앞서 《디오니소스 찬가》에서 나온 작은 조각글을 논평함으로써 여러분에게 보여준 정식으로 이런 것이 있었습니다. "별들의 잔해, 이 잔해로부터 나는 우주를 만

들었다." 행동이 표명되는 것은 이런 방식입니다. 행동이 허무주의를 극복하지 못하거나, 행동이 자신을 긍정하지 못하거나, 행동이 주권의 다른 형상을 만들어내지 못하는 식으로 말입니다. 그것은 완전한 긍정의 가능성을 갖지만, 이 긍정은 그 자체로 모든 허무주의의 잔해로 이루어집니다. 그러므로 폭발이 있어야 하며, 파괴적인 저주가 있어야 합니다. 지진이 날 때 그렇듯이, 언제나 각각의 정신적 흔들림에 있어 모든 확신의 구조물은 무너지며 언제나 니체는 바닥부터 꼭대기까지 재건축되어야 합니다. 나이를 먹어감에 따라서 그는 언제나 격정적인 붕괴의 욕망으로 더 열광하고, 더 조급해하며, 더 맹렬해지고, 더 혁명적이게 되며, 더 혼란해져갑니다. 그는 자신에게 숙명적인 것이 될 이 과도한 격정으로 '나는 내 파괴의 힘에 순응함에 따라 파괴의 기쁨을 알게 된다'고 외치지요. 이는 사라 코프만이 《이 사람을 보라》를 분석한 해설서에 붙인 '폭발 I'이라는 제목이 완전히 타당함을 말해주는 것입니다. 폭발이 필요한 것은 '예'라는 긍정의 대답이 오직 잔해만 남은 허무주의로, 폭발한 허무주의로 이루어지기 때문입니다. 그것은 부정성의 작용의 형상이나 구성의 부정적인 저편에서 일어나는 본질의 도래와는 거리가 먼 것으로, 사실상 잔해에 기초한 긍정의 구성인 것입니다. 왜 그럴까요? 그 이유는 허무주의적 주권의 구성물이 혼돈으로 되돌려지고, 그것이 가치를 평가할 수 없는 토대를 증명해야 하기 때문입니다. 잔해가 바로 그것입니다. 그것은 주권의 구성물 속에서 유지되거나 혹은 무에의 의지로서 유지되는 허무주의가 아닙니다. 이러한 형상 속에 머무는 이상, 혹자는 어떻게 행동이 허무주의와 연결되는지 혹은 어떻게 '예'라는 긍정의 대답이 무로부터 나올 수 있는지 알 수 없습니다. 허무주의적 주권의 구성이 폭발해버리고 그것이 오로지 (평가할 수 없는 토대로서의 삶 그 자체를 위한 다른 이름인) 혼돈만을 증명하게 되는 즉시, 그는 어떻게 그렇게 되는지 알 수 있습니다. 오직 그럴 때만이 '예'라는 대답은 '예'라는 긍정의 대답으로 구성될 것입니다. 즉 그것은 가치를 평가할 수 없는 것에 대한 긍정이 될 것입니다. 이것을 잘 이해하도록 합시다. 그것은 주권에 대한 새로운 평가나 새로운 구성이 아닌데, 왜냐하면 그것이 평가할 수 없는 것에 대한 '예'라는 대답 외에, 즉 혼돈에 대한 긍정 외에 다른 무엇도 아니기 때문입니다. 그러나 이 평가 불가능한 것은 반드시 치워져야 합니다. 혼돈에 '예'라고 답할 수 있으려면, 그것은 노출되고 치워져야 합니다. 그것을 치우는 것은 허무주의의 폭발, 다시 말해 잔해의 형상 속에서 일어나는 허무주의의 노출입니다. 그 속에서 순수한 다수성을 노출시키는 것을 '허무주의의 폭발'이라고 부르기로 합시다. 허무주의를 근대성의 특징 규정으로 보는 진단과 니체의 반철학적 주장의 중심에서 실행되는 행동, 즉 디오니소스적 긍정 사이를 잇는 접합의 구성, 그것은 디오니소스적인 '예oui'가 부분적인 것일 수 없다는 것입니다. 왜냐하면 그럴 때 그것은 하나의 평가이자 힘의 관계이며, 따라서 하나의 새로운 주권의 형성이기 때문입니다. 만일 그것이 어떤 국지적인 관점에서 파악되지 않는다면, 그것이 어떤 평가가 아니라면, 그것은 사실상 평가 불가능한 긍정oui이 될 수밖에 없습니다. 전체의 은유는 올바른 동시에 기만적입니다. 여러분은 니체가 자주 말하는 것을 기억해야 합니다. 있는 그대로의 세계에 완전하게, 아무것도 남김없이 '예'라고 말하지 않으면 안

된다는 이야기를 말입니다. 그러나 그러한 세계는 무엇보다 우선 어떤 주권의 형성이 아닌, 따라서 힘의 관계가 아닌 모든 것입니다. 여러분이 언제나 어떤 한 관점 속에 있지 않다면 말입니다. 여러분은 언제나 어떤 한 지점에 있습니다. 그러나 한 지점에서, 여러분은 사실상 힘의 관계 속에 있는 셈이며, 이 관계는 그 자체로 다른 힘의 의지와 관련하여 능동적이거나 반동적인 주권의 형성을 규정합니다. 디오니소스적인 '예'는 우리가 평가 불가능한 것을, 즉 그 자체로 평가의 대상이 될 수 없는 것을 다룰 경우에만 가능합니다. 그러므로 전체성은 '거기 있음'의 이름이 되는 평가 불가능한 것 또는 삶 자체를 나타냅니다. 이 이름은 그것이 우리에게 노출될 때 우리가 '예'라고 말할 수 있게 되는 어떤 것인데, 왜냐하면 우리는 주체성의 형성들로 이루어진 그물망 속에 붙잡혀 있을 경우 그것을 구성할 수 없기 때문입니다. 그것의 평가 불가능한 증여에 동의할 수 있으려면 무언가가 우리를 순수한 토대에 노출시켜야만 합니다. 그래서 우리를 순수한 토대에 노출시킬 수 있는 것은 무엇일까요? 문제는 바로 이런 것입니다. 그것을 실행할 수 있는 것은 바로 이미 존재하는 주권의 형성으로서의 허무주의가 폭발해버렸거나, 혹은 그 구성의 급진적인 파괴를 통해 잔해로 주어지는 것입니다. 이처럼 폭발 또는 혼돈의 축소라는 의미에서 허무주의의 파열은 허무주의 자체의 재료들을, 즉 순수한 '거기 있음'을 완전한 긍정의 가능성에 노출시키는 무엇입니다. 달리 말해 우리는 실제로 철저하게 평가 불가능한 것으로 노출되는 것에 대해서 '예'라고 대답할 수 있을 뿐입니다. 왜냐하면, 만일 그것이 평가할 수 없는 것이라면, 말해지게 될 것은 '예'라는 대답이 아니기 때문입니다. 이를테면 우리는 주권의 구성물을 쌓아 올리거나 혹은 새로운 가치들을 세움으로써 어떤 한 가치평가를 표명할 것입니다. 그러나 행동으로 내몰림에 따라 니체의 텍스트에서 당연히 드러나는 것처럼, 새로운 가치의 창설과 디오니소스적 긍정의 창설은 동일시될 수 없습니다.

그것을 말하는 다른 방식은 해석이라는 개념을 환기시키는 방식이 될 것입니다. 이것은 호아요몽의 학회에 관한 이 훌륭한 책을 다시 읽었을 때 제게 놀라움을 주었던 무엇입니다. 현대의 비非하이데거주의자들—푸코, 들뢰즈, 클로소프스키, 그리고 심지어 앙리 비로—이 그들의 글에서 니체에게 공로를 돌리는 것은 해석의 새로운 체제를 제시했다는 것, 철학이 혁신적인 해석의 체제를 통해 의미의 문제로 향하도록 결정했거나 재결정했다는 것이었습니다. 그리고 여기서 푸코는 니체, 마르크스, 프로이트의 삼면화三面畵, triptyque로 시작하여, 그들 세 사람 모두 19세기에 그리고 결국에는 사유 전체에 일종의 상처를 가하며, 큰 힘을 지녔으나 아무것도 해석하지 않는 해석의 체제를 부과한다고 이야기합니다. 혹은 아무것도 해석되지 않는다고, 모든 해석은 근본적으로 해석의 해석이라고 말입니다. 들뢰즈의 말로 하자면, 이것은 오직 힘에의 의지의 관계만이 있으며, 상징chiffre이나 이 관계에 대한 척도로 구실하는 최종적인 개체entité는 없다는 이야기가 될 것입니다. 푸코에게 그 특징은 훨씬 직접적입니다. 모든 해석이 다른 해석의 체제를 해독하며, 세계가 해석들의 그물망으로 구성되지만, 결코 '해석에 주어지는 것ce qu'il y a à interpréter'을 건드리지 않는 무한한 해석들의 체제가 있다는 것이지요. 그런 것이 니체의 급진적인 근대성이지만, 이 학회에서는 또한 마르크스나 프로이트의 것이기도 합니다. 푸코는 어떤 결론을 도출해낼까요? 토대가 없는 이상, 이 작업은 무한한 작업의 체제에 따르게 되며, 해석은 무한한 과제의 명령 아래 남겨지게 된다는 결론입니다. 많은 수의 니체 텍스트가 세밀한 방식으로 가설을 검증하고 그의 근대성을 식별해내기 위해 사용됩니다.

당시 이 토론은, 다시 말해 일반화된 간間텍스트성intertextualité 혹은 수평적 담론성의 공간에 니체를 등장시키지만, 결코 후계되는 해석의 층위들에 대한 기반은 주어지지 않는 이 토론에는 무언가 제가 읽고 놀라게 되는 것이 있습니다. 그것은 '예'라는 대답이 하나의 해석이 아니라는 주장에 즉시 반대해야만 한다는 것입니다. 디오니소스적인 '예'의 단언은 해석이 아닙니다. 이는 핵심적인 논점입니다. 만일 우리가 그것을 해석으로 생각하며, 그것이 니체에게 가치평가이고, 의미의 부여이며, 결국 힘의 관계로서 가치평가라면, 그 논점은 필연적으로 '예'라는 대답이 새로운 주권의 구성물이 되게 하는, 즉 새로운 가치들의 창설이 되게 하는 테제로 우리를 되돌려놓을 것입니다. 그래서 니체는 새로운 가치의 예언자가 되며, 이 사안에 관한 하이데거의 반대들은 다시 유효성을 얻게 됩니다. 그는 더욱더 날카로움을 더하는 예리함으로, 니체에게 '예'라는 대답은 해석이 아님을 압니다. 이는 행동으로 향하는 그 어느 때보다 급박한 탈주fuite가 있는 이유입니다. '예'라는 대답은 해석이 아닌데, 왜냐하면 다시 한번 말하지만 그것은 오로지 가치를 평가할 수 없는 것에 대해 말해질 수 있을 뿐이며, 평가 불가능한 것은 또한 해석 불가능한 것이기도 하기 때문입니다. 삶의 '거기 있음'은 해석될 수 없는 것입니다. 해석에 들어가는 즉시 여러분은 힘의 관계의 체제 속에 있게 되는데, '예'라는 대답은 결코 이로부터 귀결될 수 없습니다. 만일 누군가가 해석적 체제에 들어선다면 그것은 무한한 과제가 된다는 푸코의 주장은 옳습니다. 그 귀결은 결코 '예' 또는 긍정의 대답이 아닙니다. 물론 모든 해석은 그 자체의 긍정이지만, 이는 국지적인 긍정이며, 우리를 오로지 힘의 관계들만이 있다는 것으로 되돌려놓습니다.

이제 저는 니체적인 '예'가 해석과 다른 무언가를 도래하게 함을, 심지어 더 나아가 디오니소스적인 '예'가 사유의 해석적 체제의 중지임을 주장합니다. 그것은 바로 행동입니다! 행동, 그것은 해석으로부터 면제됩니다. 분명히 불가능합니다! 힘의 관계에서 아무것도 빼내지 않고 전 세계에 동의하는 것은 불가능한데, 그것은 언제나 무언가를 빼내거나 혹은 타자에 비교할 때의 특수성을 단언하는 것이기 때문입니다. 그러나 디오니소스적인 '예'는 모든 해석의 중지를, 더 이상 해석할 수 없게 될 가능성을 함축합니다. 그 '예'가 평가할 수 없는 것에 대한 '예'인 이상, 이것은 당연합니다. 이에 따라, 저 또한 마르크스와 니체를 비교하지만, 푸코와는 다른 방식으로 그렇게 하겠습니다. 푸코는 해석 범주의 영향 아래 그들을 비교하며, 감탄이 나올 만큼 훌륭한 방식으로, 니체에게 있어서의 주권의 구성물들에 대한 해석의 체제가 예컨대 마르크스에게 있어서의 돈의 지위에 대한 해석의 체제와 비견될 수 있음을 보입니다. 이는 그저 흥미로울 뿐만 아니라 사실이기도 합니다. 실제로 이 두 가지 해석의 체제는 해석의 근대적인 일관적 범주 아래 다시 짜맞춰질 수 있습니다. 그리고 우리는 여기에 증상들에 대한 프로이트의 해석의 체제를 덧붙이며, 이로부터 우리의 삼면화의 전적인 효력을 발견하게 될 것입니다. 그러나 제 생각에는 '예'라는 대답의 니체적 형상이 거기에 방해가 됩니다. 게다가 프로이트에게 있어 죽음충동[la pulsion de mort]에 관한 장애물이 있거나, 혹은 마르크스에게 있어 혁명에 관한 장애물이 있는 것과 마찬가지로 말입니다. 저는 니체를, 자신의 학위논문에서 포이어바흐에 관한 테제 — **철학자들은 지금까지 세계를 해석해왔으나, 이제 중요한 것은 세계를 변화시키는 것이다** — 를 진술하는 마르크스에게 좀 더 가까이 근접시켜 비교할 것입니다. 그것은 해석이 아니라 전적으로 다른 비교[rapprochement]이며, 이는 정확히 반철학적이면서도 해석적이지 않은 비교가 될 것입니다. 우리는 지금까지 세계를 해석해왔으며, 철학자들은 지금까지 세계를 그저 해석해왔을 뿐입니다. 니체는 이에 동의할 것이며, 심지어 그들이 오로지 반동적인 방식으로 그렇게 해왔음을 분명히 할 것입니다. 철학자들은 줄곧 존재론적 선택지에 따라 세계를 왜곡해왔습니다[calomnié]. 그들의 해석은 날조[calomnies]였습니다. 니체의 최종 확신은 이제 세계를 변화시키겠다는 것입니다! 이는 세계를 변화시키는 것, 주권의 한 구성물을 다른 구성물로 교체한다는 의미가 아니라 평가 불가능한 것에 대해 '예'라는 대답을 가능케 한다는 의미에서, 세계를 변화시키는 것입니다. 더 이상 세계를 해석할 필요가 없을 지경에 이를 정도로 말입니다. 이것은 초인을 명명하는 다른 방식입니다. 만일 그가 무엇이라도 된다면, 그는 바로 비국가적인 혹은 주권 없는 주권의 구성물인 것입니다.

여기에 두 가지 논점을 덧붙이겠습니다.

¶ 《차라투스트라는 이렇게 말했다》 이후 '초인'이 사라진다면, 그것은 니체의 눈으로 보기에 초인이 여전히 주권의 구성이라는 문제틀과 지나치게 긴밀히 연결되어 있는 탓입니다. 저는 확신합니다. 초인이 강력하게 암시하는 것은 중요한 것은 다른 주권의 구성물이 도래하게 하는 것, 혹은 니체가 말하는 것처럼, 인간을 극복하는 것이라는 점입니다. "인간은 극복되어야 할 무엇이다." 그런데 이 명령은 어떤 것일까요? 여기서, 그것은 매우 변증법적인 것입니다! 그것은 충분히 긍정적이지 않으며, 충분히 급진적이지 않습니다! 결국에는 여전히 해석적인 것입니다! '인간은 극복되어야 할 무엇'이라는 말도 여전히 인간에 대한 해석입니다. 우리가 초인을 지키고 있는 이상(우리는 그를 지키지만, 니체는 그렇게 하지 않았지요), 초인은 더 이상 해석하지 않는 인간입니다. 우리는 다시 이 주제를 다루게 될 것이며, 어떤 이유로 진정한 초인의 은유가 아이, 곧 아직 해석의 체제 아래 있지 않으며 사실상 여전히 평가 불가능한 것과 관련된 자인지 보게 될 것입니다. 실제로 허무주의는 존재론적 선택지 아래 해석으로부터 풀려난 지배입니다. 혼동이 오는 것은 이러한 틀 속에서 허무주의에 대한 니체의 비판은 해석의 해석이라는 점이며, 이것이 푸코의 주형에 양분을 공급합니다. 오직 해석들만이 있으며, 우리는 언제나 하나의 해석을 해석하는 중이라고 말하는 그 주형에 말입니다. 그것은 비판적인 니체에 대한 니체적 형상입니다. 니체가 비판적일 때, 그는 스스로에게 반도덕주의자immoraliste, 심리학자, 자유로운 영혼 같은 몇 가지 이름을 부여합니다. "우리 다른 반도덕주의자들, 우리 다른 심리학자들, 우리 다른 자유로운 영혼들……." 니체가 그렇게 말할 때,

그는 사실상 해석의 체제에 따라 말합니다. 말하자면 그는 허무주의 혹은 반동적인 허무주의의 구성인 해석을 풀어내는 해석자입니다. 그러나 그것은 초인이 아니며, 하물며 디오니소스도 아닙니다. 나중에 '광기의 짧은 편지들'에 '디오니소스'나 '십자가에 달린 자'로 서명하며, 또 심지어 초인을 고지하는 자는 반도덕주의자와는 다른 것입니다. 차라투스트라 자신은 반도덕주의자와 디오니소스 사이에서, 혹은 심리학자와 디오니소스 사이에서 어느 쪽인지 모호한 인물입니다. 한편으로 그는 해석을 간직하는 형상이며, 다른 한편으로 해석의 중지 가능성을 고지하는 자입니다. 이를테면 차라투스트라는 초인을 고지하는 자유로운 영혼이며, 혹은 자기 자신을 책임지는 심리학자입니다. 바로 이런 이유로 그는 자기 자신의 선구자인 것입니다.

¶ 그렇다면 이 차라투스트라라는 인물의 양가성을 해석의 체제 혹은 군림과 긍정 사이에 놓인 모호함으로 생각할 필요가 있겠지요. 그런데 긍정은 해석적 속박의 중지로 이어지는 어떤 것입니다. 그래서 허무주의의 해석 — 해석의 해석이 되는 — 과 디오니소스적인 '예' 사이를 묶는 연결관계는 어떻게 사유해야 할까요? 그러니까 이 해석과 해석의 중단 사이의 상호관계를 어떻게 사유할까요? 진짜 문제는 이런 것인데, 사유의 해석적 체제는 어떻게 모든 내용을 해석할 필요가 없는, 다시 말해 더 이상 해석하지 않아도 되는 긍정을 가져오겠습니까? 해석의 무한함은 어떻게 그 자체로 중단될까요? 덧붙여 말하자면, 이것은 《유한한 분석과 무한한 분석*Die endliche und die unendliche Analyse*》에서 드러나는 프로이트의 예민함입니다. 치료는, 분석은 어떻게 중단될까요? 45년 동안 장의자 위에 누워 해석하고,

해석을 해석하며, 해석의 해석을 해석하지 않도록 언제라도 누군가에게 그리고 무언가에 대해 '예'라고 대답함으로써 그렇게 될 것입니다! 그것은 무한합니다. 해석은 원칙적으로 무한한 것입니다. 그리고 정지점은 궁극적이거나 최종적인 해석이 아닙니다. 근대적 해석의 체제에는 '해석에 주어지는 것'이 없으며, 따라서 최종적인 해석은 없다는 푸코의 주장은 옳습니다. 요컨대 우리는 언제까지고 무한히 해석의 해석 속에 있는 것입니다. 그 체제가 프로이트, 니체, 마르크스 중 누구에 따른 것이든, 푸코의 삼중항을 취할 경우 난점은, 만일 진정한 끝을 원한다면, 결국에는 '예'라는 대답이 있어야 한다는 점입니다. 무엇에 대한 '예'일까요? 바로 그것이 문제입니다. 니체는 이를 잘 인지하고 있었습니다. 그가 극적인 곤경에 빠졌다는 것을 말입니다. 중재적인 출구는 잔해[débris]가 될 텐데, 해석의 구성물들은 그것들의 잔해의 모습으로 주어질 수 있습니다. 그가 찾은 유일한 해결책은 이런 것으로, 말하자면 해석의 구성물들을 그것들을 이루고 있는 순수한 다수성으로 되돌려 보내는 것입니다. 여기서 해석은 실제로 중단되며 이에 따라 긍정이 가능해지는데, 왜냐하면 그것은 순수한 다수를 평가 불가능한 것으로 놓는 단언이기 때문입니다. 둘 사이, 즉 토대 없는[infondé] 토대로서, 무의미[non-sens]로서의 평가 불가능한 것을 건드리는 단언적인 '예' — 니체가 우연, 도박 등으로 지칭할 무의미에 대한 '예' — 와 무한한 해석의 체제 사이에는, 행동의 지점에서 일어나는 폭발이 있습니다. 우리는 그저 폐허를, 무너진 것을 긍정할 수 있을 뿐입니다. 그것이 존재하는[consiste] 이상, 그것은 해석합니다. 이러한 해석적 체제의 폭발은 라캉이 '실재[réel]'라고, 또 경우에 따라서는 대상 a[objet a]라고 지칭하는 것이 아닐까요?✦ 제게는 그런 느낌이 듭니다. 이는 어느 순간에 잔해로서의 해석의 체제와 마주치는 조우가 일어나게 되는 것입니다. 있는 그대로의 실재와 마주치는 조우 말입니다. 그것은 상징화될 수 없는, 따라서 해석할 수 없는 것으로 여겨집니다. 그리고 이것이 일어나고 거기에 간여할 때, 그것은 이미 끝나 있습니다! 바로 여기서, 우리는 해석이 아닌 어떤 것에, 장의자가 아닌 어떤 것에 '예'라고 말하게 됩니다. 이 논점에 관한 유비가 있다는 것은 상당히 사실적인 이야기입니다. 우리는 또한, 한 가지 언어에서 다른 언어로 옮겨 갈 경우 '예'라는 말의 문제는 '실재[Réel]'의 접촉의 문제가 된다고, 이 극단적인 니체의 깊이로 인해 '실재'는 해석의 폐허에서 그저 평가할 수 없는 것으로서 접촉될 뿐이라고 말할 수는 없을까요? 니체는 그런 생각을 하지 않았을까요? 우리는 그것을 자문할 수 있습니다. 해석을 반복함에 따라, 해석들은 그것들이 무너질 지경에 이르기까지 쇠퇴합니다. 그의 작업의 모든 부분은 해석들을 해석함으로써, 마치 경석[輕石, pierre ponce]✧처럼, 그것들을 문질러 닦는 것으로 이루어집니다. 아마도 그는 종국에 그것이 해석적 선별 아래 흩어지게 되리라고, 해석이 그 자체로 지배의 입장에 선 지칠 줄 모르는 과

✦ 라캉의 설명을 따를 때, 대상 a 혹은 작은 대상 a(objet petit a)는 상징적인 것이 실재에 도입될 때 남겨지는 잔여물, 즉 실재의 잔여물이다. 이는 원래 어떤 대상 전체에서 그 대상에 대한 욕망을 일으키는 일부분을 지칭하는 프로이트의 '부분대상' 개념에서 유래한 것이기도 하다.

✧ 다공성의 화산 생성물. 주로 연마제로 사용된다.

감한 초과해석sur-interprétation의 강력한 작용 속으로 흩어지게 되리라 고 짐작하지 않았을까요? 저는 그랬을 것이라 생각합니다. 니체는 한동안 주인, 곧 해석의 진정한 주인으로서 해석을 끝장낼 수 있다고 믿었습니다. 그가 자신을 '가장 뛰어난 심리학자'라고 떠벌리는 텍스트를 떠올리도록 합시다.✦ 그런데 이 사람은 사람들을 아는 심리학자가 아니며, 그는 해석의 주인입니다. 니체는 이 입장에서 그가 허물어진 해석의 노출이 혹은 어쨌든 허무주의적 지형의 붕괴가 일어나게 할 수 있다고 믿었습니다. 그는 결국 그렇지 않음을 깨닫게 되지요. 우리의 유비analogie를 이어가자면, 마치 분석가의 입장은 주인의 입장이 아님을 이해해야 하는 것처럼 말입니다.✧ 분석가가 된다는 것은 해석의 주인이 되는 것이 아닙니다. 이 논점은 필시 프로이트에게서도 여전히 모호한 채로 남겨지지만, 그 너머에서 즉 라캉에게서는 그렇지 않습니다. 정확히 말해서 분석가는 주인이 아닙니다. 그리고 만일 그가 주인이 아니라면, 이는 행동이 있기 때문입니다. 니체는 라캉과 같은 지점에 이르게 되었을 것입니다. 만일 해석의 주인이 되는 것이 우리 심리학자들에게, 우리 반도덕주의자들에게 평가 불가능한 것을 노출시키도록 허용하지 않는다면, 거기에는 다른 무언가가 있음이 틀림없습니다. 실재의 근원은 거기에 있지 않고, 따라서 그것은 행동에 있는 것입니다. 그리고 행동은 해석되지 않는, 해석의 체제에 종속되지 않는, 그리고 근본적으로 해석될 수 없는 다수성으로서의 삶입니다. 정확히 실재가 상징화될 수 없는 것처럼 말이지요. 그렇습니다. 하지만 실재가 상징화될 수 없다는 것은 있는 그대로의 실재와 쉽게 접촉하거나 혹은 쉽게 마주칠 수 있음을 의미하는 것이 아닙니다.

그것은 가능할까요, 불가능할까요? 우리는 알 수 없는데…… '예'라는 대답에 관해서 보자면, 그것은 평가 불가능한 것이 흩어져버린 해석 가능한 실재로서 주어진다는 사실에 의해 가능해지게 됩니다. 이런 이유로 그것은 순진함[innocence]입니다. 순진함과 유년기[enfance]에 속하는 모든 것은 해석하지 않음을 본질로 삼습니다. 아이[enfant]는 해석의 주인과 상반되는 자입니다. 그는 주인이 아닐뿐더러, 해석하지 않아도 되는 자이기도 합니다. 아이는 이러한 논점에 대한 은유이며, 그런 이유로 순진함이라는 속성에 있어 디오니소스적 긍정에 대한 본질적인 은유입니다.

그러므로 생각해야 할 연결관계는 《차라투스트라는 이렇게 말했다》 첫 부분에 등장하는 두 번째와 세 번째 변신 사이의, 즉 사자와 아이 사이의 연결관계일 것입니다.✦✦ 어떻게 사자에서 아이로 건너갈까요? 사자는 말하지 않을, 아무것도 말하지 않을 용기를 가진

✦ 《바그너의 경우》를 말한다.

✧ 여기서는 라캉의 《세미나 17권: 정신분석의 이면》에 소개된 네 가지 담론, 즉 주인 담론, 히스테리 담론, 대학 담론, 분석가 담론을 두고서 논의를 전개한다. 이에 관한 자세한 논의는 간략한 주석의 범위를 넘어가기에 생략하지만, 어쨌든 이후에 바디우가 하는 말은 분석의 시작에서 분석가는 전이를 통해 피분석자의 주인과 같은 입장에 서게 되지만 분석의 끝에서 분석가와 피분석자 사이에는 수평한 관계가 형성되며, 피분석자는 분석가가 주인이 아님을 분명히 인식하게 된다는 점과 관련지어 읽어야 한다.

✦✦ 《차라투스트라는 이렇게 말했다》에는 노예적 굴종을 나타내는 낙타, 용에 대한 영웅적 저항을 나타내는 사자, 이길 수 없는 것에 대한 초극을 나타내는 아이라는 세 가지 표상이 등장하며, 바디우는 여기서 두 번째에서 세 번째로 옮겨 가는 변신을 언급하고 있다.

자인데, 왜냐하면 그는 당연히 해석의 주인이기 때문입니다. 아이는 '예'라고 말하는 자인데, 왜냐하면 그는 정확히 해석의 영역 바깥에 있기 때문입니다.

《차라투스트라는 이렇게 말했다》를 여는 '세 가지 변신에 대하여'라는 제목의 이 놀라운 단편을 읽어보도록 합시다. 사자와 아이 사이 — 행동의 장소가 경계로 삼는 — 에 놓인 매우 난해한 행동의 문제에 대해 들어봄으로써 말입니다. 차라투스트라는 그것을 변신이라 지칭하지만, 문제는 어떻게 변신하는지, 어떤 행동이 그것을 표상하는지 알아보는 것입니다. 여러분에게 읽어주도록 하겠습니다.

> 새로운 가치를 창조하는 일 — 사자 자신도 아직 할 능력이 없지만, 새로운 가치를 창조할 능력을 갖추기 위해 스스로 해방되는 일 — 바로 이런 것이 사자의 힘으로 할 수 있는 일이다. 자기 자신의 자유를 그리고 아니라고 말할, 심지어 의무에 대해서도 아니라고 말할 신성한 권리를 쟁취하기 위해서, 우리는 사자가 되어야 한다.
>
> 새로운 가치의 권리를 쟁취하는 것 — 이는 참을성 있고 근면한 정신에게 있어 가장 끔찍한 일이다. 그리고 분명히 그는 거기서 강도질과 약탈을 목격한다.
>
> 앞서 그가 자신의 가장 신성한 덕[bien]으로서 애호했던 것은 '너는 해야 한다'였지만, 그는 이제 세상에서 가장 신성한 것의 밑바닥[fond]에서 환상과 자유의지[l'arbitraire]를 찾아야 하며, 이로써 이 집착에서 자유로울 권리를 쟁취해야 한다. 그와 같은

> 폭력을 행사하기 위해, 사자가 되어야 한다.

사자는 비非해석적 말하기의 측면에 있습니다. 그는 해석의 주인의 형상으로, '세상에서 가장 신성한 것의 밑바닥에서 환상과 자유의지를' 발견하는 자이며, 따라서 종교와 기독교의 반동적 가치들을 해석하는 자이자, 허무주의적 피로 자체에서 스스로 빠져나올 용기를 가진 허무주의의 해석자입니다. 그리고 허무주의적 노고에서 스스로 빠져나오려면 강력한 힘을 가진 사자가 되어야 합니다.

> 하지만 내게 말해다오, 나의 형제들이여. 사자가 할 수 없었는데
> 아이가 할 수 있는 것은 무엇인가? 어떤 이유로 사자라는
> 약탈자가 아이가 되어야 한단 말인가?
> 아이는 순진함이자 망각이며, 새로운 시작, 유희, 저절로
> 굴러가는 바퀴이고, 제1의 원동자이며, 성스러운 긍정이다.
> [각각의 용어에 대해 논평할 수 있겠으나, 모든 것이 해석과 다른
> 것으로서의 '예'를 가리키고 있습니다.]
> 진실로, 나의 형제들이여, 창조자들의 놀이를 하려면 성스러운
> 긍정이 필요하다. 정신은 이제 그 자신의 의지를 원하며, 세계를
> 상실한 후에 그 자신의 고유한 세계를 쟁취한다.
> 나는 그대들에게 정신의 세 가지 변신을 설명했다. 어떻게 정신이
> 낙타로 변하고, 낙타가 어떻게 사자로 변하며, 마지막으로
> 사자가 어떻게 아이로 변하는지에 대해.

낙타에서 사자로의 변환은 복잡하지 않습니다. 이것은 결국 해석적으로 간파할 수 있는 변신인 것입니다. 이에 반해 사자에서 아이로의 변환은 니체에게 중심적인 문제입니다. 행동을 향한, 그의 광기를 향한 전략의 문제는 전적으로 이 질문에 고정되어 있습니다. 어떻게 사자가 아이로 변신하는가? 혹은 어떻게 허무주의의 난폭한 해석자가, 곧 반동적 가치들에 대한 해석의 난폭한 주인이 모든 해석을 망각하는 자가 되는가? 이 문제는 정확히 강도 높은 허구가 재현 없이 현시하기를 시도해야 하는 것, 즉 단순한 재현의 실행 없이 보여주기를 시도해야 하는 것입니다. 그리고 그 의도는 바로 궁극적인 예술의 소환입니다. 이것은 사자가 아이로 바뀌는 변신 — 모든 주권의 구성물들의 완전한 흩어짐을 건너뛰어야 하는 변신 — 에 대한 현시를 가능케 합니다. 모든 예술은 사자가 아이로 바뀌는 변신입니다.

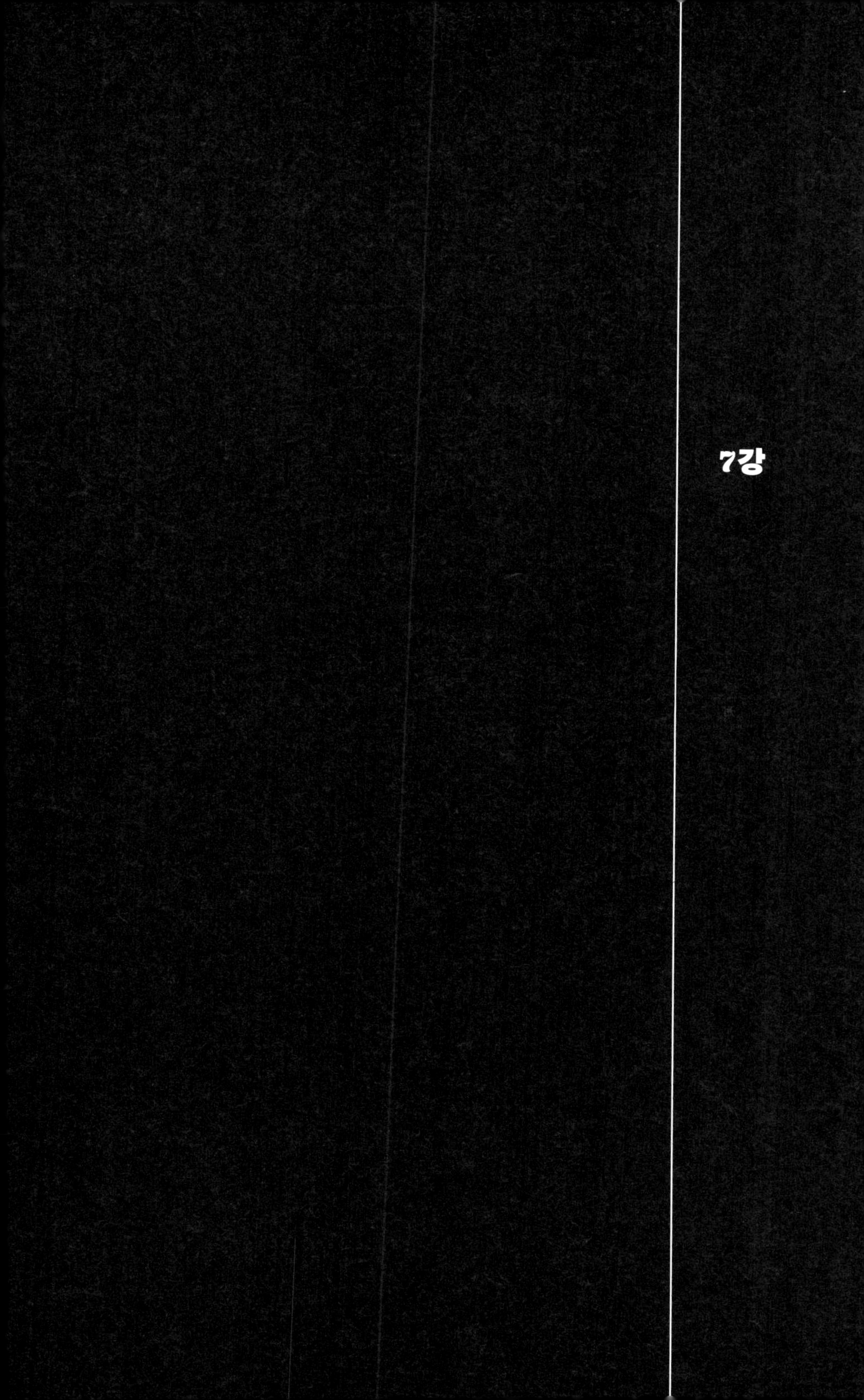
7강

1993년 4월 7일

행동은 니체가 마치 가미카제처럼 자신을 바치는 무엇입니다. '나는 인간이 아니고, 나는 다이너마이트'이며, 또 '나는 인류 역사를 둘로 가르는 전 세계적 역사의 사건'이라고, 그는 공허하게 외칩니다. 정신은 결코 '알고 있는 모든 것을 사유할' 용기를 가질 정도로 가장 예리하고 준엄한 칼날로 재단된 것이 아닙니다. 우리는 의지할vouloir 수 있는 곳에서 의지해야 하는 것입니다! 극단적 지점에 이르지 못하는 모든 진리vérité는, 절대적이지 않은 모든 진실성véracité은 윤리적 가치를 얻지 못합니다. 그의 말은 망치질처럼 모든 세계적 건축물을 향해 울려 퍼집니다. 그는 자기 사유의 잔해들을 들고 선언하며 명령하며 위협하지만, 그 어느 때보다 더 외롭습니다. 그 누구도 그에게 아주 작은 신뢰도 보이지 않으며, 그에게 조금도 감사해하지 않습니다. 아무런 움직임도, 아무런 대답도 없습니다. 청중도 반향도 없이 니체의 드라마는 '니체'가 되어버린 채로 마무리됩니다.

그리고 지금은? 오늘날은? 우리는 어떤 것에 대해 그에게 빚지고 있을까요? 어떤 점에서 우리는 니체주의자일까요? 또한 어떤 점에서 저 자신이 그러할까요?

홍보를 위해 이야기하자면, 이에 관해서는 《페로케*Perroquet*》✦ 에서 '세계의 역사를 둘로 쪼개기Casser en deux l'histoire du monde'라는 제목으로 출간한 소책자에 실린 제 글을 읽도록 합시다. 또한 베를린에서 자크 랑시에르와 장 보레유, 저 자신이 조직했고, 콜레주 드 필로소피Collège de philosophie✧가 개최한 랭보에 관한 학회의 기록 모음집 《천 년의 랭보*Le Millénaire Rimbaud*》가 나오게 될 것입니다. 이 모음집에서 흥미로운 점은 사실상 랭보를 사유의 형상으로 파악한다는 것입니다. 이 시인에 대해 엄격하게 우의적 형상 혹은 인물 혹은 실존적 상징으로서 보는 고찰에 대해서, 그러나 또한 시의 기능에 한정된 시각에 따른 엄격하게 문학적인 랭보에 대해서도 동등한 거리를 유지하는 사유의 형상으로 말입니다. 거의 모든 개입들에서 공통된 요지는 그를 사유의 명제 자체로서, 단독적 운율scansion이 선언적인 것임을 드러내는 한 사람의 시인으로서, 사유의 요소 속에 붙잡아두는 것이었습니다. 시 속에서 취해진 선언은 문자 그대로 텍스트성에서 너무 멀리 떨어져 있지는 않지만, 이 문학적 인접성 속에서 랭보의 선언적 작용들을 해독해내려고 노력하는 것입니다.

계속해서 시의 영역에서, 미셸 드기의 새 책 《혼잡한 시간에*Aux heures d'affluence*》가 쇠유Seuil 출판사에서 출간되었습니다. 이 책은 제가 보기에 약간은 번잡하고 볼 필요가 있을지는 잘 모르겠는데, 왜냐하면 때로는 관련성을 파악하기가 어렵고, 딱 하나만 빼고는 모두 이전에 발표된 텍스트들을 모아놓은 것이기 때문입니다. 그것을 책으로 만들어야 할 근거가 그리 대단치 않은 것입니다. 오로지 책을 여는 텍스트인 '서문'만이 내 관심을 끌었는데…… 드기는 단 몇 쪽 안에 시poème에 대한 생각을, 더 나아가 그가 시에 돌리는 소명에 대한 생각을 모아서 정리해냅니다. 이것은 그의 가장 종합적이면서도 농축된 텍스트들 중 하나입니다. 저는 그로부터 몇 가지 준칙을 끌어내고자 합니다. 첫 번째 준칙. **나는 여러분에게 시 속에 있는 진리를 빚지고 있다.** 어느 정도는 이 언표가 나머지 모든 것을 지배합니다. 시는 절대적으로 필요한 동시에 말로 전달되는 진리의 체제 아래 있습니다. "나는 (…) 여러분에게 빚지고 있다"라는 이 문구는 단순하지만 압축적인데, 왜냐하면 그것이 시의 명령은 진리의 차원에 속하고, 말 건넴의 규칙 아래 있으며, 따라서 이 진리는 시 속에, 엄격하게 내재적인 차원에 있다는 생각을 담고 있기 때문입니다. 시는 진리 덕분에 있는 진리의 도구가 아니라, 진리 자체가 시 속에 있는 것입니다. 이런 의미에서 시는 우리에게 진리를 빚지고 있는 것입니다. 두 번째 언표. **시는 명제들을 만들어낸다.** 대체로 드기에게 그런 것처럼, 명제proposition는 동사 proposer(제시하다)와 문법적 의미 사이에 놓인 모호한 말로 응고됩니다. 하지만 이 준칙은 랭보와 관련하여 시의 선언적 기능에 관해 앞서 제기된 바 있는 준칙과 연결됩니다. 즉 시는 모두에게 제시된 어떤 것을 담거나 간직한다는 이야기와 말이지요. 그는 표현적 차원

✦ 바디우가 마오주의를 표방하는 단체 '정치조직(Organization Politique)' 동료들과 함께 1981년부터 1988년까지 격주마다 발행했던 신문.

✧ 국제철학학교(Collège international de philosophie)를 가리키는 듯하다. 바디우는 한때 이 기관의 장을 역임하기도 했다.

으로 만족할 수 없습니다. 시가 실행하는 것은 표현의 성질이 아니라 명제의 성질을 갖습니다. 세 번째로 (이것은 드기에게 있어 매우 고전적이지만, 여기서는 그의 가장 긴장된 모서리에서 포착되는 논점인데) 우리는 비교 기능, 즉 '~ 같은comme'이라는 기능의 역할을 고정시키게 될 것입니다. 기능이 정해진 시는 '사물들의 유사성semblance'이라 지칭될 수 있는 것으로 들어가게 되는데, 이는 정확히 사물들의 외양semblant과 대립되는 것입니다. 시가 사물들을 유사성 속에, 다시 말해 사물들을 다른 사물들에 회부하는 참조renvoi — 사물들의 현존에 대한 증명인 — 속에 포획하는 이상, 사물들은 외양의 영역에 있지 않습니다. 마지막으로, 드기가 **근접성의 비례**proportion du proche라고 부르는 것이 있습니다. 그가 만들어내는 오늘날의 세계에 대한 전망은 원경遠景, lointain 우위로서 세계로부터 멀리 떨어진 추상적 관념abstraction이며, 수평선의 먼 곳이 아니라 오히려 가짜 이미지나 시뮬라크르simulacre로 수집된 추상적 분산dissémination과 관련된 것입니다. 그러니까 시는 가능한 한 근접성과 그 경향을 복원하고 어떤 공존 가능성commensurabilité을 도입하는 일종의 틈새를 향하도록 정해집니다.

플라마리옹Flammarion 출판사에서 출간된 에스테르 텔레르만의 시집 《탈주의 거리*Distance de fuite*》에 관해서도 몇 마디 하도록 하겠습니다. 우리가 먼저 생각할 수 있는 것은 이 시들이 그 간결함이나 밀도 면에서, 그러나 아마도 무엇보다 그 '감미로운 절단면' —그러니까 부러진 것의 둔하고 거친 부드러움 속에서 부러진 어떤 것 —의 의미에서 파울 첼란의 시풍을 상기시킨다는 점입니다. 그 시 가운데 하나에서 흥미로운 예를 취해보겠습니다. 왜냐하면 그것이 1에서

4까지의 숫자들로 이루어진 다수처럼 보이기 때문입니다. 이러한 시적 수치성[numéricité]은, 다시 말해 1, 2, 3, 4 또는 이 수들의 집합의 기능과 심지어 이타성[異他性, altérité], 주름[repli], '그[il]' 등의 형상을 통해, 그 시의 관건이 되는 순서는, 첼란과의 유사성을 지닌 무언가를 갖습니다. 그 시를 읽어봅시다.

노트들.
절단된 것들.
여름의 눈들.
두 실체들에 의한
하나의 하얀 틈새.
네 비탈길들의 변화.✦

실제로, 이 시는 나[Je], 너[Tu], 그[il] 그녀[elle], 그들[ils]이라는 대명사의 뒤얽힘의 유형이나, 시 속에서 그 순서와 기능, 즉 시적인 말 건넴의 대명사 배치를 볼 때 파울 첼란의 시와는 상당히 거리가 멉니다. 첼란

✦ 원문은 다음과 같다.
notes.
Découpures.
neiges d'été.
Par deux réalités
une trouée blanche.
la modulation de quatre pentes.

의 기법에서 '너[Tu]'의 중요성은 잘 알려져 있으며, 그것은 핵심적입니다. 2인칭의 상징적 기능이 있으며, 그것이 그 기법의 체제를 지배하지요. 여기에는 '우리'와 '그녀'와 '그'가 동시에 뒤얽혀 있습니다. 무엇보다, 단 한 번의 '우리[Nous]'가 들리는 것이 특징적입니다. 예컨대,

어떤 목걸이들이 우리의 밤을 장식하는가?
어떤 아카시아가?
넓게 펼쳐진 시야가 매끄럽게 반짝인다.✦

그 이후에 대명사 '그녀'가 나오는데, 여기서 놀라운 것은 그것이 가벼운 감산의 혹은 탈중심화의 유도자라는 것입니다. 예를 들어,

그녀는 어렴풋한 기색도 없이 떨어진다.

그런데 만일 하늘이
그 인력을 중심에서 어긋나게 할
기둥들을
나누지 않았더라면?✧

이는 대체로 명백히 분리적인 대명사 '그[il]'와 구별됩니다.

그는 정의로운 것과 부정의한 것의 분할에 따라
숨길을 끊는다.

도시들의 붉은빛에

이것이 적용되었다.✦✦

그리고 끝으로, 언어의 다른 극단에서, 우르야 시나쇠르가 번역하여 소개한 볼차노의 《무한의 역설*Les Paradoxes de l'infini*》에 대해 이야기해봅시다. 볼차노는 까다로운 사상가로, 자기 동시대 사람들에게는 잘 알려지지 않았으나 실무한[l'infini actuel]의 수학화와 관련해 칸토어에 이르는 길을 여는 역할에서 중요성을 갖는 사상가입니다. 그는 사실상 최초로 실무한을 모순 없이 수학소로 나타낼 기입 방식의 가

✦ 원문은 다음과 같다.
Quels colliers pareraient nos nuits ?
Quel acacia ?
l'étendue lisse la visibilité.

✧ 원문은 다음과 같다.
elle tombe sans l'ombre des signes.

et si le ciel n'a pas partagé
colonnes
où décentrer l'appel ?

이 시에서 'elle'은 여성형 명사 etoile(별)을 지시하는 것으로 추정되지만, 여기서는 일단 여성형 대명사의 의미를 살려서 '그녀'로 번역한다.

✦✦ 원문은 다음과 같다.
il tranche le passage du souffle
selon la partition du juste et de l'injuste.
Ceci valut
pour le rouge des cités.

능성을 가정했던 사람입니다. 무한의 사유에 대한 현대적 계보에서 그가 결정적인 장소를 점한다는 점에 누구도 이의를 제기하지 않을 것입니다. 심지어 그의 사유의 특이하고 꼬여 있으며 고독한 성격으로 인해 언제나 그에게 그의 결정이 보유하는 무언가의 끝에까지 이르게 될 가능성이 상당히 떨어진다 하더라도 말이지요.

간단히 제가 손을 댔던 독단적인 독해들의 이 단순한 표본을 소개함으로써, 저는 이를 우리 여정을 끝없이 다시 살펴보거나 다시 구성하게 하는 유익한 첫머리 장식으로 만듭니다.

우리의 출발점은 무엇이었을까요? 니체의 광기라는 관점에서, 행동이라는 니체의 사유를 파악하고자 하는 시도였습니다. 니체의 행동이 결정되거나 구렁에 빠지게 되는 가장자리를 파악하는 것, 또 이로부터 모서리들^arêtes^, 강제의 지점들, 지침들^lignes directrices^, 본질적인 욕망을 결정하는 것, 바로 이런 것이 여러 니체적 기표가 완전히 다른 방식으로 공명하게 하는 것입니다. 그리고 우리가 이런 방식으로 계속해나갈 경우, 힘에의 의지와 영원회귀가 니체의 사유를 이루는 본질적인 유기적 범주들이라는 주장이 끝까지 유지될 수는 없을 것입니다. 그런 관점에서 볼 때, 이는 그의 철학적 행동에 관해 운명적으로 나타나게 될 무엇입니다. 여기서 우리의 방법은 개념들을 다른 방식으로 재배열하고, 특히 그것들의 중요성과 중심적인 유기적 기능에 관해 다른 방식으로 강조함으로써, 하이데거의 니체 이해를 비롯한 관습적인 '니체주의'와 니체를 분리시키는 것입니다.

이는 어느 정도는 장 뤼크 낭시가 《유한한 사유 *Une pensée finie*》

에서 재발표된 한 텍스트에서 시도했던 것으로, 이 글의 초기 판본은 'Dei paralysis progressiva' 즉 '신의 진행성 마비'라는 제목으로 《페로케》 신문 소책자에 실려 공개된 바 있습니다. 그가 거기서 명확히 간파해내는 것은 저 또한 동의하는 바인데, 니체의 '광기'라 불리는 것이 이전에는 그저 하나의 고지告知, annonce나 뉴스일 뿐이었던 것과 관련하여 취해진 스스로에 대한 직접적인 속박이라는 점입니다. 행동의 서두름이 있는 이상, 니체는 위험을 무릅쓰고 고지가 명확히 열린 채 남아 있던 곳으로 가야만 합니다. "신은 죽었지만, 이번에는 [니체는 마비되어 말을 못하는 상태였는데] 그것은 더 이상 뉴스가 아니며, 그것은 죽음의 현시이다"라고, 낭시는 힘있게 기술합니다. 니체는 신의 시신이 되어 '있을' 것이며, 그는 신의 시신을 선취하는 형상으로 육화할 것입니다. 그러나 거의 말해지지 않은 채로, 바로 심연의 극단적 경계에서, 그는 마비되어 말을 못하는 상태에 놓이게 될 것입니다. 그의 사유는 더욱 혼미해지고, 파도는 더 큰 소리를 내고, 너무나도 밝은 빛을 내며, 이제 모두가 그 앞에, 곧 신의 '살해자' 앞에 허리를 굽히고, 모두가 환희에 차서, 모든 것이 큰 소리를 울리며, 우주가 큰 소리로 가득한데…… 갑자기 모든 것이 소리를 잃고, 그는 자기 집 앞에서 쓰러지고…… 그는 어딘가 어둠 속에서 사람들에 의해 일으켜질 것입니다.

그러므로 낭시는 니체가 신의 죽음을 현재화présentifié했음을, 그리고 실제로 '신은 죽었다'라는 말이 문자 그대로 받아들여져야 함을 주장합니다. 신이 죽었을 수밖에 없다는 것, 혹은 신은 죽어 **있다**est는 것. 이 말의 존재론적 메아리 속에서 동사 **있다**être에 귀를 기울여야 합니다. 그것은 더 이상 연계사가 아니며, '죽은'은 더 이상 신에게 맞는 형용사가 아닌 것입니다. 니체는 분명히 그것에 대해 더 이상 아무것도 말할 수 없는데, 왜냐하면 그 누구도 자기 자신의 죽음을 말할 수 없으며, 그 누구도 '나는 죽었다'고 말할 수 없기 때문입니다. 우리는 '신은 죽었다'라고 말할 수 있지만, 그 순간에 그것은 하나의 뉴스이고 하나의 고지가 되는데…… 그래서 우리는 여러 차례 이야기했던 순환에 빠지게 되는 것입니다! 그래서 누가 그것을 말합니까? 증인인가요? 그것을 고지하는 자는 누구입니까? 그것은 어딘가에서 들려오는 좋은 뉴스일까요? 그가 침몰할 때, 니체는 신을 죽은 자로 나타내며, 바로 그 자신이 죽은 신입니다. 그러니까 장 뤼크 낭시의 텍스트에서 니체의 사유는 고지나 뉴스 혹은 증언으로 충족될 수 없다는 이러한 근본적인 생각이 있는 것입니다. 즉 신이 죽었음을 증언하는 것으로는 충분치 않은 것입니다. 여전히 이것은 현시될 필요가 있으며, 이 현시는 '니체'라는 익명적 이름 아래 일어나게 될 것이며, 그런 다음 그 이름을 '신은 죽었다'라는 이 문구에 완전히 할당하게 될 것입니다.

제가 이의를 제기하는 것은 바로 이 지점입니다. 그 이름을 다른 것에, 즉 세계를 둘로 부수기와 있는 그대로의 긍정의 필요성에 할당해야 한다는 것 말입니다. 그의 광기는 실제로 그 고지가 파기되는, 즉 그 고지와 절연하는 지점에서 돌발하지만, 세계의 파열의 양 측면을 수용함으로써 그렇게 됩니다. 그런 이유로 니체는 단지 신은 죽었다고 선언할 뿐만 아니라 '니체'가 세계를 창조했다고 선언하며, 도래하게 될 자라고 선언할 뿐만 아니라 이미 거기 있었던 자라고 선언합니다. 낭시는 부정적인 정식으로 만족하고 이에 따라 죽음에 결정적인 기능을 부여함으로써, 그를 보다 좁은 협로에 가둡니다. 결국 니체의 광기에서 관건이 되는 것은 죽어야 할 운명(필멸성)mortalité 그 자체의 현시, 혹은 낭시가 주체의 죽은-존재l'être-mort로 해석하게 될 신의 죽은-존재의 현시일 것입니다. 혹은 신의 죽은-존재가 '형이상학의 최종적인 치명적 경련'이라고 낭시는 말할 것입니다. 이런 시각에서, 니체가 철학적으로 현재화하는 것은 데카르트적인 철학의 형상의 시신입니다. 자기 존재가 죽은 것에 다름 아니기에, 더 이상 자기 존재를 표명할 수도 없는 이 신은 사실상 '코기토Cogito'가 혹은 주체의 자기설정autoposition이 보이는 최후의 발작입니다. 이건이 낭시의 기본적인 테제입니다. 말하자면 니체는 우리에게 그 자기설정의 본질이 죽음임을 보였다는 것입니다. 주체는 궁극적으로 자신의 고유한 죽음 혹은 자신의 죽음의 특질이 될 뿐입니다. 그리고 주체의 죽음의 특질은 당연히 말로 표현할 수 없는 것입니다indicible.

여기서 논의의 소재가 주어집니다. 저는 행동을 바로 앞두고 찾아온 마비라는 니체의 형상이 주체의 필멸적인 본질을 드러내는 현시일 것이라는 주장에 반론을 제기합니다. 제가 보기에 낭시는 여기서 유한성에 굴복하며, 니체를 사유의 유한한 성향을 나타내는 상징으로 사용합니다. 낭시의 니체는 무언가를, 즉 코기토를 완성하지만, 또한 사유의 유한한 체제를 설정하고, 유한성 — 그 기본 요소élément의 의미에서 — 의 기초적인élémentaire 검토를 통해 사유를 정립시킨다는 이중적 의미에서 사유를 종결시키는 자입니다. 낭시의 시도는 의심의 여지 없이 니체의 사유를 광기의 지점에서 포착해내는 것이지만, 저 자신이 보기에는 앞이 꽉 막힌 난관으로서의 길을 따라 가는 것입니다.

차라리 니체의 행동에 대한, 그의 철학적 행동에 대한 재현의 지점에서 니체의 사유를 파악하는 쪽으로 되돌아가봅시다. 우리가 이야기한 것처럼 그는 세계의 역사를 둘로 쪼개려 했고, 이런 의미에서 그는 원정치적이었습니다. 이런 의미에서, 니체는 확실히 혁명이라는 주제에 있어 가장 철저하게 동시대적인 사유입니다. 물론 그가 혁명이라는 주제와 경쟁 관계에 있기는 하지만 말입니다. 그런데 오래된 세계의 역사는, 부서져야 할 그 역사는 어떻습니까? 그것은 무에의 의지를 기록한 역사이며, 더 정확히 말하자면 무에의 의지에 의한 유형들의 지배를 기록한 역사로, 그러한 의지의 유적인 이름은 '기독교'입니다. 그러므로 오래된 세계의 역사는 허무주의의 역사이며, 니체의 외침[profération]이 부수게 될 것은 바로 이 역사인 것입니다. 새로운 역사, 곧 행동에서 관건이 되는 역사는, 우리가 보이려 했던 것처럼, '예'라는 대답의 역사, 허무주의 자체의 잔해로 이루어진 '예'의, 가치를 평가할 수 없는 것에 대한 '예'의, 삶 자체의 토대를 긍정하는 '예'의 역사입니다. 그러나 '예'는, 새로운 역사는 하나의 새로운 가치가 아닙니다. 새로운 가치의 창조라는 관점에 따른 모든 니체 해석은 제한적이며 또 결국에는 부정확한 것입니다. 오히려 중요한 것은 평가 불가능한 삶을 긍정할 가능성들을 폭발시키는 일입니다. 정확하게 말하면 삶은 평가할 수 없는 것이기에, 그것은 그 자체로 어떤 가치 아래 표명됩니다. 혹은 다른 형태로 말하자면 '예'는 하나의 새로운 해석이 아니며, 오히려 그것은 해석의 종말입니다. '예'는 해석하지 않는 것입니다. 하이데거가 스스로 제기했던 문제 — 차라투스트라는 누구인가? — 에 대해, 우리는 허무주의의 해석과 디오니소스적인 '예' 사이에 있는 모호한 인물이라고 대답한 바 있습니다. '아니오'

라고, 철저하게 '아니오'라고 말할 가능성에 이르도록 밀고 나가는 해석적 역량을 지닌 자와 '예'라고 말할 가능성을 지닌 자 사이의 인물이라고 말이지요. 차라투스트라에 대한 규정 자체는 이런 것입니다. 그는 이 모호한 말의 형상에서 '니체'의 진정한 선구자가 되는 자입니다. 니체가 해석의 주인이며, 해석이 그 자체로 해석되는 것에, 다시 말해 허무주의에 내부적인 것으로 남는 이상, 차라투스트라는 그의 진정한 선구자입니다. 그리고 그에게 의미를 부여하는 것은 디오니소스적인 '예'가 가능한 행위 자체입니다. 차라투스트라는 이 본질적인 모호함 속에서 끝에서 끝에 이르기까지 영속적으로 살아가는데, 그 모호함이란 결국 니체의 모호함입니다.

이것이 두 번째 변신에 관한 문제의 전부입니다. 첫 번째 변신은 낙타, 곧 인내하는 자가 해석할 힘을 가진 자인 사자로 바뀌는 것입니다. 이는 여전히 허무주의 자체에 내부적인 난제[énigme]인데, 왜냐하면 사자가 되는 것은 가장 폭력적인 허무주의의 형상이 되는 것이기 때문입니다. 사자의 형상은 극단적인 형상 또는 과격파의 형상으로서 상상하거나 구성될 수 있습니다. 이를테면 포식성을 가진 허무주의로서의 허무주의인 것입니다. 반대로 사자에서 아이로 가는 두 번째 변신은 해석의 주인의 형상에서 긍정적 순진함에 이르는 능동적 이행과 관련됩니다. 그것은 더 이상 내재적 난제가 아니라 행동의 난제 자체입니다. 혹은 다시 말해서 낙타에서 사자로 가는 변신에는 그 해석을 가능케 하는 명료함이 있지만, 사자에서 아이로 가는 변신에는 그런 것이 없습니다. 아이는 해석하는 자[interprétant]도 해석될 수 있는 것[interprétable]도 아닙니다. 실제로 거기에 모든 문제가 놓이며, 거기에 니체의 질문의 진정한 핵심이 있는데, 이는 다음과 같이 진술될 수 있습니다. 이중부정의 관련 없이, '예'의 도래를 가져오는 '아니오'의 체제와의 단절을 단순히 어떻게 명명할 것인가? '예'의 도래가 단순히 '아니오'의 부정이 아니라면? 우리가 긍정적 도래의 변증법적 형상 속에 있지 않다면? 들뢰즈가 옳았습니다. 니체의 사유는 변증법적이지 않으며, 오히려 변증법은 그 적수입니다. 그의 관심사는 어떻게 부정의 부정의 형상에 따른 것이 아닌 다른 방식으로 '예'에 이를 수 있는가 하는 것입니다. 어떻게 최초의 비판의 체제와 단절하는 것이 아닌 다른 방식으로 평가할 수 없는 것의 긍정에 이를 수 있을까요? 왜냐하면 비판은 니체의 사유 장치에서 긍정을 생성하지 못하기 때문입니다. 발작성의 해석은 긍정적인 순진함을 제공하지 못합니다. 혹은 아이는 사자의 부정이 아니지만, 이와 달리 첫 번째 변신에서 사자는 낙타의 부정입니다. 낙타는 인내하는[supporte] 자이며, 사자는 참지 않는[insupporte] 자인 것입니다. 그러나 모든 것을 참지 않으며 기독교적 허무주의에 대한 분노에 찬 해석의 주인이 되는 자와 성스러운 긍정, 순진함 그리고 망각 사이에는 부정이 주어지지 않습니다. 그러므로 중요한 것은 어떻게 디오니소스적인 '예'가 부정, 즉 변증법적 부정을 통하지 않는 다른 방식으로, 제가 주장하는 것처럼 가치 없는 다른 세계 — 다른 가치들의 세계가 아니라, 가치를 평가할 수 없는 것의 세계 — 로서 도래하는지 아는 것입니다.

여기서 예술의 문제가 무대에 등장합니다. 그것은 여기서 급진적인 문제로서 설정되어야 합니다. 왜 그런가? 어쨌든 예술은, 정확히 부정의 요소를 통한 것이 아닌 방식으로 이 두 번째 변신을 표현하고, 그 고유한 에너지를 포획할 수 있어야 하기 때문입니다. 예술의 기능, 그것은 긍정[affirmation]을 단언하는[affirmer] 것입니다. 여기서 예술이 소환되는 것은 예술이 긍정을 단언하는 힘, 다시 말해 사자가 아이로 바뀌는 변신을 보여주는 힘인 까닭입니다. 예술은 긍정 자체가 아닙니다. 니체는 자기 사유의 최종 단계에서 행동이 원정치적임을 표명하기를 결코 단념하지 않습니다. 그것은 새로운 미학이 아니며, 새로운 예술도 아닙니다. 행동은 미학적인 것이 아니라는 말입니다. 나치당과 관련한 빈약한 주해를 구실로, 니체에게 미학적인 정치의 전망에 대한 책임을 씌우는 것은 정당하지 않습니다. 그에게는 행동에 있어서의 미학적 재현이 없습니다. 즉 행동은 원정치적이라는 말입니다. 그러나 오직 예술만이 긍정과 관련된 것을 말할 수 있습니다. 예술은 긍정이 되거나 혹은 이를 실효적이도록 만드는 것이 아니며, 그것은 예술적 혁명이 아니지만, 어쨌든 긍정이 어떻게 부정의 부정이 아닌 다른 것이 될 수 있는지 이해시킬 수 있습니다. 이런 의미에서 예술은 긍정을 단언할 수 있습니다. 혹은 이렇게 말하는 편이 좋다면, 예술은 전형적으로 변증법적이지 않은 것입니다. 그것은 비[非]변증성[non-dialecticité] 즉 부정의 부정이라는 양식이 아닌 다른 방식으로 긍정과 연결될 수 있는 역량입니다. 결과적으로 예술의 문제는 니체에게 중심적인 것인데, 이는 예술의 문제가 긍정의 가능성이기 때문입니다. 긍정의 실재 — 세계의 역사를 둘로 쪼개는 것과 관련되며, 따라서 원정치의 실효성과 관련된 — 에 있어서가 아니라, 다시 한번 말하지만 비판적 극단주의로부터 귀결되는 것과는 다른 방식으로 주어지는 긍정의 가능성의 표현에 있어서 말입니다. 예술은 어떤 의미에서 이미 비해석적인 것non interprétant이거나, 혹은 예술에 무언가 비해석적인 것이 있는 것입니다.

오로지 그 이후에, 니체의 텍스트는 이 사안에 관해 미궁과 같이 극도로 복잡해집니다. 이것은 당겨야 할 아리아드네의 실마리가 아니었던 것입니다. 확실히 예술에는 해석이 있지만, 또한 비해석적인 요소가, 그러니까 우리를 긍정의 표현과 연결시키는 어떤 것이 있습니다. 그리고 그것은 비변증법적인 예술 그 자체입니다. 이로부터 바그너와의 분쟁이 야기됩니다. 그들의 결별로부터 치명적으로 벌어진, 결코 닫히거나 치유되지 않을 상처 말입니다. 어떤 이유로 이 열정적인 사랑은 최후의 힘을 쏟아부을 정도의 집착이 되었을까요? 정신분석적 서명의 기록은 마음껏 볼 수 있도록 공개되어 있습니다. 여기서 우리는 실제로 하나의 전형적 사례cas-type를 얻습니다. 바그너가 니체의 주체성을 무엇으로 구성했는지 되짚어 이해하는 것은 하나의 흥미진진한 이야기histoire가 되겠지만, 저는 그 길로 진입하지 않을 것입니다. 바그너는 무엇을 나타내는 이름일까요? 심지어 그가 아버지의 이름le nom-du-Père✦이었다는 대답을 내놓기 전부터, 이는 우리에게 중요한 질문입니다. 이론의 여지 없이, 바그너는 먼저 니체에게 있어 위대한 예술의 복귀를 나타내는 이름, 곧 위대한 예술의 이름이며, 따라서 가능적인 예술의 긍정적 차원을 나타내는 이름입니다. 여기서 착각해서는 안 됩니다. 언제나 그리스로 돌아가는 위대한 예술은 엄격한 방식으로 이해해야 합니다. 그것은 정확히 긍정을 단언할 수 있는 예술입니다. 그것은 그 자체의 고유한 변증법에 사로잡히지 않는 예술인 것입니다. 어느 주어진 시점에, 니체에게 바그너가 위대한 예술을 명명하는 자였다는 점은 확실합니다. 그리고 또 마지막으로, 그는 위대한 예술 자체의 변증화[dialectisation]에 대한 책임을 명명하는 자였습니다. 근대적 세계 내에서 바그너의 의미에 대한 니체의 이해는 바뀌지 않습니다. 바그너는 그 시대에 위대한 예술의 이름인 것입니다. 니체는 항상 바그너가 가장 위대한 자라고 주장했습니다. 비제는 결코 가장 위대한 자가 아니었던 것이지요. 즉 〈카르멘[Carmen]〉✧은 '4부작[Tétralogie]'✦✦보다 위대하지 않았습니다. 니체는 오로지 위대한 예술 자체를 변증화[dialectisé]했던 점에 대해, 위대한 예술을 변증법으로 담금질했다는 점에 대해 바그너를 비난합니다. 말하자면 그것은 연극화[théâtralisation]라는 것이지요. 바그너는 위대한 예술을 연극화했던 자입니다. 하지만 연극[théâtre]은 니체에게 전형적인 변증법이며, 그것은 비非긍정적인[non affirmatif] 예술의, 혹은 긍정을 단언하는 데서 가장 무능력한 예술의 패러다임입니다. 이로부터 연극을 향한 니체의 강

✦ '아버지의 이름(le nom-du-Père)'은 상징계의 토대를 만드는 고정점(point de fixe)을 지칭하는 개념이다. 라캉은 이 개념을 상징계에서 벗어난 정신증자에 관한 설명에 적용하며, 이 설명에 따를 때 정신증자는 이 상징계의 고정점인 '아버지의 이름'에서 부재하는 자들이다. 니체에게 바그너는 한때 아버지와 같은 존재였으나, 바그너와의 결별 이후 광기의 나락을 향한 니체의 추락이 시작되었다는 점과 연관지어 생각해볼 수 있겠다.

✧ 불같은 성격을 지녔으나 매혹적인 아름다움을 지닌 집시 여인 카르멘의 이야기를 기초로 만들어진 비제의 오페라 작품.

✦✦ 프랑스에서 바그너의 〈니벨룽의 반지(Der Ring des Nibelungen)〉를 다른 방식으로 지칭하는 말. 〈니벨룽의 반지〉는 바그너가 장장 28년 동안 대본을 쓰고 작곡한 작품으로, 〈라인강의 황금〉, 〈발퀴레〉, 〈지크프리트〉, 〈신들의 황혼〉 등 4부작으로 구성된 오페라다.

렬한 독설이 나오게 된 것입니다. 즉 연극은 문자 그대로 그저 부정의 부정일 뿐이라는 것이지요. 그런 다음 위대한 예술을 이 규칙에 종속시켰고, 그것을 변증법적 연극화에 잠기게 했으며, 그것을 비非긍정적인 변증성 혹은 무한한 해석에 던져 넣었다는 점에 대해 비판하는데, 말하자면 바그너는 비록 자신의 천재성으로 위대한 예술의 상징이 되었지만, 위대한 예술의 토대에 의문을 제기했다는 것입니다. 그로부터 바그너를 둘러싼 이 극심한 위기가 찾아오게 되는데, 왜냐하면 이것은 행동의 가능성 자체에 의문을 제기하는 이야기이기 때문입니다. 니체와 바그너의 우호 관계는, 그 이야기가 반동적 유형들에 대한 명명 내부에 위대한 예술의 복귀를 위한 긍정의 자원이 있음을 증언하는 동안에는, 니체의 전략에서 결정적인 것이었습니다. 그러나 연극화에 대한 바그너의 타협은 니체에게 기독교 그 자체에 대한 타협과 비견할 만한 것으로, 이는 행동의 가능성이나 타당성 면에서 심한 위기가 됩니다. 이것은 그가 《차라투스트라는 이렇게 말했다》의 한 구절에서 마법사에 관해 매우 날카롭게 표현하는 것입니다. 이 대화에서 가져온 몇몇 발췌문을 면밀하게 살펴보도록 합시다. 그 마법사는 바로 바그너입니다. 마법사, 주술사, 간교한 방울뱀 등이 계속해서 회자됩니다. 잘 알아둬야 할 것은 이런 것인데, 바그너는 위대한 예술에 마법을 건 사람이며, 엄밀한 의미에서 그는 위대한 예술에 마술을 걸었던 것입니다. 그 스스로가 위대한 예술인 이상, 그는 내재적인 방식으로 그것에 마법을 걸었던 것입니다. 이는 가장 참기 어려운 일입니다. 바그너는 그 자신에 대한 주술사였고, 게다가 자신이 상징이 되었던 어떤 것에 던져진 주술이었습니다. 결국 그는 이 구절이 말하는 것처럼 자기 정신을 그 자신에 대해 배신하게 만든 마술사이며, 내면적으로 변환된 채로 양심의 가책 때문에 굳어진 사람이었습니다. 바그너에게 일어났던 일은 이런 것입니다. 그는 양심의 가책의 영향으로 굳어져버린 것입니다. 스스로 위대한 예술이었던 그가 말입니다. 이 구절을 이어가자면 차라투스트라는 마법사를 만나서, 먼저 그가 위대한 사람—당연히 니체—을 만나고 있는 중이 아닌지 묻습니다. 그런 다음 다른 구절에서 마법사는 그에게 자신을 괴롭게 하는 무언가에 대해 노래하고, 차라투스트라는 그에게 지팡이를 건네서 그가 땅 위에 발을 디딜 수 있도록 합니다! 그리고 이것은 바그너가, 다시 말해 마법사가 차라투스트라에게 말하는 것입니다.

> "오, 차라투스트라여, 나는 이 모든 것에 지쳤다. 나는 내 작위적인 재주artifice에 넌더리가 난다. 나는 **위대하지** 않은데, 무엇 때문에 그런 척해야 한다는 말인가? 하지만 그대는 알고 있다—내가 위대함을 추구한다는 것을!
> 나는 위대한 인간처럼 행동하려 했고, 많은 사람의 마음을 사로잡았다. 이런 거짓은 내 능력을 넘어선 것이었고, 나는 부서졌다.
> 오, 차라투스트라여, 나에게는 모든 것이 거짓이다. 하지만 나는 정말로 부서졌다—이것이 내게 남은 유일한 진실이다."—
> "그것은 그대의 영광이다." 차라투스트라는 침울한 분위기로 눈길을 떨궜다가 먼 곳으로 돌리며 말한다. "위대함을 추구한다는 것은 그대에게 영광이 되지만, 또한 그대의 모습이

드러나기도 한다. 그대는 위대하지 않다.

그대 늙고 고약한 마법사여 —그대의 가장 선하고 정직한 것은, 내가 그대에 관해 존경하는 것은 그대가 그대 자신에게 싫증을 내고, '나는 가장 위대한 자가 아니다!'라고 선언했다는 점이다. **그런 점에서** 나는 그대를 존경한다. 그런 점에서 그대는 정말로 마음으로부터의 참회자이며, 한번의 숨을 내쉬거나 혹은 눈 깜짝할 정도의 시간일 뿐이라 하더라도, 이 순간에 그대는 진실했던 것이다."

이 텍스트의 복잡성에 대해 무슨 이야기를 할 수 있을까요? 바그너가 위대한 예술의 복귀를 나타내며, 확실히 위대함을 추구하고 있었다는 이야기입니다. 또 그 예술에 거짓과 작위적인 기교artifice를 주입했다는 점입니다. 니체는 위대한 예술이 변증화되거나, 연극화되거나 혹은 희극화될 경우, 그것이 사실상 그 자체에 대한 시뮬라크르가 된다고 주장할 것입니다. 따라서 위대한 음악을 연극화함으로써, 바그너는 예술 자체 속에 작위적 수단과 거짓을 정착시켰던 것입니다. 그리고 그렇게 함으로써, 그는 그 자신이 이름과 상징이 되었던 위대함을 타락시켜 그것을 상실케 한 것이지요. 그때 차라투스트라는 마법사(바그너)가 마침내 인정하게 된 것 — '나는 위대하지 않다'는 것 — 을 확인해줍니다. 바그너가 그런 이야기를 했다면 놀라운 일이 되겠지만, 어쨌든 이렇게 함으로써 니체는 아주 큰 기쁨을 얻습니다! 이 늙은 마법사와의 논쟁을 그리는 드라마가 다뤄지는 방식에 주목해야 합니다. 이 텍스트에서 시종일관 차라투스트라는 침울하게 눈을 내리깔고 있습니다. 초췌한[défait] 모습으로 말입니다. 이것은 진짜로 이상한 논쟁인데, 왜냐하면 그것은 자신의 작위적 기교로 패배한[défait] 마법사를 대면한 차라투스트라의 당당한 단언이 아니기 때문입니다. 차라투스트라에게는 무언가 이 인물로 인해 동요하고 일그러진[défait] 측면이 있습니다. 최종적으로 바그너의 예술이 위대한 예술의 변증화이며, 그 결과 위대한 예술의 포기 혹은 그것의 허무주의적 극단주의가 실현된다는 점은 차라투스트라를 완전히 당황하게 합니다. 그렇다면 긍정을 표현할 수 있는 것은 무엇일까요? 만일 그것이 위대한 예술의 모습을 하고 있지 않다면, 긍정은 어디에서 그리고 어떤 방식으로 단언될까요?

우리가 이 질문에 대답할 수 있도록 인도할 수 있는 몇 가지 길이 있습니다. 행동의 표현에 대한 본성적 형상으로서 시의 길과, 비연극적이거나 혹은 비변증법적인 예술의 상징적 형상으로서 춤의 길이 그것들이지요.

¶ 한편으로 시에 대한, 그 고유한 언어에 대한, 독일어와의 관계에 대한 질문이 있습니다. 언어 내부에는 상상을 넘어서는 단절의 이념이 있습니다. 그가 규탄하는 독일어와 대조적인 그 자신의 독일어를 보다 면밀히 살펴보자면, 그것은 그 본성적인 변증성에서 감산된 언어의 이념, 즉 다시 긍정할 수 있게 된 언어의 이념이며, 이것은 하찮은 일이 아닌 것입니다!

¶ 다른 한편으로 춤의 주제가 있는데, 이는 시에 부속되는 동시에 그것을 대체하는 코스입니다. 이 질문에 관해서, 이미 여기서 여러분에게 되돌려주는 글을 제시했던 바 있습니다. 저는 이렇게 기술했

습니다. '어떤 이유로 춤은 니체에게 사유에서, 즉 그의 사유에서 불가결한 은유로 도래하는가?' 거기서 우리의 문제는 사실상 이런 것이었습니다. 어쨌든 긍정을 단언할 수 있기 위해 예술의 어떤 힘이 소환되어야 하는가? 그리고 이어서 이렇게 기술했습니다. "그것은 춤이 차라투스트라-니체의 위대한 적에 대립하는, 다시 말해 그가 둔중함의 정신esprit de pesanteur으로 지칭하는 적에 대립하는 무엇이기 때문입니다. 춤, 그것은 무엇보다 모든 둔중함의 정신으로부터 감산되는 사유의 이미지입니다." 니체가 '둔중함의 정신'이라 말할 때, 이것이 긍정을 금지하는 자, 공기와 같이 가벼운aérienne 긍정의 가능성을 마비시키는 자를 지칭한다는 점을 이해하도록 합시다. 그러한 정신을 존재론적 검토에 연결시키자면, 그것은 '별들의 잔해'라는 긍정에 사용되는 이미지에 상반되는 것입니다. '둔중함의 정신'은 유형들이나 유형론에 잘 맞는 것이며, 이런 점에서 그러한 정신은 그것에 할당되는 일반적으로 반동적인 유형들에 속박됩니다. 그 귀결로 이 감산의 다른 니체적 이미지들을 탐지해야 할 긴요함이 생기는데, 왜냐하면 그 이미지들이 춤을 매우 중요한 일종의 은유적 그물망에 기입하기 때문입니다. 예를 들어 새의 이미지가 그러한데, **이는 내가 새에게서 취하는 둔중함의 정신을 싫어하기 때문**이라고, 차라투스트라는 말할 것입니다. 따라서 춤과 새 사이에는 본질적인 은유적 연결관계가 주어집니다. 춤은 몸에 내부적인 새가 도래하게 하는 것입니다. 그로부터 보다 일반적으로 비상envol의 이미지가 오게 될 것입니다. 그것에 대해, 차라투스트라는 **날아오르기voler를 터득하는 자는 땅에 새로운 이름을 부여하게 될 것**이라고 말할 것입니다. 이런 이유로 춤은 우리의 핵심적인 난제인 두 번째 변신의 표현이 될 것입니다. 그것은 춤춰지며, 따라서 부정의 부정이 아닙니다. 그것은 춤의 도약을 통해 나타내집니다. 아이, 즉 낙타와 사자에 이은 세 번째 변신은 '순진함이자 망각, 새로운 시작, 유희, 제1의 원동자premier mobile, 성스러운 긍정'인 것입니다. 춤은 새이자 비상이며, 또한 아이가 나타내는 모든 것이기도 합니다.

¶ 춤이 **순진함**인 것은 그것이 몸에 앞선 몸, 몸의 무게에 앞선 몸이기 때문입니다.

¶ 아이와 같이, 춤이 **망각**인 것은 그것이 몸의 속박 혹은 무게를 잊어버린 몸이기 때문입니다. 그것은 그 자체를 망각한 몸입니다.

¶ 아이와 같이, 춤 또한 **새로운 시작**인 것은 춤추는 몸짓은 언제라도 마치 그 자체의 고유한 시작을 발명하는 것처럼 일어나야 하기 때문입니다.

¶ 춤이 **유희**인 것은 그것이 몸을 모든 사회적 제한, 모든 진지한 것, 모든 관습에서 해방하기 때문입니다. 니체는 아이에 대해 **스스로 굴러가는 바퀴**라고 말합니다. 이것은 또한 춤의 정의일 수도 있는데, 왜냐하면 그것이 공간 속에서의 원환 같은 것이지만, 그 자체로 고유한 원리가 되는 원환 같은 것이기 때문입니다. 즉 외부로부터 그려지는 것이 아닌 스스로 윤곽이 그려지는 원환 같은 것입니다.

¶ 아이는 **제1의 원동자**입니다. 춤 또한 그러한데, 왜냐하면 각각의 몸짓, 각각의 춤의 선이 하나의 귀결 혹은 기계적 효과로서가 아니라 운동성의 원천이 되는 것으로서 나타날 수밖에 없기 때문입니다.

¶ 마지막으로, 춤은 **성스러운 긍정**인데, 왜냐하면 부정적인 몸

이 혹은 달리 말해 부끄러운 몸이 찬란하게 결여된 것이기 때문입니다. 춤은 부끄러운 몸을 부재에 놓는 것입니다.

새, 비상, 아이는 '둔중함의 정신'을 용해시키는 이미지들과 같은 것으로, 니체는 또한 샘fontaines에 대해 이야기할 것입니다. **나의 영혼은 솟아오르는 샘과 같다.** 그리고 우리가 잘 아는 것처럼 춤추는 몸은 바닥으로부터 솟아오를 수 있지만, 마찬가지로 그 자체로부터 솟아오를 수도 있습니다. 기본적으로 바슐라르가 니체의 시론詩論, poétique에 대한 그의 해석에서 분명하게 발견한 이 긍정의 형상화에 관한 질문은 공기라는 원소의 은유로 향합니다.✦ 원소들의 배치에서, 마지막 은유의 수수께끼를 명명하게 되는 것은 공기air입니다. 춤은 땅 그 자체를 '공기와 같이 가벼운' 것으로 명명할 수 있게 하는 것입니다. 예술로서의 춤은 땅에 바람을 쏘이는aère 것, 혹은 땅을 지속적인 통풍aèration이 주어지는 것으로 사고할 수 있게 하는 것입니다. 혹은 다시 말해서, 춤은 땅의 숨결 또는 호흡을 가정하는데, 그 이유는 매우 간단히 말해서 춤의 문제가 수직성verticalité과 인력attraction 사이의 관계이기 때문입니다. 이는 심지어 행동의 표현의 문제이기도 합니다. 그런 이유로 춤은 타당한 은유인 것입니다. 말하자면 바로 그 순간에 수직성이 인력을 해소하는데, 이는 수직성이 인력을 가시적인 방식으로 부정하는 의미에서가 아니라, 설령 섬광의 순간에조차 춤은 마치 인력이 해소되어버린 것과 같은 것이라는 의미에서입니다. 그리고 춤추는 몸, 수직적인 몸은 또한 그곳을 거쳐 지나가는 인력의 해소 가운데 있습니다. 춤은 또한 긍정의 가능성이기도 한 이 가능성을, 즉 땅과 공기가 위치를 바꾸고, 땅과 공기가 서로의 일부가 될 가능성을 나타냅니다. 사자가 아이가 되는 변환의 문제가 미치는 영향 아래, 공기와 땅 사이 위치의 치환이라는 문제가 있습니다. 이 모든 근거로 인해 니체의 사유는 춤에서 그 자체의 은유를 찾을 것이며, 춤은 새, 비상, 샘, 아이, 보이지 않는 공기로 이루어진 은유적 연쇄를 요약할 것입니다.

이 은유의 연쇄는 매우 순진하고 약간은 깜찍하기도 하며, 그 연쇄가 니체에게 있어 순진함이 은유들의 과잉에 의해 보장되는 이미지를 부여한다는 반론이 제기될 수 있을 것입니다. 그러나 우리는 그 이미지를 힘과 분노에 대한 그 이미지의 관계에 있어 춤에 의해 가로질러지는 것으로 보아야 하지 않을까요? 문제는 바로 이런 것입니다. 행동은 춤에서 순진함의 은유적 연쇄의 지배를 받는 횡단으로 제시될 것입니다. 춤은 은유적 연쇄 — 샘, 새, 아이 등 — 의 용어들 가운데 하나가 될 것이며, 동시에 이 연쇄의 강렬한 횡단이 될 것입니다. 차라투스트라는 **그가 열광적으로 춤추는 사람의 발을 가졌다**고 말합니다. 춤에는 순진함의 지배를 받는 횡단과 같은 어떤 것이 있습니다. 사자에서 아이로 가는 길에서, 아이를 긍정하는 것은 사자인데, 왜냐하면 잠재적으로 아이를 가로지르는 것은 바로 사자이기 때문입니다. 만일 변신이 정확한 말이 되려면, 그것을 사자가 도약의 힘이 되

✦ 가스통 바슐라르가 쓴 시론(詩論, 혹은 시작법)에 관한 책《공기와 꿈(*L'air et les songes*)》을 언급하는 것으로 보인다.《공기와 꿈》에서 바슐라르는 포, 블레이크, 셸리, 니체의 시작법에 관한 논의를 통해 공기라는 원소의 이미지를 그려낸다.

는 궤적에서 일어나는 모종의 춤추는 사람의 도약으로 상상해야 할 것이며, 결국 사물로부터 유예된 공기처럼 가벼운 우아함grâce은 순진함이 될 것이고, 아이가 될 것입니다. 그러나 이는, 니체가 사유를 모종의 강화intensification라고 확신함을 알고 있을 때, 오로지 춤을 상징으로 삼는 예술적 포착에서만 재현 가능합니다. 우리는 여기서 어떻게 춤이 강화로서의 사유의 광경이나 가시성으로 소환되는지, 어떻게 아이는 사자의 부정이 되기보다는 오히려 사자의 강화, 곧 춤추는 사자의 강화가 되는지 알아야 합니다. 니체에게 사유는 그것이 주어지는 곳이 아닌 다른 곳에서 실행됨을 상기하도록 합시다. 그것은 움직임 없이도 실효적이며, 그 자체에 기초하여 강화되는 것이며, 말하자면 그 자체의 강도強度, intensité를 지닌 움직임입니다. 그리고 사유가 순수하게 그 자체의 강도를 지닌 운동으로서 주어져야 하는 이 지점에서, 다시 말해 반동적 유형론들과는 달리 그것이 긍정되어야만 하는 이 지점에서, 춤의 이미지는 자연스럽습니다. 왜냐하면 춤이 몸의 형상에 내재적인 강화로서의 사유를 가시적으로 전달하기 때문입니다. 이는 내재적 강화의 가시성으로서의 몸입니다. 그것은 명백히 춤에 대한 어떤 특정한 통찰을 부과하는데, 그 통찰은 규율이 있는réglée 체조와 같은, 음악에 의해 규정된 배치configuration를 비롯한 어떤 규정된 배치에 따르는 유연하고 숙련된 몸과 같은 외부적 구속이 아닙니다. 그것은 뜻대로 움직이는 근육이 발달한 몸, 즉 능력 있는 동시에 순종적인 몸이 아닙니다. 니체에게 있어, 이는 춤추는 몸 — 내부적으로 공기와 땅을 교환하는 몸 — 의 역逆, contraire이 될 것입니다. 더구나 이러한 능력 있고 복종하는 몸이 되는 춤의 역에는 어떤 한 이름이 있습니다만, 그것은 바로 '독일인', '형편없는 독일인'이라는 이름입니다. 독일인에 대해 니체는 복종과 튼튼한 다리를 갖는다고 말했던 것입니다! 그러나 이것은 결국 춤추는 자(무용수)에게나 가능한 정의입니다. 음악이나 안무가 그에게 강요하거나 부과하는 것과 관련하여, 춤에 대한 압제적tyrannique 전망, 곧 춤추는 자에 대해 복종과 튼튼한 다리를 요구하는 전망이 있을 수 있습니다. 그러한 춤의 이미지는 우리의 의도에 적합하지 않습니다. 순수한 강화로서의 사유의 가시성을 제시하고, 이를 넘어서 (비록 그저 덧없이 지나가는 것이기는 하지만) '예'의 교수법didactique을, 즉 순수한 긍정의 지배를 받는 교수법을 제시하는 우리의 의도에 말입니다. 실제로 복종이나 튼튼한 다리와 관련된 것은 군대식 행진입니다. 니체의 춤에 대한 사유를 이해하려면, 춤과 상반되는 관계를 가지는 것이 군대식 행진에서 드러나는 몸이라는 점을 파악해야 합니다. 흥미롭지 않습니까? 이는 몸들이 음악의 박자나 혹은 군대식의 박자에 따른 규정 아래 움직임을 수행하는 두 가지 상황입니다. 독일인은 군대식 행진에 탁월합니다! 행진이라는 것은 줄을 맞춰서 (박자에 맞춰) 발 구르는 몸이며, 겉보기와는 달리 수직적인 몸이 아닙니다. 그것은 수평적이고 소리를 내는 몸, 발 구르는 박자의 그것입니다. 이에 반해 춤의 경우 발끝으로 선 공기같이 가볍고 단속斷續적인 몸이자 수직적인 몸이며, 마치 구름 위에 선 것 마냥 바닥을 (발 앞부리로) 찌르는 그것입니다. 그것은 무엇보다 고요한 몸이며, 그 자체의 타격에서 나는 우레 같은 소리로 규정되는 발 구르는 몸이 아니지요. 근본적으로 니체에게 춤은 수직적 사유를, 그 자체의 높이를 향해 정오의 극단, 즉 디오니소스적인 '예'의 극단 — 춤을 그 자체에 대한 지상地上의 비유로 삼는 — 에까지 뻗어 있는 사유를 나타냅니다. 춤은 정오와 연결되는데, 이 시간은 해가 정점에 있는 때이기 때문입니다. 이에 따라 춤은 그 고유한 정점에 바쳐지는 몸이 될 것입니다.

비록 우리가 바그너를 타락의 상징으로 하는 위대한 음악적 예술 없이 이러한 춤에 대한 강조의 근거에 더 깊이 들어가려 하지만, 니체가 춤에서 일별하는 것은 그 자체에 연결될 운동성이라는 주제로 보이며, 이는 그 자체의 고유한 중심에서 떨어지지 않은 채 움직이는 운동성이라는 주제, 다시 말해 마치 그것이 그 중심의 확장인 것처럼 그 자체로 펼쳐지는 운동성이라는 주제입니다. 그것을 어떻게 해석해야 할까요? 춤은 생성이라는 니체 사유의 개념에 상응할 것이며, 춤은 생성으로서의 존재만큼이나 자유롭고 내재적인 몸의 노선tracé인데, 그것은 삶이나 생성으로서가 아닌, 혹은 능동적인 힘으로서가 아닌 다른 방식으로는 사유할 수 없을 것입니다. 말하자면, 춤은 사유의 강화에 대한 은유로서의 몸인 것입니다. 그러나 중요한 것은 다음과 같은 것인데, 춤으로 나타내지는 이 생성은 유일한 긍정적 내부가 그 속에서 풀려나는 그러한 것입니다. 그것은 춤을 '예'에 대한 비유적 표현으로 향하게 하는 것이며, 운동에 주어지는 것은 바로 이 유일하게 긍정적인 내부입니다. 춤의 운동은 어떤 이동이나 변환이 아니며, 분절들이나 단편들에 의지하는 운동성이 아닙니다. 그것은 긍정의 영속적인 유일성으로 지탱되는 노선입니다. 단 하나의 유일한 긍정이 춤의 움직임에서 펼쳐져 풍요롭게 되는 것입니다. 이런 점에서 춤추는 움직임의 습득에 있어 가능한 외부성은 없습니다. 거기서 긍정되는 것은 내부성입니다. 따라서 춤이 나타내는 것은 주로 몸 그 자체의 외부 공간에 던져지는 것이 아니라, 오히려 그것에 유효한 힘을 부여하게 될 어떤 것으로서 그 자체의 고유한 긍정을 통해 취해지는 신체적 충동의 역량인 것입니다.

이 점이 근본적입니다. 춤은 움직임의, 재빠름의, 혹은 그 외부적인 소묘를 그려내는 기교의 표명이 아닙니다. 그렇지 않지요! 그것은 오로지 움직임만이 보여줄 절제의 힘을 드러냅니다. 중요한 것은 그 절제의 가독성입니다. 그리고 그 본질, 춤 또는 움직임의 본질은 아직 일어나지 않은 것 속에, 움직임 그 자체의 내부에서 무효하거나 억제된 것으로 남겨진 어떤 것 속에 있을 것입니다. 위대한 춤은 일어나지 않은 움직임을 가시적인 움직임에 대한 긍정적인 내부로서 읽어낼 수 있게 하는 것입니다. 디오니소스적인 '예'가 이런 차원에 속한다는 것을 이해하도록 합시다. 그것은 어떠한 것에 대해서도 동의의 형상에 있지 않지만, 가치를 평가할 수 없는 것의 긍정은 완전히 다른 것입니다! 평가 불가능한 것은 디오니소스적인 '예'가 긍정하는 것에 의해 외부로부터 끌려 들어오게 됩니다. 긍정한다는 것, 그것은 하나의 작용[activité]입니다. 그리고 어떻게 그렇게 될까요? 긍정은 그 절제 속에서 긍정적인 것으로 드러나는데, 여기서 운동이 정확히 절제를 읽어낼 수 있게 하는 무엇이 되기에, 절제는 결코 운동 그 자체와 다른 것이 아닙니다. 그리고 이런 유형의 예시적인 운동이 춤추는 사람의 운동입니다. 왜냐하면 그는, 정확히 존재하지 않았던 무언가를 읽어낼 수 있게 만드는 이상, 오로지 긍정적인 힘으로 직조되는 절대적이고도 완벽한 도약[élan]이기 때문입니다. '예'는 절제되지 않은 충동이 아니며, 그것은 내부적 부정성의 요소 즉 절제되지 않은 것이 아닙니다. 즉석으로 복종하게 하는, 즉석에서 표명하게 하는 육체적 유혹을, 니체는 '저속함[vaulgarité]'이라 지칭합니다. 그리고 저속함은 디오니소스적 '예'와 상반되는 것입니다. 만일 '예'가 자기 충동에 복종하는 것으로 귀착된다고 생각한다면, 우리는 완전히 헤매고 있는 것입니다. 우리는 저속함 가운데 있습니다. 니체가 기술하는 것처럼, **모든 저속함은 유혹에 저항하지 못하는 무능력에서 유래**합니다. 혹은, 저속함이라는 것은 **우리가 반응하도록 강제된다는 것, 매번 모든 충동에 복종하게 되는 것**입니다. 완전한 긍정의 역은 복종에 혹은 반동적인 것에 다시 빠져드는 것입니다. 혹은 군대식 행진에서 드러나는 '예'의 시뮬라크르에 다시 빠져드는 것입니다.✦

춤과 군대식 행진 사이에서 나타나는 본성의 차이를 이해하는 것은 니체의 긍정에서, 니체의 '예'에서 무엇이 관건인지 아는 것입니다. 춤은 해방된 몸의 충동이 아니지만, 그렇다고 해서 몸의 야생적 에너지도 아닙니다. 그것은 언제나 충동에 대한 불복종을 드러내는 몸의 표명입니다. 그것은 모든 진정한 긍정이 실제로 충동에 대한 불복종이라는 생각입니다. 속류 니체주의는 자기 욕망을 좇아가는 것인데…… 여기서 그것은 삶에 대한, 평가 불가능한 것에 대한 완전한 역[逆]입니다. 세계에 대해 '예'를 말하게 될 때조차 말입니다. 춤은 어떻게 충동이 그 움직임에서 무효하게 될 수 있는지 보여주며, 이에 따라 중요한 것은 복종이 아니라 절제가 됩니다. 그러므로 춤은 세련됨[raffinement]으로서의 사유가 될 것이며 가볍고 섬세한 사유를 은유화하게 되는 것인데, 왜냐하면 춤은 정확히 운동의 내재적 절제를 나타내기 때문입니다. 그것은 확실히 몸의 충동적인spontanée 저속함에, 그 원초적인 환희 혹은 망각적 반복에 대립되는 것입니다. 문제는 저속하지 않은non vulgaire 긍정이 새로운 세계의 체제, 곧 춤추기의 체제régime dansant로서 니체의 긍정에 대한 질문 속에 찾아들게 하는 것입니다. 왜냐하면 '예'에 내밀하게 위협을 가하는 것, 그것은 오로지 복종만을 긍정으로 받아들이는 방식으로 이해된 저속함입니다. 그리고 그 무엇도 이보다 쉬운 일은 없을 것입니다! 춤의 중요한 미덕은 자유로운 운동의, 보여질 수 있는 보다 자유로운 운동의 본질이 충동에 대한 불복종임을 보이는 것입니다. 이는 가벼움의 은유에서 정점에 이릅니다. 모든 디오니소스적 긍정의 지점은 그것의 가벼움이 될 것입니다. 그러나 '예'의 가벼움은 어떤 것일까요? '예'가 욕망, 성행위 등에 대한 '예'였던 곳에서, 그 가벼움은 니체 이후에 주어진 나팔 부는 니체주의의 관점에서는 어떨까요? 요컨대 나팔의 니체주의라는 것은 말입니다! 그것은 실제로 군대식 행진을 향해 이끌리는 경향을 보이게 됩니다. 결국 '예'의 실마리를 붙잡는 것은 전적으로 다른 사안입니다! 가벼움으로서의 춤을 통해 이야기되는 것은 무엇일까요? 이것이 니

✦ 이런 이야기는 바디우의 《윤리학》 결말부 논의를 떠올리게 한다. 거기서 바디우는 그 가능성을 사건의 시뮬라크르와 충실성에 대한 배신과 어떤 고유한 진리가 아닌 전능한 힘으로서의 진리라는 세 가지 지점에서 진리가 악으로 변질될 가능성을 제시한다. 여기서 논의된 이 군대식 행진의 '예' 혹은 충만한 긍정은 그중에서 사건의 시뮬라크르에 관한 논의와 유사하다고 할 수 있겠다. 즉 춤이라는 예술적 진리의 움직임을 긍정의 충만에 대한 시뮬라크르인 군대식 행진으로 바꿔놓는 것이라는 점에서 말이다.

체의 출발점입니다. 그 가벼움은 속박되지 않은 것으로, 심지어 그 자체에 의해서도 속박되지 않은 것으로 나타나는 몸의 역량이 아니라면, 다시 말해 불복종과 그 자체의 충동에 대한 억제의 상태로 나타나는 몸의 역량이 아니라면 도대체 무엇이겠습니까? 속박 없는 몸의 드러냄은 그래서 느림의 원칙을 요구합니다. 그러므로 우리는 빠른 것에 감춰진 비밀스런 느림을 나타낼 수 있는 역량을 '가벼움'이라 지칭할 것입니다. 그리고 이런 이유로 춤은 그런 것을 보여주는 가장 훌륭한 이미지가 됩니다. 바로 그런 것이 진정한 가벼움입니다! 그리고 춤의 움직임이 신속함에 있어서의 뛰어난 기교를 보이는 것은 오직 잠복하는 느림이 머무르고 있을 경우뿐입니다. 춤의 움직임의 경쾌함 속에서 긍정되는 것은 감춰진 느림의 나타남입니다. 춤동작의 신속함 자체에 따른 윤곽선, 다시 말해 그 신속함으로부터 절대적인 우아함을 만들어내는 것에서도 또한 잠재적인 느림이 드러납니다. 여기서 위대한 무용수의 정수는 바로 이런 것입니다. 자기 역량이나 수행능력을 우리에게 보여주는 것이 아니라, 마치 그 몸짓이 신속함 속에서 느리게 펼쳐지는 것처럼 하는 것 말입니다. 이는 또한 니체의 의미에 따른 '예'의 문제입니다. '예'라는 대답, 완전한 긍정은 또한 신속함의 연쇄에 대한 것이어서는 안 되며, '예'라는 대답은 이 긍정의 느림 속에 있는 평가 불가능한 것에 관련된다는 점에서 긍정이 됨을 보여야만 합니다. 오로지 이 논점만이 '예'라는 대답이 복종에 대한 것이 아님을 증언합니다. 니체는 이에 대해 다음과 같은 방식으로 말합니다. **의지가 터득해야 하는 것은 느려지는 것**이라고. 춤이 습득될 수 있고 또 느려지는 것이 반드시 그렇게 해야만 하는 것인 이상, 춤은 느림의 강렬한 확장으로서 의지가 습득하는 것이 무엇인지 우리에게 가르쳐줍니다. 그로부터 니체의 질문에 함유된 극도의 난해함이 드러납니다. 만일 춤을 길잡이로 삼는다면, 그 질문의 본질은 현실의actuel 움직임보다는 잠재적인virtuel 움직임으로 나타납니다. 그것은 운동에 잠복하는 느린 잠재성virtualité입니다. 혹은 다시 말해, 춤은 현실의 움직임에 숨겨진 비밀스런 느림으로서의 잠복적 움직임입니다. 혹은 보다 정확히 볼 때, 춤은 최대로 행사된 가장 높은 기교의 신속함 속에서 감춰진 느림을 보여줄 것인데, 여기서 일어나는 것은 결국 그 자체의 절제와 구별될 수 없을 것입니다. 완벽한 춤의 움직임이란 그런 것입니다. 그 움직임이 일어나지만, 이 일어남avoir-lieu은 그 자체의 절제에 식별 불가능성을 부여합니다. 예술의 정점에서 춤은 그저 신속함과 느림 사이의 동등함만이 아니라, 심지어 몸짓geste과 몸짓 없음non-geste 사이의 동등함까지도 보여줄 것입니다. 당연히 춤은 행위일 뿐이지만, 비非행위에 대한 행위의 동등함을 나타내는 행위입니다. 그것이 나타내는 것은, 비록 움직임이 일어났다 해도 이 일어남의 인식 가능한 단독적 형태가 잠재적인 일어나지 않음non-lieu과 구별될 수 없다는 점입니다. 춤은 오직 몸짓들로만 이루어지되, 빈번히 절제에 사로잡히는 몸짓들로 이루어져, 그 몸짓들이 결정되지 않은 채로 남겨진다고 말하기에 이를 정도로 말입니다. 그것들은 몸짓의 잠재적인 결정 불가능성을 나타냅니다. 그리고 우리가 잘 아는 것처럼, 만일 무용수가 자기 몸짓의 결정을 지나치게 많이 보일 경우에, 조화를 이루지 못하는heurté 무언가가 춤에 들어가게 됩니다. 최상의 예술이자 또 매우 희소한 예술인 춤의 연결성le lié은 이 일어남과 일어나지 않음 사이의 구별 불가능성이 일어남 그 자체를 통해 표면화될 때 드러납니다. 계속되는 몸짓의 결정들의 불연속성이 드러나는 대신 비결정이 지속될 정도로, 몸짓은 절대적인 유동성 속에서 몸짓 없음과 같은 것이 됩니다. 몸짓의 유려한 연속이 몸짓 없음의 중단으로 모습을 드러내는 것은 명백히 이 결정들에 대한 재단[trancher]이 없는 까닭입니다. 이러한 모든 근거를 들어, 니체는 정당하면서도 심오한 방식으로 춤을 행위의 예술적 은유로 소환하는데, 왜냐하면 행위의 문제 혹은 긍정의 문제는 근본적으로 춤이 결정으로 이해될 수 없다는 것이기 때문입니다. 거기에 모든 난점이 있습니다. 평가 불가능한 것에 대한 긍정은 결정의 체제에 따르지 않는데, 이는 모든 결정이 평가하는 것인 까닭입니다. 혹은 모든 의지는 평가하는 것이며, 사실상 가치들을 유기적으로 생산하는 것입니다. 하지만 디오니소스적인 '예'의 문제는 정확히 가치를 생산하지 않는 것이며, 해석을 그침으로써, 해석에 유예를 가함으로써, 평가할 수 없는 것 그 자체에 대해 '예'라고 말하는 것입니다. 따라서 긍정의 단언적 성격[le affirmatif]은 결정의 도식을 통해 파악되어야 하는데, 이 도식은 의지에 따른 것[volontaire]이며 그래서 평가하는 것이기도 합니다. 그리고 만일 그 도식이 평가하는 것이라면, 오래된 세계에 속한 것입니다. 하지만 그럼에도 춤은 결정의 이음매를 보이지 않게 하는 긍정의 몸짓을 나타내는 형상일 것입니다. 니체의 관점에서 예술은 바로 이런 점에 소용이 되어야 합니다. 여기서는 춤에 국한되지만, 예술 즉 모든 가능한 예술은 긍정에 힘을 부여하고 이로써 긍정을 결정으로부터 분리시켜야 합니다. 이는 결정이 없기 때문이 아니라, 예술이 표명해야 하는 것이 더 이상 평가하는 결정의 체제에 따르지 않는 긍정의 가능성이기 때문입니다.

이로써 우리는 바그너로 돌아갈 수 있게 되었습니다. 왜냐하면 연극화는 결정의 체제의 불가피한 복귀이기 때문입니다. 우리는 심지어 연극이 전형적인 결정의 예술이라고 말할 수 있습니다. 그것은 결정의 공연spectacle, 즉 능력이냐 무력함이냐를 결정하는 공연입니다. 그것의 관건은 결정의 문제에 사로잡힌 인간을 나타내는 것입니다. 그리고 바그너의 연극화는 마치 단호한 결정들이 있었거나 혹은 있을 수 있었던 것처럼 중요한grande 결정들을 실행하는 것입니다. 위대한grande 긍정이 있는지 아는 것이 문제일 때 말이지요. 그로부터, 바그너에 대한 니체의 논쟁은 철학적 쟁점을 이해하기 위해 절대적으로 교묘하게 뚫고 들어가야 할 두 가지 방향으로 진입하게 될 것입니다. 명백히 모순되는 두 가지 방향으로 말입니다.

¶ 먼저 니체는 바그너는 결코 아무것도 결정하지 않는 자라고 말할 것입니다. 그의 음악은 언제나 이전의 사유로서의 사유이며, 이전의 약속으로서의 사유이지만, 그것은 결코 아무것도 결정하지 않습니다. 그것은 '결정의 마취제'인 것입니다.

¶ 그런 다음 그는 다음과 같은 상반된 이야기를 합니다. 바그너는 용어 — 양심의 드라마, 회심 등 — 의 과장된 의미에서 중요한 결정이 되는 과장된 연극화에 빠진다고 말입니다.

이에 따라 니체는 바그너에 대해 그가 우유부단하다고 말하는 동시에 그의 음악이 우유부단하다는 말을 한다고 할 수 있는데, 왜냐하면 항상 그의 음악은 그 무엇도 결말짓거나, 구획으로 끊거나

scande, 혹은 악절로 나누지périodise 않기 때문입니다. 그의 음악은 예술적으로 우유부단한 음악이지만, 동시에 그 음악은 또한 지나치게 유형화되어 있으며, 따라서 결정적인 것입니다. 그것은 그의 극적인 혹은 연극적인 성향에 대한 유형론에 사로잡힌 음악입니다. 제게는 분명히 서로 괴리적인 것으로 보이는, 바그너에 대한 이 두 가지 비평은 예술에 관한 동일한 질문을 대상으로 하는 것이 아니며, 예술에 관한 동일한 철학적 문제와 관련되지 않는데, 왜냐하면 실제로 이 지점에서 니체의 두 가지 중요한 질문이 돌발적으로 나오기 때문입니다. 바그너에게 전달되는 이 두 가지 불평은 서로를 구체화합니다.

그 질문들은 어떤 것들일까요? 하나는 이런 것인데, 예술은 진실로 긍정을 단언할 수 있을까요? 예술에 있어, 어떤 예술이 위대한 예술이며, 어떤 예술이 위대한 예술이 아닐까요? 이것이 주요한 질문입니다. 다른 질문은 보다 은밀하며 보다 복잡한 것인데, 긍정을 단언할 수 있는 예술은 여전히 예술일까요? 이 경우에 (예술이라는) 그 말은 타당성을 가질까요? 그리고 그 말은 유지되어야 할까요?

하나가 다른 하나에 대해 서로 비틀림의 관계에 있는 두 가지 질문에 보다 고전적으로 포스트낭만주의적인 딜레마가 덧붙여집니다. 긍정의 역량을 지닌 예술이라 할 위대한 예술은 과연 있을까요? 그리고/혹은 확실히 그리스인들의 예술이 아닌 위대한 현대 예술은 실제로 예술과 다른 무엇이 아닐까요? 그것은 예술의 종말일까요, 아니면 예술의 너머일까요?

그것은 뒤얽힘입니다. 우리의 시대는 위대한 예술의, 긍정을 실행할 수 있는 예술의 역량을 지니고 있을까요? 그리고 같은 질문을 다른 방식으로 제기하자면, 우리의 시대는 더 이상 예술에 속하지 않는 어떤 것을, 혹은 그 예술을 예술적 기능으로부터 뽑아내는 어떤 것을 위대한 예술이라 하는 것은 아닐까요? 바그너를 가로지르는 이 논쟁을 사로잡는 것은 위대한 예술과 예술의 종말 사이의 중요한 논쟁입니다. 그러나 일단 바그너가 위대한 예술이 아니었음을, 마법사가 위대하지 않았음—그는 결국 그렇게 말합니다!—을 알게 되었을 때, 우리는 이런 질문을 던질 수 있습니다. 어쨌든 그가 가장 위대한 자였음을 고려하자면, 그는 위대한 자의 위대하지 않은 위대함으로서 시험되었던 자는 아닐까요? 그것은 단지 더 이상 예술의 자리가 없음을 의미하지 않는 것은 아닐까요? 만일 위대한 예술이 위대하지 않다면, 우리는 하찮은 예술을 칭찬하게 될 것입니다. 우리는 비제나 오펜바흐나 혹은 슈트라우스의 왈츠에 대해 이야기함으로써 그렇게 할 수 있습니다! 그러나 니체는 하찮은 예술이 어떤 것에 상당하는지 완벽하게 알고 있으며(우리는 그것을 착각하지 말아야 합니다!), 니체 또한 소피스트적 측면에 관해서는 반도덕주의자의, '근대인'의 비판의 창끝을 피하지 못합니다. 숨겨진 진정한 문제는 실제로 이런 것인데, '예술Art', 그것은 바로 바그너였다는 점입니다. 그리고 만일 그가 위대하지 않다면, 이는 아마도 그에게 '예술'이 없었기 때문일 것입니다. 긍정의 역량을 지닌 예술은, 우리 시대가 규정하는 것처럼, 바그너에 대해 그가 위대한지 아닌지 질문함으로써 예술에 대해 이야기하게 되는 그런 의미에서의 예술이 아닙니다!

8강

1993년 4월 28일

3주 전에 니체를 예술과 철학에 관한 논쟁에 밀어 넣었던 것을 기억할 것입니다. 저는 이를 속행하여 세 가지 논점을 요약하겠습니다.

¶ 예술에는 원元정치적 단절에 요구되는 힘이, 근본적인 행동이 있는데, 이는 오직 그 예술이 니체가 위대한 예술 혹은 위대한 양식의 예술이라 부르는 것일 경우에만 그러합니다. 여기서 위대한 예술 혹은 위대한 양식은 간단히 말해 그리스적 기원과 공약 가능한 예술을 지시하는 것으로 이해됩니다.

¶ 니체와 동시대 사람으로서, 바그너는 위대한 예술의 기획의 유일한 담지자입니다. 즉 그는 당대에 그 주제를 다시 표명하거나 혹은 다시 주장하는 자입니다.

¶ 니체가 점진적으로 그리고 말년에는 극도로 확신하게 된 것은 바그너에게는 진정한 위대함이 없고, 종합 예술이라는 그리스 비극의 이상형을 유산으로 물려받은 음악극drame musical이라는 바그너의 기획, 즉 그의 오페라가 위대한 예술의 형상을 실현한 것이 아니라 오히려 위대한 예술의 연극적 모방일 뿐이며, 그는 위대한 예술을 구실

삼아 그 시뮬라크르를 제시하는 협잡꾼이라고 확신하게 됩니다.

그 결과, 예술의 운명과 기능은 어두워집니다. 혹은 보다 정확히 말해서, 철학적 행동과 위대한 예술의 힘의 형상 사이의 연관은 마침내 밝혀진 바그너의 협잡에 비추어 재검토되어야 합니다. 이것이 《바그너의 경우》를 중요하게 만드는 것입니다. 그리고 이런 이유로 이 표현✦의 사용은 정당화됩니다. 말하자면 여기서 '바그너의 사례cas Wagner'가 주어지는데, 그것은 정확히 하나의 증상symptôme인 동시에 예술과 철학적 행동 사이의 근본적인 상호관계에 대한 재검토를 요구하는 문제입니다. 게다가 그 소책자에는 '음악가들의 문제'라는 부제가 달려 있지 않습니까? 그것이 단지 음악가들의 문제만이 아니라 먼저 하나의 진정한 문제라는 의미에서 그것을 들어보도록 합시다. 즉 '바그너의 문제'는 음악과 철학 사이 상호관계를 재설정하거나 재정식화하는 문제라는 의미에서 말입니다. 이 소책자의 두 가지 언표를 소환함으로써 붙잡아낼 수 있는 어떤 긴장관계가 있습니다.

첫 번째 언표: **바그너는 근대성을 집약하며, 누구도 그렇게 하지 못하고, 우리는 바그너주의자가 되는 것부터 시작해야 한다.**

두 번째 언표: **바그너는 나의 질병일 뿐이다.**

이 두 언표의 명백한 충돌은 다음과 같이 해석될 것입니다. 근대성의 본질은 사유의 질병이 되는 것이라고 말입니다. 혹은 다시 말해서, 근대성이란 그로부터 치유되어야 할 무엇입니다.

흔히 우리는 니체에게서 근대성의 예언자를 봐왔지만, 여기서 근대성은 단지 모호한 기표일 뿐입니다. 니체가 고지하는 것, 즉 그가 원하는 것—그가 주창자가 되는 단절— 은 정확히 근대성과의 단절, 근대성의 교정, 근대성으로부터의 탈출입니다. 또 우리는 예술의 고유한 문제에 관해서, 근대성이 **광대극**histrionisme**의 방향에 따른 전반적인 예술의 변환**으로 규정됨을, 혹은 근대성이 위대한 예술의 불가능성임을 이야기할 것입니다. 이런 의미에서 '바그너의 사례'는 예시적입니다. 이 소책자는 위대한 예술의 불가능성을 입증하거나 나타냅니다. 그런데 위대한 예술이란 무엇일까요? 그것은 광대극이 아닌non histrinique 예술, 연극적이지 않은 예술입니다. "나는 연극이라는 전형적인 대중 예술에 대해, 오늘날 모든 진정한 예술가가 마음 깊은 곳에서 그것에 대해 품는 엄청난 경멸을 느낀다"라고, 그는《니체 대 바그너》에서 기술합니다. 원정치적 행동은, 최상의 철학적 행위는, 세계의 역사를 둘로 쪼개는 행동은 본질적으로 연극적 행위가 아니지요. 원정치적인 몸짓은 사유가 무대에서 퇴장하기 때문에 나오는 그러한 몸짓입니다. 사유는 더 이상 그 힘의 장소로서 연극무대에 머무르지 않으며, 오히려 철저한 균열의 고요함 가운데 그곳으로부터 퇴장합니다. 이런 이유로 마지막 몇 해 동안 예술의 문제에 대한 비판적 측면은 무대에서의 퇴장을 말하는 것이었습니다. 연극성의 형상에 대한 예술의 종속에 가해지는 사형을 얻어내야 합니다. 바그너의 '사

✦ 이 번역문에서는 일반적으로 사용하는 번역 제목 '바그너의 경우(Cas Wagner)'를 사용한다. 그러나 이 제목에서 '경우'로 번역되는 'cas'는 정신분석의 '사례'를 지칭하는 말이기도 하며, 여기서는 그러한 의미로 사용된다.

례'로 예증되는 과장된 연기의 소멸mort을 말입니다.

그리하여 기원의 문제가 튀어나옵니다. 말하자면, 위대한 예술의 기원적 주형matrice은 그리스의 비극입니다. 그런데 비극은 연극의 원조fondatrice가 아닙니까? 이는 니체 사유의 모순입니다. 근대성과의 단절이라는 명령은 연극성과의 관계를 끝장낼 것을 의도하지만, 위대한 예술의 패러다임 혹은 주형은 그리스 비극에서 발견되는데, 이와 관련하여 바로 그리스 비극이 연극성의 형상을 창조했다고 생각할 수 있습니다. 연극은 어떻게 근대성의 낙인이 되는 동시에 위대한 예술의 주형이 될 수 있을까요? 연극은 어떻게 《바그너의 경우》에서 위대한 예술을 훼방하고, 그것을 시뮬라크르로 교체하며, 게다가 그 자체의 역사적 형상을 위대한 예술에 부여한 무엇이 될 수 있을까요? 그래서 우리는 《비극의 탄생》✦에서 펼쳐지는 비극tragédie과 비극적인 것le tragique에 관한 초기 테제들을 검토하고, 니체의 말년에 근거하기로 한 우리의 지침에서 어긋난 방향으로 나아갈 필요가 있습니다.

《비극의 탄생》에서 니체가 주장하는 테제는 어떤 것인가? 바로 이런 것입니다. 즉 비극은 연극에 속하지 않고, 비극은 연극이 아니며, 비극의 본질은 모든 연극성에 대한 예외가 된다는 것입니다. 그러니까 위대한 예술을 타락시키고 훼방하는 것이 바로 연극성인 이상, 역설이 발생합니다. 비극은 위대한 예술의 패러다임으로 남게 되지만, 그 대가로 비극의 기원적 본질은 연극적인 것이 아니게 됩니다. 이 논점은 니체의 위대한 예술이라는 주제를 파고드는 데 있어 핵심적입니다. 비극과 연극 사이에 분리가 있다는 점이 말입니다. 그리고 니체의 사유가 비극적인 이상, 비극적인 것은 그 연극적 의미로 볼 때 비극이 아닙니다. 그 귀결로 원정치적 행동은 비극적 의미를 갖게 되며, 동시에 그 행동은 무대에서의 퇴장이 되거나, 혹은 연극성으로부터의 감산soustraction이 됩니다. 그리스 비극은 위대한 예술이기에 그것은 연극이 아닙니다. 연극적 '비극'을 창조했던 것은 에우리피데스이며, 본질적으로 아이스킬로스나 그에 뒤이은 소포클레스의 위대한 비극들이 아닙니다. 에우리피데스의 발명품은 비극의 타락이며, 그 본질의 말살입니다. 관건이 무엇인지 이해하려면 비극은 진짜 어떤 것인지, 그리고 이어서 사유 자체의 결정으로서 위대한 비극적 예술은 어떤 것인지 질문할 필요가 있습니다.

비극이란 무엇일까요?

¶ 미학적 측면에서 볼 때, 그것은 음악과 신화의 조합이며, 이 둘의 엄격하게 규제된 결합, 곧 니체가 바그너의 기획에서 발견한 음악극의 표현 그 자체입니다. 바그너에 대한 최초의 언급에서, 바그너의 예술에 대한 열정을 알리는 최초의 일별에서, 니체는 비극의 미학을, 그 자체로 신화의 피난처이자 창조물인, 음악의 관할 아래 배치합니다. 그는 《비극의 탄생》에서 '우리는 비극에서 음악의 정수로부터 새롭게 다시 나타나는 비극적 신화를 얻는다'고 단언합니다. 음악극은 비극의 미학적 결정으로서 음악이 드러내는 창조적인 힘의 관할

✦ 통상 '비극의 탄생'이라는 제목으로 알려지기는 했지만, 비극의 고대 그리스적 기원을 논하는 내용으로 볼 때 '비극의 기원'이라는 제목이 더 적절하다고 본다. 독일어 원제에 쓰인 'Geburt'라는 단어엔 '탄생'이나 '발생'의 의미가 있기는 하지만 '기원'이라는 의미도 있다.

아래 위치합니다.

¶ 외형적으로 볼 때, 행동의 형상들 혹은 힘의 형상들을 지시하는 위대한 고유명들의 작용을 거쳐, 비극은 또한 디오니소스의 관할 아래 놓인 아폴론과 디오니소스의 조합이기도 합니다. 여하튼《비극의 탄생》에서,

> 예술의 보호신들인 아폴론과 디오니소스가 우리에게 시사하는 것은 그리스 세계에는 그 시작과 끝에 있어 조각가의 예술 — 혹은 아폴론적 예술 — 과 조각가의 것이 아닌non sculptural 음악이라는 예술, 즉 디오니소스의 예술 사이에 엄청난 대립이 있다는 점이다. 너무나도 다른 이 두 본능은 흔히 공공연한 갈등상태로 서로 나란히 걷는데, 새롭고도 보다 왕성한 창조물들에서 상호적으로 고무되어 겉으로는 그것들이 공통으로 갖는 이름을 회복할 뿐인 이 상반된 것들의 갈등을 영속화한다 — 결국 그리스적 '의지'라는 형이상학적 기적에 의해 그것들이 연합되어 나타나고, 마침내 이 연합에서 디오니소스적인 동시에 아폴론적인 예술작품, 즉 아티카[아테네]의 비극tragédie attique이 발생되기까지 말이다.

이 텍스트는 명료합니다. 예술은 단 하나의 형상이 아니라 두 형상 아래 배열됩니다. 디오니소스와 아폴론이라는, 예술적 형상의 두 신격 아래 말이지요. 정상적인 혹은 평범한 방식으로 말하자면, 여기에는 괴리가 주어집니다. 말하자면, 두 고유명은 예술의 힘에 속한 두

가지 괴리적 형상을 지시합니다. 비극은 그 두 형상을 혼합하지만 융합하지 못하는 데서 발원합니다. 그것은 변증법적 해결법, 즉 헤겔적 의미에 따른 상반항들의 통합이 아닙니다. 비극에서 하나는 디오니소스의 이름으로 그리고 다른 하나는 아폴론의 이름으로 작용하는 두 원리는 내재적 긴장관계에 놓이게 되며, 있는 그대로의 비극을 구성하는 것은 바로 이 긴장관계입니다. 이 긴장관계는 '의지'의 창조물입니다. 거기서 그 결합이, 니체가 망설임 없이 '형이상학적 기적'이라 말하는 그 결합이 의지되는 것입니다. 그것은 결합의 기적으로서의 순수한 그리스적 의지입니다. 디오니소스와 아폴론이라는 예술의 두 중요한 형상이 서로 합쳐진다는 것은 결코 있을 법하지 않은 일입니다. 그리스적 의지의 형이상학적 기적인 것입니다! 바로 이런 것이 비극, 다시 말해 이 기적의 기적적인 실존입니다.

¶ 이어서, 존재론적 측면에서 볼 때, 혹은 니체식으로 말해서 삶이라는 평가 불가능한 힘으로서, 비극은 꿈rêve과 도취ivresse의 조합입니다. 꿈과 도취라는 매우 중요한 범주들은 전前예술적이거나pré-artistiques 혹은 초超예술적인trans-artistiques 속성들이며, 다시 말해 자연 자체의, 생명력 그 자체의 속성들입니다. 니체는 이렇게 말할 것입니다. '그것은 인간 예술가의 매개 없이 자연으로부터 직접적으로 분출하는 예술의 에너지들과 관련된다.' 여기서 그것은 원래 비극의 준準존재론적quasi ontologique 특징들입니다. 꿈과 도취의 동시성으로서, 비극은 자연으로부터 직접적으로 아낌없이 주어지며prodiguées 애초에 예술가 자체가 있을 필요가 없는 예술의 에너지들의 결합입니다. 꿈은 나타남apparaître을 나타남으로서 전달하는 것입니다. 그것은 그 자체가 이미지

임을 아는 이미지의 필요성, 혹은 이미지로서 그 자체의 가치하락이 되는 것이 아니라 반대로 조용히 그 자체로 아낌없이 베풀어지는 이미지의 행복한 필요성입니다. 이것은 '숙고되어 이해된 시각'이며, 실제로 조각에서, 즉 그리스 조각에서 분리되거나 개별화되는 방식으로 예술적 완성을 맞는다고, 니체는 말할 것입니다. 그것은 이렇게 외양의 영광으로, 즉 자기충족적인 외양의 영광으로 구상된 꿈의 차원입니다. 다시 한번, 구상되어야 할 것은 생명의 에너지énergie vitale입니다. 의식의 철학들의 형상을 통해서가 아니라(한편 이는 매우 난해한 것인데, 의식의 철학들의 형상에서 외양은 언제나 의식이 아니며 외양에 이르는 어떤 것을 가리키게 됩니다), 있는 그대로 있는 것ce qui est en tant qu'il est으로서, 그 나타남에서 발해지는 태양의 영광 속에서 은닉된 배경 없이 피어나는 것으로서 말입니다. 그리고 바로 그리스 조각이 그 나타남을 붙잡는 것이며, 충동 속에, 인간 예술가의 힘 속에 그의 자기충족적 형상을 통한 태양의 나타남의 가능성을 아낌없이 부여하는 것입니다. 이는 작품 속에 부여되는 것으로서의 꿈, 작품－꿈œuvre-rêve, 혹은 그 자체의 나타남이 아닌 다른 무엇도 발견하지 않는 작품의 형상에 투입되거나 펼쳐지는 꿈입니다. 이와 관련하여 그리스 조각은 패러다임이 됩니다. 도취에 관해 말하자면, 그것은 자연의 예술적 에너지의 표명입니다. 이는 창조적 운동을 통해 취해진 땅의 선물입니다. 꿈에서 그런 것처럼, 개별화되거나 조용히 분리되지 않는 것입니다. 도취에는 정확히 개별화의 폐지, 곧 생명력vital 그 자체의 즉각적인 전체화에 의한 창조적 에너지의 표명이 있습니다. **이는 땅 그 자체가 선물을 주는 것**이라고, 니체는 말할 것입니다. 만일 꿈이 주어진 것이라면, 도취는 거기 있는 것의 증여와 관련한 순수한 움직임입니다. 즉 꿈을 통해 주어진 것, 도취를 통한 증여이겠지요. 바로 음악과 노래와 춤이 붙잡아 사로잡게 될 증여인 것입니다. 도취는 땅이 내재적인 방식으로 아낌없이 선물을 주는 그러한 운동을 포착합니다. 이때 비극은 꿈과 도취의 결합, 도취로부터 부여된 꿈입니다. 혹은 다시 말해 비극은 증여로서의 증여된 것을 사용하며, 증여의 운동 자체 속에서 분리된 이미지[vision]를 사용합니다. 그것은 기적적인 균형[équilibre]의 순간, '형이상학적인 기적', '그리스의 영광'이며, 거기서 예술적 역량은 증여로서의 증여된 것을 전달합니다.

¶ 마지막으로 유적인 측면에서 볼 때, 혹은 예술적 장르들의 관점에 따를 때 비극은 조각가나 음유시인과 음악가의 결합, 즉 아폴론적 음유시인과 디오니소스적 음악가의 결합입니다. 하나는 꿈의 편에, 다른 하나는 도취의 편에 있습니다. 《비극의 탄생》으로 돌아가봅시다.

> 조형 예술가와 그에게 가까운 서사시 시인은 이미지들에 대한 순수한 관조로 침잠한다. 디오니소스적 음악가는 어떠한 이미지에도 호소하지 않으며, 기원적 고통 자체와 그 시원적 메아리에 동화된다.

우리가 이 발췌문에서 받아들일 것은 비극은 모든 이미지의 부재라는 규칙 아래 행해지는 이미지[image]의 관조라는 궁극적인 성격규정입니다. 그런 것이 위대한 예술이라는 겁니다. 그것은 비[非]이미지

non-image의 법칙 아래 놓인 이미지입니다. 거기에는 오직 이미지만이 있고, 그럼에도 이미지가 증여물로서 주어진 것인 이상, 이미지의 근원적인 규칙은 어떠한 이미지도 사용하지 않는 것의 관할 아래 놓이는 것입니다. 음악은 어떠한 이미지도 사용하지 않는 것을 명명할 것이며, 조각이나 서사시는 이미지의 사용을 명명할 것입니다. 그러나 비극은 이미지들의 흐름 속에서 이미지 없는 운동이 지나가는 정확히 그 순간, 이미지란 단지 비非이미지의 통과가 될 뿐인 그 순간입니다. 또한 우리가 말할 수 있는 것은 비극은 재현이 재현 불가능한 것의 법칙 아래 놓이는 그러한 예술이며, 재현 불가능한 것이 재현 속을 통과하는 예술적 양식이라는 점입니다. 위대한 예술의 일반적 정의를 부여하게 될 무엇은 바로 이런 것입니다. 이미지에 대한, 절정의 이미지에 대한, 가장 강렬한 환상vision에 대한, 가장 완전한 꿈에 대한 탈奪이미지화désimagination, 그러나 음악적 강화에 의해, 음악이라는 강렬한 탈이미지화에 의해 관통되거나 횡단되거나 혹은 사로잡힌 꿈이라는 것 말입니다. 그리스 신들의 조상彫像이나 신화란 그런 것입니다. 이 모든 것 중 어느 것도 연극이 아닙니다. 그 어느 것도 연극을 소환하거나 끌어들이지 않습니다. 비극의 판별이라는 니체의 움직임은 어느 순간에도 재현의 형상인 무대나 배우에게서 연극성을 소환하지 않습니다. 그들이 논의의 진행 중에 언급되기는 하지만, 결코 비극의 본질에 관련되지는 않습니다. 비극은 오직 우연에 따른 재현일 뿐이며, 결국에는 그 자체의 강도 높은 운동 속에서 이미지를 말소해 버립니다.

하지만 그렇다면 연극은 무엇이란 말입니까? 니체의 관점에서, 그것은 에우리피데스—그가 '범죄자 에우리피데스'라고 말할—의 창조물, 곧 비극을 희생시켜버렸거나 혹은 더 나아가 '비극의 자살'을 완결지은 자의 창조물일 것입니다. 비극은 외부적 인과관계로 인해 죽은 것이 아니라, 그 자체와는 다른 것에 대해 그 자체로 희생된 것입니다. 그리고 그 주모자auteur, 즉 이 몸짓의 당사자(배우)acteur —이 말의 연극적 의미도 포함되는— 는 에우리피데스가 될 터였습니다. 그래서 에우리피데스는 누구인가? 이를 알아보는 것이 핵심적입니다. 《비극의 탄생》에서, 그에 대한 비판은 사실상 명백히 바그너에 대한 비판을 선취하는 것이었습니다. 에우리피데스는 비극에 대한 소크라테스적 탈구脫臼, dislocation입니다. 그는 '범죄자-철학자'인 것입니다. 니체적 반철학의 특징 중 하나는 특히 철학자들에게 '범죄자'라는 별칭이 정해져 있다는 점임을 기억합시다. 《안티크리스트》를 마무리하는 반기독교적인antichrétienne 법의 포고에서 철학자들이 '범죄자 중의 범죄자'로 규정되는 것을 포함해서 말입니다. 여기서, 그의 범죄성에 있어 에우리피데스는 예술을 철학에 종속시키는 자입니다. 그의 범죄는 바로 그런 것이며, 이는 또한 동시에 연극의 탄생naissance이기도 합니다. 비극의 삭제와 소멸을 통한 연극의 범죄적인 탄생이 있는 것입니다.

그렇다면 '범죄자 에우리피데스'는 비극이라는 것에 관해 무슨 짓을 저지른 것일까요? 계속해서 이를 자세히 들여다보도록 합시다.

¶ 미학적 측면에서, 에우리피데스는 신화를 더 이상 음악이 아니라 이야기discours에 종속시키려 합니다. 이것이 그의 범죄를 구성

하는 첫 번째 전치轉置입니다. 따라서 그것은 과학에 의한 신화의 파괴, 달리 말해 소크라테스와 플라톤에 의해 시작된 파괴와 동질적입니다. 그는, 신화를 음악의 강화와 도취 속에 붙잡아두는 대신, 비유를 신화에 종속시키거나 혹은 신화 자체를 담론적 논리에 종속시킴으로써 이 파괴를 연극화하는 자인 것입니다. "과학은 신화를 파괴했고, 이 파괴는 시를 그 이상향으로부터 추방하여 이제 그것을 망명자로 만들었다"고, 니체가 주장하지 않습니까? 그는 여기서 플라톤에 의한 이상적 도시국가la Cité idéale로부터 시인들의 추방을 암시합니다. 그리고 그들의 추방에 있어 에우리피데스는 앞잡이instrument인 동시에 예술가—그러나 더 이상 위대한 예술과 관련 없는 예술가—가 되는데, 이 추방의 핵심은 신화의 파괴입니다. 니체는 그 파괴에서 '에우리피데스, 사상가이지만 시인은 아닌 자'를 식별해낼 것입니다. 철학은 사실상 신화의 파괴로부터 혹은 사유의 신화적인 뿌리내림으로부터 구성됩니다. 저는 이를 확신합니다! 그리고 니체는 제게 동의할 것입니다! 철학은 오로지 풍성한 의미를 함축한 신화의 종말을 대가로 존재할 수 있었으며, 따라서 제가 '수학소-시mathème-poème'로 지칭하는 대립을 통해, 혹은 니체의 용어로는 '과학-신화'가 되는 대립을 통해 존재할 수 있었던 것입니다. 실제로 철학은 과학이라는 패러다임의 조건 아래 진행된 신화의 힘에 대한 파기로부터 기원합니다. 만일 에우리피데스가 이러한 몸짓의 비극이라면, 만일 그가 과학에 의한 신화의 파괴를 당대의 비극으로 만든 자라면, 그는 또한 이런 의미에서 당대 철학의 비극일 것입니다. 니체는 정확히 이렇게 말할 것입니다. **철학적 사유는 예술을 지배하고 강요하여 변증법의 몸통에 매**

달리도록 한다. 자기 사유의 가장 깊은 곳에서, 니체는 연극의 창조가 에우리피데스를 그 실질적인 고유명으로 삼는다는 의미에서 비극의 계보에 거짓으로 기입된다고 주장합니다. 에우리피데스는 아이스킬로스와 소포클레스를 잇는 세 번째 비극 작가tragique인 것이지요. 하지만, 그가 실행한 일은 사실상 철학이라는 지배적 요소 속에서 행해진 비극의 말소입니다. 이 질책은 향후에 엄격하고 진중한 방식으로 바그너를 향해 재개될 것이며, 그에 대한 비판은 그런 방식으로 구성됩니다. 니체는 연극과 철학의 기원적 공속성을 완벽하게 인식합니다. 철학은 비극의 연극화에 책임이 있으며, 또한 비극의 종말 혹은 '비극의 자살'에 책임이 있습니다. 이로부터 연극성의 요소에 대한 발상이, 즉 철학에서 연극성을 구성하는 요소에 대한 발상이 나온 것입니다. 철학은 연극과 공현존하며coprésente, 연극은 철학과 공현존합니다. 비극의 망각으로서 연극 — 형이상학이 존재의 망각이라는 의미에서 — 과 철학이 예술에 종속되는 고유한 양식 사이에는 에우리피데스를 이름으로 삼는 기원적인 매듭nouage이 있습니다. 니체는 플라톤적 대화를 암시하지 않을 것입니다. 플라톤에게 있어 철학적 설명exposition 내부에 있는 연극성은 철학에서 기원하는 일종의 연극에 대한 공속성을 나타냅니다.✦ 이런 이유로 미학적인 측면에서 에우리피데스는 더 이상 비극을 명명하지 않으며, 더 이상 음악과 신화의 조합

✦ 플라톤의 철학 저술들은 일종의 희곡 형태로 쓰였다. 일설에 따를 때 이는 플라톤이 청년기에 비극 작가를 꿈꿨던 젊은이였기 때문이기도 할 것이다.

을 명명하지 않습니다. 그가 실제로 명명하는 것은 이야기(담화)에 대한 신화의 종속이며, 이 종속을 넘어서 철학의 관할 아래 위장되거나 가면이 씌워진 신화로 향하는 이행입니다.

¶ 형상과 관련하여, 에우리피데스의 기획은 디오니소스와 아폴론 사이의 관계를 전복하거나, 혹은 그 분명한 결합을 아폴론의 법 아래 두며, 또 심지어 이 복종으로 디오니소스의 형상을 근절하는 것입니다. **비극으로부터 그 강력한 시원적 디오니소스 숭배**dionysisme**를 제거하는 것, 그런 것이 에우리피데스의 의도**라고, 니체는 말할 것입니다. 그리고 심지어 디오니소스-아폴론 결합에 관한 디오니소스의 관할권에 대한 전복을 주장함으로써, 에우리피데스는 사실상 둘을 무화한다고 말할 것입니다. 더 이상 그는 정말로 아폴론 추종자apollonien일 수 없는 것입니다. 외양은 오로지 그것이 도취에 의해 떠받쳐질 경우에만 그 완전한 영광 속에 제시될 수 있습니다. 혹은 다시 말해서 전적으로 예술적인 주어진 것은 또한 그 자체가 증여를 나타낼 경우에만 있을 수 있습니다. 디오니소스와 아폴론 사이의 관계에 대한 전복을 시도한 이후 에우리피데스는 결국 비극을 구성하는 연결의 완전한 탈구에 이르게 될 것이며, 그로 말미암아 위대한 예술로부터 떠나게 될 것입니다.

¶ 생명과 관련하여, 에우리피데스에게는 도취도 꿈도 없습니다. **꿈이나 환상**vision **대신 사유가 주어지고, 도취 대신 정념**passions**이 주어집니다.** 외양에 대한 고요한 환상이 군림하던 곳에서, 에우리피데스의 연극으로부터 사유의 변증법이 일어날 것이며, 도취로부터 위대한 전체화가 혹은 결정적인 증여의 긍정이 주어지는 곳에서, 우리

는 정념의 갈등으로 들어가게 될 것입니다. 여기서 이것들은 두 가지 중요한 대체물인데, 왜냐하면 사유는 외양과 본질의 대립으로 귀착될 것이기 때문입니다. 외양으로서의 외양을 갖는 대신, 우리에게는 그 작용, 곧 외양에 의한 본질적인 것의 은폐—그로 인해 사유를 환상vision으로 바꾸는 교체—가 주어질 것이며, 선물의 땅으로부터 증여가 있던 곳에는 반대로 매혹적이지만 그와 동시에 생명의 선물don vital을 망각하는 정념의 연극적 폭력이 있게 될 것입니다. 이는 비극의 정의에 대립하는 연극의 정의가 될 수 있을 것입니다. 연극은 결코 더 이상 신비와 음악의 조합이 아니라 사유와 정념의 조합입니다. 비극의 정의에 반대되는 연극의 정의는 이런 것일 수도 있겠습니다. 이를테면 연극은 더 이상 신화와 음악의 조합이 아니라, 사유와 정념의 조합이라는 것입니다. 꿈이 아니라 사유 그리고 도취가 아니라 정념, 이 둘이 함께하는 그런 것이 바로 연극입니다. 이런 이유로 연극은 플라톤과 소크라테스 이후의 것입니다. 연극은 그 자체에 사유의 이론과 함께 정념의 이론을 부여하게 될 철학과 연결됩니다. 둘의 결합에서, 철학은 예술 위에 군림하게 되는데, 이는 사유와 정념이 철학의 범주들인데 반해 꿈과 도취는 삶의 심급들이기 때문입니다.

¶ 유적인 측면에서, 에우리피데스는 비극이라는 있을 법하지 않은 혹은 기적적인 조각과 음악의 결합을 생각하는 자penseur와 실행하는 자acteur의 결합으로, 다시 말해 사상가와 배우acteur—배우는 사유가 열정적으로 실존하도록 하는 자인데—의 무대 위에서의 결합으로 대체할 것입니다. 정념으로서 확인된actée 사유, 연극성을 만드는 것은 바로 그런 것입니다. **그[에우리피데스]는 자신의 계획을 소크**

라테스적 사상가로서 개략적으로 그려내며, 그 계획을 열정적인 배우로서 실행하는데…… 그는 밑그림에 있어서도 실행에 있어서도 순수한 예술가가 아니다라고 니체는 말할 것입니다. 에우리피데스가 밑그림ébauche에 있어 순수한 예술가가 아닌 것은 그가 그 밑그림을 디오니소스적 도취에 따라서가 아니라 사상가로서 그려냈기 때문이며, 그가 실행에 있어 순수한 예술가가 아닌 것은 그 밑그림을 영광스런 외양에 대한 명확한 개별화의 형상으로서가 아니라 배우로서 실행하기 때문입니다. 위대한 예술로서의 비극에 관련된 주체적 유형은 '순수한 예술가'가 될 것인데, 에우리피데스는 밑그림에 있어서도 실행에 있어서도 그러한 예술가가 아니며, 그 이유는 바로 그가 사상가와 배우의 결합이기 때문입니다.

그러나 '순수한 예술가'란 무엇일까요? 이는 매우 중요한 문제인데, 왜냐하면 니체는 상당히 오랫동안 허무주의와의 단절이라는 행동을 실행하게 될 사람은 순수한 예술가라고 생각했기 때문입니다. 그는 심지어 철학자인 자신을 '순수한 예술가'의 형상으로, 철학자-예술가로 생각하기에 이를 수 있었습니다. 물론 에우리피데스 같은 배우와 사상가의 결합으로서가 아니라, 아이스킬로스가 이해한 것같이 꿈과 도취를 결합하는 자로서 말입니다. '순수한 예술가'라는 주체적 유형이 핵심적입니다. 아이스킬로스는 철학적 행동 그 자체의 순수한 예술가, 곧 결합을 실행할 능력이 있는 자이며, 기적적인 그리스의 의지를 지닌, 그리스의 형이상학적 기적을 일으킨 사람입니다. 아이스킬로스는 결국, 꿈과 도취를 결합시킬 수 있는 자입니다. '순수한 예술가'로서 그는 위대한 예술의 예술가입니다. 그리고 위대한 예술의 예술가가 아닌 모든 예술가는 불순한데impur, 왜냐하면 배우로서의 그는 배우와 사상가의 결합이기 때문입니다. 위대한 예술은 음악적으로 신화를 떠받치거나 혹은 시적으로 행위를 떠받치는 것이 되며, 보다 근본적으로 볼 때 도취로 꿈을 감쌀 수 있는 것이 될 것입니다. 그리고 만일 '순수한 예술가'가 주어진 것으로서의 증여물을 드러내는 자이거나, 혹은 삶이 오로지 외양에서만 분명하게 드러나게 하는 자라면, 위대한 예술은 평가 불가능한 삶의 증여인 환상이나 꿈의 지배를 받는 명확한 개별화이며, 여기서 평가 불가능한 삶은 도취 — 더 이상 평가하지 않는 것, 평가할 수 없는 것 속으로 상실되는 것 — 의 본원이자, 있는 그대로 명확한 개별화를 통해 주어지는 것입니다. 다시 말해 위대한 예술은 가치들의 다수성에서, 혹은 태양의 황홀함에 따른 외양인 가치를 높이는valorisante 개별화의 정점에서, 제시된 평가 불가능한 것입니다. 그것은 평가 불가능한 삶입니다. 그리고 '순수한 예술가'는 이와 관련한 주체적 유형입니다.

여기에 바그너와의 단절에 관한 드라마 전체의 관건이 있습니다. 니체는 마지막 남은 의식의 힘을 그것에 사용할 것인데, 그것은 고통에 이를 정도로 밀고 나간 열광적인 진리의 사랑으로, 이는 자기 사유를 항상 팽팽한 긴장 상태로 유지하며, 변질되거나 타락한 모든 것에 대항하는 본능의 힘에 의지하여 사유를 일으켜 세우는 보이지 않는 원동력과 같은 것입니다. 바그너는 거기서 빠져나가지 못할 것입니다. 만일 니체의 광기를 향한 추락이 또한 그의 철학적 행동을 해독할 수 있게 하는 것임을 인정한다면, 우리는 그 추락이 거의 전적으로 바그너에게 사로잡혀 있음을 이해해야 합니다. 그가 스스로 '니체 대 바그너'라 지칭했던 작업의 연출에 의해서, 1888년 겨울에도 여전히 생각하고 있었고, 사망하여 무無로 내던져지기 직전에, 최종 판본들을 수정했던 마지막 작업의 연출에 의해서 그렇다는 점을 말입니다. '니체 대 바그너'를 놓고 보자면, 왜 바그너는 자신의 고유명으로 니체라는 다른 핵심적인 고유명과 대립하는 위치에 소환될까요? 그 질문이 위대한 예술—'도덕의 위대한 양식'—의 주위를 맴돕니다. 위대한 예술이 가능한지 아닌지, 그것이 철학적 행동 자체의 조건인지 아는 것. 비극이—꿈과 도취의 결합이라는 의미에서, 존재론적 작용이라는 의미에서—다시 가능케 되는지 혹은 그렇지 않은지 아는 것, 그리고 그 행동이 이 새로운 가능성의 실현인지 아는 것. 이 질문들은, 니체의 장치를 엄격한 계보학적·비판적 관점이 아니라 행동이나 긍정으로부터 생각하게 되는 즉시, 니체의 장치에서 절대적으로 중심적인 것이 됩니다.

바그너는 그것을 어떻게 인식했을까요? 이것이 가장 먼저 이해해야 할 것입니다. 그는 어떠한 의심도 없이 음악의 관할 아래 신화들을 재창조하기를 계획했던 사람일 것입니다. 그의 명시적인 목표는 그런 것이었습니다. 음악적 도취의 피난처 속에서 신화들을 재창조하는 것, 이것은 니체가 그에 관해 인정했던 목표입니다. 그러므로 바그너는 독일인들에게 있어 그리스인들의 비극에 상당하는 것을 창설했던 사람으로 인식될 것이었습니다. 니체의 감정은 원정치적 행동 그 자체를 이루게 될 바그너라는 영웅에 대한 감정입니다. 혹은 다시 말해 위대한 예술의 복귀를 보여주는 증거로서, 바로 그 덕분에(그 전에는 횔덜린으로 거슬러 올라가는 이 오래된 주제에 따라서) 독일이 그리스와 같은 경지에 있게 할 그런 영웅으로서의 바그너에 대한 감정인 것입니다. 이 영웅은, 바로 그가 독일 민족에게 신화와 음악의 화합이자 꿈과 도취의 일치로서의 위대한 예술의 형상을 부여하게 될 것이기에, 독일인들에게 있어 그리고 따라서 독일에 있어 아이스킬로스의 비극이 그리스인들에게 가졌던 의미와 동등한 것이 될 것입니다. 그러니까 바그너는 새로운 그리스를 고지하는 자, 독일을 새로운 그리스로 고지하는 자인 것입니다. 《비극의 탄생》에서 이 결정적인 구절을 읽어봅시다.

> 그러므로 한 민족의 디오니소스적 재능들을 올바르게 평가하려면, 우리는 이 민족의 음악만이 아니라, 필수적으로 그 재능들의 두 번째 증거인 이 민족의 비극적 신화들 또한 생각해야만 할 것이다. 음악과 신화의 이러한 긴밀한 유사성을 고려할 때[저는 여러분에게 음악과 신화의 유사성이 비극의 본질임을 상기시켜드립니다], 한쪽의 퇴화와 타락은 또한 다른 한쪽의 쇠퇴를 초래한다고 가정해야 할 것이다. 게다가 다른 한편으로 신화의 약화는 언제나 디오니소스적 능력의 약화를 표시한다. 하지만 독일 예술의 발전에 관해 간단히 일별하기만 하더라도 이러한 이중적 사실의 실체에 관해 어떠한 의심도 할 수 없을 것이다. 신화를 벗겨낸 우리 실존의 추상적 성격에서 그렇듯 오페라에서, 또 개념들에 의해 지도되는 우리의 삶에서 그렇듯 즐거움을 위해 비천해진 우리의 예술에서, 우리는 소크라테스적

낙관주의를 특징짓는 그러한 예술과 삶의 동일한 적대적 본성을 발견하게 되었다.

이 발췌문은 비판적인 부분입니다. 독일의 상황은 에우리피데스적이지요. 소크라테스적 긍정성의 장치가 창설적인 신화와 이 신화를 강화할 역량을 갖춘 음악 사이의 모든 결합 가능성을 오염시켰던 것입니다. 이어 두 번째 부분에서, 우리는 바그너에 대한 긍정적인 견해를 보게 됩니다.

그러나 그 모든 것에도 불구하고 독일적 정신[âme]이, 잠에 빠진 기사와 같이 그 자신의 건강과 깊이와 디오니소스적 기력을 다치지 않고 탁월하게 유지하는 가운데, 닿을 수 없는 심연의 바닥에 누워서 꿈꾸고 있음을 시사하는, 위안이 되는 징후들이 있었다. 이 심연으로부터 디오니소스적 가곡[lied]이 우리를 향해 상승하는데[디오니소스적 가곡이란 바그너 작곡법[wagnérisme]의 정의입니다], 이것이 우리에게 의미하는 것은 이 독일인 기사가 여전히 꿈속에서, 행복하고도 장중한 환상을 보며, 자신의 매우 오래된 디오니소스적 신화를 좇고 있다는 것이다. 독일 정신이 너무나도 분명하게 여전히 이 고향을 이야기해주는 새들의 목소리를 알고 있을 때, 그 정신이 영원히 그 신화적 고향을 잃어버렸다고 믿지 않도록 주의하자. 어느 날 그 정신은 이른 아침잠에 이어지는 새벽의 상쾌함에 잠을 깰 것이다. 그런 다음 그 정신은 용을 죽이고, 음험한 난쟁이들을 끝장내고,

> 브륀힐데를 깨울 것인데, 보탄 자신의 창도 그 정신이 가는 길을 가로막지 못할 것이다. 내 친구들이여, 디오니소스적 음악에 믿음을 가지는 여러분은 또한 우리에게 비극이 무엇을 의미하는지 알고 있다. 비극에서 우리는 삶의 정수[génie]로부터 다시 솟아오른 비극적 신화를 가지게 되며, 이 신화는 우리가 모든 것을 희망하게 하고 가장 심한 괴로움을 잊게 할 수 있다. 가장 심한 고통, 그것은 우리에게 있어 독일의 수호령[génie]이 자기 집에서 그리고 태어난 땅에서 쫓겨나, 음험한 난쟁이들에게 봉사하며 살아온 그 장구한 굴욕이다. 여러분이 결국 내 희망을 이해하게 될 것처럼, 여러분은 이 말을 이해할 것이다.

이 텍스트에서 다섯 개의 논점을 정리해봅시다.

¶ 바그너의 오페라를 디오니소스적 가곡으로 놓는 결정이 있습니다. 니체가 바그너적 부활로부터 받아들이는 것과 관련된 것은 재현이나 연극성 혹은 심지어 새로운 오페라도 아니며, 오히려 음악의 관할 아래 실행되는 음악과 신화의 결합입니다.

¶ 그렇다면, 그러한 예술이 있다고 가정하는 것, 즉 디오니소스적 가곡이 실현되거나 혹은 실행된다고 가정하는 것은 원정치적 몸짓 그 자체입니다. 그러므로 그러한 예술은 지지대나 도구가 아닙니다. 그것은 그 몸짓 자체, 그 자체로 독일을 재전유하고, 독일을 기사가 잠드는 그 고유한 바닥[fond]과, 그 고유한 심연과 동질화시키게 될 몸짓일 것인데…… 달리 보자면, 계속 잠들어 있었다면 좋았겠지만 말입니다! ……그러나 그것은 다른 문제입니다. 심지어 음악적으로

도, 심연 속에서 잠자는 기사로서 독일의 깨어남을 즐겁게 기다릴 자는 아무도 없습니다. 우리는 이제 그것을 알고 있습니다만…… 그러나 이 몸짓은 니체에게 평가 불가능한 토대[fond]가 폐지되거나, 삭제되거나, 또는 연극이나 오페라나 저속한 음악 속으로 사라져버렸음을 의미합니다. 그리고 이 위대한 예술이 다시 돌발하는 이상, 그것은 원정치적 사건성 그 자체가 될 것입니다.

¶ 원정치적인 것의 자리는 독일, 혹은 독일 민족입니다. 하지만 중요한 것은 그 자리의 보편성 속에서 정치적 준칙을 취하는 것인데, 그 준칙은 장차 그렇게 될 것처럼 세계의 역사를 둘로 쪼개는 것이 아니며, 《비극의 탄생》의 시대에는, 오히려 독일의 역사를 둘로 쪼개는 것이었습니다.

¶ 여기서는 비록 위대한 예술의 실제적인 복귀를 이야기하진 않지만, 니체는 이와 관련하여 하나 혹은 그 이상의 위안이 되는 징후들을 내비칩니다. 그는 정확하게 바그너의 음악적 창조가 재전유의 사건을 실행한다거나 혹은 원정치적 행위라고 주장하지 않으며, 단지 관련한 징후나 약속이 있음을…… 그리고 최종적으로 위대한 예술이 여전히 도래해야 할 것임을 주장합니다. 바그너는 위대한 예술의 가능성의 경계에 있게 되며, 아직 그 결정적인 실현에 있지 않을 것입니다.

¶ 바그너는 아마도 독일의 아이스킬로스로 확인될 수 있겠으나, 여기에는 조건이 따릅니다. 그것은 니체로부터 도움과 이해를 받아야 한다는 것, 다시 말해 그의 행동의 고유한 본질이 깊이 스며든 바그너가 되어야 한다는 것입니다. 불행히도 문제는 그렇지 않았다

는 것이지요. 그들의 관계의 내력을 기술하는 것이 좋겠습니다. 말하자면, 니체가 어떻게 바그너에게 그의 진정한 운명을 말하게 될 자로, 바그너가 독일의 아이스킬로스가 되어야 하며 될 수 있음을 말하게 될 자로 현시되는지 보이는 것이 좋겠다는 말입니다. 그러나…… 바그너는 니체 없이도 독일의 아이스킬로스가 될 수 있다고 생각하지 않았을까요? 의심의 여지 없이 이 분쟁 — 위대한 예술이 바그너에게 있어 유효한지 아니면 그저 약속에 지나지 않을 뿐인지 아는 것 — 에 관해, 니체는 그 자신의 의식이라는 지지대 없이 그것의 반복을 생각할 수 없었습니다. 위대한 예술의 복귀는 그러한 예술의 반복이 될 수 없을 것입니다. 바그너는 그 복귀를 인식하지 않고서, 그 복귀를 어떤 한 교설의 요소 속에 위치시키지 않고서, 단순히 독일에 돌아온 아이스킬로스라고 주장할 수 없었을 것입니다. 만일 비극이 돌아왔다면, 그것은 오로지 그 복귀를 알 수 있는 힘을 통해서 진정으로 돌아올 것이었습니다. 니체의 논리에서, 바그너는 '니체'를 포기할 수 없었습니다. 위대한 예술의 복귀는 그 복귀를 다룰 철학을 필요로 합니다. 왜냐하면 우리는 새벽이 돌아오는 복귀 중에 있으며, 이는 오직 그 복귀에 대한 사유의 요소에서 완성될 뿐이기 때문입니다. 그리고 니체는 그 자신을 바그너를 사유하는 자로 생각하고 있었습니다. 바그너가 위대한 예술이 되려면, 그는 위대한 예술로 사유되어야 합니다. 위대한 예술의 순수함innocence이 찾아들기 위해서는, 이 순수함은 그 행동의 형상을 통해 명명되어야만 하는 것입니다. 그러나 거기서 다시, 바그너는 자기 혼자서도 충분함을 넌지시 암시합니다. 그가 무슨 이유로 다른 사람에 의해, 니체에 의해 판별될 필요가 있음을 느껴야 한다는 말입니까? 바그너는 곧 니체에 대해 경계하기 시작합니다. 니체가 그에 대해 내놓은 좋은 이야기에서 함정을 감지한 것이지요. 《비극의 탄생》으로부터 발췌하여 여러분에게 읽어준 바로 그 텍스트에서 말입니다. 그리고 실제로 니체가 보여주는 것은 거기에는 그저 약속만이 있다는 것, 비극의 복귀의 형상 — 니체가 바그너를 염두에 두고 이 말을 한 것이라면 — 을 통해 완성되리라는 약속만이 있다는 것입니다.

위대한 예술의 복귀라는 복잡한 문제가 떠오르는데, 이는 그 문제에서 니체 — 니체 혹은 '니체' — 는 필연적으로 바그너와 같은 의미에서 예술가나 비극 배우로서가 아니라, 이 복귀의 본질을 전달하는 자로서 포함되기 때문입니다. 그로 인해 이 균열로부터 발췌문에서 인용된 장치 전체가 점차 완전한 붕괴에 이르게 됩니다. 《비극의 탄생》과 《바그너의 경우》 사이에서 무너진 것은 단지 두 사람 사이의 유대나 짧지만 뜨거웠던 관계만이 아니며, 비극의 탄생의 관점에서 사유된 바그너에 관한 사유의 장치 또한 무너지게 됩니다. 그리고 이 무너짐은 네 가지 논점을 만들어냅니다.

1) 니체는 바그너의 음악이 신화들로부터 만들어지지 않는다는 점을 발견합니다. 디오니소스적 가곡은 신화의 복귀를 고지한다고 하지만, 그는 바그너의 음악이 신화적 꿈의 도취를 간직할 피난처가 아님을, 그의 음악이 사실상 신화의 시뮬라크르를 만들어내며, 그 본질은 퇴폐적인[décadente] 심리학임을 확신하게 될 것입니다. 바그너 음악의 본질은 결합, 곧 꿈과 도취의 순수한 결

합이 아니며, 오히려 분열입니다. 바그너의 위대함은 완전히 세부 내용에만 있는 것으로 인정되는데, 왜냐하면 그의 음악의 본질은 신화들로부터가 아니라 심리적 도식들로 만들어내는 것이기 때문입니다. 즉 그 본질은 결합 대신 분열적인 것이 됩니다.

2) 다음으로 니체는 바그너적 예술이 모든 단절의 이편에 있음을, 그 예술이 오히려 완성임을 발견합니다. 거기에도 위대함이, 허무주의를 완성하는 위대함이 있지만, 허무주의와 단절하는 위대함은 없습니다. 이는 이미 시작부터, 《비극의 탄생》으로부터 드러나는 부작용입니다. 바그너는 실제적인 단절이 아니라 그저 그 부작용일 뿐인 것입니다. 그러나 어쩌면 단절을 기대했음에도 실제로는 그저 완성만이 있었을 수도 있습니다. 니체가 최종적으로 내리게 될 결론은 이런 것입니다. 바그너적 음악의 본질은 휴지[césure]가 아니라 완성이라는 특성을 나타냅니다. 치유라 믿던 것이 질병인 것입니다. 원기 왕성한 질병, 그 자체의 절정에 이른 질병인 것입니다. 그 질병의 완전히 만개한 본질은 가짜 치유입니다.

3) 니체는 원정치의 자리는 독일일 수 없음을 발견하는데, 이는 바그너에게 향하게 될 비판에 핵심적인 다른 주제입니다. 그는 위대한 예술의 복귀를 위한 자리 자체가 보이는 독일적 성격에 관한 강조를 반향하는 모든 것을 재론하여, 그 모든 것을 '세계의 역사를 둘로 쪼개기'라는 좌우명으로 교체할 것입니다. 그리고 독일은 행동의 자리를 나타내기보다는, 오히려 장애의 형상이, 저항의 지점이 될 것입니다.

4) 모든 것의 요약으로, 아이스킬로스일지도 모른다고 상상되었던 자 바그너는 실제로 에우리피데스라고, 근대성의 에우리피데스라고 말해두기로 합시다.

다음 시간에는 이 네 가지 논점을 다시 다뤄야겠지만, 지금으로서는 그 목적을 지시할 필요가 있습니다. 관건은 결국 바그너가 에우리피데스임을 강하게 증명하는 일이 될 것입니다. 그리고 만일 바그너가 에우리피데스라면, 아이스킬로스는 없습니다! 왜냐하면 독일의 아이스킬로스로 판별될 수 있었던, 혹은 그렇게 되리라 약속되었던, 오로지 단 한 사람이 바로 바그너였기 때문입니다. 그런데 그가 에우리피데스라니! 예술의 문제에 관한 진단의 급진성을, 바그너를 그저 근대성의 한 '사례'로 만드는 진단의 급진성을 살펴보도록 합시다. 왜 그렇게 될까요? 근대성은 오직 에우리피데스만을 용인하기 때문입니다. 에우리피데스가 근대인이라는 것은, 《비극의 탄생》에서 니체가 설명하는 것처럼, 근대성이 에우리피데스라는 단언으로 뒤집히게 될 것입니다. 그것은 전혀 같은 진술이 아닙니다. 그러나 만일 근대성이 에우리피데스라면, 근대적 예술이 위대한 예술을 결여하거나 말소하는 것이라면, 원정치적 사건은 예술적 본성을 가질 수 없을 것입니다. 이는 상당히 중요한 쟁점입니다. 《바그너의 경우》, 《니체 대 바그너》, 《이 사람을 보라》 등을 다시 읽어보도록 하세요. 만일 정말로 바그너가 에우리피데스라면, 예술적이거나 미학적 유형의 원정치적 몸짓은 있을 수 없는데, 왜냐하면 이러한 몸짓이 있으려면 위대한 예술 혹은 순수한 예술가가 있어야 하기 때문입니다. 그러니까 '원정치적 행동이란 무엇인가?'라는 질문을 향한 기이한 전환—정확히 에우리피데스는 철학에 종속된 예술이며, 바그너 또한 그러하지요—에 있어, 만일 그가 예술적일 수 있다면, 니체는 결국 이런 대답을 하게 되었을 것입니다. 행동은 정치적이지만, 그 고지는 철학적이라고 말입니다. 《니체 대 바그너》, 이는 말하자면 철학 대 예술인 것입니다. 그것은 그 자체로부터 유발된 비대칭성에 따른 놀라운 복잡성을 지닌 장치이며, 그 속에서 니체는 끝까지 싸우게 될 것입니다. '철학 대 철학에 대한 예술의 종속'이라는 비대칭의 장치 속에서 말입니다. 1887~1888년 거의 끝자락에, 철학에서 해방된 예술이, 위대한 예술이, 결국 철학에 종속된 예술 혹은 철학 그 자체—기독교의 변이형인—에 맞서 에우리피데스에게서 해방된 예술이 있었던 것입니다. 그러나 이 모든 것은 위대한 예술의 가능성이라는 조건 아래 있었습니다. 이제, 바그너와의 갈등이 보여주는 것—위대한 예술 혹은 그러한 예술로 제시되는 누군가가 실제로는 에우리피데스라는 것—으로 인해, 우리는 철학에 종속된 예술에 맞서는 철학을 종속시키는 예술이라는 테제를 더 이상 주장하지 않게 될 것입니다. 우리는 《니체 대 바그너》에서 요약된 완전히 꼬여 있는[retorse] 형상에 이르게 될 것입니다. 예술의 고아로서의, 혹은 보다 정확히 말해서 위대한 예술의 고아로서의 철학 대 철학에 종속된 예술이라는 형상에 말입니다.

거기서 이것은 정말로 니체의 완전한 정신착란[folie]입니다. 그의 광기[folie]는 더 이상 위대한 예술의 이름이나, 심지어 디오니소스의 이름이 아닌, '니체'라는 자신의 고유명으로, 오로지 자신의 고유명으로만 무언가가 시작되는 지점입니다. 철학에 종속된 예술의 형상—바그너를 그 근대적 화신으로 하는—에 대항하는 행동의 지점으로부터 무언가가 시작되지만, 그것은 어떤 의미에서 그 자체에 의해서만 인가됩니다. 행동은 오로지 그 자체에 의해서 인가될 뿐인 것입니다. '니체의 광기는 **어디에서**[où] **오는가?**'라든지 '그의 광기는 **어디에**[d'où] **기인하는가?**'라는 질문에 대해 오해하지 않도록 주의합시다. 그 광기는 위대한 예술이 없는 곳에서, 정확히 그곳에서 온 것입니다! 그러니까 광기가 바그너와 관련하여, 위대한 예술의 부재가 '바그너'라는 고유명으로 명명되는 곳에서 오게 되었다는 점을 이해해야 합니다. 그로 인해 바그너와의 갈등에서 그런 만큼이나 광기를 향한 추락에서도 동일한 정도의 과도하고 상궤를 벗어난 강조가 놓이는 것입니다. 그 둘은 같은 것입니다. 니체의 광기가 한때 '바그너'를 그 이름으로 삼았던 위대한 예술의 결핍을 메우도록 하는 것은 강박이나 집착이 아닙니다. 그것은 바로 고유명의 색인입니다.

9강

1993년 5월 5일

위대한 예술은, 그리고 그로 인해 예술가 역시, 특히 진정한 유형, 곧 힘에의 의지를 드러내는 유형으로서 예술가 역시 결합의 힘으로서 규정됩니다. 이는 기억해둬야 할 사항입니다. 결합은 다른 방식으로 말해지게 되는데, 이를테면

¶ 디오니소스와 아폴론

¶ 음악과 신비

¶ 그리고 보다 핵심적으로, 도취와 꿈

으로 말해집니다. 연극에 관해 말할 것 같으면, 그것은 최초의 결합에 대한 질 떨어지는 모방일 뿐이며, 정념을 도취로 사유를 꿈으로 교체하는 완전히 다른 결합의 고유한 효과입니다. 이런 관점에서 연극은 예술 위에 군림하는 철학의, 즉 소크라테스와 플라톤의 의미에 따른 철학의 궁극적인 관할권입니다.

이로부터, 니체가 어느 순간에 그러한 예술의 가능적 복귀를 추정했던 것처럼, 위대한 예술의 문제가 제시됩니다. 그리고 바그너를 중심에 두고 작동되는 것은 바로 이 가능성, 곧 이런 방식으로 이해되

는 위대한 예술의 복귀 가능성이며, 따라서 비극의 복귀 가능성입니다.《비극의 탄생》이후 오랜 기간 동안, 그는 위대한 예술의 복귀가 예정된 순서에 따른 것이며, 바그너가 그 표시라고 확신했습니다. 그러나 그는 단지 그 복귀의 표시일 뿐입니다. 바그너는 그 복귀가 아니라 그저 징조였던 것입니다. 그 복귀는 결코 아직 일어나지 않았습니다. 바그너와의 협업으로부터 니체는 그 복귀의 실효적인 완성을 기대합니다. 그러나 그가 기대한 것은 '복귀'의 특징을 나타내는sous le signe du Retour 복귀의 완성입니다.

영원회귀의 교설이 자신에게 드러났을 때 실스마리아에서 받았던 황홀한 충격에 대해 이야기하는 니체의 서사는 옆으로 밀어놓더라도, 위대한 예술의 복귀retour du grand art에 대한 전망은 영원회귀retrour éternel의 교설을 은밀하게 지탱하는 것임을 저는 깊이 확신합니다. 그 '복귀Retour'는 본질적으로 위대한 예술이 복귀할 수 있다는 것으로부터 입증됩니다. 비극이 복귀할 수 있다는 것, 그것은 정확히 그에게 있어 영원회귀의 문제가 대상으로 삼아 작용하는 실재입니다. 존재론적 원칙이, 긍정을 탈시간화하는 법칙이 있기보다 훨씬 앞서서(영원회귀란 결국 긍정은 오로지 돌아오게 될 따름이라는 관념, 다시 말해 긍정은 시간의 해체가 아니라 시간의 초超시간성trans-temporel을 전달하고 또한 시간을 영원함의 방향으로 돌려놓는 것이라는 관념이며, 이로부터 영원회귀라는 이름이 유래하기 때문에) 위대한 예술의 복귀 가능성이 있습니다. 사유의 관점 그리고 힘에의 의지와 관련된 도식들의 관점에서 볼 때, 이는 실제로 영원회귀를 검증하는 프로토콜입니다. 철학적 의지가 니체에 의해 예술적 의지와 체계적으로 비교되거나 동일시되는 순간에 놀라울 것은 없습니다. 마찬가지로 영원회귀가 먼저 예술의 위대함 — 앞서 그리스 예술의 형태로 일어났던 그러한 위대함 — 의 회귀로 제시되거나, 입증되거나, 혹은 확인되어야 한다는 점에도 놀라운 것은 없습니다. 비극은 이런 조건에서, 그러니까 니체-바그너 쌍의 형상에서 실제로 영원회귀의 사유 아래 돌아올 수 있습니다. 그 복귀는 오로지 그것이 정확히 영원회귀의 형상으로 언명되고 사유될 때에만 완전한 복귀가 되는 것입니다. 이런 이유로 니체에게는 바그너가 실제로 비극의 복귀를 보여주는 증거인지 아닌지 말할 책임이 떠맡겨집니다. 그리고 본질적으로, 복귀는 또한 '복귀Retour'의 요소에 따른 복귀retour, '복귀'에 대한 사유의 요소에 따른 복귀가 될 것입니다. 이는 복귀를 전적으로 긍정적인 것으로 만들 것입니다. 이를테면 그 자체에 대해 맹목적인 것이 아니라, 그 반복의 반동적이거나 수동적인 형식들을 향해 이끌려지는 것이 아니라, 그 고유한 복귀의 정서와 사유에서 파악되고 드러내지기 때문에 긍정적인 것으로 만들게 된다는 말입니다.

한 가지 주장이 있는데, 이것은 바그너-니체 쌍의 운명과 관련하여 점진적으로 구성되고 해명되어야 할 것입니다. 그리고 이는 이미 대단한 가부장patriarche이 되어 있던 바그너를 향한 젊은이의 열정에 그치거나, 단순히 니체가 곧이어 살해하고 말살해야 할 아버지를 발견하는 것이 아닙니다. 그렇지 않지요! 그 주장은 비극은 바그너에게 있어서와 마찬가지로 니체에게 있어서도 긍정적인 복귀를, 즉 그 자체의 실효성 또한 동시에 나타내는 복귀를 실행해야 한다는 것입니다. 바그너와의 만남은 비극의 기원l'origine de la tragédie에 관해 심문해야 할 필연성이 될 터였습니다. 《비극의 탄생》이라는 책은 완전히 바그너에게 바쳐진 것이 아니며, 그 책은 오히려 그를 '복귀'라는 요소 속에 배치합니다. 비극은 바그너에게서 복귀의 가능성으로서 기원합니다. 그 책이 다루는 것은 바로 기원입니다. 열린 것은 바로 그 기원의 복귀이며, 그 복귀의 가능성으로서 사유되고 방향 지어진 비극의 기원입니다. 만일 《비극의 탄생》이 어떤 특정한 의미에서 바그너를 다루고 있다면, 그 책은 그를 돌아오는 어떤 것의 가능적 형상으로 다루는 것입니다. 바그너는 이 주장을 거부했습니다. 그리고 그는 이 행위로 잘못을 저지른 것이 아니며, 사실 사리에 맞는 것은 바그너일 것입니다. 어쨌든 결점이 있는 것은 사실이며, 바그너를 일종의 비실제적인 동시에 강박적인 기표로 만드는 귀결에 이르게 된 이 비극적 사태의 기원은, 니체를 **통해**, 영원한 '복귀'(영원회귀)의 예술적 형식으로서 제시되는 비극의 복귀라는 요소 속에서 사유되기를 원치 않는 바그너의 거부일 것입니다.

그로부터 어떤 일이 일어날까요? 기본적으로 바그너는 니체의 주장을 받아들이지 않습니다. 하지만 그는 학자들의 '진지한' 역사적 연구를 고려하여 《비극의 탄생》의 취약성을 지적하며 그 근거에 이의를 제기하는 독일 문헌학자들의 신랄한 공격에 맞서 니체를 충성스럽게 옹호합니다. 바그너는 원래 니체가 대학과 연맹을 맺고 있다고 생각했습니다. 그것은 바그너에게 흥미로운 기획이었지요. 독일의 대학이 젊고 빛나는 그 대표자 중 한 사람인 뵐렌도르프의 면전에서 자기 예술을 검증하고 인정한다는 생각은 그에게 흥미로운 것이었는데, 왜냐하면 그의 예술은 바이에른 국왕과 유럽 지성인들의 지지를 **거친** 특별한 공인화의 도상에 있었던 데 반해, 유구한 세월 전부터 이어진 일관적이고 건실한 태도의 독일에서는 그의 예술을 매우 좋지 않은 방식으로 취급하고 있었기 때문입니다. 여하튼 바그너는 독일 문헌학계와의 연맹이나 협정 또는 휴전을 바랐습니다. 그러나 그것은 니체가 바란 것과는 다른 결합으로, 말하자면 음악과 문헌학의 결합 — 비극의 복귀라는 주장보다 덜 복잡한 결합 — 이었습니다. 그는 니체가 사실 앞서 언급한 그 대학의 대표자가 아님을 알고 혼란의 감정으로 경악하게 됩니다. 중요한 문헌학자들은 '너무도 흥분하고, 너무도 주관적이다!', '실질적인 건실함이 없다'라고 말하겠지요. 만일 그가 니체를 거쳐서 이 다른 독일과, 정확히 위대한 예술의 낭만주의가 아니라 실증주의의 독일, 대학에 정착한 문헌학의 독일과 연합하겠다고 생각했다면 그것은 잘못된 생각이었습니다. 그래서 이 연맹이 그에게 미리 예정해주는 것은 무엇일까요? 무언가 어두운 것이 연루되지는 않을까요? 그렇다면 그는 그것에 대해 무엇을 바라는 것일까요? 점차 그에게 엄습하여 그를 흔드는 질문은 바로 이런 것이었습니다. 니체가 그에게 원하는 것은 무엇인가? 하지만 바그너는 계속 충실하게 니체를 옹호합니다. 그는 정기적으로 자기 이름으로 신문을 통해 발언하여, 니체가 《비극의 탄생》에서 서술한 어떤 것의 가치와 탁월함과 장점을 주장합니다. 이 질문에 대해 그는 웃을 수도 있습니다. 니체가 내게 원하는 것은 무엇인가? 그리고 이에 대한 답은, 그가 나로부터 원하는 것은 바로 내 아내라는 것이었습니다! 왜냐하면 삼각관계가 있기 때문인데, 이를 잊지 않도록 합시다.

코지마, 즉 니체가 '광기의 짧은 편지들'에서 '아리아드네'라 부르는(이는 누군가 자신을 디오니소스라고 생각할 때 무시할 일이 아닌 일인데) 그녀는 '아리아드네, 내 사랑'이라는 말을 듣게 됩니다. 그러니까 거기서 무언가가 선언된 것입니다. 니체가 마법사 바그너[l'Enchanteur Wagner]에 의한 코지마의 유혹을 그에 대한 핵심적인 불만 중 하나로 삼는 이 텍스트를 살펴봅시다. 라캉식으로 말하기를 바란다면, 니체는 불안[angoisse]과 '그가 내게 바라는 것은 무엇인가?'라는 잘 알려진 질문을 연결하는 고유한 형태로 바그너를 근심에 빠뜨렸다고[a angoissé] 할 수 있겠습니다. 그가 바라는 것은 내가 자기에게 내 명성의 일부를 주는 것인가, 그에게 내 아내를 넘기는 것인가, 무언가 비극이 복귀했음을 언명할 수 있을 거리를 주는 것인가, 그에게 내 고유명을 부여하거나 혹은 우리 이름들이 분명하게 서로 쌍을 이루는 것인가? '바그너와 니체' 같은 무언가 그런 것을? 실제로 니체가 점점 증대하는 공격성으로 대응했던 바그너의 번민이 있었습니다. 이로부터 쌍을 이룬 형상의 복합성이, 그리고 더 나아가 순환하는 질문들의 중단이 기인하는데, 여기서 후자는 위협으로서는 중단된 채로 유지되지만 대응의 프로토콜을 요구하는 것으로서는 그렇지 않았습니다. 명성을 지키기 위해서이거나 혹은 단순히 자기 명성을 찬양할 젊은이를 원했을 뿐이었기에 바그너가 부당하게도 니체를 거절했거나 좌절시켰던 것일까요, 아니면 반대로 니체가 바그너의 명성에 기생하려 시도했던 것일까요? 아무튼 이러한 논쟁들은 해당 주제에 관한 니체의 투박함을 명확히 하는 것이 아니라면 그리 중요치 않습니다. 자신의 '내부적인 성스러움'에도 불구하고, 그는 매우 공격적인 태도를 보였습니다. 이를 평가해볼 일화를 이야기하겠는데, 왜냐하면 모든 일화는 상징적이기 때문입니다. 말하자면 바그너가 브람스를 매우 싫어한다는 점을 정확하게 알면서도, 니체는 브람스의 최신 악보를 구해다가 바그너의 피아노 위에 올려놓은 일을 자기 업적으로 여기기도 했습니다! 마지막 선물, 완벽히 악의에 찬 선물입니다. 하지만 그를 비난하는 것은 무익하며, 거기서는 모든 것이 의미심장합니다. 이 몸짓은 단적으로 그가 바그너의 토대 그 자체에 대한 곧 위대한 예술의 복귀를 재현하는 대리자가 될 역량에 대한, 이의제기에 착수하여 따르게 될 프로토콜을 나타냅니다. 이 억누를 수 없는 운동에서, 아리아드네 - 디오니소스 - 테세우스의 삼각형✦에서 코지마 - 니체 - 바그너라는 '인간적인, 너무나 인간적인' 3인조로 넘어가는 이행에서, 철학적 장치, 곧 니체의 사유 장치는 무너지게 됩니다. 우리가 주장해야 할 것은 (완전한) 정신착란에 앞서 첫 번째 (심리적) 붕괴가 있었다는 것입니다. 그리고 이 붕괴는 니체의 삶의 마지막 시퀀스에 특유의 성향을, 제가 '파국에 대한 만회rattrapage en catastrophe'의 성향이라 부르게

✦ 그리스 신화에서 아리아드네는 크레타의 미노스 왕의 딸인데, 아버지를 배신하고 아테네에서 공물로 바쳐진 젊은 남녀들과 함께 크레타로 온 테세우스에게 크노소스 궁전의 미궁에서 빠져나올 도구인 실타래를 제공하여, 미궁 속에서 공물로 바쳐진 인간들을 잡아먹고 살던 미노타우로스를 죽이는 데 조력한다. 이후 테세우스와 결혼하기 위해 크레타를 떠나지만, 어떤 이유로 낙소스 섬에 버려지게 되고, 그곳에서 디오니소스를 만나 그와 결혼하게 되었다고 한다. 이런 맥락을 생각하고 보면, 디오니소스를 자칭하는 니체가 아리아드네를 언급한 것은 바그너의 아내 코지마에 대한 욕망을 드러내는 것으로 볼 수 있다는 말이다.

될 성향을 가져오게 될 것입니다. 왜냐하면 자기충족적인 고유명으로서 '니체'라는 고유명의 최종적인 폐지로 향하는 일종의 추락이 있으며, 이것이 모든 것의 재검토를 명령하는 첫 번째 붕괴이기 때문입니다. 이러한 모든 것의 재검토는 최초의 체계화 혹은 최초의 유적인 전망이 그 전망에 의해 주도되었던 모든 요소를 다른 방식으로 손질하거나 다시 연결해야 할 정도로 의문시될 때 요구된 것으로(그런 것이 첫 번째 사유 장치의 붕괴에 직면하여 일어난, 제가 '파국에 대한 만회'라 부르는 것과 관련된 것인데), 이것은 1889년을 앞두고 벌어진 상황이었습니다. 그러므로 두 사람의 니체가 있으며, 저작에 대한 전통적인 시대 구분만으로는 이를 설명할 수 없다는 것은 상당히 맞는 말입니다. 세 사람의 연속적인 플라톤이 있다고 말할 수 있는 것처럼 말입니다. 두 번째 장치가 사유에 있어 사실상 극적인 조건들에서 그의 첫 번째 장치의 붕괴를 만회하기[rattraper]를 시도한다는 의미에서, 그는 '둘'입니다. 제가 보기에 이 붕괴의 핵심에는 세계의 역사가 아니라 니체의 사유의 역사를 부수거나 둘로 쪼개놓게 될, 위대한 예술이라는 주제의 붕괴가 있습니다. 이것이 첫 번째 둘로 쪼개짐입니다. 그리고 니체의 사유 장치의 모든 쟁점은 타격을 입습니다. 그는 다음과 같은 생각을 하기에 이릅니다.

¶ 바그너의 음악은 결코 진정한 신화의 창조를 위한 피난처가 아니며, 오히려 퇴폐적인 심리학의 장식물이다.

¶ 바그너의 예술은 어떠한 단절에도 미치지 못한다. 그것은 복귀가 아니라 완성, 비극의 복귀가 아니라 허무주의의 완성이다.

¶ 위대한 예술의 위치는 어떤 경우에도 독일이 될 수 없다.

¶ 바그너는 독일의 아이스킬로스와는 거리가 멀고, 유럽의, 유럽 여자들의, 다시 말해 그가 '히스테리증자들'이라 명명하는 여자들의 에우리피데스다.

이 논점들 각각이 제게는 가장 와닿고 기억에 남는 최후의 니체를 규정하게 될 것입니다. 저는 이 논점들 각각을 재검토할 것입니다.

1) 바그너의 음악은 퇴폐적인 심리학의 지배를 받는다는 것. 《바그너의 경우》에서 니체가 서술하는 것을 살펴봅시다. 그것은 이미 바그너가 '하나의 사례'가 되는 프로그램입니다. 우리가 비극의 복귀를 대했던 곳에서, '하나의 사례'를 보게 됩니다. 더 정확히 말하면, 허무주의의 사례를 말입니다. 저는 여러분에게 이 구절을 읽어드리려 합니다. 39쪽에, 음악적 창조를 위한 피난처 가운데 신화를 만들어 세우려는 바그너의 욕망에 관한 구절이 있습니다.

> (…) ¶ '하지만 당신은 바그너 텍스트의 **내용**을 말하지 않겠는가! 그 신화적인 내용, 그 영원한 내용을!'
> ¶ 질문: 그 내용을, 그 영원한 내용을 어떻게 검토한다는 말인가? 화학자가 대답한다. 바그너를 현실적인, 현대적인 삶으로 옮기는 방식으로. 좀 더 잔인해져보자! **부르주아적인 삶**으로! 그러면 바그너에게는 어떤 일이 생기는가? — 우리 중에서, 내가 그런 경험을 겪었다. **새로운 모습으로 바꾼** 바그너의 작품을 이야기하는 것보다 더 재미있고, 산책길에

추천할 만한 일은 없을 것이다. 예컨대 훌륭한 중등교육을 받은 이후에 신학을 공부하는 학생 파르지팔을 말이다(중등교육은 그의 **순진한 어리숙함**을 설명하는 데 필수적이다). 그렇게 할 때 우리는 거듭 놀라게 된다! 모든 바그너의 여걸들héroïnes은 영웅적인héroïques 장신구가 벗겨지고 나면 예외 없이 보바리 부인과 혼동할 정도로 닮아 보인다고 한다면 당신은 내 말을 믿겠는가! — 반대로 우리가 잘 아는 것처럼, 자기 여주인공을 스칸디나비아나 카르타고 양식으로 바꾸고, 신화에 푹 담근 다음, **오페라 각본**livret d'opéra 형태로 바그너에게 건네는 것은 플로베르에게 달려 있을 것이다. 그렇다. 대체로 바그너는 하찮은 **데카당파 문인들**décadents을 열광케 하는 것 외에 다른 문제들에는 결코 관심을 주지 않는 듯 보인다. 항상 병원을 목전에 둔 자들(의 문제들 외에는)!

니체에 의해 제안된 실천이 매혹적임을 말해야 할 것입니다! 〈트리스탄과 이졸데〉라는 이 엄숙한 불륜을 다루는 거대한 장광설은 결국 어떤 것이란 말입니까? 그것은 정말로 매혹적입니다! 그러나 어떤 주제가 관건이 됩니까? 신화의 창조는 《비극의 탄생》의 의미에 따를 때 결코 숭고화sublimation의 형상이 될 수 없습니다. 그것은 가용한 구체적인 소재의 숭고화가 아닙니다. 신화의 창조는 그 자체로 고유한 외양이 되는 하나의 환원 불가능한 과정입니다. 신화의 장대함은 순결하고 자연적이며, 그것은 외양으로서 그리고 외양을 통해 주어집니다. 그러나 그것은 그 어떤 것의 증대로도 귀착되지 않습니다.

혹은 다시 말해 장대함을 만들어내는 것, 이 경우에 신화의 장대함을 만들어내는 것은 어떤 경우에도 강화나 증대가 아닙니다. 진정한 신화에는 무언가 그것을 그 자체가 되게 하는 것이 있으며, 그 보급 또는 교육의 형상은 이 존재로부터 파생된 것입니다. 바그너는 신화의 창조자가 아닌데, 왜냐하면 니체에 따를 때 실제로 중요한 것은 19세기의 부르주아적 삶의 기초적인 소재들의 강화나 치환 혹은 숭고화이기 때문입니다. 여기에는 하나의 경험을 통해 그리고 반대 경험을 통해 제시될 것들이 있습니다. 우리는 바그너의 신화를 화학적으로 용해시킴으로써 거기서 기초적인 부르주아적 중핵을 발견할 수 있으며, 역으로 어떻게 기초적인 부르주아적 중핵 — 예컨대 보바리 부인 — 이 증대의 처리에 종속된 채로 바그너의 오페라 대본으로 제시될 수 있는지 상상할 수 있습니다. 하지만 그때, 어쩌면 단순히 근대적 신화란 있을 수 없을지도 모른다는 그러한 생각이 이미 나타나고 있음을 보게 됩니다. 한 가지는 바그너의 가공 과정[procès] — 결국 보바리 부인이 스칸디나비아인으로 분장하여, 순진함이나 그 자체의 존재에 대한 주장을 통해 존재하게 되는 신화의 힘과 독특함을 무효로 만드는 가공 과정 — 이며, 다른 한 가지는 근대 예술가가 신화를 만들어내지 못하는 불능 상태에 있다는 생각입니다. 어쩌면 모든 '근대적인' 신화의 창조는 병원을 목전에 두고 있으며, 언제나 강화의 형상이 되는 것은 아닐까요? 이는 매우 심오한 사항입니다. 이어서 《바그너의 경우》 34쪽을 살펴봅시다.

다시 한번 말해보자. 바그너는 오로지 아주 작은 것에 있어서만,

> 세세한 것의 발명에 있어서만 경탄할 만하고 사랑받을 만하다 — 그리고 이 점에서 사람들이 그를 일류 거장이라고, 가장 작은 공간에 무한한 의미와 달콤함을 농축시키는 우리의 가장 위대한 음악의 **세밀화가**라고 선언하는 것은 완벽하게 타당하다.

앞서 우리는 신화의 문제를 부르주아적 현실에 대한 과장된 숭고화와의 관계에서, 그러니까 거짓 신화로서, 즉 그 시뮬라크르로서 논한 바 있습니다. 여기서는 다른 것이 문제인데, 말하자면 그것은 위대한 형식의 문제입니다. 위대한 예술은 또한 언제나 위대한 형식입니다. 위대한 형식이란 무엇을 의미할까요? 위대한 형식이란 바로 전체에 대한 확실한 증거일 수밖에 없습니다. 왜 그러한 증거일까요? 왜냐하면 아폴론적 원칙에 대한 디오니소스적 원칙의 권위, 혹은 꿈에 대한 도취의 권위 — 위대한 예술의 본원 — 는 있는 그대로의 전체에, 평가 불가능한 삶에, 혹은 토대가 되는 것에 찬란한 나타남을 부여하는 것이기 때문입니다. 그러므로 위대한 예술은 그 자체의 증거에 있어 전체의 형식과 어깨를 나란히 할 것입니다. 니체가 말하는 것은 결국, 바그너에게 위대한 형식은 아무 가치도 없다는 것입니다! 그는 '빅토르 위고' 같은 종류의 소방수입니다! 위대한 형식은 오로지, 진정한 예술적 정교함 없이, 대조적인 큰 덩어리들grande blocs, 조야한 효과들, 관객을 흥분시키는 대규모의 모순들일 뿐입니다. 그것은 속임수입니다! 바그너에게는 신화가 없으며, 마찬가지로 위대한 형식의 유지도 없습니다. 그러한 형식은 그저 최소한의 형식적 신뢰성도 없이 만들어지고 조작된 것일 뿐이며, 음악이나 예술의 나타남의 자기충족성을 구성하는 것과는 거리가 멉니다. 반면 그는 자신이 세세한 것에 탁월함을 압니다. 그는 변곡變曲, inflexion의, 미세한 것의 주인이며, 세세한 것과 음악적 흐름의 갑작스런 굴절을 통해 청중을 사로잡고 도취시킬 줄 아는 자입니다. 그의 예술적 동질성과 진정성은, 니체에게 있어 효과의 틀인 위대한 형식이 아니라 세밀한 굴절에서, 세세한 것의 영역에서 나옵니다. 그런 까닭에 '가장 위대한 음악의 **세밀화가**'라 불리는 것이지요. 신화의 부활에 피난처를 부여하기 위해 대규모 오페라를 만들어낸 발명자로 소개되는 이 사람은 실제로는 음악사의 가장 위대한 세밀화가일 뿐인 것입니다. 즉 '가장 작은 공간에 무한한 의미와 달콤함이 자리 잡게 하는 자'인 것입니다. 그러나 무한은 공간적이며, 그것은 전체의 힘으로 주어지지 않으며, 오로지 덧없이 사라지는 지점으로 주어질 뿐입니다. 바그너 음악에 대한 동시대적 분석, 예를 들면 불레즈✦의 분석에서도 마찬가지입니다. 불레즈는 정확히 바그너가 가변성, 색조, 굴절, 조성 등을 풍부하게 활용하여 미세단위들microcellules에 대한 뛰어나면서도 유연한 조작을 보인다는 점을 고려합니다. 오로지 이런 배경에서, 또한 위대한 형식이 되지 못하는 근대 예술의 무능력에 대한 질문은 없을까요? 이것은 니체가 느꼈던 강한 실망감으로 인해 바그너에게 부과되는 질문입니다. 그는 위대한 예술의 복귀를 믿었으나, 그것은 그저 근대 예술

✦ 피에르 불레즈(Pierre Boulez)는 2016년에 사망한 프랑스 출신의 전후 현대 클래식 음악의 거장이다. 작곡, 지휘, 음악 평론 등의 분야에서 큰 족적을 남겼다.

일 뿐이었던 것입니다. 그리고 근대 예술은 신화를 만들어내는 사안에서 무능하며, 필시 (기본적으로 니체가 정식화하여 간직하고자 노력하는 것의 고통스러운 흔적이 될) 위대한 형식에서도 마찬가지로 무능할 것입니다. 어쩌면 미세한 것에서만 능력을 갖는 게 근대 예술의 본질인 것은 아닐까요? "바그너는 무한히 많은 미세한 것들에 대한 최상의 감정가"라고, 혹은 "그는 위대한 형식들의 모방을 통한 위조를 실행한다"고, 그는 말할 것입니다. '감정가/위조범'의 대칭성을 살펴보도록 합시다. 그는 바그너에게 위대한 형식이란 협잡이거나 혹은 위조라고 주장하기에 이릅니다. 하지만 모든 것이 협잡은 아닙니다. '무한히 많은 미세한 것들'에 관해서, 그는 '최상의 감정가'인 것이지요. 아마도 그는 단순히 근대성을 표현한 것인지도 모릅니다. "바그너는 근대성을 **집약한다.** 어쩔 수 없이, 우리는 바그너주의자일 수밖에……." "작은 것이 아름답다"라는 말은 이미 니체가 근대성의 금언으로 표명한 바 있는 격언입니다. 따라서 우리 시대는 영원회귀의 시대가 아닙니다. 차라투스트라의 계시라는 주제는 1886년 말부터 희미해지며, 결국 말기의 니체와 함께 완전히 사라져버립니다. 긍정 — 규범으로, 완전히 평가 불가능한 것을 긍정할 가능성으로, 긍정의 정오로 남는 것 — 은 영원회귀의 문제로부터 떨어져나가는데, 왜냐하면 위대한 예술의 복귀의 형식에서 바그너는 그 복귀의 상징으로 기능할 수 없기 때문입니다.

말년에 이른 니체의 파국에 대한 만회는 주로 행동과 복귀, 곧 행동과 기원의 복귀 사이의 관계와 관련됩니다. 행동은 이제 기원의 복귀를 위한 피난처 없이, 그리고 다시 한번 비극의 복귀 없이 사유되어야 합니다. 그로부터 바그너에 관해 이야기하기를 그치지 않는 것의 중요성을 알 수 있는데, 이는 그의 말년에 나타나는 강박적인 증상인 것입니다. 니체의 사유는 완전히 바그너로 잠식됩니다. 그는《바그너의 경우》,《니체 대 바그너》,《이 사람을 보라》그리고《우상의 황혼》에서도 끊임없이 바그너에 대한 이야기로 되돌아갑니다. 그러나 기억해야 할 것은 바그너는 이미 1883년에 죽었다는 점입니다. 따라서 이것은 심지어 더 이상 살아 있는 문제의 해결도 아니며, 논쟁을 통한 보복의 추구도 아닙니다. 바그너는 더 이상 대답하지 않으며, 그가 기각시켰고 더 이상 계속할 수도 재검토할 수도 없는 니체의 주장에 아무 대답도 할 수 없습니다. 그러나 바그너가 죽기는 했지만, 온 땅이 증인을 서야 하며, 그 문서[acte]는 회신 없이 전달되어야 합니다. 이것이 핵심적인 문제입니다. 어떤 이유로? 왜냐하면 모든 바그너주의자 곧 바그너주의자 일반인들에게, 비극의 복귀라는 환상을 영속화하는 자들에게, 그 복귀의 주제 속에서 성찬[聖餐]을 나누는 자들에게, 그들의 오류를 보여주어야만 하는 것입니다. 이것은 더 이상 그 복귀를 주장할 수 없을 문서에 대한 필수적인 기초교육인 것입니다. 바그너의 진영을 쓸어버려야 하는 것은 그것이 하나의 장애물이 될 것이기 때문입니다. 독일이 그런 것과 마찬가지로, 행동의 조건이 드러나려면 그 진영 또한 끝장나야 하는데, 이는 그 조건이 비극의 복귀의 미학적 형상 속에 있지 않은 탓입니다. 저는 오늘날의 논쟁에서도 이 논점의 중요성을 강조합니다. 여기서 관건은 그 행동의 미학적 전망과의 단절, 혹은 더 나아가 미학으로서의 원정치와의 단절입니다.

그러므로 이는 또한 나치즘(국가사회주의정당) — 독일적 미학으로서의 정치 — 의 이데올로기적 기반을 이루는 일반 체계와의 선취된 단절이기도 합니다. 1888~1889년 난폭함과 추락과 고뇌에 잠겨 있던 니체에게는 새로운 그리스로서 독일의 형상 속에, 혹은 원정치에 대한 미학화의 형상 속에 있는 행동이라는 관념을 치워버리는 것보다 더 중요한 것은 없었습니다. 그러나 우리가 잘 아는 것처럼, 그렇게 하기 위한 수단이 부재했고, 사유의 재편성은 너무나도 지난한 일이었습니다. 의심의 여지 없이, 이러한 동요가, 이러한 가용한 것들의 와해가, 이러한 오래된 장치의 폐기에 대한 진정성이 니체를 그 자신의 파국으로 추락시켰던 것입니다.

2) 바그너의 예술은 단절이나 창설이 아니며, 오히려 허무주의의 완성이라는 것. 이는 에우리피데스가 마치 아이스킬로스와 같은 것처럼 소개된다는 의미에서, 바그너가 협잡꾼이라는 주장으로 귀착됩니다. 몇몇 텍스트가 이를 증명합니다. 《바그너의 경우》 후기에 나오는 55쪽의 구절을 읽어드리도록 하겠습니다.

> (…) ¶ 그러나 바이로이트✦의 협잡과 같은 협잡은 오늘날에는
> 전혀 예외적인 것이 아니다. 우리는 모두 '기독교인
> 시골귀족'이라는 매우 흉측한[inesthétique] 개념을 알고 있다.
> 이러한 대립되는 항들에 대한 무지, 이러한 거짓 속에 있는
> '선한 양심'은 전형적으로 근대적인 것이며, 그것은 대체로
> 근대성을 정의하기에 충분하다. 생물학적으로, 현대의 인간은

가치들의 모순을 구현하며, 두 의자 사이에 앉아서, 한꺼번에 **'예'**와 **'아니오'**를 말한다. 허위가 육신을 입고 심지어 천재성이 되어버린 것이 바로 우리 시대라는 것은 놀라울 수밖에 없지 않은가? 바그너가 '우리 가운데 거했다'는 것은? 아무 근거도 없이 내가 바그너를 '현대성의 칼리오스트로✧'라고 부른 것이 아니다…… 그러나 우리 두 사람의 혈관 속에는 부지불식간에 서로 적대적인 다양한 연원을 갖는 의향들과 가치들, 하나의 어휘, 정식들, 규범들, 도덕들이 흐르고 있다 — 생리학적으로 말하자면 우리는 **거짓된** 것이다…… 오늘날의 영혼에 대해 진단하자면 — 이를 무엇에서 시작해야 하나? 이러한 양립할 수 없는 본능의 대립에 과감하게 메스를 댐으로부터, 충돌하는 가치들의 노출로부터, 가장 **시사적인** 임상적 사례에 대해 착수되는 생체해부로부터. 철학자에게 있어, 바그너의 사례는 하나의 특정한 사례 이상이며, 그것은 확실한 요행이다 — 이 글은, 사람들이 알게 될 것처럼, 감사하는 마음에 동기를 둔다……

감사하는 마음[reconnaissance]은 바그너에 대한 니체의 최종적인 빚

✦ 바이에른주 북부에 위치한 바이로이트에서는 매년 7월 말에서 8월 말까지 바그너의 음악극을 공연하는 바이로이트 페스티벌이 개최된다.

✧ 이탈리아의 연금술사이자 오컬트 신봉자, 무엇보다 악명 높은 사기꾼.

입니다. 그러나 바그너는 근대성의 가장 예시적인 임상 사례인데, 왜냐하면 그의 본질이 협잡이기 때문입니다. 그리고 바이로이트의 협잡은 결국 연극, 곧 연극적 형상일 뿐입니다. 연극적 형상은 무엇으로 이루어집니까? 그 본질은 무엇인가요? 니체는 이와 관련하여 두 가지 가능한 규정을 제시합니다.

¶ 가장 기초적인 것. 근대적 협잡은 하찮음 그 자체를 위대함으로 제시하는 것이며, 하찮음의 정수를 위대함의 복귀의 형상으로 제시하는 것입니다. 이것은 바그너 음악에 대한 규정입니다.

¶ 가장 정묘한 것. 기원적 비극의 위대한 형식은 나타남의 단순성입니다. 그러므로 '하찮은' 것은 이중성, 즉 구성적인 이중성, 혹은 단순한 것에 대한 무능력이며, 여기서 단순한 것이란 젊은 니체가 생각하는 것처럼 땅에 의한 선물의 증여로서의 단순한 것이며, 따라서 단순한 긍정입니다. 차라투스트라의 세 번째 변모에서 위대함의 상징인 아이는 단순한 긍정임을 상기하도록 합시다. 예술적 위대함은 단순한 긍정입니다. 그리고 예술적 근대성은 단순한 긍정의 능력이 없는데, 왜냐하면 그것은 이중적인 유연성 가운데 예술을 자리 잡게 하기 때문입니다. 근대적 예술은 속임수에 얽매이는 것이며, 그것은 교활한 예술입니다. 바그너는 사실상 속임수 중에 가장 심한 속임수이며, 그에 따라 상징적인 것으로, 혹은 '근대성의 칼리오스트로'나 '늙은 마술사'로 남게 됩니다. 속임수의 거장으로서, 바그너는 근대 예술의 근본적인 속임수 — 이중성을 단순성으로 제시하는 속임수 — 를 드러내는 예시적인 임상 사례입니다. 이는 바그너를 허무주의의 증상 그 자체로, 다시 말해 긍정에 대한 무능력을 드러내는 증상

으로 만들어내는 것입니다.

3) 원정치적인 것의 자리는 독일이 될 수 없다는 것. 《바그너의 경우》 44쪽의 발췌문을 가져와봅시다.

> 취향도, 목소리도, 재능도 아니다. 바그너의 무대가 필요로 하는 것은 오로지 단 하나 — 바로 **튜턴족**✦이다! ……튜턴인을 나타내는 정의는 복종과 튼튼한 다리이다…… 바그너의 등장이 '제국'의 등장과 동시에 발생한다는 점은 매우 의미심장하다. 이 두 사실은 정확히 같은 것을 입증한다. 바로 복종과 튼튼한 다리를 말이다. — 이렇게 복종이 잘 이루어지고, 명령에 잘 따랐던 적은 결코 없었다. 바그너의 지휘자들[chefs✧]은, 특히 후대의 지휘자들이 조심스러운 존경심으로 **고전적인 전쟁의 시대**라고 부르게 될 그런 시대에 잘 맞는 자들이다.

우리는 바그너를 엄격하게 비스마르크와 동시대인으로 생각해야 합니다. 그는 독일적 복종의 형상 — 튜턴인의 정의 그 자체 — 인 것입니다. 이 순간에 예술은 주권의 형상에 대한 결백함으로 제시될

✦ 게르만족의 일파로 생각되는 고대 부족. 로마 역사가들이 기록한 공화정 시기의 킴브리 전쟁에 참가하여 로마를 침공하기도 했다. 여기서는 독일인들을 가리킨다.

✧ 'chef'라는 말에는 지도자, 대장, 사령관 등의 의미도 있다. 바로 앞 문장에 나오는 독일 군대의 암시와 연결지어 이중적으로 생각해볼 수 있겠다.

수 없으며, 심지어 그것은 힘에의 의지라는 의미에서 주권 즉 단순한 주권이 아니라, 복종과 종속을 유도하는 것입니다. 그것은 사로잡는 captieux 예술이며 사로잡힌 자captif의 예술입니다. 그리고 독일인은 바로 독일에 사로잡힌 자, 그 역사-국가적historico-étatique 의미에 붙들린 자입니다. 우리는 이미 이런 측면에 대해 논의한 바 있습니다. 바그너의 예술에는, 하지만 결국엔 근대 예술에는 그 신화나 위대한 형식에 대한 무능력과 그 귀결로 나타나는 이중성 외에도, 깊이 잠재하는 국가적 요소가 있습니다. 니체의 진단은 이런 것입니다. 그 존재에 있어 국가화된étatisé 예술, 명령과 복종의 변증법 속에 기입된 예술, 혹은 춤추기를 그치고, 춤으로부터 바로 명령과 복종의 변증법과는 완전히 다른 은유가 나온다는 사실과 단절하는 예술 말입니다. 이러한 예술, 이러한 성스러운 독일 예술은 당연히 결코 비극의 복귀의 형상으로만 국한되지 않으며, 또한 해방의 형상이기도 합니다. 그것은 '제국Reich'의 형상을 위해 예속시키거나 매혹시키지만, 그것은 자유를 주거나 해방시키는 형상이 아닙니다. 하지만 결국 독일에 대해서도 같은 이야기를 할 수 있습니다. 처음에는 비극의 복귀 현장 그 자체로 제시되지만, 바로 그때 그 복귀의 본질적인 장애물이 됩니다. 독일은 사유를 위한 장소가 될 수 없는 것입니다. 그로부터 니체의 고통스럽고도 격렬하며 괴로운 단절이 유래하는데, 많은 주석이 이러한 끔찍한 반反독일적 독설에서 나타나는 모욕과 일탈적 언행의 분출에 관해서 그의 광기를 탓합니다.

이러한 반독일적 증오에서, 저는 심오한 동시에 모순되거나 상충하는 이유를 발견합니다. 그리스의 복귀를 위한 특권적 장소로서 독일이라는 이론 자체를 반드시 허물어야 할 필요가 있는 것입니다. 새로운 그리스를 위한 장소라는 주장으로서 독일적 자기충족성을 무너뜨리고 이에 냉소를 보내기 위해서는 강렬한 지성적 프로파간다가 필요합니다. 미래는 이 신화가 해낼 수 있는 것이 무엇인지 보여주었습니다. 당연히 니체는 그의 조급하고 발작적이며 절박한 증오로 인해, 독일을 그 조악한 자기도취에 대해 심판할 수 있으며, 모든 생생한 원정치의 구상에 대한 장애물로 탄핵할 수 있는 재판대 앞에 독일을 출두시켰던 것입니다. 니체가 자기 자신으로부터 이러한 평결을 벗겨내야만 했다는 것은 비상한 강도를 지닌 가혹한 지성적 광경이지만, 이는 깊은 정직성을 지닌 것이기도 합니다. 그는 결국 이렇게까지 말하지 않습니까. **나는 독일인으로서 당신에게 독일인이 될 수 없는 불가능성을 말한다.** 그는 결국 스스로 독일인이라는 점에 대한 이 혐오의 지점에서 폴란드인으로서의 일대기를 꾸며내기도 합니다. 누구보다 독일적인 사람으로서, 독일로의 신들의 복귀라는 신화를 만들어낸, 특권화된 원정치의 현장으로서 향상된 독일이라는 신화를 만들어낸 공동 창작자coauteur인 그는 비틀려 찢겨나감의 상징이 된 것이었습니다. 그 자신으로부터 독일을 도려냄으로써, 그는 '니체'가 된 것입니다. 그리고 원정치적 행동의 명명으로서 나타나게 된 그의 고유명의 출현은 부분적으로 그의 독일로부터 뿌리 뽑힘에 기인한 것이었습니다. 내 이름이 독일의 것이 아니기를! 이러한 '니체'라는 이름의 강력한 이행을 통해, 그는 독일에서 뿌리 뽑힌 한 형상을 프랑스와 이탈리아 사이의 어떤 있을 법하지 않은 상호관계 속에 배치합니다.✦ 그의 마지막 텍스트들은 모두 독일 바깥의 독일이라는 형상에 대한, 결국 발견하지 못한 초점 맞추기라는 주제를 중심에 두고 그 주위를 맴돕니다. 그에게 아직 의식이 있었던 삶의 말미에 그것을, 이탈리아나 프랑스의 방식으로 함의된 독일을 토리노에서 구현할 수 있었던 것처럼 말입니다. 유럽에 대한 니체의 생각은 이상과 같습니다. 그는 예언자, 이탈리아와 프랑스와 그 자신이 떨어져 나온 독일로 이루어진 유럽을 사유의 현상으로 본 예언자입니다.

4) 마지막으로, 바그너는 연극이라는 것. 아이스킬로스가 아니라 에우리피데스가 됨으로써 그는 또한 예술을 연극에, 보다 정확히 말해서 음악을 연극에 종속시킨 자입니다. 그는 비극의 복귀가 기대되었던 곳에서 오로지 '비극의 자살'로 규정될 수 있을 연극을 계속했던 자입니다. 바그너적 연극성에 의한 위대한 음악적 형식의 파괴에 관해서는 여러 구절을 찾을 수 있겠지만, 가장 분명한 것은《바그너의 경우》 38쪽에 있습니다.

> '무엇보다 필요한 것'에 대해, 바그너는 오늘날 모든 연극의 인간들과 대체로 같은 판단을 할 것이다. 일련의 강력한 장면들, 모두 다른 것들보다 강력한 일련의 장면들 —그리고 장면들 사이에 약삭빠르게 배치된 하찮은 것들이라고 말이다. 그는 우선 자기 작품의 효과를 스스로 보장받으려 하며, 제3막에서 시작하여, 스스로 그 최종 효과를 가지고 작품의 가치를 **확인한다**. 연극에 대한 그러한 관점에 의해 인도되는 이상, 그는 바라지 않으면서도 진짜 드라마를 쓰는 위험을 감수하지는 않을

것이다. 드라마는 **엄격한** 논리를 요구한다. 그런데 바그너는 논리에 대해 관심이 없다! 다시 말하지만, 그가 회유해야 할 것은 코르네유✧의 관객이 아니다. 그것은 단지 독일인일 뿐이다!

이 텍스트에 관해 세 가지 사항을 논급하도록 하겠습니다.

¶ 니체는 계속해서 연극을 드라마와 대립시킵니다. 결정적인 문장은 이런 것입니다. "연극에 대한 그러한 관점에 의해 인도되는 이상, 그는 바라지 않으면서도 진짜 드라마를 쓰는 위험을 감수하지는 않을 것이다." 그러나 바라지 않으면서 진짜 드라마를 쓴다는 것은 무슨 의미일까요? 니체에게 있어 드라마와 비극은 같은 것입니다. 그러므로 바라지 않으면서도 진짜 드라마를 쓴다는 것은 복귀와 그 순결함의 요소 속에 있을 것입니다. 비극은 '바라는' 것이 아닌데, 왜냐하면 비극은 그 자체의 고유한 순결함을 통한 나타남의 예술적 표명이기 때문입니다. 어떤 효과를 추구하고 바라는 것, 그런 것은 연극적 타락입니다.

¶ 진짜 드라마는, 어떤 효과의 의지와는 관계없이 꿈과 도취의 결합을 낭비하는 것입니다. 이런 이유로 진짜 드라마는 항상 무의지적[involontaire]인 것입니다. 그렇다면 무엇보다 우선 연극의 인간으로서,

---

✦ 니체는 독일을 떠난 이후 정신질환 발작으로 쓰러지기 전까지 이탈리아 토리노에 거주했다.

✧ 피에르 코르네유(Pierre Corneille). 17세기 프랑스의 비극 작가.

또 이를 비롯하여 그의 음악에 있어서도, 어떤 효과의 생산을 추구하는 인간 바그너는 예술을 니체가 '엄격한 논리'라고 말하는 것에 종속시킬 수 없습니다. 예술적 논리는 본질적으로 무의지적인데, 왜냐하면 모든 의지는 예술적 효과의 의지일 수밖에 없기 때문입니다. 그리고 그 효과의 계산에 따르는 이상, 예술적인 엄격함도 논리도 있을 수 없습니다.

¶ 마지막 논점. 효과는 또한 그것이 어떤 것이든 관객public의 재현입니다. 효과를 바라는 것은 관객을 회유하기 바라는 것이라고, 니체는 말합니다. 만일 이 논점을 형식화할 시간이 있었다면, 그는 예술의 세 가지 시대를 식별해냈을 수도 있습니다. 관건은 복귀의 문제가 아니라, 어떤 다른 질서의 시대 구분입니다. 위대한 그리스 예술의 시대, 이는 비극 및 꿈과 도취(아폴론과 디오니소스)의 결합으로 식별됩니다. 바그너의 시대, 이는 다른 극단極端에서 연극의 지배로서 근대성에 대한 임상적 예시로서 구별됩니다. 그리고 에우리피데스로부터 유래한 연극은 불가피하게도 효과의 계산 위에 세워집니다. 그런 이유로 연극은 꿈이 아니라 사유이며, 또한 도취가 아니라 정념입니다. 결국 연극의 가치는 관객이 지닌 가치에 상당할 것입니다. 고전주의 예술의 시대, 이는 관객의 요구가 효과의 본성 자체를 추론하는 시대입니다. 그런 것이 코르네유의 관객이지요. 그것은 그 무엇의 복귀도 아니며, 본래 의미에 따른 비극의 복귀도 아닙니다. 그것은 연극이지만, 거기에 뛰어든 관객이 강한 조치를 취하는 그러한 연극인 것입니다. 그러므로 고전주의 연극은 실제로 관객을 회유하는 예술입니다. 그러나 이 관객은 까다롭고 회유하기 쉽지 않기에, 그것은 존중

받을 만한 예술입니다. 그래서 그것은 니체의 핵심적인 준거가 됩니다. 즉 프랑스의 고전주의에 대한 준거 말입니다.

따라서 최종적으로 세 가지 패러다임이 주어질 것입니다.

¶ 그리스적인 시작의 예술,

¶ 고전주의적 예술, 프랑스의 고전적 예술을 패러다임으로 하는,

¶ 근대적 예술, 바그너라는 독일인을 패러다임으로 유지하는.

그로부터 귀결되는 결과는 무엇일까요? 상당히 기이하게도, 위대한 예술의 복귀라는 주제의 붕괴는 또한 점차 위대한 예술이라는 주제 그 자체의 폐기가 된다는 것입니다. 어떠한 텍스트도 명시적으로 보여주지는 않지만, 그런 일이 일어납니다. 이는 단지 추락이라는 주제만 그런 것이 아니며, 점차 위대한 그리스적 예술의 식별은 그 자체로 무효하게 되어, 소멸에 이르기까지 효력을 잃게 됩니다. 이러한 기원적 예술의 형상 — 어쨌든 그 복귀의 의지를 유발하는 — 은 사라지게 될 것입니다. 아마도 니체는 그러한 예술의 형상을 무익한 것으로, 혹은 이미 독일적인 창조물로 생각하지 않았을까요? 독일은 필시 그저 스스로 새로운 그리스라 믿고 싶은 욕망을 가지지만은 않았을 것입니다. 어쩌면 오로지 그 복귀가 되기 위한 목적으로, 실존하지 않는 그리스를 발명한 것은 아닐까요?

바라든 바라지 않든, 이 독일적 그리스에는 무언가 눈여겨볼 것이 있습니다. 그것은 언제나 모든 외양적인 그리스보다 더 근본적인 그리스를 식별해낼 수 있습니다. 그리스, 그것은 소크라테스가 아니고, 하물며 플라톤이나 에우리피데스는 더더욱 아닙니다. 그러

나 이 고전 시대 그리스의 배경에는 언제나 어떤 특정한 측면에서 이미 몰락이나 망각이 있으며, 그것은 독일이라는 조립체 속에서 언제나 상실로 재구성됩니다. 그리고 그리스의 자기 망각이라는 시금석은 하이데거에게까지 이어집니다. 우리는 소크라테스 이전 철학자들présocratiques이라 불리는 사람들을 그리스의 독창성이 발현된 장소로 확인해야 합니다. 그다음으로 플라톤이나 소크라테스가 책임지게 될 망각 혹은 소거의 절차가 오게 됩니다. 그리스가 스스로 망각한 어떤 것의 작용에 의거한 사유와 그 자체를 동일시하는 것은 독일의 단독적인 특징입니다. 이를 단독적이라 하는 것은 단지 그리스를 반복하거나 혹은 지성적 고전주의의 새로운 고향이 됨을 단언하는 것과 관련될 뿐만이 아니라, 그 자체를 망각한 그리스의, 즉 이미 처음으로 그 자체의 고유한 본질의 말소 가운데 스스로를 매장한 그리스의 복귀 혹은 반복과도 관련되기 때문입니다. 확실히 니체는 이 독일적 그리스의 공동 창작자입니다. 말하자면, 이것이 그리스인들 자신에 의해 연극으로 망각되고 말소된 그리스 비극의 역사인 것입니다. 이에 따라 독일은 그리스인들이 망각한 그리스의 가능적 대체자가 됩니다. 니체는 《비극의 탄생》을 쓰는 동시에 비극을 쓰기 바라는데, 왜냐하면 바그너의 성스러운 예술에 대한 독일적 약속이 있기 때문입니다. 더 이상 믿을 것이 없을 정도로, 모든 것이 무너질 정도로, 독일이 그 복귀가 될 것이라는 생각뿐만 아니라 그 조립체 자체마저 무너지게 될 정도로 말입니다. 그리스 그 자체의 정체성 확인identification이 불안정해지게 됩니다. 당연한 일이지요! 만일 독일의 정체성 확인이 그리스적 조립체의 핵심이며 그 역이 아니라면, 그것은 독일적 탈

정체화[désidentification]에 의해 의문시될 것입니다. 실제로 꿈꿔지거나 세워지거나 혹은 사고된 이러한 그리스를 명명했던 위대한 예술이라는 주제의 쇠퇴가 있을 것입니다. 이는 결국 고전주의 예술에, 고전주의적인 프랑스의 예술에 힘을 실어주게 될 터였습니다. 만일 연극성이 더 이상 위대한 비극적 예술로 평가되지 않는다면, 최종적으로 중요성을 얻게 될 것은 연극성의 역사 그 자체, 혹은 위대한 연극이 될 터였던 것이지요. 그러나 위대한 연극이란 무엇인가? 그것은 연극이 언제나 효과의 계산이라는 논리 속에 있는 이상, 대규모 관객을 동원하는 연극입니다. 그것은 하나의 절대적인 소여[所與, donnée] 입니다! 그러니까 그것은 니체의 파란만장한 탐구일 것입니다. 말하자면 광대가 없는 연극이 있을까요? 바그너는 코르네유의 관객을 회유할 필요가 없었고, 그의 관객은 단지 독일인들뿐이었습니다. 요컨대 만일 비극의 복귀가 없다면, 심지어 그리스에 대한 독일적 조립체일 뿐인 비극 자체도 없다면, 거기 있는 것은 연극이며 옛적부터 그러했다는 점에 동의해야 할 것입니다. 그리고 만일 연극만이 있다면, 이와 관련한 가치평가의 대전제는 위대한 연극일 것입니다. 그것은 관객으로부터 품격이 부여되는 연극, 웃음거리가 될[d'être histrion] 수 없는, 그리고 고전적인 프랑스 비극의 시대로 대표되는 그러한 연극입니다.

저는 기꺼이, 말년의 니체에게는 고전적인 프랑스 비극을 예술이 할 수 있는 무언가의 참된 패러다임으로 보는 경향이 있다고 주장할 것입니다. 이는 실제로 예술의 신화적 역량에 대한 포기입니다. 그러나 예술은 관객이 연극 자체를 구성한다는 조건 아래 신화를 만들어낼 역량을 지닙니다. 그럴 때 변화하기 시작해야 할 것은 바로 관객이며, 곧 독일인들입니다. 반드시 필요한 것은 더 이상 튜턴인들과 화해하는 일이 아닙니다. 왜냐하면 연극이 이 과업에 바쳐지는 이상, 연극은 바그너적일 것이며, 이 매혹된 관객에게 그것이 위대한 예술임을 믿도록 할 것이기 때문입니다. 우리는 시뮬라크르 또는 협잡의 체제에 따르게 될 것입니다.

오늘 강의의 끝으로 무슨 이야기를 할 것인가? 만일 위대한 예술의 복귀에 의한 정체성 확인 — 적어도 약속된 니체의 첫 번째 정체성 확인 — 이라는 주제를 버린다면, 연극성이 정확히 비극에 대한 부인으로 규정되는 이상, 우리는 더 이상 연극성에 대한 비판을 지탱할 수 없을 것입니다. 만일 더 이상 비극이라는 주제를 지탱할 수 없다면, 우리는 연극성을 예술의 영역에서 찾게 될 것이며, 연극성 자체와 관련하여 새로운 규범들을 찾게 될 것입니다. 비제의 걸작 〈카르멘〉에 대해 니체가 던진 추파의 의미는 분명히 이런 것입니다. 그것은 하나의 농담, 기본적으로 '프랑스인들 대 독일인들'로 나뉘어 그 사이에서 오간 빈정거림인 것입니다. 그러나 비제에 대한 그의 갑작스런 애정을 더 깊이 파고들어가보면, 우리는 거기서, 니체의 관점으로 볼 때, 그 작품이 더 훌륭한 연극이며 사랑에 관해 더 나은 이야기를 하고 있음을, 연극이 그것이 아닌 다른 무엇이 되려 하지 않음을, 연극이 더 이상 협잡이 아님을 보게 됩니다. 그리고 심지어, 비제의 음악이 위대한 예술에 속하지 않음을 인정한 것은 그 음악을 위한 것입니다. '바그너보다는 비제'라는 선언은 확실히 위대한 예술의 규범적 성격과 연극성에 대한 우회적 찬동에 대한 피로감을 보여주는 징후입니다. 다시 한번 연극성에 찬동한다면, 모든 문제는 관객과 관련한 문제입니다. 하지만 그는 독일적 속임수에 사로잡히거나 거기에 예속되어 있을까요, 아니면 단적으로 거기 있는 것과 동시대를 살아갈까요? 사실상 모든 것은 관객의 문제입니다. 그리고 관객이 관건이라면, 궁극적인 질문은 미학적인 것이 아니라, 정치적인 것이, 혹은 원정치적인 것이, 직접적으로 원정치적인 것이 되었을 터입니다.

저는 강의를 이렇게 마무리하겠습니다. 니체는 한편으로 자신이 행동의 미학적 가능성의 쇠퇴로부터, 그리고 다른 한편으로 관객에 의한 규범의 조정이라는 책무로부터 심하게 시달리고 있음을 알게 되었습니다. 그러나 이는 관객의 변화를 조건으로 하며, 그 변화는 행동에 대한 정치적 이해의 소관입니다. 무엇보다 연극이 미학과 정치 사이에 놓인 중개자였으며 또 지금도 그렇다는 점을, 연극이 미학에서 정치로 가는 철학적 행동의 부분적으로 맹목적인 번역의 매체임을 기억하도록 합시다. 그리고 이러한 번역은 또한 복귀에 의해 보증된 행동으로부터 복귀 없음을 말해야 할 행동으로 넘어가는 이행입니다. '복귀 없음^sans retour^'에 관해서는 니체에게서 끔찍한 실현 매체가 발견됩니다. 그의 광기가 바로 이 복귀 없음인 것입니다.

10강

1993년 5월 26일

저는 (지난 시간에 이야기했던) 한 가지 논점을 강조하려 합니다. 바그너의 연극성은 그것이 위대한 예술의 형상으로 제시되었다는 점에서 하나의 협잡이라는 것입니다. 그것은 음악을 종속시키는 연극성, 도취와 꿈의 결합에 대한 약속에 의거한 협잡꾼의 연극성이며, 이런 점에서 그 연극성은 완전히 유죄판결을 받게 될 것입니다. 만일 예술이 더 이상 그리스적 복귀의 명령 아래 위대한 예술을 사유하는 것이 아니라면, 우리는 패러다임을 바꿀 필요가 있습니다. 협잡꾼이 되지 않으려면 말입니다. 《바그너의 경우》가 보이는 것은 이런 것으로, 말하자면 위대한 예술의 패러다임에 사로잡힌 채로, 바그너는 그저 그러한 예술에 관한 연극적 풍자화caricature만을 제시한다는 것입니다. 만일 예술의 문제를 위대한 예술의 환상, 곧 그리스적 환상으로부터 해방시킨다면, 우리는 필시 확실히 연극적이지만 자유로운 연극성을 지닌 패러다임을, 더 이상 위대한 예술의 신화에 매이지 않은 자유로운 패러다임을 발견할 것입니다. 그것은 니체의 관점에서 볼 때 프랑스 고전주의가 나타내는 것이며, 이를 넘어 문학적 예술과 산문, 괴

테에 대한 열렬한 인용 등 그 모든 것은 어떤 독일적 고전주의의 재평가와, 그 잠재적인 재부상再浮上과 관련되는 것입니다. 어쩌면 말년의 니체가 행동이라는 이름으로서의 광기로 추락하기에 앞서 착수했던 것은 위대한 예술의 문제를 연극적 효과의 추구에 예속시켰던 바그너에 대한 엄격한 반대의 유지라기보다는, 오히려 연극성의 분할 그 자체인지도 모릅니다.

일단 바그너를 근대성의 에우리피데스로 보는 진행 과정이 인정된다면, 니체가 이에 관해 제시하는 규정을 상기할 필요가 있습니다. 에우리피데스는 그리스의 원형적 비극의 쇠퇴가 아니라 새로운 결합의 생산인 것입니다. 이를 좀 더 자세히 살펴보자면, 도취의 형상에서 드러나는 디오니소스 숭배의 열광적 성격은 제거levée입니다. 그 성격은 삶의 무한성 자체를 구속하는 여러 연결들을 풀어버립니다. 반면 아폴론적인 꿈은 유한한 형식의 형상입니다. 실제로 위대한 예술의 결합적 능력은 특이한 창조적 연금술을 통해 집단을 만들어내고, 꿈의 형상을 통해 형식의 유한성을 만들어내며, 도취의 형상을 통해 삶의 폭발을 만들어내는 것입니다. 에우리피데스는 또 다른 결합, 곧 사유pensée와 정념passion의 결합입니다. 그는 꿈을 사유로, 도취를 정념으로 교체하는 자입니다. 니체는 바그너가 에우리피데스와 동일한 전개방식을 사용한다는 점을 보이려 시도할 것입니다. 바그너 또한 꿈이 아니라 이념에 속한 인간이며, 도취가 아니라 정념에 속한 인간입니다. 《바그너의 경우》에서 발췌한 두 구절이 이를 증언합니다. 바그너가 이념의 인간이라는 점은 그를 헤겔에 근접하게 할 것입니다. 바그너는 음악적 흐름을 생산하는 연속성을 이념의 생성이라는 원칙에 종속시킵니다. 이런 의미에서 그는 음악의 헤겔입니다. 여러분에게 첫 번째 발췌문을 읽어드리겠습니다.

> 도덕은 옆으로 밀어두자: 헤겔은 하나의 취향이다…… 단지 독일적 **취향**만이 아니라, 유럽적 취향이다! 바그너가 이해했던 취향! —그것에 접촉하여 자신이 위대하다고 느끼게 되었던 취향! 그가 불멸화했던! — 바그너는 그것을 음악에 유용한 것으로 만들었으며 —그는 스스로 '무한한 것을 의미하는' 양식을 발명했고, — **헤겔의 훌륭한 상속자**가 되어버렸다…… '이념'으로서의 음악(에 있어서)……
> 오, 바그너는 얼마만큼이나 이해된 것인가! — 헤겔에 열광했던 동일한 종류의 사람들이 오늘날 바그너에 열광하는데; 학교에서, 그들은 심지어 헤겔주의자처럼 **글을 쓴다!** —그에 정통한 것은 특히 독일의 청소년들이다. 그들에게는 '무한한'과 '의미'라는 두 단어로 충분하다: 그들과 접하며, 그는 비할 데 없는 지혜가 차오르는 것을 느낀다. 바그너가 청소년들의 마음을 사로잡은 것은 음악에 의해서가 아니라, '이념'에 의해서다: — 젊은이들을 유인하여 바그너에게로 인도하는 것은 바로 바그너 작품에서 매우 수수께끼 같은 측면, 백 가지 상징 뒤에서 실행되는 그 숨바꼭질 놀이, 그 이상형의 다채로운 장식이며; 진정한 바그너의 천재성은 혼란을 배양하는 것이고, 그의 예술은 구름을 붙잡고 하늘로 날아올라 항행하는 것이며, 그의 재능은 모든 곳에 현존하면서 어디에도 현존하지 않는 것으로, 이상의 것은 헤겔이

자기 당대에 젊은이들을 유혹하여 타락시킬 수 있었던 바로 그 방식이다!

헤겔과 바그너는 모든 곳에 있으면서 동시에 어디에도 있지 않을 수 있는 그들의 예외적인 재능으로 청소년들을 유혹하여 종속시켰습니다. 제가 보기에 이 "모든 곳에 현존하면서 어디에도 현존하지 않는"이라는 말은 꿈이나 도취와 유사하다고 상상하게 하는 어떤 것이며, 다시 말해 '이념Idée'의 편재성이 되는 불분명함, 그것의 애매하고 다형적인 성격, '이념'이 비극을 가장하거나 그 시뮬라크르가 되게 하는 무엇이지요. 에우리피데스와 같이 바그너는 '이념'의 편재성의 힘을 실질적인 음악의 확장으로 대체하는 자입니다. 그럴 때 음악은 '이념'의 다형적 형상에 예속됩니다.

바그너도 마찬가지로 정념(열정)passion의 인간입니다. 여러분에게 《바그너의 경우》에서 가져온 두 번째 발췌문을 읽어드리겠습니다.

그런데 당황스러운 것은 무엇보다 열정이다. — 열정에 관해서는 동의하도록 하자. 그 무엇도 열정보다 이로운 것은 없다! 우리는 대위법의 온갖 미덕을 무시할 수 있으며, 그것에 대해 잘 알아야 할 필요는 없는데, — 열정이 모든 일을 한다! 아름다움은 어려운 것이다: 아름다움을 금지하라! …… 그리고 정확히 **멜로디**를 비하하자, 내 친구들이여, 비하하자! 그러지 않으면 우리는 이상을 심각하게 받아들이는 것이니, 멜로디를 비하하자!

아무것도 아름다운 멜로디보다 위험하지 않다! 그 무엇도 더 확실히 취향을 타락시키는 것은 없다! 사람들이 다시 아름다운 멜로디를 사랑하게 되면, 친구들이여, 우리가 지는 것이다! ……
공리: 멜로디는 비도덕적이다. **증거**: 팔레스트리나.✦
적용: 파르지팔. 더 나아가, 멜로디의 부재가 성스러움을 만든다……
그리고 열정에 대한 정의는 이런 것이다. 열정 — 혹은 불협화음의 밧줄 위에서 펼쳐지는 추한 것의 곡예. — 감히 추해지자, 내 친구들이여! 바그너가 그런 것을 감행했다! 역겨운 화음의 진흙을 용감하게 떨쳐내자! 거기에 손을 넣는 데 두려움을 갖지 말자! 그럼으로써, 다시 **자연스럽게** 되자……

우리가 어느 정도 그의 아이러니를 넘어 해독해내야 할 것은 바그너 음악wagnérisme의 열정적 차원에 대한 인상적인 규범적 비판입니다. 실제로, '열정(정념)'이라 지칭되며, 제가 기억하기로는 도취를 대체하는 것은 즉각적 효과에 대한 음악적 구성의 종속입니다. 언제나 그렇듯 잘 알아둬야 할 것은 '이념'과 정념은 음악적 문제의 내부

✦ 조반니 피에를루이지 다 팔레스트리나(Giovanni Pierluigi da Palestrina). 16세기 이탈리아의 작곡가. 무반주의 다성음악을 위주로 하는 로마 가톨릭의 종교음악 작곡에 매진했으며, 그 선율의 미려함과 함께 반종교개혁에 대한 지지를 바탕으로, 그의 음악은 그레고리오 성가 이후 오늘날에 이르기까지 가톨릭교회의 규범적 음악으로 인정받고 있다.

로부터 사유되어야 하며, 이 둘이 음악적 문제에 외부적인 속성들이 아니라는 점입니다. 만일 바그너가 꿈과 도취의 인간이 아닌 대신 '이념'의 인간인 동시에 정념의 인간이라면, 그의 음악이 이를 증언할 것입니다. 즉 이는 음악에 내재적입니다. '이념'과 정념은 음악 위에 군림하지만 다른 방식으로 군림합니다. '이념'의 경우에는 그것이 음악적 극작법을 지도하는 것, 음악적 지휘를 연극성에 종속시키는 것이기 때문이며, 정념의 경우에는 그것이 음악적 구성을 (전조에 의한) 이명동음enharmonie✦의 효과나 혹은 음악의 열정적 순간의 효과에 종속시키기 때문입니다. 그럴 때 음악에서 중요하게 되는 것은 근본적으로 음색과 조성 그리고 덧붙여 울림이 됩니다. 바그너는 음향의 단독성을 음악적 효과의 중심에 위치시켰고, 이로 인해 멜로디의 문제와 화음 구성의 문제를 함께 직조했던 고전적인 대가들의 가르침을 등지는 자가 될 터였습니다. 니체는 이 발췌문 바로 앞에서 그렇게 말합니다.

> 여기서, 결정적인 것은 음향의 색채이며; 음音 그 자체는 거의 중요치 않다. 우리는 **이 사안에 관해서** 익숙해질 것이다! 그렇지 않다면, 무엇에 힘을 쓴다는 말인가? 음향에 있어 집착에 이를 정도로 비범해지도록 하자! 사람들은, 음향 속에 수수께끼를 주입해놓으면, 이에 대해 우리에게 더 많은 정신력이 있다고 여긴다! 신경을 자극하고, 죽을 만큼 때리며, 번개와 천둥을 조작하도록 하자 — 이 모든 것이 마음을 뒤흔들어……

음악에서 바그너가 여는 것은 소리의, 색조의, 울림의 독재이며, 이는 음악적 담론의 축조적인architectonique 규제에 반하는 것입니다. 다시 말하지만 자기 음악의 중심에서 바그너는 에우리피데스적입니다. 한편으로 바그너는 음악적 담론의 구성conduite을 '이념'의 형상에 종속시키며(이로써 음악은 더 이상 순수한 것이기를 그치고 보여주는 것illustrative이 됩니다), 다른 한편으로 그는 자기 음악 속에서 정념의 인간이기에, 점진적으로 울림을 음악적 지형의 다른 요인들보다 중시하게 됩니다. 결론적으로 바그너는 에우리피데스와 같은 작업 — 꿈을 사유로, 또 도취를 정념으로 바꾸는 이중적 대체 — 에 몰두한다 할 수 있겠지만, 그것은 심지어 결합과 관련된 것이 아닙니다. 분명히 대체가 있기는 하지만 실제로 결합은 없습니다. 정념과 '이념' 사이에는 사실상 무언가 괴리적인 것이 있습니다. 니체의 비판은, 바그너가 사유와 정념의 연극적 결합을 실행하게 되는 범위에서, 그에게서 에우리피데스의 지위를 식별하지 않습니다. 어떤 면에서, 그리고 이런 점에서 그는 사실상 데카당파 예술가décadent가 되는데, 바그너 자신은 한편으로 '이념'에 대한 음악의 종속을 생산하며, 다른 한편으로 열정적인 무매개성에 대한 음악의 종속을 생산하지만, 어쨌든 이는 분열된 형상들에서 이루어집니다. 바로 이런 것이 언제나 음

✦ 바그너는 음악극을 작곡하면서 장면의 전개나 전환 중에 긴장을 높이기 위해 때로 화성에서 벗어나는 방식의 반음계적 화음을 통한 전조(modulation)를 즐겨 사용했는데, 이에 관해 이야기하는 것으로 보인다. 바그너의 이러한 작곡법이 쇤베르크의 무조음악 등 후대의 현대 음악에 영향을 미쳤다.

악이 약속으로 존재하며 언제나 그 약속의 해소를 연기하는 이유입니다. 니체는 바그너의 음악적 담론의 구성이 어떤 방식으로 긴장들을 쌓아 올리지만 사실상 그 긴장들을 결코 해소하지 못하게 되는지에 관해 정밀하게 분석합니다. 여기에는 여러 이유가 있습니다. 만일 바그너의 음악이 긴장을 쌓아 올리지만 해소하지 않는다면, 그의 음악이 지켜지지 않은 약속이거나 혹은 그의 음악이 조마조마하게 하지만 결국 이 불안을 청산하지 않는 것이라면, 이는 바로 그의 음악이 사유와 정념의 결합을 실제로 구현하지 않으며 그것들을 단지 자극적인 것일 뿐인 분열dissociation 속에 내버려두는 탓입니다. 그 음악은 이러한 분열 그 자체입니다. 바그너는 사실상 분열된 상태에 있는 이념의 울림일 것입니다. 이념은 확실히 소리에 집착하며 음색과 울림의 특성에 집착하지만, 이러한 '이념'의 울림은 진정한 축조적 결합을 만들어내지 못합니다. '이념'의 울림은 어떤 의미로, 음조 또는 울림을 통해 축적된 긴장 속에서, 실제로 '이념'을 가질 수 있다는 약속이 되지만, 그것은 언제까지고 숨겨진 '이념'입니다. 이것이 니체가 분열된 연극성을 공격했던 이유를 설명할 것입니다. 바그너의 음악은 '이념'의 울림으로서 혹은 해소 없는 축적의 약속으로서 실현되는 그러한 분열된 연극성의 실재인 것입니다. 그로 인해 바그너에게는 적어도 분열되지 않은 연극성을, 그가 '단순한' 혹은 '직선적'이라 지칭할 연극성을 불러내야 할 필요가 있습니다. 그리고 단순하고 직선적이기 위해서, 비록 언제나 이념과 정념들의 배합을 통해서이기는 하지만, 그러한 연극성은 적어도 그 구성요소들을 분열과 약속의 무기력 상태 가운데 내버려두지 않을 것입니다. 니체는 히스테리화되지 않은 연극성에 호소할 것입니다. 절제된 연극성에 말입니다. 그러나 절제된 것의 패러다임으로 기능하는 것에는, 즉 비제라는 이름으로 이해해야 하는 것에는 확실히 원정치적 행동으로서의 철학적 행동을 지지할 능력이 없습니다. 절제된 연극성이 바그너적 분열에 비해 더 낫기는 하겠지만, 이 더 낫다는 말이 행동의 종료를 지속할 수 있다는 의미는 아니지요. 니체가 분명히 인정해야 할 것은, 비록 절제된 연극성이 우월하기는 하지만, 그러한 연극성은 그의 원정치적 기획에 위대한 예술의 복귀에 대한 전망으로부터 기대할 수 있을 받침대를 제공하지 않는다는 점입니다. 위대한 예술의 복귀는 절제된 연극성과 같은 차원이나 같은 지지대에 있지 않습니다. 이에 따라 니체는, 그렇게 말해도 좋다면, 다른 지지대를 찾아보겠다는 결단으로 일종의 성급한 방황에 들어서게 됩니다. 만일 위대한 예술의 예술가가 원정치적 단절의 전형이 아니라면(이 예술가가 바그너적 의미의 협잡꾼이기는 하지만), 그리고 더 이상 독일이 원정치의 현장이 될 수 없다면, 두 가지 질문이 제기됩니다. 다른 전형이, 이 행동의 다른 장소가 있는가(어느 나라[nation], 어떤 형세의 나라들)? 바로 거기서 니체는 방황할 것이며, 엄격한 의미에서 그는 이 유럽의 방랑자가 될 것입니다. 독일에서 멀리 떨어져, 이러한 거리를 보여주는 이탈리아의 망명지에 거주하며, 그는 자신만의 고유한 사유의 방랑자가 되는 것입니다. 그로부터 두 번째 질문이 나옵니다. 행동의 가능성을 지탱할 수 있는 위대한 예술의 형상 외에 다른 지지대가 있는가? 그 지지대는 바로 그가 마지막 텍스트들에서 여러 형태로 생각하게 될 것들입니다.

니체는 오랫동안 과학science을 중심에 두고 그 주위를 배회합니다. 그는 자신과 과학(학문) 사이 관계의 복잡성을 넘어서, 과학성scientificité이 실패한 위대한 예술을 대체할 힘의 형상을 생산하지 않는지 자문합니다. 여러분에게 1888년의 텍스트를 읽어드리겠습니다. 그의 사유가 거쳐 간 굴곡진 방황을 보여드리기 위해서 말입니다.

> 예술가와 비교할 때, 과학의 인간의 출현은 사실상 어떤 확실한 억제에서 나타나는, 삶의 수준의 확실한 하락에서 나타나는 징후이지만, 또한 힘의, 엄격함의, 의지의 힘의 징후이기도 하다.

이것은 상당히 복잡합니다! 과학의 인간(과학자)l'homme de science의 출현은 억제 혹은 활력la force de vie의 확실한 하락 — 비극의 시대 이후 그리스의 모습 — 을 보여주는 징후이지만, 또한 힘의 증가를 보여주는 징후이기도 합니다. 생명력 수준의 하락, 힘과 엄격함과 의지의 힘의 증가. 그러니까 이 둘 사이의 균형이 있을 것입니다. 만일 예술가라는 유형이 실패하게 된다면, 과학의 인간이 출현할 수 있습니다. 분명히 과학자라는 유형의 출현은 하나의 변곡變曲, inflexion이며, 삶에 의한 가치 설정의 운동에 있어 약간은 부정적인 구부러짐입니다. 삶이 과학자의 형상 혹은 유형에서 만들어내는 것은 삶이, 위대한 예술의 의미에서, 예술가의 형상에서 만들어내는 것과 같은 정도의 힘에 있지 않습니다. 그러나 다른 관점에서 보자면, 여기에는 더 큰 힘이, 곧 힘의 증가가 주어집니다. 마치 더 좁은 범위에 있지만 동시에 더 응집되는 것처럼 말입니다. 전체적으로는 예술가가 우월하고, 국지적으로 부여된 힘에 관해 보자면 우월한 것은 과학자일 것입니다. 그러나 니체는 딱 거기서 그칠 것이며, 과학자의 형상이 예술가-유형의 형상을 대체하게 될 그러한 장치를 재구성하게 될 것입니다. 그는 만일 자신이 위대한 예술의 복귀의 형상 속에 그대로 머물렀다면 우월한 형상은 예술가였을 거라는 생각을 유지하게 됩니다.

니체는 또한 사랑의 힘에 관한 질문을 중심에 두고 그 주위를 배회합니다. 그는 종종 루 안드레아스 살로메✦라는 인물을 두고 그랬던 것처럼, 우리가 에너지의 관점에서 사랑을 평가할 수 있는지 자문할 것입니다. 그의 몇몇 텍스트가 이를 증언합니다. 사랑은 너그럽게 하거나 혹은 낭비하게 한다는 것을 말입니다. 사랑의 힘은 거기에 삶의 에너지가 낭비될 수 있는 무엇, 일종의 헛된 소비입니다. 그러나 이는 간략한 소묘일 뿐이며, 언제나 이 낭비, 곧 이 긍정의 차원(탕진 그 자체는 금욕적인 것에서 벗어난다는 점에서)이 오히려 일종의 흩뿌림 혹은 다른 의미로 상실이라는 생각에 의해 억제된 채로 유지됩니다. 기본적으로 무언가 적용의 지점에서 벗어나는 것이 있습니다. 여기서 관건은 사랑을 전쟁[guerre]의 자원들과 비교·검토하는 것입니다. 비제에 대해 이야기하며 니체는 그의 작품이 절제되어 있다고 말하고서, 사랑에 관해 다음과 같이 절규하지요.

✦ 루 안드레아스 살로메(Lou Andreas-Salomé)는 릴케, 프로이트 등 당대의 지성인들과 교류했으며 여러 저작을 남긴 작가이자 정신분석가다. 니체는 친구이자 철학자인 파울 레의 소개로 루 살로메를 만나게 되었는데, 니체는 그녀에게 빠졌으나 루 살로메는 니체의 사랑을 거부하고 심리적인 고통을 주었다고 한다.

사랑, 결국 **자연**으로 되돌려지는 사랑! '천공의 처녀'의 사랑이
아닌! 결코 젠타✦의 감상이 아닌! 오히려 **운명**으로서의,
숙명으로서의 사랑, 냉소적이고 순진무구하며 잔인한 — 바로
그 속에 자연이 있는 — 사랑! 그 수단에 있어서는 전쟁이며,
그 원칙에 있어서는 서로의 성sexes에 대한 **치명적인 증오**가 되는
사랑!

전쟁이나 치명적 증오는 그가 보기에 사랑의 가치하락의 요소가 아닙니다. 거기서 전쟁은 긍정의 형상으로 세워집니다. 이것은 〈카르멘〉을 결말짓는 돈 호세의 마지막 외침에서 표현됩니다.

그렇다! 내가 그녀를 죽였다.
카르멘, 나의 사랑 카르멘을!

여기서 사랑에 내재적인 혐오의 징후를 떠올리지 말도록 합시다. 근본적으로, 냉소적이고 순진하며 잔인한 사랑은, 테너 가수가 군중의 박수갈채를 받으며 감옥으로 끌려 들어가기에 앞서 노래하는 것처럼, 그것이 양성 간의 누그러뜨릴 수 없는 전쟁의 요소인 이상, 유년기의 형상, 즉 디오니소스-어린아이Dyonysos-enfant 같은 어떤 것입니다. 그러나 이러한 자기에 대한 자성을 통해 위대한 예술의 의미에 따른 원정치적 몸짓을 지탱할 수 없다는 점에서, 유익하지 않은 것은 바로 양성 간의 증오가 냉소적이고도 순진하며 잔인한 사랑의 차원에서 평가 불가능한 삶의 긍정이라는 그 고유한 본원을 발견

하지 못한다는 점입니다. 이러한 관점에서 사랑은 힘이, 그것도 엄청난 힘이 될 수 있지만, 이 힘은 반복에 구속됩니다. 그 힘은 그 자체의 고유한 전쟁 속에서 계속되지만, 단절 또는 어떤 다른 세계로의 모험여행odyssée으로서 그 자체의 내재적인 긍정을 창조하지는 않습니다. 그것은 그 자체의 반복으로 낭비되는 힘입니다. 니체의 관점에서 볼 때, 이미 그 힘은 바그너의 음악에서 발견되는 이상화되고 억압되어 있는 해로운 감상感傷, sentimentalité을 훨씬 넘어서는 것입니다. 냉소주의와 순진함과 잔인함은 바그너적 협잡이 질식시켰던 현실의 원리, 곧 삶의 원리입니다. 비제의 작품은 이상적인 감상과 관련된 것이 아니며, 그것은 실제로 전쟁이라는 벌거벗은 현실과 관련된 것입니다. 그러나 그 작품은 보편화될 수 있는 서곡ouverture을 갖지 않는 하나의 실재인데, 이는 그 자체의 종결에 대한 반복 가운데 있기 때문입니다.

과학과 사랑 이후에, 니체는 정치la politique에 대해, 그가 위대한 정치의 주제라고 부를 어떤 것에 대해 심문할 것입니다. 그러나 기억해야 할 것은 정치라는 단어 자체가 근본적으로 애매하다는 점입니다. '위대한 정치'라는 말로 의미하는 것은 모든 정치의 완전한 해소이지만 또한 어떤 초超정치super-politique 혹은 원정치archi-politique이기도 합니다. 요컨대 거기서도 다시, 그는 철학적 몸짓을 가능케 하는 받침대의 전형적인 형상을 찾지 못할 것입니다. 바로 그가 정치적 혁명을 실격시켰던 까닭에 말입니다. 왜 그랬을까요? 왜냐하면 그가 거기서 원한

✦ 바그너의 오페라 〈방황하는 네덜란드인〉 주인공.

ressentiment의 형상을, 평등주의적 원한의 형상을 봤기 때문입니다. 일단 바그너를 버린 이후에, 역사는 그에게 위대한 예술을 제시하지 않았고, 마찬가지로 위대한 정치를 제시하지 않습니다. 그것은 아무것도 제시하지 않습니다. 한 형상이 혁명의 등재에 기입될 수 있었으나, 그 역사적 주제가 원한이라는 범주에 의해 버려지면서(이 범주를 '너무나 시끄러운 사건!'이라고, 차라투스트라는 말할 것입니다), 정치는 전적으로 장차 도래할 것이 됩니다. 그리고 정치를 정초해야 할 자는 바로 '니체'입니다.

만일 이 1888년이라는 해에 니체의 지성적 정황을 상상해본다면, 우리는 무엇을 알아내게 될까요? 토리노에서 홀로 살며, 세계의 역사를 둘로 쪼개놓을 거라고 고지하는 이 사람에게는 무엇이 주어지고 무엇이 주어지지 않았을까요? 즉 무엇이 이 행위의 가능적 자원으로서 주어지고 무엇이 주어지지 않았을까요? 진실을 말하자면, 우리에게 받침대 역할을 하게 될 것은 거의 절망적인 사후 발표 단편들과 목록들입니다. 우리는 거기서 무無에의 의지의 승리라는 일반적인 주제를, 그리고 이교적인 영혼l'esprit païen, 예술, 그리스의 소피스트들 등등 거기에 결부된 많은 자잘한 것들을 발견하게 됩니다. 그런데 그에 대해 무엇을 말해야 할까요? 이러한 사유의 정황의 뼈대 혹은 척추구조에 관해, 그의 명석함의 극단적인 경계에서, 우리는 다음과 같이 단언할 수 있습니다.

¶ 위대한 예술은 없다 — 이것이 요점입니다.

¶ 사랑은 집요한 성관계의 형상이다 — 평화 없는 전쟁, 끝없는 전쟁인 것입니다.

¶ 과학은 매우 협소하다 — 과학의 힘 혹은 그 엄격함은 일반성 또는 연장을 대가로 얻어집니다.

¶ 그리고 위대한 정치는 장차 도래할 것이다 — 정치는 행동으로 일어나게 해야 할 무엇입니다.

요컨대 거기 있는 것은 바로 '니체'로서의 니체입니다. 고귀하면서도 동시에 초연한. 니체는 그가 거기 있다는 매우 작은 표시를 추적합니다. 길에서 자기를 알아보는 사람이 있을 때, 그에게 가장 좋은 과일이 제공될 때, 혹은 양복점 주인에게 정중한 대우를 받을 때…… 그가 어느 정도까지 이르게 될지 살펴보도록 합시다. 몇 가지 흔적을 살피는 것만으로도 니체의 존재를 니체 자신에게 돌리기에 충분할 것입니다. 분명히, 다른 무엇이 있는 것도 아니고 특히 바그너가 있는 것이 아니니, 어쨌든 반드시 니체가 있을 수밖에 없을 것입니다. 거기에 광기가 머물게 되며, 그것은 이러한 특이성의 과도한 투여의 순간에 모습을 드러냅니다. '니체 대 바그너'라는 제목은 이런 측면에서 이해해야 합니다. 그가 작업했던 마지막 작품, 마지막으로 창작된 책에 관해서 말입니다. 《바그너의 경우》가 있었지만, 그럼에도 《니체 대 바그너》가 쓰여야 했던 것입니다. 이 텍스트는 감정적으로 읽지 않을 수 없습니다. 마치 문을 닫기 직전에, 몰락하기 직전에, 서류를 정리하는 누군가의 텍스트를 읽는 것처럼 말이지요. 이 책은 전부 이전 책들의 단편들로 구성됩니다. 그는 《비극의 탄생》에서부터 《바그너의 경우》에 이르기까지 그가 바그너에게 헌정했던 텍스트들을 취하여, 바그너에 반대하는 '니체'('니체' 대 바그너)Nietzsche contre Wagner라 명명하기 위한 피할 수 없는 분류적 논리를 펼쳐냅니다. 한 사람이 갑작스럽게 어떤 유형, 즉 협잡꾼의 유형에 대한 엄격한 반대opposition의 관점에서 자기 삶과 작품을 정리합니다. 그런데 '대립하는contre'이라는 말은 무슨 의미일까요? 첫 번째 의미는 그와 바그너 사이에 언제나 간격이 있었음을 보이는 것입니다. 이는 기본적으로 그다지 흥미롭지 않습니다. 그가 말하고 싶은 것은 사실상 '잘 봐. 바그너는 없고, 그러니까 니체가 있을 수밖에 없는 거야!'라는 것입니다. 니체는 바그너를 대신하여 그의 자리에, 바그너와 매우 가까이, 그가 있었어야 할 곳에, 위대한 예술의 복귀가 발견되었어야 할 곳에 있다고 말입니다. 덧붙여 말하자면 이 책은 또한 완전한 관점의 변화를 나타냅니다. 그는 정확하게 바그너의 자리에 들어설 수 없는데, 왜냐하면 바그너는 오로지 예술가의 특성이라는 관점에서, 위대한 예술의 복귀라는 관점에서 확인될 수 있기 때문입니다. 그러니까 이것은 다른 사안이며, 확실히 훨씬 고통스러운 이야기입니다. 니체는 그 자신이 그 복귀의 예술가가 아니며, 적어도 이 점에서는 바그너와 마찬가지라는 점을 잘 알고 있습니다. 그도 위대한 그리스 예술의 복귀가 도래하게 만드는 문제에서는 (바그너만큼이나) 무능합니다. 기껏해야 그는 있었다고 믿었던 협잡에 자신이 연루되지 않도록 경계할 뿐이지요. 만일 그의 마지막 몸짓이 그들 사이의 민감한brûlante 내력에 대한 문서들을 정리함으로써 '니체 대 바그너'를 주창하는 것이라면, 만일 이것 — "오로지 '니체'만이 있다!"라는 주장 — 이 사람들에게 할 마지막 말이라면, 원정치적 행동은 예술적이지 않을 것입니다. 원정치적 행동은 위대한 예술의 힘에 의해 지탱되지 못하거나 혹은 그 힘을 부여받지 못할 것이며, 그 행동은 한 민족에 대한 구성적이거나 정초적인 신화의 부여가 되지 못할 것입니다. 하지만 그것은 이들 중 어느 것도 아닙니다. 그것은 그저 니체의 광기일 것입니다. 그러나 우리에게 이런 것은 중요치 않습니다! 중요한 것은 최종적으로 우리가 철학 그 자체에 의지해야 한다는 것입니다.

잠시 그 전환conversion을 상상해봅시다! 만일 누군가가 미치광이 반철학자이며 철학자를 '범죄자 중의 범죄자'라고 비난한다면, 만일 세계의 역사를 둘로 쪼개놓을 행동에 실현 매체나 재료나 유효성을 제공할 것이 예술이나 사랑이나 과학 등이 아니라면, 니체의 이름으로 도래하게 될 것은 무엇이란 말인가요? 우리는 그것을 알고 있습니다. 광기에 의해 얼려진 채 그 이름으로 도래하게 될 것은 모든 이름, 모든 가능한 이름일 것이며, 그것은 모든 이름의 이름, 바로 명명nomination 그 자체가 될 것입니다. 그러나 그것은 궁극적인 동요 가운데 있습니다. 앞에서, 니체의 이름으로 도래하게 되는 것은 니체 기획의 본성이나 지위에 대한, 니체 텍스트의 지위에 대한 질문이었습니다. 그는 바그너가 무엇인지, 그러니까 바그너가 필경 협잡꾼 또는 연극성에 의한 위대한 예술의 타락임을 잘 알고 있지만, 니체에 대해서는 망설이게 됩니다. 무엇보다 니체는 그 자신에게 무엇일까요? 그에게 이 이름은 무엇을 명명할까요? 예술가, 과학자 등으로 작성된 목록에 들어가는 이름은 아닙니다. 결국 제가 보기에 이 '대립하는contre'이라는 말은, '니체'라는 이름이 지탱할 수 있는 것의 관점에서 예술에 대한contre 철학의 보복이라 여겨집니다. 위대한 정치는 철학적으로 추론하는philosophante 선언에 의해 시작되며 배타적으로 오로지 그러한 선언에 의해서만 지탱됩니다. 그것은 이런 의미에서 실제로 조용하거나 혹은 비非음악적일 것입니다. 하지만 니체는 끝까지 예술의 향수를 유지할 것입니다. 그는 예술에 의한 사물들의 명명에 대한 일종의 내밀한 애착에 머물게 될 것입니다. 우리는 이를 감지할 수 있습니다. 비록 이 '대립하는'이라는 말이 그 자체로 철학의 벌거벗음을 나타내는 것이기는 하지만 말입니다. 위대한 예술의 복귀라는 문제를 빼앗긴 채로, 의지하던 지지대의 전형적인 형상들을 빼앗긴 채로 철학은 직접적으로 그 자체의 선언이 되며, 이 선언이 바로 원정치 그 자체입니다. 그러나 이제 철학은 니체가 토리노에서 그랬던 것처럼 고독합니다. 우리는 《니체 대 바그너》 마지막 쪽을 읽을 때 감동에 사로잡히지 않을 수 없습니다. 거의 유서에 가까운 후기epilogue의 마지막 쪽, 바로 행동을 앞두고, 고요함 속으로, 말하지 못함 속으로 빠져드는 행동을, 얼어붙은 채로 머무는 행동을 앞두고, 독자를 위해 마지막 쪽들을 세심하게 분류하는 그 마지막 쪽을 읽을 때 말입니다.

기이하게도 이 텍스트들의 모음집이 《즐거운 지식*Die fröhliche Wissenschaft*》의 서문을 《니체 대 바그너》의 후기로 가져오는 것을 보게 됩니다. 정말로 기이한 것은 시작을 선언하는 이 텍스트가 마지막에 놓이고 유언 같은 것이 된다는 점입니다. 텍스트의 지위가 바뀐 것이지요. 이것은 제가 마지막의 바로 전 시기인 1886~1888년의 유산으로 보는 텍스트입니다. 1886년부터, 다른 (앞선) 세 부와 차이를 보이는 어조가 시작되는 《차라투스트라는 이렇게 말했다》의 네 번째 노래(1885), 즉 4부 이후로 니체주의의 고전적인 범주들이 없어집니다. 바로 이 점이 중요하지요. 그 범주들은 그것들에 대한 언급이나 명칭이 사라지는 것은 아니지만, 사유를 지탱할 수 있는 살아 있는 범주들로서는 없어지는 것입니다. 어떤 범주들일까요? 먼저 영원회귀라는 범주. 그것은 계획에서 말고는 더 이상 거의 언급되지 않으며, 눈에 띄게 효력을 잃습니다. 여러분은 제 해석을 알고 있습니다. 영원회귀의 범주에 대한 주체화subjectivation는 무엇보다 먼저 위대한 예술의 약속이자 가능성이지만, 그 장치의 붕괴와 함께 추상적인 것이 되어버릴 것입니다. 거짓된 것이 아니라 추상적인 것입니다. 그리고 니체는 결코 지나치게 오랫동안 추상적 관념abstraction에 매달리지 않습니다. 다음으로 힘에의 의지라는 범주. 그의 여동생을 통해 이 제목으로 출간된 책은 니체의 사유와 운동을 변조한 재앙적 기획입니다. 이 범주는 또한 그녀가 추상적 관념의 지위로 넘겨버린 범주입니다. 의지라는 개념 자체는 심지어 '힘에의 의지'에서도 더 이상 최종적인 니체의 경험을 지시할 수 없는데, 왜냐하면 광기의 무의지적 성격이 보류 중에 있거나, 그 책(《힘에의 의지 *Der Wille zur Macht*》)의 범주가 되는 점진적인 죽음의 추상에서 예견된 견해 가운데 있기 때문입니다. 세계의 역사를 둘로 부수는 것은 더 이상 의지의 계획이 아니며, 심지어 더 이상 의지도 아니고(차라리 '폭발'이라고, 사라 코프만은 말할 것입니다만) 어떤 비기독교적인 원동력에 속합니다. 말하자면 둘로 부수는 것은 어떤 사건, 그 자체의 고유한 행동을 사로잡거나 전율하게 하는 사건입니다. 초인이라는 범주 또한 사라지는데, 왜냐하면 새로운 가치들의 문제에 대한, 즉 능동적인 힘들의 반동적인 힘들에 대한 승리와 연결되기 때문입니다. 이들 중 어느 것도 니체의 마지막 작품에서 나타나지 않습니다. 긍정이라는 주제의 유지는 더 이상 새로운 가치들의 창조가 아니며, 반대로 이 창조적 형상 속에 주어지지 않는 평가 불가능한 것에 대한 암묵적 동의를 의미합니다. 물론 초인이 있기는 하지만, 그는 모든 주권의 형상에서 풀려난 인간이며, 모든 주권의 지형에서 이탈한 인간입니다. 그런데 그를 초인이라 불러야 할 이유는 무엇일까요? 요컨대 영원회귀와 힘에의 의지 그리고 초인은 1886년 이래 폐기될 것이었습니다. 여러분에게 이 주제와 관련하여 《즐거운 지식》의 서문을 읽어드리겠습니다.

> 도덕성 : 우리는 아무 피해도 없이 모든 시대의 가장 심오한 정신이 된 것은 아니지만, 마찬가지로 대가 없이 그렇게 된 것도 아니다. 나는 그것을 증명하기 위해 한 가지 예를 들겠다. 오, 그럴 때 어떤 혐오는 우리에게 쾌락[jouissance]을, 다시 말해 향유하는 자들이, '우리의 교양 있는 관객'이, 부자들과 힘있는 자들이 느끼는 것과 같은 조악하고 어두운 쾌락을 불러일으키는가! 어떤 경멸적인 아이러니에 따라 이제 우리는 큰 축제의 시끄러운 음악에 귀 기울이게 되며, 거기서 오늘날 '교양 있는 사람'과 도시인은 술기운을 빌려가며 '정신적 쾌락'에 도달하기 위해 예술과 독서와 음악에 의해 강제된다! 열정으로 떠들썩한 극장의 소음은 얼마나 귀 아픈 것이며, 교양 있는 서민들이 숭고와 터져 나오는 과장과 부자연스러운 과잉에 대한 혼란스런 갈망으로 사랑하는 이 의미의 동요, 이 모든 것은 얼마나 우리의 취향에 생소한 것인가! 아니다! 회복 중인 우리에게 여전히 예술이 필요하다면, 그것은 다른 예술이어야 한다—그것은 조롱하는, 가벼운, 일시적인, 완벽하게 가공적인 예술, 그것은 구름 없는

하늘에서 순수한 불꽃처럼 수직으로 솟아오르는 것이며, 무엇보다 예술가를 위한, 오로지 예술가만을 위한 예술인 것이다! 그 이후에 우리는 필요한 것이 무엇인지 알게 된다. 그것은 바로 즐거움 gaîté, **모든 즐거움**이다. (…) 알고 있는 우리, 여러 가지 것들을 잘 알고 있는 우리는, 오! 이제 잊어버리기를, 우리의 예술에서 아무것도 알지 못하기를 얼마나 잘 학습하는가! (…) 어쩌면 삶은 자기 이유를 보여주지 않을 이유가 있는 여자가 아닐까? 어쩌면 그녀의 이름은 그리스어로…… 오, 이 그리스인들, 그들은 산다는 것이 무엇인지 알고 있었다! 과감하게 겉보기에, 따분한 것에, 외양에, 소리에, 말에, 모든 외양의 올림포스에 그쳐야 할 필요가 있다. 깊이의 힘으로 인해 피상적인 그리스인들은 우리가 돌아갈 공간 그 자체, 동시대 사유의 가장 높고 위험한 봉우리에 올라서서 그로부터 주위를 둘러보며 발치를 내려다보는 거만한 시선을 갖게 된 우리 정신의 모험가들이 돌아갈 공간 그 자체가 아닌가? 이런 점에서 우리는 그리스인들이, 형식과 음성과 말의 숭배자들이, 그러므로 예술가들이 아닌가?

이 텍스트에 관해 몇 가지 논점을 살펴보도록 합시다.

¶ 먼저, 우리가 이야기하는 것에 대한 전형적으로 주체적인 공격이 있습니다. 말하자면 니체가 행동의 온전한 위대함을 취해야 하리라는 것이지요. '우리는 아무 피해도 없이 모든 시대의 가장 심오한 정신이 된 것은 아니'라는 것은, 행동이란 세계의 역사를 둘로 쪼개는

것이며 단순히 현실적인 허무주의적 퇴폐를 극복하는 것이 아닌 이상, 이 시대뿐만 아니라 다른 모든 시대에도 그럴 것입니다. 그러므로 이 텍스트는 '니체'라는 이름을 행동의 실행자의 위치에 가져다 놓는 그러한 주체적인 공격의 특징을 띠게 됩니다.

¶ 다음으로, 이어지는 구절의 시작은 숭고한 예술에 대한 비웃음, 즉 예술에 있어서의 주체적 숭고성에 대한 조롱입니다. 위대한 예술이 있다는 생각에 대한 지속적인 애착이 어떤 방식으로 비웃음 당하거나 혹은 '큰 축제grande foire'로 간주되는지 살펴보도록 합시다. 큰 축제란 예술 그 자체나 동시대 예술이라기보다는 예술의 이데올로기입니다. "'교양 있는 사람'과 도시인은 (…)"이라 말하는 부분에서 볼 수 있듯이 말입니다. 큰 축제를 알리는 것은 위대한 예술의 복귀의 거부 혹은 부재의 구체적인 형식입니다. 그리고 큰 축제의 근대적 이름은 문화입니다만, 이는 위대한 예술의 복귀가 없을 때 유지되는 것입니다. 그것은 흔적, 곧 위대한 예술의 복귀라는 지켜지지 않은 약속의 공공연한 흔적입니다. 그리고 니체는 거기에 충분히 많이 기여한 만큼 더욱 이 고지annonce에 열중합니다. 거기에는 스스로 찢겨나가는 방법이 있습니다.

¶ 마지막으로, 예술의 필요성 자체에 대한 의심입니다. '회복 중인 우리에게 여전히 예술이 필요하다면 (…)'이라 말하는 부분에서 이를 알 수 있습니다. 우리에게 예술이 필요한지는 명백하지 않습니다. 어쩌면 우리는 예술이 완전히 없더라도 잘 지낼 수 있지 않을까요? 어쨌든, 그것이 문화에서 취하는 형태로는 아니어야 할 것입니다. 그러나 어떤 예술이 있는 이상, 그것의 특성들은 위대한 예술에

의해 표명되는 특징들과는 다를 것입니다. 그것은 더 이상 결합의 흔적을 담고 있지 않을 것입니다. 그 전형적인 형식은 더 이상 꿈-도취의, 디오니소스-아폴론의 교차가 아닐 것이며, 오히려 단순한 예술의 형식, 즉 정확히 교차의 특성을 갖지 않으며, 또한 더 이상 바그너적 분열의 특성도 갖지 않는다는 의미에서 복잡성이 없는 예술의 형식이 될 것입니다. 하나의 수직적인[droit] 예술, 그것은 '구름 없는 하늘에서 순수한 불꽃처럼 수직으로 솟아오르는' 예술입니다. 즉 그것은 본질적인 단순성으로 표명된 예술로, 가벼움(공기 같은, 일시적인, 가벼운, 조롱하는)을 결정적인 속성으로 삼습니다. 그것은 더 이상 자연의 힘들을 소환하지 않는 예술입니다. 마치 그 힘들이 위대한 예술에서 디오니소스의 형상을 하고 있었던 것처럼 말입니다. 그것은 완벽하게 가공적인 예술입니다. 그리고 또한 더 이상 어떠한 민족도 소환하지 않는 예술입니다. 다시 말해 그 예술은 더 이상 한 민족에게 신화를 부여하는 구성적 기능이 없습니다. 그것은 예술가를 위한 예술, 오직 예술가만을 위한 예술입니다. 그렇다면 더 이상 공동체를 위한 용도로 정해지지 않는 것입니다. 이러한 예술의 단순성을 위한 주체적인 이름은 무엇이 될까요? 즐거움입니다! 그것은 '즐거움, 모든 즐거움'에서 주체화되는 것입니다.

우리 사이에서 이 텍스트는 전혀 즐거울 것이 없으니, 그것은 역설적입니다[ironique]! 니체의 최종적인 주체적 어조는 바로 모든 것이 가벼워지게 되는 전환, 즐거움과 본질적인 단순함으로, 순수한 불꽃과 푸른 하늘로 향하도록 약속되어 있으나, 동시에 절대적인 파국이, 그 자신의 파국이 준비되어 있는 그러한 전환인 것입니다. 마치 하나의 비범한 희생, 다시 말해 광기에 이르게 될 때까지 이 오래된 주제를 예술의 문제—그 기능, 필요성, 가능성에 관한 문제—의 중심에 가져다 놓는 희생과 같이, 말하지 못하는 누더기가 되는 순간에 이르게 될 때까지 말입니다. '예술가를 위한 예술'에 관해서 이야기를 들어봅시다. 그러한 예술은 더 이상 한 민족의 집결을 소집하지 않으며, 그것은 알려지지 않은 것, 망각으로 이루어진 단순함을 지닌 예술, 곧 잊어버리는 예술입니다. 우리는 아무것도 알지 않기를, 잘 잊어버리기를 배웁니다. 그것은 그 자체에 대해 맹목적이며, 전적으로 그 자체의 단순함 속에서 소진될 것입니다. 그것은 더 이상 기원의 예술이나 복귀의 예술이 아니며, 오히려 현실적인 것l'actuel의 예술입니다. 이에 따라 '그리스적'이라는 말의 지위에 변화가 있을 것인데, 여기서 이는 필시 가장 심오한 은유일 것입니다. '그리스인grec'이라는, '그리스인이 된다être grec'라는 말은 무슨 의미일까요? 니체는 여전히 몇 가지 명명을 붙들고 있습니다. '아, 이 그리스인들!'이라고, 이 단락의 거의 마지막이 다 된 문장에서 그는 말할 것입니다. '우리는 그리스인들이 아닌가?'라고, 마지막 순간에, 일단 자기 문서들이 정리된 후에, 다시 한번 말입니다! 입 안에 분노를 가득 물고서, 그는 독일을 학살할 거라고 예고합니다. 그러나 그는 여전히 독일인입니다. 비록 '독일'이라는 말로 그리스인이 되고픈 파괴될 수 없는 욕망을 나타내기는 하지만 말입니다. '독일'이라는 말이 아직 거기에 있습니다. 그럼에도 그 말은 의미가 바뀌었습니다. '그리스인'이라는 말은 더 이상 꿈과 도취의 결합을 통한 민족의 소환이나, 혹은 이편이 낫다면 (원래 독일적 전통에서 그랬던 것과 같이) 신화와 음악의 결합을 통한 민족의 소환이 아닙니다. 즉 민족이라는, 그 자체로 강렬한 도취와 음악으로 지탱되는 그러한 신화의 제작이라는 상징 아래 결집된 공동체의 소환이 아닌 것입니다. 그리스인이 된다는 것은 바로 음악에 담겨진 맹목적인 에너지를 부여함으로써 민족의 형태를 만들어낸 그 신화였습니다. 그런데 여기서, '그리스인'이란 말은 외양에 대한 순수한 동의이며, 다른 어떤 것도 아닙니다! 그것은 그 나타남 속에서 찬란하게 포착되는 것으로서의 나타남이고, 이것이 다입니다! ……기원의 수립, 공동체의 소환, 한 민족의 신화적 정신의 창설, 한 종족의 미학적 재생산 중 어떤 기능도 아니며, 이 모든 것이 완전히 무너져내려 가루가 되었습니다! 그리스인이 된다는 것은 그것이 그대로 머물러 있는 범위 내에서 거기 있는 것을 사랑하는 것입니다. 이에 따라 '그리스인'이라는 말은 아폴론의 편으로 기울게 될 수도 있는데, 왜냐하면 결국 아폴론은 나타남의 영광 그 자체였기 때문입니다. 디오니소스는 평가 불가능한 것의 토대, 즉 삶의 다수적인 힘인 데 반해, 아폴론은 순수한 형태를 취한 태양의 외양이었습니다. '그리스적'인 것은 기본적으로 아폴론의 고독이 되었지만, 이는 이중적 의미의 고독입니다. 한편으로는 디오니소스와의 단절에 의한 고독이며, 다른 한편으로는 자기에게, 그 자체로 누구에게든 유효한 것을 위해 한 민족의 지형이라는 주제를 무너뜨림에 의한 고독인 것입니다. 그런데 니체보다, 고국을 떠나 사람들의 관심을 받지 못하는 토리노의 니체보다 더 '평범'하거나 '하찮은' 사람은 누구겠습니까? 이 텍스트에는 니체의 평범하게 됨^devenir quiconque^으로서의 무언가가 있습니다. 그것은 그의 군주적^princier^ 측면, 그의 진정한 군주적 측면으로, 행동의 군주는 누구나 그렇듯 그의 고독을, 아폴론의 고독을 공유합니다. 그러니까 만일 이 형상에서 예술가 또한 그 마지막 말을 한다면, 우리는 바로 그리스인이라는 점에서 예술가들이 아니겠습니까? 마지막 순간까지 그는 그 자체로 이러한 낭만적인 생각을 가지고 있게 될 것입니다. 그러나 그리스인과 예술가는 의미가 바뀝니다. 예술가는 오로지 나타남의, 감지될 수 있는 나타남의 숭배자일 뿐이고, 순수하게 아폴론적인 그리스인의 동의어이며, 빛나는 고전주의의 지지자이자, 음성과 말의 숭배자입니다. 이상이 이 최종적인 텍스트가 말하는 것입니다.

그러나 그가 말하는 것과 그가 실행하는 것 사이의 관계는 어떤 것일까요? 이 행동은 세계의 역사를 둘로 쪼개는 것일까요? 그는 그것을 분류하여 마지막에 놓습니다. 그런데 나타남의 경모景慕, adoration에 따른 아폴론적 고독으로서의 예술과 원정치에 있어 세계의 역사를 둘로 쪼개는 것에 대한 확신 사이에는 어떤 관계가 있을까요? 혹은 예술가 됨l'être-artiste과 철학자 됨l'être-philosophe 사이의 관계는 무엇일까요? 둘 사이에는 분리가, 균열이 있습니다. 니체가 철학자-예술가의 형상을 발명한 창안자라고 하는 사람들의 생각과는 달리, 그가 제시하는 것은 이 철학자-예술가의 형상이라는 주제의 열상裂傷, dechirure이며, 심지어 그 분해입니다. 철학자-예술가는 예술가를 위대한 예술의 죽음dueil이 되도록 하는 본질적인 분리 가운데, 결합에 대한 부인否認 가운데, 혹은 이렇게 말하기를 바란다면, 아폴론의 고독 가운데 사로잡힙니다. 철학자는 예술이라는 자원 없이 행동을 책임지게 되며, 그것은 사실상 상처 입은 고독인 것입니다!

결국 제가 보기에 우리가 니체에게 제기하는 마지막 질문은 예술에 관한 수수께끼, 예술에 관한 오늘날의 수수께끼이며, 더 나아가 예술과 철학 사이 관계의 본성에 관한 수수께끼입니다. 이는 넘어설 수 없는 니체의 유산입니다. 우리 시대에 예술과 철학 사이에 놓인 관계의 본성은 무엇일까요? 이는 철학자-예술가라는 주제 자체의 폭발력으로부터, 폭발하여 산산이 부서진 그 주제의 분리로부터 유증된 질문입니다. 그렇다면 이 유산의 내용물은 어떤 것이며, 분열된 상태로 우리에게 남겨진 것은 무엇일까요? 비록 그보다 앞서 시작되어 그의 후대로 넘겨지기는 했지만, 이 주제는 하나의 본질적인 계기입니다.

첫 번째 시기인 1886~1887년 이전에, 철학은, 그러니까 철학자는 위대한 예술의 본원을 식별하고 그 복귀를 지탱하는 자라고, 철학자이며 자유롭고도 항상 봄과 같은 정신(금욕적 기독교인이 아닌)이자 반철학자(니체식의 철학자)로서 니체는 우리에게 말합니다. 그 연결고리는 명확합니다. 위대한 예술이라는 가설 아래 그러한 예술의 본원을 식별하고 그 복귀를 지탱하는 것입니다. 이것이 《비극의 탄생》의 니체입니다. 바그너와의 관계의 모호함은 이미 거기에 있었습니다. 예술의 본원은 하나의 역설적인 결합이며, 이는 결국 무한과 유한의 결합으로 나타납니다. 위대한 예술에서 그 둘의 결합 양식의 특성propre을 식별해내고 그러한 예술의 복귀를 지탱하는 책무는 철학에 달려 있게 될 것입니다. 저는 이러한 성향을 '낭만적인romantique' 것으로 명명합니다. 니체가 낭만적이었다고 말할 위험이 있기는 하지만 말입니다. 이 예술과 철학 사이를 잇는 연결의 형상을, 즉 예술에서, '비극'을 가장 중요한 이름으로 하는 모든 종류의 이름들 아래, 유한과 무한 사이 결합의 단독적 형식을 탐지해내야 할 과제를 철학에 고정하는 그러한 연결의 형상을 '낭만적' 형상이라 부르도록 합시다.

두 번째 시기인 1888~1889년 사이에, 예술은 단일성unité 혹은 나타남의 찬란한 강도强度로, 나타남의 강도가 농축된 형식적 본원으로 정리되며, 어떤 의미에서는 삶 자체의 형식적 포착으로, 그 형식 속에 포착된 나타남의 요소에서 나타나는 삶의 재긍정으로 정리됩니다. 그래서 이런 경우에 철학의 의무는 무엇일까요? 그 의무는 예술이 결코 진리의 질문에 의해 방해받거나 분쇄되어서는 안 됨을 보이는 일이 될 것입니다. 철학자는 이러한 예술, 오로지 나타남 자체의 찬란한 제시인 예술에 철학이 과제와 숙제 그리고 여타의 지도적 역량들을 부과할 것을 주장하며, 금욕적이거나 비판적이거나 기독교적인 모습으로 예술에 가해지는 모든 위협으로부터 예술을 구원하는 일을 과제로 삼게 될 것입니다. 철학자는 예술의 순수한 필수적 소명, 곧 그 나타남의 순수한 강렬함 속에서 예술을 지탱하며, 예술을 참된 것과 훌륭한 것과 선한 것으로 정해진 사용 목적에서 해방시키는 자입니다. 철학은 예술을 있는 그대로 있게 내버려두는laisser-être 역할을 맡게 되며, 그 주체적 원칙은 단순함과 즐거움의 원칙 — 만족하게 함plaire의 원칙으로서 주체화의 원칙 — 입니다. 예술의 사용 목적은 '푸른 하늘에 솟아오르는 순수한 불꽃'으로 정해집니다. 저는 이러한 성향을 '고전적'인 것이라 지칭할 것입니다. 이런 점에서는 니체 또한 고전적인 사람이었고, 일단 예술의 일관성 없음이나 기만을 철

저하게 검토한 이후에는 그 또한 그렇다고 주장한 바 있습니다.✦

우리는 오직 니체로부터 우리 시대에 이중적인 지형 — 고전적인 것과 낭만적인 것이 뒤얽히고 묶인 — 을 물려받습니다. 그리고 모든 것은 결국 예술가의 수수께끼로 집중될 것입니다. 이는 근본적으로 니체의 모든 복잡성을 요약하게 될 모호하거나 변덕스런 형상입니다.

¶ 결합의 인간으로서, 위대한 예술의 예술가(예컨대 아이스킬로스)로서 간주되는 이상, 예술가는 어떤 일이 있더라도 진리의 인간입니다. 결국, 만일 니체에게 진리 개념이 있다면, 그것은 바로 비극의 진리입니다. 진리는 비극입니다. 어떤 한 기적을 통해, 그리스적 의지가 도래하여 인간성을 금욕적 고뇌damnation와 과오로 나뉘게 하는 분리를 결합 가운데 붙잡아둡니다. 왜냐하면 반동적 힘들의 분출은 결국에는 비극이 특히 디오니소스와 아폴론을 결합시킨다는 사실의 해체解體, dissociation와 연결되기 때문입니다. 오로지 이러한 해체를 실행함으로써만이, 소크라테스의 철학socratisme은 그리고 또 기독교는 인간성을 반동적 힘들의 분출에 종속시킬 수 있게 될 것입니다. 따라서 비극은 진리입니다. 그리고 비극적 예술가는, 진정한 비극적 예술가는 사실상 결합의 인간으로서 진리의 인간일 것입니다. 그는 필시

✦ 원문의 해독이 어려워 다른 강의록의 해당 문장을 참고하여 옮겼다. "En ce sens là, Nietzsche a été aussi un classique, il a aussi soutenu cela une fois qu'il a épuisé l'inconséquence ou l'imposture de l'art."

니체에 의해 완전하게 인정되는 유일한 진리의 인간인 것입니다.

¶ 다른 한편으로, 위대한 예술에서 면제되었다는 의미에서 예술가는 아폴론의 고독이자, 단순한 나타남과 필수적인vitale 환상의 인간이지만, 유용한 환상의 인간이기도 합니다. 그러므로 니체는 어떤 때는 예술가가 진리의 한 유형이라 말하고 어떤 때는 환상의 한 유형이라고 말할 것이며, 이에 따라 바그너에게서 예술가의 정체성을 인식할 수 있게 될 것입니다. 그러나 바그너는 협잡꾼이라 하더라도 오로지 예술가로 인정될 수 있을 뿐인데, 왜냐하면 예술가의 형상은 모호하며, 두 가지 이질적인 의미 사이에서 추출되기 때문입니다.

낭만적 성향과 고전적 성향, 예술가 형상의 모호함…… 그렇다면 예술과 철학 사이의 관계에서 우리는 어디에 있으며, 어떤 방식으로 니체의 장場, champ을 가로지른 것일까요? 핵심적인 질문은 이런 것입니다. 철학의 관점에서, 예술이 영구적인 동시에 너무나도 회피적이거나 모순적인 관계들의 가능성이 되도록 하는 것은 무엇일까요? 철학이 예술이라 부르는 것은 무엇이며, 철학이 전념할 수 있는 것의 관련성은 어떤 것일까요? 이것은 니체에게서도 그렇게 간단한 질문이 아닙니다. 여기에는 바그너, 비극, 예술가, 카르멘이 주어집니다. 명명의 가변성에 따라 창작자, 작품, 시퀀스 또는 장르가 주어집니다. 이 문제가 가장 중요합니다. 말하자면 우리가 '예술'이라 부르는 것과 관련이 있는 단위unité를 결정하는 것 말입니다. 예술 혹은 예술가의 작품oeuvre을 부여하는 것은 예술의 작용oeuvre일까요, 아니면 예술을 부여하는 것은 예술가일까요? 대체로 니체에게 그 단위는 예술가이지만, 그것은 또한 다른 것일 수도 있지 않을까요? 첫 번째 탐지.

작품이라는 주제를 철학에 관련된 단위로서 받아들일 것인지, 아니면 예술가라는 유형을, 혹은 단독적인 시퀀스들—비극과 같은—을 받아들일 것인지에 따라, 우리는 예술과 철학을 다르게 묶어내게 되며, 그것은 명확합니다! 우리는 이것들의 관계에 관한 다른 가설들을 세웁니다. 그러므로 저는 다음 시간에는 전면적으로 이 질문으로 되돌아갈 것입니다. 우리가 예술과 철학 사이의 관계에 대한 질문을 사유하려 한다면, 예술의 고유한 현존 양식의 특정은 어떤 것이 될까요? 철학은 예술을 무엇이라 명명할까요? 철학이 '예술'을 그 조건 중 하나라고 명명할 때 관련 근거는 무엇일까요? 이러한 명명의 문제는 큰 복잡성을 지니며, 니체에게도 그러합니다. 다음 시간은 확실히 마지막 시간, 혹은 마지막의 바로 앞 시간이 될 것입니다. 우리의 마지막 '니체'를 지척에 두고서…….

11강

1993년 6월 2일

여하튼 20세기 내내 니체의 사유로부터, 즉 그의 반철학으로부터 다음 질문의 심각성이 알려지게 되었습니다. 예술과 철학 사이의 관계에 있어 우리는 어디에 있는가? 조용히 그 복잡성을 받아들이는 것은 우리에게 달려 있습니다. 복잡하다고 하는 이유는 그것이 중심적이면서도 심하게 분열되어 있기 때문입니다. 그 질문이 어느 정도나 복잡했으며 여전히 복잡하게 남아 있는지 보이기 위해 저는 여러분에게 1888년의 한 단편을 읽어드릴 텐데, 이 단편은 예술에 대한 진정한 찬송이나 다름없는 것입니다.

> 예술, 오직 예술만이 유일하게 삶을 가능케 하는 것이며, 삶으로 이끄는 위대한 유혹이고, 삶을 추동하는 위대한 활력소다. 예술, 그것은 모든 삶의 부정보다 우월한 유일한 경쟁적인 힘이다.
> 예술, 그것은 반反기독교, 반反불교, 전형적인 반反허무주의다.
> 예술, 그것은 아는 자의, 이해하는 자의, 실존의 끔직하고
> 문제적인 성격을 이해할 수 있는 자의, 비극적이게도 아는

> 자의 구원이다. 예술, 그것은 행동하는 자의, 볼 뿐만 아니라 체험하는, 실존의 끔찍하고도 문제적인 성격을 체험하기 바라는 자의, 비극적인 사람과 전사의, 영웅의 구원이다. 예술, 그것은 고통받는 자의 구원이며, 고통이 의지되고 변모되어 신성시되는, 고통이 어떤 한 형태의 큰 쾌감이 되는 상태로 가는 길이다.

바로 이런 것입니다! 끝까지 예술, 오직 예술인 것입니다! 그의 반철학의 마지막 말은 이런 것이지요. 그가 '철학자는 범죄자 중의 범죄자'라는 말에 매달리는 그 순간에, 그는 '예술, 오직 예술'을 부르짖습니다. 여기에는 어떤 의미에서든 예술의 이름으로, 삶 — 고통스러운 삶도 포함하는 — 의 변모로서 그 우월한 힘의 이름으로 철학을 희생시키려는 전반적인 움직임이 있습니다. 그리고 동시에, 이러한 강력한 일반성 — 최종적으로 실존을 예술에 바치는 그리고 역으로 예술을 통해 실존을 회복시키는 — 의 내부로부터 분열, 분리, 심각한 설명의 복잡성이 솟아오르는데, 이러한 복잡성은 '예술, 오직 예술'이라는 구호가 실제로 훨씬 더 핵심적인 질문에 직면하게 됨을 함의합니다. 그 질문은 이런 것입니다. 예술은 무엇인가? 예술, 오직 예술이라, 물론 좋은 이야기이긴 한데…… 하지만 궁극적으로 어떤 예술일까요? 이 찬송에서 우리는 그 실존을 상정합니다. 예술이 있는 한, 그러니까 예술이, 오직 예술만이 있는 것입니다! 그러나 '예술'이라는 말은 무엇을 지시합니까? 그리고 그것은 실존하나요? 이러한 질문들은 가면을 쓴 철학자가 다뤄야만 하는 것입니다. 예술을 위해 일하도록 그를 추동하는 헌신이 어떤 것인지와는 상관없이 말입니다.

그 도정을 소묘해봅시다. 먼저 첫 번째 조립체, 즉 위대한 예술이라는 주제를 중심으로 주위를 맴도는 첫 번째 장치가 있고, 다음으로 《바그너의 경우》를 중심에 둔 이 장치의 붕괴가 있으며, 마지막으로 부분적으로 미확정으로 남아 있는 어떤 다른 무언가에 대한 다급한 제안이 있습니다.

동시대 예술의 문제 — 예술은 있는가? — 에 관해 니체가 우리에게 전달하는 것은 만만치 않은 유산으로, 이 유산은 위대한 예술 — 제가 상기하기로, 그리스 예술의 복귀 혹은 초기 비극의 복귀를 나타내는 형상이 될 그러한 예술 — 은 없다는 거의 틀림없는 확신의 그늘에 사로잡혀 있습니다. 이는 우리에게 있어 20세기에 예술에 대한 찬송 속에서 해소되지 않고 오히려 더욱 결정하거나 재단하기 어려운 의견을 드러내는 복잡한 유산입니다.

먼저 이는 가능적인 낭만적 성향의 유산으로서 재구상되고 재변환되어 근대적 비극의 차원이 될 것이며, 이와 관련하여 철학은 그 근원을 식별해내고 그 복귀를 지지할 것입니다. 니체가 오랫동안 바그너에 관해 그리고 바그너를 중심에 두고 그렇게 했던 것처럼 말입니다. 그 중심적 준칙은 위대한 예술의 예술가는 아폴론과 디오니소스의, 유한과 무한의 역설적 결합에 착수하는 자라는 것입니다.

이는 또한 늦은 시기의 니체에 따른 고전적 성향의 유산으로, 거기서 예술은 결합의 힘에서 취해지는 것이 아니며, 오히려 단순성과 즐거움이라는 공기처럼 가벼운 근원에서 취해지는 것입니다. 예술은 모든 깊이의 부재이며, 이전의 결합과 관련하여, 그것은 아폴론적 형상 그 자체로, 형식 속에 사로잡힌 나타남의 취향과 애착과 명멸로 기울게 됩니다. 그럴 때 예술은 본질적으로 유한할 것입니다. 우리가 따라가야 할 것은 바로 이 실마리입니다. 말하자면 예술, 그것은 유한성의 행복한 긍정이라는 것.

결국 예술가는 니체가 근본적으로 모호한 상태로 남겨둔 형상입니다. 이 모호함은 후대의 장구하고 위대한 예술적 계보를 가지게 될 것입니다. 토마스 만의 소설적 우주를 생각해봅시다. 그 우주는 사실상 예술가라는 형상의 근본적으로 모호한 성격의 내재적 반복에 사로잡혀 있으며, 은유적으로 건강과 질병 사이에 배치됩니다. 마치 예술가에게 본질적인 질병을 건강이라 주장하는 협잡이 있기라도 한 것처럼 말이지요. 토마스 만은 모든 형식적 광채 속에서 무언가 병리적인 것을, 그 내밀한 존재에 있어 도착적인 것을 상정합니다. 그리고 예술가는, 그가 예술적 나타남과 오로지 그 나타남 속에서 어떠한 건전함도 박탈된 내재적 소여의 가능적 영광이 되는 지점에 이를 정도로, 위대한 창조적 진정성에 의해 자기 자리에서 내쫓기게 됩니다. 그러므로 예술가 그 자신은 무력함의 힘입니다. 이것은 예술과 섹슈얼리티 사이의 관계에 대한 니체적 모호함에 연결되어야 할 논점입니다. 은유적으로든 직접적으로든, 섹슈얼리티는 언제나 토마스 만에게 현존합니다. 니체에게 있어, 이 관계는 큰 양가성을 갖습니다. 그는 동시적으로 혹은 짧은 통시성에서 다음과 같은 것을 주장합니다.

¶ 위대한 예술은 성적인 주신제(난교)orgiaque sexuel를 즐겁게 긍정적으로 받아들이는 것을 원칙으로 한다. 그리고 이는 이어서 《비극

의 탄생》에서부터 반금욕적 논쟁에 의해, 즉 근본적인 본능의 억압 장치로서 기독교에 대한 비난에 의해 호위됩니다.

¶ 그리고 동시에 예술가는 본질적으로 순결한 형상이며, 성적인 욕망의 즉각성에 빠져들지 않는 형상이다. 이는 상당히 프로이트적인 주제입니다. 요컨대 오로지 단 하나의 리비도적 에너지가 있고, 단 한 사람만이 힘을 비축하는 것입니다. 그리고 그가 성적 쾌락으로 그 힘을 낭비한다면, 이는 예술에서도 손실인 것입니다! 만일 성적으로 교접하게 된다면 그는 숭고화되지 못하게 됩니다.

이 논점을 뒷받침하기 위해 니체의 사후 발표 단편들에서 두 가지 예를 들 것인데, 이 두 시기에 니체는 모든 작품을 다시 검토하고 여러 문서를 분류하여 그의 사유의 자서전인《이 사람을 보라》와《니체 대 바그너》를 저술합니다. 그의 나머지 문서들은 불행히도 여동생에 의해 분류될 터인데, 그녀는 정리에 대한 그녀 자신의 견해를 부과할 것입니다만…… 어쨌든 그럼에도 니체가 몇몇 텍스트를 분류했고, 그가 분류한 것은 자기 작업에 대한 재검토의 주위를 공전합니다. 이는 '니체'가 있다는 것을 표명하는 것이 니체에게 중요한 일이 되었기 때문이며(이를 시야에서 놓치지 않도록 합시다), 정확히 말해서 그것이 유언의 효력을 갖는 것이 아니라 '니체'가 있다는 공개적인 증거의 구성이기 때문입니다. '니체'는 그 자체로 사유의 범주이며, 심리학적 배역이 아닙니다. 이러한 범주의 공적인 검증은 위대한 예술이 실패하는 곳에서 발생합니다. '니체'는 위대한 예술이라는 주제의 와해로 인해 벌어진 간격béance을 숨기게 되지요. 이것이 바로 '니체 대 바그너'라는 제목의 깊은 의미일 것입니다.

1888년 11월의 텍스트 중 하나에서 그는 《비극의 탄생》을 다시 돌아보며, 주신제의 신비를 소환합니다.

> 그 신비 덕분에 그리스인이 확신하게 된 것은 무엇인가? **영원한 삶**, 삶의 영원회귀 —그것은 생식procréation을 통한 미래의 약속과 봉헌이며, 말하자면 죽음과 변화 너머의 삶에 대한 의기양양한 '예', **참된** 삶, 공동체 속에서, 도시 속에서 지속되는 전체의 생존, 성관계, 그 자체로 가장 훌륭한 상징으로 간주되는 고대의 **성적** 상징, 고대의 모든 경건함을 상징하는 참된 정수이다.

성관계와 성적 상징은 여기서 그리스적 유산의 농축물 자체로 간주되며, 이는 또 다른 한편으로 위대한 예술의 형상 속에 주어집니다. 그리고 그는 다음과 같이 덧붙입니다.

> (…) 나는 **성적인** 상징체계보다 더 고등한 상징체계를 알지 못한다. (…) 섹슈얼리티를 더러운 것으로 만들기 위해서는 기독교가 필요했다. 원죄 없는 수태라는 개념은 땅 위에서 달성된 것 중 심리학적으로 가장 비천한 것이었다. 그것은 존재의 기원을 더럽혔던 것이다……

그러므로 실존의 성적인 차원이 죄의 형상으로 표시되지 않으면서도, 그러한 차원을 수용할 수 있는 능력과 위대한 예술의 형상 속에서 삶을 긍정할 수 있는 역량 사이에는 이 둘이 맺어지는 어떤 본질적인 매듭이 있습니다. 금욕주의의 부재, 억압적 형상의 부재, 성적인 것 자체에 대한 왜곡의 부재는 니체에 의해 생명의 힘의 가장 강렬한 긍정에 할당됩니다. 이것은 디오니소스적 텍스트인 것입니다!

그러나 1888년 10월, 그러니까 앞의 단편과 같은 시기에 그가 예술가에 관해 서술한 단편이 여기 있습니다.

> 하지만 평균적으로, 예술가는 사실상 그의 사명과 지배의 의지라는 제약의 영향 아래 있으며, 절제하는 인간이자, 심지어 많은 경우에 순결한 인간이다. 예술적 구상과 성행위에 사용되는 것은 동일한 힘이다. 이런 힘에 짓눌리고, 이런 힘에 소비되는 것은 예술가에게는 하나의 배신이다. 이런 것은 본능의, 심지어 의지의 결여를 드러내며, 쇠퇴의 징후일 수 있으며, 어쨌든 그의 예술을 계산할 수 없을 지경에 이르도록 격하시킨다. 나는 가장 불쾌한 사례를, 바그너의 사례를 드는데, 바그너는 자기 삶의 저주였던 이 믿을 수 없을 정도로 병적인 섹슈얼리티에 사로잡혀서, 예술가가 자기 눈에서 자유를, 자기존중을 상실했을 때, 그가 상실하는 것이 무엇인지 매우 잘 알고 있을 따름이었다. [여하튼!] 그는 배우가 되는 형을 선고받았다. 그의 예술 자체는 그에게 있어 항시적인 탈출 시도, 즉 몰두하고 기분을 전환할 수단이 된다. 이는 자기 예술의 성격을 바꾸며, 결국에는 그것을 결정한다. 그러한 자유롭지 않은 인간은 해시시haschich를, 이상하고 무거우며 주위를 둘러싸는 연기를, 온갖 이국 정취와 이상적인 것의 상징체계를 필요로 하는데, 이는 부분적으로

그러한 인간이 자신의 고유한 현실을 청산하기 위해서는 바그너의 음악을 필요로 하기 때문이다……

이번에 제시되는 것은 순수하게 아폴론적인 텍스트, 즉 완전히 형식의 지배에 대한 텍스트입니다. 역으로, 예술의 디오니소스적 형상은 포기된 형상이지만, 이는 긍정적으로 포기된 형상입니다. 그것은 삶의 힘에 대한 긍정적인 포기의 형상인 것입니다. 당연히 두 텍스트 모두 그 자체의 긍정적 차원과 반동적 차원이 있습니다. 들뢰즈는 이에 관한 탁월한 분석을 내놓습니다. 그러나 디오니소스적 긍정은 정확히 포기에 있거나, 혹은 삶의 힘에 대한 거의 무의식적인 '예'에 있는 데 반해, 아폴론적 측면의 긍정적 차원은 사실상 순수한 나타남을 단언하기 위해 나타남에 종속되는 형식의 지배입니다. 그리고 마침내 결합은 더 이상 유지되지 않습니다. 확실히 그것은 문제가 됩니다. 우리는 계속해서 디오니소스적 요소를 중시하는 예와 아폴론적 요소를 중시하는 예를 찾아나가게 되겠지만(거기서 점차 고전적인 측면이 우세를 점하게 되는데), 결합이라는 개념은 《비극의 탄생》에서 예술의 본원을 지배했으나 여기서는 매우 약화됩니다. 무언가 분리된 것이, 분열된 것이 있는 것입니다. 섹슈얼리티는 디오니소스적 측면에서는 예술이 양분을 얻는 우월한 상징체계로 간주될 것이고, 아폴론적 측면에서는 순전한 에너지 낭비로, 능력의 상실로 간주될 것입니다. 그러나 결국, 20세기에, 그 질문은 다음과 같은 방식으로 정식화되겠는데, 예술은 성적인 것^le sexuel^과 어떤 관계가 있을까요? 그리고 그 질문은 성적 에너지 혹은 리비도와 예술 사이의 관계의 형상을 취할 뿐만 아니라, 도착과 예술 사이의 관계의 형상을 취하기도 할 것입니다. 이는 마치 (니체가 첫 번째 텍스트에서 이야기하는) 그리스의 긍정적 섹슈얼리티라는 주제가 더 이상 근대적이지 않게 되고 사실상 신화적인 것으로 남겨지기라도 했던 것처럼 역설하는 질문입니다. 분명히 알아봐야 할 것은 이러한 그리스의 성적인 상징체계가 생식으로 배정되어 있다는 점입니다. 그것은 시민적 섹슈얼리티, 집단적 목적의 그물망에 맞춰진 섹슈얼리티입니다. 비록 주신제(난교)의 방식[foçon orgiaque]으로 기념된다 하더라도 말입니다. 기념되어야 할 것은 이러한 섹슈얼리티이며, 니체에게서는 여전히 그러합니다. 그리고 이러한 관점에서 볼 때, 예술은 성적인 것의 분석자로, 특히 그 변하기 쉬움[versatilité]이나 혹은 비非일의적 성격[caractère non univoque]의 분석자로 나타내지거나 제시됩니다. 성적인 것의 일의성 같은 것은 없으며, 이는 사회적 규범의 형태나 자연의 명령의 형태로도 그러합니다. 20세기 초의 예술(특히 회화)은 예술적 원동력 그 자체와 정확히 단순 에너지라는 면에서 성적인 것의 관계가 아니라, 예술적 원동력과 성적인 것의 형상들의 변하기 쉬운 관계에 대한 문제에 사로잡혀 있었습니다. 그리고 사실대로 말하자면, 내 생각에는 정확히 숭고화의 문제틀이 아닌 지형 위에서 그랬던 것입니다. 거기서 쟁점은 이런 것입니다. 중요한 것은 에너지를 여러 괴이한 요소들[bizarreries]에 낭비하지 않고 아폴론적 예술의 위대한 형식적 단순성을 위해 보존하는 것이 아닙니다. 예술적 역량 자체에 대한 문제와 섹슈얼리티의 형상들의 다양성에 대한 문제를 잇거나 얽히게 하는 것은 고전적 전망이 아니라 오히려 다른 전망이었습니다. 토마스 만의 《베네치아에서의 죽음*Der Tod in Venedig*》이 일종의 상징이 됩니다. 이런 것이 그의 주제입니다. 그리고 비스콘티는 만의 작품명과 동일한 제목의 영화에서 그 주제를 그런 방식으로 이해했습니다. 그 주제는 제목이 말하는 것과 달리, 죽음이 아니라, 자기 예술의 관점에서, 자기 고유한 욕망의 관점에서, 예술가가 사유할 수 있는 것이 무엇인지 아는 문제입니다. 그것은 바로 이런 문제이며, 예술의 형상에 대한 정신분석의 침입이라는 부차적인 문제가 아닙니다. 보다 기원적으로, 정신분석에 앞서, 정신분석이 제공하는 사유에 대한 숙고보다 더 직접적으로 말하자면, 예술 자체의, 니체 이후post-nietzschéen 예술의 예정된 목적은 예술과 성적인 것의 다양성의 문제를 그 장래의 내부적 관건으로서 전유하는 것입니다.

니체가 우리에게 유증하는 이 복잡한 파노라마 속에서 끈질기게 지속되는 것은 이런 질문입니다. 철학이 '예술'이라는 이름으로 의미할 수 있는 것은 무엇인가? 중요한 것은 예술의 본질이라고 대답하는 것은 너무 쉽습니다. 아니지요! 니체를 괴롭히는 것은 무시간적인 것intemporel이기보다는 구체적인 것specifique입니다. 예술이, 오직 예술만이 있으며, 그것이 삶을 구원합니다. 당연히 그렇기는 하지만, 이 '예술'이라는 이름으로 뜻하는 것은 무엇일까요? 이 지점에서, 니체에게는 순환성이 있습니다. 예술은 삶을 구원하는 것이라고, 고통을 일으키는 것이라고 말하는 등의 언표는 또한 그가 예술에 대해 제시하는 유일한 정의입니다. 삶을 구원하는 것은 예술입니다. 그런데 예술이란 무엇이란 말인가요? 바로 삶을 구원하는 것입니다! 그다지 다른 정의가 있지는 않습니다. 이는 비非기독교적인 형태, 삶에 대한 관계에 있어 비非허무주의적인non nihiliste 형태입니다. 이는 결국 유일한 반反허무주의적anti-nihiliste 힘입니다. 그러나 만일 이 힘의 할당에 대해 묻는다면, 그 특징이나 특이성이 무엇인지 그리고 어떤 몸짓이나 절차가 관련되는지에 관해, 기본적으로 매우 적은 것들만을 알게 됩니다. 예술은 니체의 작품 속에 편재하지만, 결코 거기서 확인되지 않거나, 혹은 매우 괴리적이고도 일시적인 프로토콜들에서 확인됩니다. 확실히 예술이 살아가게 한다는 점에서, 우리는 그것이 살아가게 하는 힘이라는 점을 인정하지만, 실제로 그 이름으로 의미되는 것은 재구성하기가 매우 까다롭습니다.

그런데 제가 생각하기로 여기서 그는 우리에게 하나의 진정한 문제를 유산으로 남기는데, 이 문제는 약간은 모호한 순환성 속에도 현존합니다. 그 진정한 문제란, 철학이 '예술'이라는 이름으로 의미할 수 있는 것에 상당히 문제가 있다는 것입니다. 제가 보기에는, 이것이 증명하는 것은, 니체에게 있어서도 마찬가지이겠지만, 위대한 예술의 본원이 무너지는 이상, 예술의 위기가 아니며 오히려 예술에 대한 철학적 동일시의 혼란입니다. 그리고 그러한 동일시가 혼란하게 된 것은 필시 이러한 동일시가 미학의 영역에서 실행될 수 없음이 명백해지게 된 순간부터일 것입니다. 최후의 미학은 의심의 여지 없이 헤겔의 미학이었을 것입니다. '미학'이란 말의 의미는 무엇인가요? 우리가 '미학'이라 지칭하게 될 것은 철학에서 '예술'이라는 이름을 가진 활동의 한 가지 특수한 양식입니다. 그리고 이 기능 — 매우 기원적이며, 헤겔을 마지막 형상이라 생각할 수 있는 — 은 예술을 그 자체와 '이념'의 관계 속에서 확인하는 것으로 이루어집니다. 철학은 그 관계를 '이념'의 현시의 단독적 형상으로 검토함으로써 예술과 이어지게 됩니다. 예술은 '이념'이 현시되는 양식 중 하나입니다. 심지어 칸트의 미학조차 복잡한 방식으로, 특히 개념 없는 '이념'의 현시에 대한 기록에 있어 여전히 이러한 준칙 아래 있습니다. 미학의 일반적 주제는 어쨌든 그것에 따를 때 예술이 '이념'의 감성적 형식이 되는 그러한 주제입니다. 무언가 그런 것이라는 말입니다. 그 주제는 어쨌든 감성과 '이념'을 잇는 매듭, 현시적일 수 있거나, 가치절하되거나 혹은 반대로 가치절상될 수 있는 매듭이지만, 감성과 '이념'의 매듭은 미학을 통해 연결되는 예술과 철학의 관계입니다. 미학은 예술에 대한 철학적 배치의 작업입니다. 그리고 모든 수용이 그렇듯이, 미학은 언제나 잠재적으로 '이념'의 현시들의 위계 속에서 만들어집니다. 따라서 종국에 미학은 거의 언제나 그것이 예술들 자체의 위계를 제시한다는 사실에 따라 인식될 수 있습니다. 미학에서, 예술은 언제나 그 자체의 단독성을 만들어내거나 혹은 다른 '이념'의 형상들(철학 또는 과학의 형상들)과의 차이를 만들어내는 배치의 공간 속에 놓입니다. 그리고 또 이 배치는 예술들의 위계적 배치를 통해, 그것들의 분류를 통해 정교화되거나 단독화되거나 혹은 실행됩니다. 예술들의 철학적 분류가 언급되는 것은, 분명 예술들은 예술의 장소가 채워지는 고유한 양식이며, 이 장소가 예술들의 배치에 의해서만큼 잘 운영되지 않기 때문입니다. 모든 미학은 예술들의 위상학topologie입니다. 한쪽 가장자리에 어느 한 예술이, 그리고 다른 한쪽 가장자리에 다른 한 예술이 위치하는 것이지요. 그러므로 여기서 제가 '미학'이라 지칭하게 될 것은 예술의 배치 체제에서 철학과 예술 사이의 매듭을 나타내는 독특한 형상입니다. 그리고 배치 체제의 경험적 표시는 순수예술 beaux-arts의 분류를 제시하는 철학적 역량입니다.

이런 것은 모두 헤겔의 교설에서 여러분이 볼 수 있는 것들입니다. 배치placement와 분류classification 그리고 동시에 예술들의 역사가 그것이며, 여러분이 잘 알고 있듯이, 이는 예술이 종결되었다고 말하는 테제에 수반됩니다. 그리고 이 테제는 여러분이 반드시 이해해야 하는 것입니다. 여러분은 거기서 착각하지 않도록 해야 합니다. 헤겔이 말하고자 하는 것은 더 이상 예술작품은 없다거나 혹은 없어지리라는 것이 아니라, 더 이상 예술이 사유에 어떠한 새로운 것도 가져오지 않으리라는 것입니다. 그것은 같은 이야기가 아닙니다. 지금 예술이 할 능력이 있는 것을, 철학은 월등한 방식으로 해낼 능력을 가지고 있다는 것입니다. 예술은 그 자체의 과업에서 면제되지만, 경험적으로 지속됩니다. 그러므로 헤겔의 테제는 분명히 배치의 테제이지만, 그 배치가 역사화되기에, 그것은 종말의 테제, 곧 미학의 종말을 주장하는 테제입니다. 예술의 종말이 아니라, 철학과 예술의 관계에서 나타나는 미학적 성향의 종말을 말입니다. 무언가가 종결되기는 하지만, 그것은 예술이 아니며, 헤겔이 예술에 대해 이야기하는 의미에서도 그렇지 않습니다. 저는 예술이 그 자체에 대한 사유의 운명을, 그 발명의 혁신적 단독성을, 그 자체의 단독적 주장을 완결지었다고 생각하지 않으며, 예술이 절대이념Idée absolue의 철학적 전유에 의해 제거되었다고 생각하지 않습니다. 그렇지 않지요! 우리가 헤겔로부터 간직할 수 있는 것은 바로 예술과 철학을 잇는 미학적 매듭이 그 말단의 경계에 이르렀다는 주장입니다. 예술에 대한 철학적 이해 가능성으로부터 물려받은 작업틀은 헤겔과 함께 폐물이 되어버렸고, 그 자체의 사유의 효능vertus을 종결지었습니다. 우리는 이렇게 주장할 수 있을 것입니다. 헤겔은 예술의 종말이 아니라, 미학적인 것으로서의 철학과 예술의 관계에서 드러나는 특수한 성향의 종말을 표시한다고 말입니다. 그것은 최후의 미학, 혹은 그에 준하는 무언가가 될 것입니다. 물론 헤겔이 예술의 철학적 전유가 예술의 본질을 소진시킨다고 상정하는 이상, 그에게 미학의 종말은 예술의 종말과 동일한 것입니다. 미학은 헤겔에게 있어 예술이 할 수 있는 것에 대한 최종적인 사유입니다. 그러므로 미학의 종말을 예술의 종말로 이해하는 것은 앞뒤가 맞지 않는 생각이라 할 수 없습니다. 그러나 우리는 이 두 가지 논점을 분리시켜야 합니다. 말하자면 예술의 종말이 아니라, 철학과 예술의 관계에 관한 미학적 구조물의 종말이 있는 것입니다. 그래서 우리는 니체가 예술에 대한 최초의 근대적 사상가라고 말할 것인데, 왜냐하면 그의 접근법이 미학에 지배받지 않기 때문입니다. 그는 사유를 통해, 철학과 예술을 잇는 매듭으로부터 이어져온 형상으로서 미학의 종말을 확인하는 자입니다. 니체는 철학과 예술의 관계에 대한 미학 이후의post-esthétique 시퀀스를 시작합니다. 그가 확인하는 것은 우리가 더 이상 헤겔 이상으로 미학의 범주들을 통해 철학을 예술과 관련시킬 수 없다는 점입니다. 그리고 덧붙여 말하자면, 이것은 철학과 그 모든 조건의 체계 사이의 관계에도 적용됩니다. 우리는 더 이상 근대성에 있어 철학과 과학의 관계는 과학의 이론, 즉 인식론épistémologie의 도식을 통해 이루어질 수 있다고 주장할 수 없을 것입니다. 거기에는 관련된 절차들 — 예술이나 과학 — 과 관련된 위기가 아니라, 철학이 이 절차들에 묶이는 방식과 관련된 위기가 있습니다. 이 위기는 실제로 미학의 침식이나, 인식의 이론la théorie de la connaissance 즉 인식론의 침식이지만, 마찬가지로 정치철학의 침식이기도 합니다. 예술의 문제에 관하여, 니체는 예술에 대한 비미학적 관계 속에 자리를 정할 특권을 갖게 될 것입니다. 그것은 그의 위대함, 그가 우리에게 유산으로 남긴 것의 위대함입니다. 바로 철학은 모든 미학의 고아라는 점 말입니다. 근대성의 공간 속에는 미학이 없고 앞으로도 없을 것이며, 또 마찬가지로 인식론이나 정치철학이 없을 것입니다. 이런 것들은 그저 어떠한 철학적 역량도 없는 관습적académique 분과학들에 지나지 않습니다. 니체는 우리에게 이러한 진리의 지점을 물려주지만, 또한 그에 관한 이중의 난점을 나타냅니다.

¶ 철학에 관하여. 철학은 예술과 미학을 통한 것이 아닌 다른 관계를 맺을 수 있는가? 철학은 이 지점에 관해 깊이 미학화하지 않는가? 이것이 첫 번째 질문입니다. 여러분은 이 질문의 중요성을 알 것입니다. 만일 철학이 예술과 미학을 통한 것이 아닌 다른 관계를 맺을 수 없다면, 미학의 붕괴는 헤겔 이후에는 오로지 예술의 시험대에 오른 철학의 붕괴를 알리는 징후일 뿐입니다. 그리고 이는 철학 자체의 포기를 알리는 징후일 것입니다. 즉 동시대적인 예술의 시험대는 철학에 있어 치명적일 것입니다. 철학이 그 무능력을 보이게 될 것은, 미학이 폐지된 이상, 철학이 예술과의 혁신적으로 새롭게 된 어떠한 관계 속에서도 정립될 수 없기 때문입니다. 그런데 니체가 이러한 확신을 부분적으로 공유한다는 점은 명백합니다. 바로 여기에 문제가 있습니다. 그는 완전히가 아니라 부분적으로 그 확신을 공유하며, 부분

적으로는 사실상 반철학자입니다. 그는, 철학에 대한 논쟁의 일환으로, 반철학의 필요성이 예술에 의해 교육된다고 주장합니다. 예술의 시험대는 철학이 아니라 반철학을 조직합니다. 우리는 그 준칙을 얻게 될 것인데, 그것은 바로 '예술, 오직 예술!'이라는 것입니다. 이것의 의미는 '철학은 아니다!'라는 것 외에 다른 것이 아니지요. 그래서 첫 번째 문제. 만일 철학이 부분적으로 미학과 동일시된다고 가정한다면, 미학의 구조물의 붕괴라는 테제는 철학에 관한 테제이며 단지 예술과 철학의 관계에 국한되는 테제가 아닙니다. 니체에게서 무엇인가가 이러한 움직임을 부추깁니다. 만일 철학이 현대 예술의 시험을 받게 한다면, 철학은 그 시험을 견뎌낼 수 없을 것인데, 왜냐하면 철학은 언제나 미학적 장악의 무너진 범주들을 되돌리려 하기 때문입니다. 다른 방식으로 말하자면, 미학은 지배의 입장입니다position de maîtrise. 철학은 지배이며, 특히 예술의 지배입니다. 그리고 미학은 예술에 주인 담론discours du maître을 고정하는 철학입니다.✦ 그것은 자리를 지시하고 분류하며 위계화합니다. 니체는 예술에 대한 지배력을 행사하기 위한 철학의 모든 역량을 내다버리는 폐기의 상징일 것입니다. 바로 그런 것입니다. 철학은 줄곧 예술에 대한 지배의 관계를 지탱하려 해왔으며, 예술의 종말을 말하는 헤겔의 언표는 이 지배의 정점에 도달하지만, 이 정점은 또한 그 지배의 추락이기도 합니다. 미학적 지형에 있어 예술에 관한 가능적 지배의 입장으로부터 쫓겨나게 된 이후, 만일 철학의 담론의 정체성이 실제로 주인 담론의 형식에 따른 것이라면, 철학은 최종적으로 모든 정체성으로부터 쫓겨나게 됩니다.

¶ 그로부터 두 번째 문제가 나옵니다. 철학은 예술에 대해 지배

의 관계가 아닌 관계를 유지할 수 있는가? 철학은 어쩌면 예술을 지배하는 것이 아니라 예술의 다른 무언가를 바랄 수는 없을까? 20세기에 제안된 해결책 중 하나는 이 관계의 역전이 될 것입니다. 말하자면, 예술이 철학의 주인이라는 것입니다. 철학이 그 지배의 형상에서 쫓겨날 수밖에 없는 이상, 예술은 진정한 교육자이며, 발명의, 돌파의, 섬광과 같은 계시의 형상이며, 철학은 그 뒤를 좇게 될 것입니다! …… 예술은 니체에게 있어 지식을 가진 자celui qui sait에 대한 훌륭한 교육이며, 진정한 주인이자, 삶의 단 하나뿐인 참된 주인입니다. 그렇다면 우리의 질문은 이런 것이 됩니다. 철학은 예술에 대해 지배나 굴종과 관련이 없는 관계를 맺을 수 있을까요? 사실상 미학적 기획을 포기하지만 그럼에도 '예술, 오직 예술!' — 이런 외침은 어느 정도는 신격화하는 것입니다 — 이라고 외치지 않는 그러한 관계를 말입니다. 더구나 니체의 텍스트에 '신격화하다diviniser'라는 말이 나옵니다. "예술은 삶과 고통의 신격화다." 우리는 자문할 것입니다. 철학은 동시대의 조건들에서, 예술과 그 자체에 관하여, 예술과의 자유로운 관계라 지칭될 수 있을 무언가를 제시할 수 있는가?

언제나 그렇듯 자유가, 자유의 본질이 관건일 때 실제로 중요한 것은 평등의 관계입니다. 철학과 예술 사이의 평등주의적 관계는, 다

✦ 이 부분의 논의는 라캉이 《세미나 17권: 정신분석의 이면》에서 제시하는 정신분석의 네 가지 담론(주인 담론, 히스테리 담론, 대학 담론, 분석가 담론)에 의지하여 진행된다. 이는 헤겔의 주인과 노예의 변증법과도 관련지어 생각할 수 있다(최초에 주인은 철학, 노예는 예술).

시 말해 이 둘의 철저한 구별의 원칙을 둘러싸고 있는 관계는 어떤 것일까요? 이러한 관점에서 철학의 목적은 실제로 예술의 목적과 완전히 구별되어야 합니다. 이는 평등의 절대적 조건입니다. 그렇지 않다면 여러분은 피할 수 없는 경쟁의 형상에 있게 되거나, 혹은 둘 중 어느 것이 가장 완전하게, 가장 철저하게 그 목적을 달성하는지 자문해야 할 위치에 서게 됩니다. 니체에게서 여전히 모호한 그 열쇠는 결국 예술과 철학에서 작동하는 사유의 작용들이 동일하지 않으며, 따라서 평등이 경쟁을 대체할 수 있다는 점에 대한 이해가 될 것입니다.

예술에 관하여 질문은 이런 것이 되겠습니다. 예술은 무엇을 사유하는가? 예술이 사유하는 것은 경쟁, 포섭, 배치이며, 철학이 사유하는 것의 감성적 형식에 있지 않음을 아는 이상, 첫 번째 과제는 예술을 철학과 동질적인 것으로 만드는 순환하는 범주들로부터 예술을 구해내고, 역으로 철학을 예술과 동질적인 것으로 만드는 그러한 범주들로부터 철학이 벗어나게 하는 일이 될 것이며, 또 철저한 방식의 분리를 확립하는 일이 될 것입니다. 이러한 분리는 니체에 의해 실행되지 않았습니다. 그가 한 것은 단지 위계를 뒤집은 일뿐이지요. 그가 보기에 종결된 것은 바로 철학입니다. 철학은 끝장난 것입니다! 하지만 그래서 어떤 것이 일어납니까? 예술이, 오직 예술만이 일어날 뿐입니다! 그리고 이 논점에 관해 하이데거는 실제로 형이상학은 유한하다는 것 외에 다른 이야기를 하지 않습니다. 어쨌든 잠정적으로 오로지 시詩만이 있을 뿐입니다. 그것은 예술은 유한하며 철학의 지배를 받는다는 헤겔적 주제의 역전입니다. 그러나 자유로운 관계는 그러한 역전 속에 정립될 수 없으며, 우선 분리가 필요합니다. 그런데 분리가 있다면, 예술은 무엇을 사유하며, 철학은 무엇을 사유할까요? 우리는 이질성을 강조할 필요가 있습니다. 그럴 때 난점은 '예술은 무엇을 사유하는가 하는 질문을 누가 제기하는지'에 걸립니다. 만일 그 질문을 제기하는 자가 철학이라면, 철학은 다시 지배(의 위치)에 자리 잡게 될 것이며 결국에는 새로운 미학적 형상을 내놓게 될 것입니다. 그로부터 **예술 그 자체가 예술이 사유하는** 것을 지탱해야 할 절대적 필요성이 나옵니다. 예술은 그저 사유로서 파악될 뿐만 아니라, 또한 이 사유를 위한 사유의 장소로서 파악될 것입니다. 그런 것이 평등주의적 관계의 필수불가결한[sine qua non] 조건입니다. 그 결과 니체를 근대적 시기의 새벽을 알리는 근본적인 증인으로 하는 미학의 무너짐으로부터, 예술은 단지 사유로서 파악되어야 할 뿐만 아니라, 사유 그 자체의 사유로서 파악되어야 한다는 귀결이 도출됩니다. 그것은 성찰[réflexion]이 아닙니다. 그것은 반드시 내재적인 것이어야 합니다. 즉 예술은 그 유효성에 있어 그것이 무엇인지에 대한 사유, 그것이 무엇을 사유하는지에 대한 사유일 수밖에 없습니다. 예술과 예술가들은 철학소[philosophèmes]를 끌어와서 미학적인 것들을 제작해낼 수 있습니다. 문제는 그들이 계속해서 그렇게 해왔다는 것이 아닙니다. 예술의 과정 자체는 예술 그 자체의 사유에 대한 확인이라는 요소 속에 있어야 합니다. 또한 예술의 정체성이 옛적부터 그런 것이었음을 주장하고, 이러한 속성을 오늘날의 예술에 예정하지 않는 것이 중요합니다.

이 논점은 결정적입니다. 여러분은 오늘날의 예술이 의식적인 것[conscient]이라고 말하는 교설을 알고 있는데, 이에 따를 때 그 자체의 작용을 보여주는 예술, 예술이 주체가 되는 예술 등, 그러한 예술은 근대성modernité의 공통적 장소입니다. 이렇게들 말하지 않습니까? 그렇다, 예술의 근대성이라는 것은 그 자체의 프로토콜을 증언하기에 충분할 정도의 자기의식에 이른 예술이다, 라고 말입니다. 그러므로 회화로서 모습을 드러내는 회화, 그 자체의 작용들의 변증법을 전달하는 음악, 스스로 그 자체의 텍스트의 심연 속에 들어가는 문학, 그런 것이 예술적 근대성일 것입니다. 여기서 제가 주장하는 것은 이 테제가 아닙니다. 철학과 예술 사이의 새로운 관계를 정립하는 것이 관건이라면, 그 관계는 예술적 시퀀스 자체를 단독화하는 테제에 근거를 두는 것이 아니라, 예술은 언제나 사유의 사유였음을 표명함으로써 문제 전체에 소급 적용되어야 합니다. 왜 이것이 그렇게나 중요한 것일까요? 왜냐하면 그렇게 하지 않을 경우 이러한 특징은 미학의 붕괴라는 결과가 될 것이기 때문입니다. 만일 동시대 예술만이 자기의식의 형상에, 혹은 예술이라는 사유 그 자체에 대한 사유의 형상에 이르렀다고 생각된다면, 이는 동시대 예술이 미학의 요소 속에서 철학에 의해 사유되기를 그쳤기 때문일 것입니다. 그렇다면 그것은 예술의 내부성이 그 자체의 사유를 향해 풀려남으로부터 오는 귀결일 것입니다. 따라서 우리는 그 자체로 철학적인 시간의 구획을 갖는 근대성의 형상을, 즉 미학적 장치의 붕괴라는 형상을 대하게 되며, 이는 예술적 근대성의 진정한 시작이 될 것입니다. 우리는 어떤 해방의 역사를 대하게 될 것입니다. 미학의 무너짐과 함께, 예술은 사변적 지배로부터 자유롭게 되고, 이에 따라 그 운명의 내재적 범주들을 전유하게 될 것입니다. 달리 말해서, 예술은 형이상학의 종말을 통해 구원되거나 혹은 그 자체에게로 되돌려집니다. 그러나 이것으로 끝은 아닙니다. 저는 그렇게 생각하지 않으며, 마지막 시기의 니체에 대한 충실성에 따라서 동시대 예술의 내부적 운명을 지배하는 미학의 붕괴가, 심지어 형이상학의 붕괴가 철학사에서 부정적인 사건이라고 생각하지 않습니다. 예술과 철학 사이를 잇는 새로운 매듭의 형상은 예술의 내재적 정체확인[identification]을 형이상학의 붕괴의 시대에 존속하는 예술의 특징이 아닌 단순한 예술의 특징으로 제시합니다. 그것은 모든 진정한 특징규정[caractérisation]으로서의 무시간적 특징입니다. 이제 그 질문의 범위를 더 좁힌다면, 그것은 이런 방식으로 정식화될 것입니다.

¶ 철학에 관하여. 미학은 어떤 역할을 수행했는가? 예술에 대한 지배라고 대답할 수 있겠지만, 결국 미학은 어떤 이유로 철학에 그렇게나 중요했던 것인가? 이 사안에서 관건은 무엇이었는가? 예술을 지배하기 위해 플라톤은 그 대부분을, 그중에도 특히 시인을 제거하는 동시에 군대 생활과 애국적인 노래를 옹호하지만, 아무것이나 그렇게 하지는 않습니다. 이것은 그에게 긴박한 사안이었습니다. 이 결산에서, 미학은 고전 철학의 조처에서 어떤 역할을 맡았습니까? 우리는 아직 철학의 운명에서 미학이 수행한 역할에 대한 질문을 철저히 검토하지 못했습니다. 니체는 미학의 붕괴를 증언하여, 사유와 예술의 관계가 더 이상 미학적인 것일 수 없게 된 시대에 대한 역사적 증인이 되는 책무를 떠맡았습니다. 그러나 이 결산과 관련하여, 그는 예술에 대한 무한정한 옹호로 기울었습니다.

¶ 예술에 관하여. 사유 그 자체의 사유가 되기 위한 그러한 예술

적 절차는 어떤 것이며, 어떤 것이어야 하고, 어떻게 시작되는가? 이것이 우리를 마지막 질문으로 이끌어갑니다. 무엇이 검토의 단위[unité]인가? 무엇이 타당한 단위인가? 기억을 더듬어보자면, 세 가지 가능성이 있었습니다. 예술이라는 말로 우리가 뜻하는 것은 예술작품 혹은 작품들이지만, 니체의 텍스트들에는 이에 관해서 거의 아무것도 나오지 않습니다. 예술에 대한 그의 재단은 작품을 중심에 두고 이루어지지 않습니다. 심지어 바그너에 대해 이야기할 때도, 화제는 흥미로운 짜임새나 작품을 특징화하는 것[singularisation]이 아닙니다. 단위로 가능한 다른 형상은 예술가인데, 이는 매우 중요하지만 근본적으로 모호한 범주입니다. 마지막으로 다른 유형의 범주가 있는데, 그것은 바로 비극입니다. 비극은 하나 혹은 여러 작품으로 환원될 수 없으며, 그것은 그 자체로 하나의 범주이지만, 또한 예술가 혹은 예술가들로 환원될 수 없으며, 그것은 하나의 구성된 주체적 단위입니다. 그것은 하나의 검토 단위, 곧 조사의 범주입니다. 니체의 관점에서 '비극'은 그가 예술이라 지칭하는 것의 실존의 시퀀스입니다. 즉 비극의 탄생, 정점 혹은 무게중심[centre de gravité], 그리고 그 내부적 타락의 형상(에우리피데스)을 가진 시퀀스입니다. 이는 무언가를 예술로 정의하지만, 작품의 관점에서도 예술가의 관점에서도 분해되지 않는 범주를 통해서 정의하는 것입니다. 그리고 비극은 또한 그것이 하나의 단독성인 이상, 관습적인 분류법에 따른 의미에서 하나의 장르가 아닙니다. 이 세 가지 방식 중에서, '예술'이라는 대상의 타당성을 정의하기 위해 어떤 선택을 해야 할까요?

진짜로 마지막 시간이 될 다음 시간에, 저는 두 가지 측면에서 이 질문들의 복잡성에 관한 몇몇 가설을 제시할 것입니다.

¶ 어떤 조건에서 철학은 탈미학화된 상태를 유지하거나 혹은 미학이나 그 기획으로부터 풀려난 상태를 유지하면서도, 예술을 우상화하는 관계—'예술, 오직 예술'을 말하는—가 아닌 다른 관계를 예술과 맺을 수 있을까요?

¶ 어떤 조건에서 예술은 사유인 동시에 이 사유에 내재적인 사유로서 식별될 수 있을까요? 저는 이에 관한 밑그림을 그릴 것입니다…….

12강

1993년 6월 9일

고인이 된 우리 친구 장 보레유와 우리가 이 세미나에서 다룬 것의 근접성에 이의를 제기할 수 있는 사람은 아무도 없을 것입니다. 그의 작업은 (오는 금요일에 이에 관해서 우리가 '이타성과 단독성Altérité et Singularité'이라는 제목을 붙인 추모일 기념행사를 할 것인데) 특히 그의 주저 《예술가-왕*L'ArtisteRoi*》에서, 19세기 말 미학의 제왕적 기능에 대한, 그 지상권에 대한 연구를 관건으로 삼습니다. 니체의 반反플라톤주의가 철학자-왕philosophe-roi 대신 예술가-왕이 있어야 하며 있을 수 있다는 것으로 귀착된다고 단언할 정도로 말입니다.

더구나 저는 여러분의 과제물에 대한 교정을 진행했는데, 이 과제물은 여러분의 개인적 의사결정의 정도에 따라 니체가 우리 시대에 실질적인 의미를 가진다는 점을 입증합니다. 저는 여러분에게 두 가지 사항에 대해 논평하려 합니다.

¶ 어쩌면 우리는 확실히 20년 전이나 30년 전에 시작되어, 이제야 겨우 그 진정한 구성configuration에 도달하는 과정에 들어가게 된 것인지도 모릅니다. 필시 우리는 니체 당대의 현실의 두 번째 시퀀스에

들어가게 되는 것입니다. 이 두 번째 시퀀스는 더 이상 힘에의 의지라는 개념적 주제를 중심에 두는 것이 아니라, 제가 니체의 반철학이라 부르게 될 어떤 것을 중심에 두고 니체를 다시 불러내는 것으로, 그것은 철학이 그 자체로 니체의 반철학을 견뎌내며 철학 자체의 재구성의 규약에 관한 증거들을 찾도록 강제하는 것입니다. 따라서 중요한 것은 엄밀한 의미의 '니체주의'가 아니라—그것의 형상은 언제나 결정 불가능한 것이었다는 점에서—, 오히려 내년에 강의할 비트겐슈타인에게서 보게 될 것처럼, 철학적 불확실성이 그 명백한 적수—옛적부터 환상을 거부했거나 혹은 스스로 그 환상의 치료자thérapeute를 자처하는 자—의 탁월한 인물들을 소환하는 고유한 양식일 것입니다. 그리고 우리와 관련하여, 그것은 이러한 반철학적 관점에 가담하기 위한 것이 아니라, 그로부터 새로운 관점에서 철학의 재구성을 위한 시험 계획을 만들어내기 위한 것입니다. 무언가 이와 같은 일이 일어나는데, 여러분이 제게 제출한 과제물에서도 그러합니다. 말하자면, 니체의 운명은 분명히 니체적 개념성을 비판적 계보학이나 혹은 금욕적인 허무주의의 형상의 파괴에 근거하여 재구성하고자 하는 시도에서 다뤄지기보다는, 행동의 진정한 의미를 중심에 두고 다뤄지는 것입니다.

¶ 제가 여러분에게 (과제물과 관련하여) 1888년의 저술들을 택하지 말라고 했기에, 여러분의 텍스트 선택은 제게는 상당히 흥미로웠습니다. 본의 아니게 '여러분은 어떤 텍스트에 대해 이야기할 것인가?'를 묻는 의견 조사가 되었네요. 가장 높은 위치에 오른 책은《비극의 탄생》이었는데, 왜냐하면 이 책에서 확실히 예술의 문제가 정

면으로 파악되기 때문일 것입니다. 두 번째 위치에는 《반시대적 고찰*Unzeitgemäße Betrachtungen*》✦이 왔습니다. 이는 역사에 관한 텍스트이며, 여러분은 이를 밀도있게 심문했습니다. 여러분은 역사의 문제로 되돌아가기 바랐습니다. '역사는 무엇을 사유하는가?', '역사는 사유할 수 있는가?'라는 것은 실제로 우리의 현실에 있어 중요하지만 까다로운 질문입니다. 요컨대 역사에 대한 마르크스-헤겔주의적 전망의 붕괴로 인해, 니체의 주제 혹은 반역사주의적 심문이 여러분의 관심을 사로잡았던 것입니다. 혹은 다른 방식으로 말하자면, 헤겔적 장치로부터 물려받은 위대한 형상에서 역사주의의 유산과 논쟁을 벌이는 시대에 있다고 생각해볼 수 있겠습니다. 확실히 반시대적 고찰은 특정한 역사주의의 형상들을 명시적인 대상으로 삼으며, 초역사적인 것[supra-historique]의 결정적인 필수성을 발전시킵니다. 그리고 이 텍스트에서 여러분이 갖는 관심은 토대에 관한 것임이 분명합니다. 세 번째 텍스트는 《도덕의 계보*Zur Genealogie der Moral*》이며, 여러분은 이를 그 내부적 형상들과 개념성과 일관성의 관점으로부터 다루었습니다. 제가 보기에는 이런 이유로, 한층 더 중요해지는 것은 고전적 니체에 대한 주의 깊은 비판적 검토인데, 이는 좋은 의미로 비판적인 것이며, 계보학적 장치에 대해 비판적인 것입니다.

논의를 결론짓기 위해서가 아니라 종결짓기 위해, 예술과 철학

✦ 프랑스어 제목을 번역하면 '두 번째 반시대적 고찰(La Deuxième Considération inactuelle)'.

사이를 잇는 매듭의 문제, 곧 하나의 단순한 문제로부터 예상할 수 있는 매듭의 문제를 검토하기 위한 실마리를 다시 붙잡도록 합시다. 철학은 예술적 현상과 철학 자체의 근본적이거나 구성적인 범주로 간주되는 것 — 이 경우에는 진리 — 의 관계에 대해 어떤 판단을 내렸을까요? 저는 두 가지 대답을 식별해내는데, 이에 따를 때 철학은 진리가 절대적으로 예술에 외부적이라는 입장을 택하거나(예술은 기껏해야 모방에 지나지 않는다는 입장), 혹은 반대로 진리가 예술 자체에 의해 노출된다는 입장을 택합니다(예술은 참된 것의 무한성을 보여주는 표상적 사례라는 입장).✦

만일 예술이 돌이킬 수 없을 정도로 유사물semblant의 형상 혹은 심지어 본질적으로 모방적인 것의 형상과 연결되어 있다고 가정한다면, 우리에게는 두 가지 귀결이 주어질 것입니다.

¶ 첫 번째 귀결은 예술에 가해지는 의심, 다시 말해 예술에 가해지는 철학의 의심입니다. 자연히 이 의심과 연결되는 것은 예술이 참된 것의 매력으로 혹은 감성적 형태의 진리로서 나타나며, 따라서 감정을 포획할 능력이 있는 형태의 진리로서 나타나지만, 한편으로 진리는 근본적으로 외부적인 것으로 남는다는 사실입니다. 플라톤에 의해 시작된 전통에서, 예술은 진리를 우회한다는, 다시 말해 참된 것에 이르는 필수적인 우회를 우회한다는 의심을 받는데, 왜냐하면 그것이 즉각성의 외양을, 감성적 짜임의 즉각성을 통해 작동하는 참된 것의 외양을 하고 있기 때문입니다. 플라톤적 과정의 핵심이 여기에 있는데, 그것은 이차적인 방식의 모방에 대한 비판으로 구상됩니다. 예술은 마치 참된 것의 즉각적인 각인이 실존할 수 있는 것처럼 제시

되며, 이에 따라 소크라테스가 말하는 참된 것의 노고 즉 '큰 우회'의 의미에 따른 변증법dialectique을 우회하게 됩니다. 그러니까 진정한 우회를 발견하기 위해 멀어져야 했던 것은 바로 예술인 셈입니다. 보다 중요한 것은 모방이 아니라, 마치 참된 것의 즉각적인 심급이 있는 듯한 예술의 나타남입니다. 변증법적 우회의 영토를 되찾으려면, 예술에는 엄격한 의심이 부과되어야 하는데, 오로지 변증법적 우회만이 엄밀한 의미의 진리로 향하는 접근을 허용하며, 진리는 이러한 변증법적 우회를 파악하는 움직임을 내포하고 있습니다.

¶ 두 번째 귀결은, 이러한 의심을 근거로 예술은 감시 아래, 즉 철학의 관점에서의 감시 아래 놓이게 될 것입니다. 그러나 '감시당한다'는 말은 무엇을 의미할까요? 감시당한다는 것은 정확히, 예술이 하나의 유사물, 곧 참된 것의 즉각성에 대한 유사물인 이상, 예술을 유사물이 되게 하는 참된 것이 정말로 참된 것인지 주의해서 살펴봐야 한다는 것입니다. 우회의 즉각적 형상을 전유할 필요가 있는데, 즉각성은 실제로 하나의 결과이며, 다시 말해 그 우회를 통해 획득할 수 있고 또 우리가 즉각성의 외양 — 예술의 유사물을 통한 우회의 결과로서의 외양 — 을 부여하는 데 동의하게 될 결과일 수밖에 없습니

✦ 여기서부터 논의되는 예술을 보는 도식에 관한 사안은 《비미학》 1장에서 더 자세하게 논의된다. 이 책에서는 예술적 진리에 관해 지도적 도식, 낭만적 도식, 고전적 도식만을 논하고, 그 밖에 예술을 다르게 바라보는 도식(《비미학》에서 네 번째 도식으로 제시되는 유적인 도식)이 필요하다는 이야기만을 남기는 예비적 논의에 그치고서 강의를 마무리한다.

다. 이런 이유로 저는 이러한 철학과 예술의 관계를 **지도적**didactique 관계라고 지칭할 것인데, 이는 예술이 그 자체의 것으로서 유사물의 효과들 — 즉 예술을 실제적인 본원으로 삼지 않는 어떤 외래적인 진리와 유기적으로 접합되는 유사물의 효과들 — 에 대한 가능적 통제 아래 놓인다고 보는 철학적 견해입니다. 이럴 경우, 예술은 감시 받는 혹은 이차적인 즉각성이 됩니다. 여기에 덧붙여야 할 것이 있다면, 통제의 심급 혹은 통제의 영토성이 가능한 것은 예술이 그 공개적 효과들로 평가될 것이기 때문이라는 점입니다. 진리가 외래적인 것이 되고, 유사물이 통제되며, 즉각성이 이차적인 것이 되는 순간부터, 그 관계는 실제적이거나 공개적인 효과들에 의해 규제받게 될 것입니다. 지도적 관계는 언제나 예술의 문제와 그 효과의 문제를 이어 맺는 과정을 포함합니다. 예컨대 루소는 다음과 같이 서술합니다. "공연은 사람들peuple을 위해 수행되며, 그들의 절대적인 품성은 오로지 사람들에 대한 공연의 효과에 의해 결정될 수 있다." 철학과 예술을 잇는 지도적 매듭에서, 예술의 절대성 — 효과들 혹은 절대적인 품성들 — 은 유사물의 공개적 효과들의 통제 아래, 다시 말해 그 자체로 어떤 외인적 진리에 의해 규범화되는 공개적 효과들의 통제 아래 놓입니다. 그리고 이 도식은 그저 시대에 뒤쳐진 플라톤적이거나 루소적인 지형에만 그치지 않습니다. 그것은 명백히 브레히트가 주장하는 배치에도 해당합니다. 자세한 내용으로 들어가지는 않겠지만, 이 예가 흥미로운 것은 브레히트가 연극에 대한 지도적 견해를 가지기 때문입니다. 말하자면, 진리의 장소는 사실상 외인적인 진리를 위한 것이며, 연극은 외인적인 것 그 자체를 보여주는 것을, 진리가 외인적임을 보여주는 것을 그 기능으로 삼습니다. 이것이 바로 유사물에 대한 통제의 체제입니다. 결국 연극은 우리에게 이러한 외인적 진리의 주체화의 가능적 형상들을 제시할 것입니다. 그러나 이러한 진리는 어떤 방식으로 주체화되며, 전유되거나 전유되지 않게 될까요? 이것이 바로 연극적 배치가 소묘하게 될 무엇입니다. 그것은 정확히 간격의 양식이며(여기서는 거리가 결정적인데), 이를 통해 외래적인 것으로서의 진리의 주체화에 대한 이해 가능성이 허용됩니다. 게다가, 그 결과 연극성은 결코 참된 것의 허구적 표현이 아니게 됩니다. 브레히트의 발명은 이러한 교조적인[dogmatique] 의미가 아니며, 이 발명은 참된 것의 외양적 유사물 바깥에서 전체를 조직하는 것으로 이루지지 않습니다. 오히려 이 발명은 간격과 다수적 주체화의 체계를 보여줄 것이며, 이를 통해 무언가가 나타내질 것인데…… 무엇이 나타내진다는 말일까요? 글쎄요, 진리 — 예술적 지형 자체에 대해 외부적인 — 는 아니고, 차라리 진리의 용기의 형상들이 나타내질 것입니다. 요약하자면, 브레히트가 다루는 것은 진리의 용기의 조건들, 혹은 참된 것의 견지에서 바라본 비겁함의 조건들입니다. 왜냐하면 진리의 용기는 가장 철저하게 연극적인 주체화의 형상이기 때문입니다. 그로 인해 갈릴레이의 형상에 중요성이 더해집니다. 갈릴레이는 정말로 진리의 용기에 속한 가치와 난점들이 그를 통해 논의되고 토론되는 그러한 인물인 것입니다. 그를 통해 토론되는 것은 진리 그 자체가 아닌데, 왜냐하면 과학은 연극에 외래적이며, 연극은 운동과 행성들에 관련된 이 과학적 진리를 외양적 유사물로 전환하지 않을 것이기 때문입니다. 그것은 진리의 유사물이 아니라, 진리의 주체화에 대한, 그리고 특히 진리의 용기의 조건들에 대한 결정적인 질문을 조직하는 예술적 구성입니다. 그리고 예술은 주체의 진리가 당연한 것이 아니라는, 결코 당연한 것이 아니라는 사실에 슬그머니 끼어듭니다. 이 '당연한 것이 아니라는ne pas aller de soi' 것은 최종적으로 지도적 목적에 조합된 연극적 형상이 됩니다. 궁극적인 목표는 이러한 용기의 형상을 전달하는 것, 그 용기의 조건들의 가시적 체계를 부여하는 것입니다. 브레히트는 이러한 관점을 의식하고 있었음을, 그 자신이 철학이라 부르는 것에 대한 연극의 확실한 종속이라는 관점을 의식하고 있었음을 기억합시다. 그의 교육적 대화편들에서 진행자maitre du jeu는 일반적으로 '철학자'라 불립니다. 바로 그가 그 절차의 주인인 것입니다. 브레히트의 연극은 변증법협회société des amis de la dialectique로 불러올려지는데, 이는 그가 창설하기를 꿈꿨으며, 각각의 사람들 모두를 만족시키기보다는 진리의 용기의 가능성 혹은 진리와 변증법의 친구가 될 가능성을 부여하는 것을 목표로 하는 것이었습니다. 그것은 바로 참된 것에 대한 우정으로 진입하도록 하는 것이었습니다.

만일 반대로 오로지 예술에만 실제로 진리가 될 능력이 있다고 주장한다면, 여러분은 철학과 예술의 두 번째 매듭을 얻게 됩니다. 그것은 낭만적romantique 매듭이지요. 여기서 예술은 그저 철학이 지시하는 것을 완수할 수 있을 뿐이고, 예술은 철학의 추상적 지시의 자기완성이며, 예술은 참된 것의 실재적인 몸이거나 혹은 이 참된 것의 실재적인 몸을 아낌없이 내주는 것입니다. 예술은 우리를 개념의 주체적 무익함stérilité으로부터 구원해냅니다. 헤겔의 정식을 가져오자면, 예술 그 자체는 '주체로서의 절대성'입니다. 말하자면 예술은 감성적인 것 속에 도래한 것으로서, 혹은 그렇지 않다면 개념의 추상적 약속일 따름인 진리의 식별 가능한 형식 속에 도래한 것으로서, 참된 것의 효과로 드러나는 실재적인 형상입니다.

그렇다면 한 가지 중요한 논점에 주목해봅시다. 지도적 매듭에서든 낭만적 매듭에서든, 관심의 초점은 규범화된 분리의 양상에서든 변증법적 결합의 양상에서든 예술적 절차에 놓입니다. 그러나 예술이 평온하게 내버려둔 철학들이 있지는 않을까요? 아리스토텔레스와 함께 시작된 고전적 시퀀스에서, 시인들은 큰 문제가 되지 않습니다. 우리는 그들을 추방할 것인지 아니면 그들 앞에 무릎 꿇을 것인지 하는 진퇴양난으로 내몰리지 않습니다! 예술은 참된 것에 대한 육체적 신성화가 아니며 마찬가지로 유사물이 참된 것의 즉각성에 행사하는 위협도 아닙니다. 거기서 무슨 일이 벌어지고 있는 것일까요? 예술은 데카르트나 스피노자나 라이프니츠에게 크게 걱정을 끼치지 않습니다. 그들은 이 문제에 있어 평온한 상태를 유지하며, 예술적 절차의 위협에 빠지지 않습니다. 고전 시대의 인물들에게는 어떠한 동요도 없습니다. 이로써 세 번째 매듭이 주어지는데, 이는 지도적이지도 낭만적이지도 않은 것입니다. 제가 보기에 그것은 아리스토텔레스에게서 유래한 것으로, 일찍이 그는 극단적인 조치를 취하지 않는 예술적 방침을 옹호할 수 있었습니다. 정직한 사람이 극장에 가고, 시를 읽어도 참된 것의 우회를 망가뜨리지 않을 수 있다는 것입니다. 이러한 고전적 장치의 본성은 어떤 것일까요? 만일 이 장치가 본질적으로 모방적인 예술에 대한, 모방^mimesis^ 혹은 유사물로서의 예술에 대한 플라톤적 확신을 공유하며, 여기서 진리는 기껏해야 하나의 유사물일 수 있을 뿐이라면, 진리는 중요하지 않다는 것으로 결론이 바뀌게 됩니다. 그렇습니다. 예술은 모방적 성향을, 유사물의 성향을 나타내지만, 그런 것은 상관이 없습니다. 어째서 그럴까요? 왜냐하면 예술의 정해진 목적은 인지적인 것이 아니고, 이론적인 것의 공간에 속하지도 않기 때문입니다. 심지어 그것이 하나의 유사물이라 하더라도, 그것은 중요하지 않은데, 왜냐하면 우리가 유사물의 이론적 효과의 영역에, 즉 유사물에 대한 인식의 효과의 영역에 있는 것이 아니기 때문입니다. 혹은 다시 말해서, 예술은 진리가 아니기 때문입니다. 그리고 심지어 아리스토텔레스와 그의 후계자들에게 있어서, 예술은 존재를 주장하지 않습니다. 예술에서 중요한 것은 결국 넓은 의미에서 윤리적이거나 실용적인 조처들과 관련됩니다. 관건은 유사물에 대한 전이에 있어서 정념의 증언입니다. 이에 따라 예술의 체질적 기능은 사실상 치료적인 것이 됩니다. 즉 예술은 치료이며, 인지적이거나 계시적인 기능이 아닙니다. 예술은 윤리의 지배를 받으며, 이런 관점에서 예술은 그 규준[norme]을 효용에 두고 있다고 주장할 수 있습니다. 예술은 영혼의 질환에 대한 치료에 유용하다고 말입니다. 이로부터 몇 가지 귀결을 얻게 됩니다.

¶ 예술의 중요한 규칙은 만족하게 하는 것입니다. 그것은 지도적인 것의 주장처럼 가르치는 것이 아니며, 또한 낭만주의의 주장처럼 이념의 무한성을 고통의 형태로 드러내는 것이 아닙니다. 그것은 최우선적으로 만족을 주는 것입니다. 만족하게 한다는 것은 어떤 것인가요? 만족을 주는 것, 그것은 전이의 시작이며, 예술의 작용을 신호하는 것, 그 작용이 효과적임을 알리는 것입니다. 만일 예술이 만

족스럽지 않다면, 아무것도 일어나지 않습니다. 그것이 전부입니다! 만족하게 하는 것, 그것은 무언가가 일어나고 있다는 것입니다. 동일시, 자발적 해석, 열정의 침전, 결과적인 인정으로 이루어진 복잡하고 촘촘히 짜인 그물망이, 만족스럽게 하는 것이 있다는 조건 아래, 이러한 관객의 치료를 작동시키게 되는 것입니다. 첫 번째 귀결은 바로 만족하게 하기라는 중요한 규칙인데, 왜냐하면 다른 어떤 것도 예술은 그 유효성의 형상에 따른다는 점을 입증하지 않기 때문입니다. 예술은 오직 그것이 만족스러울 경우에만 실존합니다. 고전적인 매듭에서, 만족스럽게 하는 것은 예술의 실존에 있어 고유한 조건입니다.

¶ 두 번째 귀결은 근본적인 범주는 진리의 범주가 아니며, 진리로부터 상상적인 것l'imaginaire으로 옮겨 가는 전이를, 다시 말해 만족하게 하기를 조직하는 데 필수적인 것이 근본적인 범주가 되리라는 것입니다. 동일시의 형상들 속에 만족시키는 것이 세워질 수 있으려면, 작품의 상상적 지형에 진리의 조각들과 관련된 모방적 효과가 있어야 합니다. 말하자면, 그 범주는 진리로부터 상상적인 것 속으로 제시될 수 있는 것이며, 진리 그 자체가 아닌 것입니다. 그러므로 진리의 상상화imaginarisation는 만족하게 하기를 맞물리게 하는 데 있어 불가피한 것으로 받아들여지게 될 것이며, 만족하게 하기는 그 자체로 치료적 목적이나 윤리적 목적에서 예술의 실효성을 보여주는 징후에 다름 아닙니다. 여기에는 개연성(진실임직함)vraisemblance이라는 이름이 있습니다. 예술의 규준은 바로 개연성입니다. 진리와 개연성은 같은 것이 아닙니다. 예술은 그 자체로 진리의 지배를 받는 것이 아니

라, 만족하게 하기의 가능성에 대한 학습 혹은 훈육인 개연성이라는 범주의 지배를 받습니다. 이 주제에 관해서 예술과 철학 사이에 한동안 모종의 평화가 깃든 시기가 있었다고 말할 수 있겠습니다. 이는 사실상 개연성이 진리를 완전히 뒤덮지 않는다는 점과 관련된 평화입니다. 그 협정이 가결되는 것은 바로 이런 지점입니다. 개연성이라는 기준이 참된 것의 본원이 되고자 열망하거나 혹은 그 본원을 세우려 들지 않는다는 것 말입니다. 그리고 이러한 진리와 개연성 사이의 간격에 진리의 추구로 규정되는 철학과 개연성의 기준 아래 만족하게 하기의 시민적이면서도 치료적인 체계[institution]로 규정되는 예술 사이에 일종의 평화로운 공존이 정립될 수 있습니다. 따라서 예술과 철학 사이를 잇는 매듭은 수를 가지고 보자면 오직 세 개가 있을 수 있습니다. 지도적 도식, 낭만적 도식 그리고 고전적 도식이 그것입니다. 이 세 가지 도식은 오늘날의 세계[univers]에 현존하지만, 현대에 어떤 특정한 매듭의 우세가 있음을 입증할 것은 아무것도 없습니다. 이에 대한 가장 좋은 증거는 브레히트 같은 마르크스주의자는 지도적 매듭을 지지하며, 하이데거는 사실상 낭만적 매듭을, 그리고 정신분석은 고전적 매듭을 지지한다는 점입니다. 일단 마르크스주의, 정신분석, 하이데거를 열거했으니, 이제 20세기의 여러 가지 것들을 열거하겠습니다!

그래서 오늘날의 상황에 대해 어떤 이야기를 해야 할까요? 먼저 이 세기는 그 자체를 위해 세 가지 매듭 — 지도적, 낭만적, 고전적 — 을 재발명했고, 동시에 같은 움직임으로, 이것들을 포화시켰다는 점입니다. 그래서 이것들 중 어느 것도 그 자체로 재활성화되지는 않을 것입니다. 혹은 어느 것도 발명이나 쇄신 또는 진정한 안정화를 실행할 수 없을 것입니다. 오늘날 예술과 철학의 관계에 대한 문제는 열려 있거나 혹은 맺히지 않은 채로 남아 있습니다. 우리는 명백히 이 세 가지 매듭을 실행으로 옮길 수 있지만, 제가 확신하기로 그러한 실행은 관습적인 것입니다. 제가 하는 '관습적académique'이란 말은 특정한 철학적 노력들이 포화에 이른 상태를 뜻합니다. 그것들이 계속되는 것을 막는 것은 아무것도 없지만, 그것은 죽은 사유입니다. 우리는 그 포화 너머에 있기 때문입니다. 네 번째 매듭을 발명하고, 하나의 새로운 도식을 제시할 필요가 있을 텐데…… 오로지 여기서만이, 단지 예술과 철학 사이의 매듭으로만 국한하는 것이 아닌 그 둘의 관계에서 분명히 드러나는 동시대적 위기가 이 세기의 발명들의 선先구조화된 성격으로부터 귀결됩니다. 이 세기가 발명한 것 — 예술에 관해서는 연속되는 아방가르드 예술가들, 혹은 철학에서는 예술적 영역들의 연속되는 관계들에 관한 것 — 은 오로지 재개된 발명일 뿐일 것입니다. 그리고 여기서 재개된 발명이란 지도적인 것, 고전주의, 낭만주의와 관련하여 역사적으로 구성된 위대한 도식들이 재개된 것을 말합니다. 이는 필시 포화로서 주어진 것이 재개되었던 까닭일 것입니다. 이차적인 발명으로서 말입니다. 제가 하는 이야기는 발명된 것은 아무것도 없다는 것이 아니라, 그런 것과는 거리가 먼 것이며(이 세기에 세 가지 매듭이 실존하게 하는 고유한 양식은 독창적이거나 단독적인 방식으로 그때그때 재표명된 것입니다), 어쨌든 그것은 하나의 이차적인 발명입니다.

실제로 지지되지 않은 테제가 하나 있는데, 이는 그 장치의 부정적 통일성을 부여하는 것으로, 이 테제는 다음과 같습니다. 말하자면, 진리는 예술에 고유하며, 따라서 외부성이 없는 순수하게 내재적인 것이고, 오로지 예술만이 만들어낼 능력을 갖는 진리라는 것입니다. 이 테제는 진리의 육화 혹은 영광스러운 몸의 테제가 아니며, 그것의 철학은 추상적인 형상일 것입니다. 예술은—그 자체로, 본질적으로—진리의 능력을 갖는다고 상정하는 것이 중요합니다. 그러므로 이는 예술 그 자체가 다른 어떠한 것으로도 환원될 수 없는 진리의 절차가 된다는 생각인데, 이는 다른 곳에서 추상적으로 실존하는 진리의 감성적 폐기가 아니고, 외래적 진리와 관련된 지도적인 것이 아니며, 모든 진리와 무관하기에 더 이상 유사물이라는 유일한 범주를 통해 파악되는 것이 아닙니다. 그럴 수는 없습니다! 예술은 진리의 한 절차입니다. 그러나 관련한 진리들은 즉각적으로 복수성plurialité 속에 기입될 것입니다. 우리는 예술적인 본성을 지니지 않은 다른 진리들이 있다는 것에 동의할 것입니다. 그러므로 그 테제는 진리의 효과와의 관계에 있어, 들뢰즈식으로 말하자면, 예술은 '내재성의 평면'이 되며, 그 실현에 대해 외부적이거나 혹은 초월적인 어떤 것에도 준거하지 않는다는 테제입니다. 예술은 그것이 마음껏 가져다 쓰는prodigue 다른 진리들과 엄격하게 공외연적입니다coextensive. 이상이 첫 번째 테제입니다.

두 번째 테제. 이 진리들은 예술 외에는 어디에서도 주어지지 않습니다. 이 테제의 선택을 추정해보자면, 그것은 철학과의 어떤 다른 매듭을 명령합니다. 저는 아직 그 짜임새를 알지 못하고, 심지어 그 이름도 모릅니다. 그러나 그것은 하나의 다른 매듭인데, 왜냐하면 철학은 예술이 그 자체로 진리의 심급을 점유하고 있다는 가정에 따라 예술적 절차에 대해 지도적 통제를 행사할 것이고, 예술은 철학을 그 추상적 증거로 삼는 진리를 구체적으로 나타낼 진리의 육화라고 여기지 않을 것이며, 더 이상 만족하게 하기와 개연성이라는 범주들의 영향 아래서 미학과 예술의 관계에 속하지 않을 것이기 때문입니다. 이는 하나의 다른 매듭인 것입니다.✦

만일 우리가 '예술은 그것이 마음껏 가져다 쓰는 진리들과 공외연적이다'와 '이 진리들은 절대적으로 단독적이며 오로지 예술적 절차에서만 주어진다'라는 두 언표를 받아들일 경우, 지도적이지도 낭만적이지도 고전적이지도 않은 매듭이 부과됩니다. 이 가정된 네 번째 매듭은 우리가 이어지는 난점에 직면함을 함의합니다. 즉 진리를 말할 때(저는 여기서 제 고유한 교설을 상정합니다만), 우리는 **하나의** 단독적인 진리une vérité singulière를 고려해야 하며(더 이상 정관사로 나타내는 **진리**la vérité는 없습니다), 또 단독적인 그러한 진리가 무한함을, 다시 말해 모든 진리에 있어 본질적인 무한성을 띤다는 점을 수긍해야 합니다. 이는 증명 가능하지만, 저는 오늘 저녁에는 그 증명을 실행하지 않을 것입니다. 그런데 문제는 예술작품의 유한한 성격에서 분명해집니다. 실제로 모든 진리는 무한에 가닿지만, 예술작품은 본질적으로 유한한데, 왜냐하면 예술작품은 언제나 공간과 시간 속

✦ 《비미학》에서 이 다른 매듭은 유적인 도식으로 명명된다.

에 제한되어 있기 때문입니다. 단지 경험적 유한성만이 관련된 것은 아닙니다. 예술작품은 그 자체의 내부로부터 그 고유한 유한성이라는 목적을, 그 완료라는 목적을, 혹은 그 자체의 한계의 내재적 전개라는 목적을 얻습니다. 예술작품은 그 자체의 운동 속에서 오로지 형상 혹은 형식으로서만 형성되지 않습니다. 이는 작품에 내재적인 그 고유한 종결에 관한 문제입니다. 즉 작품과 그 작품을 만들어낸 천재성[génie]에 있어 결정적인 문제인 것입니다. 그러므로 예술작품은 유한합니다. 그것이 할 수 있는 것에 있어 가능한 가장 멀리까지 밀어붙인 완성과 완벽함의 의미에서만이 아니라, 또한 그것의 유한성이라는 목적을 지시한다는 의미에서도 말입니다. 예술작품은 유일하게 진정으로 유한한 것입니다. 실제로, 세계나 상황들 등과 같은 모든 다른 것들에 있어, 우리는 그것이 유한한지 무한한지 알지 못합니다. 우리는 모든 것은 무한하다는 온당한 테제를 받아들일 것이며, 단연 가장 관련성이 있는 테제는 상황들은 무한하다는 것입니다. 그러나 예술작품은 그렇지 않습니다! 뿐만 아니라, **예술은 유한을 창조하는 것입니다.** 오로지 무한만이 있고 예술작품은 무한의 생성이라는 통상의 관념은 뒤집어져야 합니다. 예술적 천재성은 참된 유한이 도래하게 하는 것입니다.

(갑자기 장내에서) 알랭 교수님, 질문 있는데요. 사람들은 습관적으로 예술작품들은 무궁무진하다고 말하잖아요. 그러니까 이런 건 무한성과 관련된 측면이 아닌 걸까요?

그렇습니다! 사람들은 예술작품의 해석에서 그것들이 무궁무진하다고 말하지요. 저는 예술작품을 이러한 해석으로 환원시키지 않을 것인데, 왜냐하면 절대적으로 그리고 본질적으로 유한한 어떤 것이 그 해석에 있어서는 완벽하게 무궁무진할 수 있기 때문입니다. 비록 유한한 것이 어떤 창조물이라 하더라도, 이 창조된 유한성의 전유가 실제로 무궁무진하다고 생각할 필요가 있습니다. 저는 예술작품의 무궁무진한 성격에서 그것의 내재적인 유한성이라는 사실과의 모순을 고려하지 않을 것입니다. 왜냐하면 평범한 상황들은 무한하고 예술만이 유한성의 제도일 경우, 예술은 이러한 사실로부터 그 전유를 통해 무한한 형상들을 취하게 될 어떤 단독적인 새로움을 생산할 것이기 때문입니다. 그러나 그것은 유한의 전유입니다. 문제를 좀 더 날카롭게 다듬어봅시다. 예술작품은 참된 유한—가장 확실하게 확인된 것, 가장 명백한 것—을 만들어낼 역량을 가진 인류에 의한 기적적인 발명으로 인식될 수 있습니다. 하지만, 만일 예술이 진리의 역량을 갖는다면, 우리는 또한 어떤 의미에서 예술이 무한에 닿게 되는지 물어야 합니다. 작품으로서의 작품이 종결된 이상, 작품이 그 자체로 하나의 진리라고 생각하는 것은 불가능합니다. 우리는 다른 적합한 단위를, 확실히 예술적 절차에서 나오며 무한한 효과적 배치를 행할 능력이 있는 어떤 다른 단위를 찾아야만 할 것입니다. 그렇다면 '작품들만이 있다'고(왜냐하면 결국 다른 어떤 것도 있지 않기 때문에) 생각하는 동시에, 그럼에도 진리의 효과의 장소, 그 사건의 실재는 있는 그대로의 작품이 아니라고 생각할 수 있을 것입니다. 만일 작품을 예술의 매듭에 대한 검증에 적합한 단위로 고수한다면, 우리는 사건과 진리를 동일시하게 될 것입니다. 이는 필연적으로 우리를 예술의 신성화라는 형상으로 되돌려놓게 됩니다. 만일 예술이 그 작품들을 통해 있는 그대로의 진리의 사건이 된다면, 각각의 작품은 진리의 사건이 될 것이고, 우리는 사실상 낭만적 도식의 변이형을 얻게 될 것입니다. 작품이 감성적인 것 속으로 내려온 절대적인 것의 하강의 사건이라면 말입니다.

그러면 개념 미술은요? (수강생의 질문이 이어진다.)

개념 미술art conceptuel 같은 단독성의 형상을 포착하기 시작하게 되면, 우리는 여러 가능성의 검토에 착수할 수 없게 될 것입니다. 엄밀한 자세를 유지하자면, 예술적 절차가 내재적인 진리의 역량을 가지며 따라서 무한의 역량을 가지지만 그럼에도 작품이 유한성의 창조물 — 필시 실존하는 단 하나가 될 — 이라고 단언하는 것이라면, 그러니까 결국에는 하나의 작품을 사건화하면서도 참된 것에 대한 육화의 형상으로 다시 떨어지지 않을 수 있다고 단언하는 것이라면, 확실히 작품 자체보다는 예술에서 생각해볼 수 있는 다른 무언가가 있을 것입니다. 그것은 확실합니다! 저는 이러한 예술에서 사유할 수 있는 다른 무언가를 '예술적 지형configuration artistique'이라 부를 것입니다. 예술적 지형은 어떤 것이 될 것인가? 그 지형은 오로지 작품들만으로 구성될 것입니다. 우리는 예술의 실재는 예술작품이라 말하는 유물론을 버리지 않을 것입니다. 예술적 지형은 필연적으로 예술의 존재에, 이를테면 작품들의 복합체에 있을 것입니다. 이 지형은 어떤 사건에 의해 시작될 것입니다. 즉 이 지형은 여러 작품들을 시퀀스로 둘러싸는 제한의 체제régime가 될 것이고, 그 기원은 사실상 어떤 사건적 단절이 될 것인데, 이 단절은 그 자체로 작품들, 즉 단독적인 작품들에서 현시되며, 그것들을 통해 회고적으로 지시될 수 있는 사건에서 이전에 알려지지 않은 새로운 지형이 시작되는 것입니다. 그 지형은 예술적 진리의 절차입니다. 그렇다면 하나의 작품은 무엇인가? 그것은 진리의 절차에 관한, 그 지형에 관한 내재적 조사enquête입니다. 작품들은 지점들 하나하나마다 형태를 만드는 절차의 굴곡선이나 또는 윤곽선을 발명해냅니다. 그 절차가 (작품들 외에) 다른 무엇으로도 이루어지지 않은 이상 말입니다. 이는 제가 지형에 대한 내재적 조사라고 부르는 것입니다. 즉 작품은 우리에게 그 지형에 속한 국지적 지점point을 그리고 동시에 사유를 부여한다는 말입니다. 바로 이런 것이 실제로 예술작품을 구성하는 것입니다. 이른바 고전적 양식의 위대한 작품을 말입니다. 그것은 그러한 예술적 지형으로서의 양식에 속한 단독적 실존을 입증하는 어떤 것이며, 동시에 그 지형이나 궤적 또는 그 장래에 관한 사유의 계기가 되는 어떤 것입니다. 다시 말해, 하나의 작품은 그 지형을 이루는 주체점point-sujet입니다. 그것은 '주체'가 진리의 절차를 이루는 하나의 미분적differentiel 지점이라는 의미에서 주체점입니다. 작품은 그 자체가 예술적 지형으로부터 무한히 생산되며, 결코 내부적으로 종결되지 않을 진리의 주체입니다. 따라서 우리에게는 시간-주체temps-sujet — 참된 것의 유한성의 계기가 되는 주체 — 가 주어지는데, 이는 예술적 진리의 유한성의 계기가 될 것이며, 예술적 진리는 그 지형 속에서 무한한 것으로서 생산되거나 펼쳐질 것입니다. 내재적 폐쇄의 조항 없이, 예술적 지형은 사건적으로 시작될 것이고, 예술작품들은 실재를 구성하게 되는 동시에 그 지형은 작품을 통해 사유될 것입니다. 즉 작품은 실재인 동시에 사유입니다. 모든 작품은 그것에 앞선 것에 관한, 길을 개척하는 것에 관한 예술적 사유 속에 자리 잡습니다. 이런 의미에서 예술작품은 예술적 지형 그 자체의 효과가 되는 사유입니다. 이러한 관점에서 볼 때, 예술은 예술로서의 진리에 대한 사유입니다. 이것이 작품의 절대적으로 애매모호한, 애매모호하면서도 이중적인 위상입니다. 그것은 예술적 지형의 실재인 동시에 그 지형에 대한 사유의 지점인 것입니다. 그러므로 예술은 작품들에 의해 사유되지만, 또한 예술로서의 사유로부터 사유됩니다. 그리고 사유와 사유의 사유가 실존하는 장소, 그것이 바로 작품인 것입니다. 그것은 어떤 의심의 여지도 없는 것입니다. 이는 작품이 어떤 외부적 진리의 보유자라는 주장을 배제합니다. 실제로 작품은 진리 그 자체에 대한 사유이며, 이런 관점에서 예술은 하나의 내재적 사유입니다. 그것은 언제까지나 이 사유의 사유에 내재적인 것입니다. 경험적으로 그 지형이 어떤 것인지에 관한 논의는 이상과 같습니다.

이에 관한 예시나 이름들이 있을까요? 니체의 말을 되풀이하자면, 그가 비극으로부터 만들어낸 것은 사실상 어떤 지형입니다. 그 지형이 여기 있으니, 그것은 바로 그리스 비극입니다! 저는 그것이 한편으로 하나의 타당한 이름이라고 생각합니다. 니체는 어쩌면 그리스 비극의 지형에 초실존sur-existence을, 어쩌면 지나친 초실존을 부여하는지도 모르겠지만, 만일 그 지형을 낭만적 매듭으로부터 완전히 분리해낸다면, 우리는 그리스 비극에서 어떤 하나의 지형을 식별해낼 수 있을 것입니다. 아이스킬로스 이래, 그의 이름을 매개로 하거나 혹은 우리의 인식을 벗어나지만 어쨌든 고유한 제한의 체계 속에서, 각각의 작품들 속에서, 그 지형에 대한 구성의 시간 속에서 펼쳐지는 어떤 다른 이름을 매개로 하는 그러한 지형을 말입니다. 그런데 각각의 작품은 사유의 시간이며, 따라서 주체점입니다. 그리고 그 지형의 주체는 아이스킬로스가 쓴 《오레스테이아》, 소포클레스의 작품들 등일 것입니다! ……여러분은 작품을 대상objets으로 만들지 않는 것이 중요함을 잘 알게 되었습니다. 관건은 대상들을 예술의 지형으로 전체화하지 않는 것입니다. 오히려, 작품들이 그 과정의 **주체들**인 이상, 그 지형이 작품들에 의해 짜이고 작품들에 의해 직조되는 것이지요.

예술적 지형이 드러내는 것은 언제나 어떤 특정한 소급작용을 통해 시작됩니다. 그 지형을 시작하는 것은 바로 사건의 진리를 구성하는 진리인 것입니다. 세르반테스의 《돈키호테》처럼, 예술적 지형이 드러내는 것은 '소설roman'이라 불리게 되며 적어도 조이스에 이르기까지 펼쳐지게 될 산문의 한 단독적인 지형의 시작이 되는 사건을 명명합니다. 실제로 그 지형은, 복합적인 주체-작품들oeuvres-sujets을 통해, 그 산문에 대한 예술적 제한—거의 무한하게 펼쳐지는 단독적 진리의 제한—으로서의 무언가를 구성하며, 여기서 각각의 작품은 유한성의 지표가 됩니다.

끝내기 전에 두 가지 이야기만 더 하도록 하겠습니다. 이러한 지형들의 이론을 안정화시키거나 발전시키는 일을 달성한다면, 우리는 네 번째 매듭을 얻게 될 것입니다. 예술과 관련하여 철학이 근본적으로 혹은 철학의 존재에 필요한 조건 아래 연결되는 것, 그것은 지형들configurations입니다. 바로 지형들인 것입니다! 모든 문제는 분명히 그 지형들이 장르가 아님을 이해하는 것입니다. 그것들은 예술의 장르도 유형도 아닙니다. 그것들은 구조적 대상성objectivité에 속하지 않습니다. 각각의 지형은 절대적으로 하나의 단독성인 것입니다. 그것은 순수예술의 미학적 교설에 의해서도 예술의 분류에 의해서도…… 지배되지 않습니다. 각각의 지형이 하나의 단독성인 것입니다. 왜 그럴까요? 각각이 하나의 고유한 진리를 펼쳐내기 때문입니다. 그리고 만일 철학이 진리들의 조건 아래 있다면, 철학은 그 예술적 지형들이라는 조건 아래 있게 될 것입니다. 그로써 이 너무나도 난해한 질문이 열리게 될 터인데, 우리 동시대인들은 모든 예술적 생산의 영역들에서 어떤 지형들에 속할까요? 예술적 지형들의 운명을 제시하는 작품들을 매개로 그 지형들은 어떻게 식별될까요? 철학이 특히 관심을 가져야 할 지형들이 있을까요?

짤막한 공지 사항이 있습니다만…… 내년에 무슨 이야기를 할지에 관해서인데, 비트겐슈타인에 관한 강의를 하게 될 것입니다. 간략하게 그 이유를 이야기하자면…… 먼저, 비트겐슈타인은 우리 시대의 두 번째로 위대한 반철학자이며, 또한 반철학이라는 동시대적 범주를 시작한 선도자이기 때문입니다. 이런 이유로 우리는 비트겐슈타인에 관해 연구하게 될 것입니다. 다음으로, 비트겐슈타인은 우리가 니체를 통해 예술의 문제에 관해 할 수 있게 된 것을 과학의 문제에 관해 할 수 있도록 할 것입니다. 우리는 비트겐슈타인의 반철학을 거쳐 과학적 절차의 문제로 들어가게 될 것인데, 이는 어느 정도는 우리가 니체의 반철학을 거쳐 예술의 문제로 들어갔던 것과 유사한 구석이 있습니다. 이런 특수한 공모 관계를 통해, 제가 이번 강좌에서 니체의 몸짓이 원정치적 행동이었으나 결국에는 우리를 예술로 이끈다고 주장했던 것처럼, 저는 비트겐슈타인의 핵심적 행위가 원元미학적archi-esthétiqu이지만 결국에는 논리와 과학의 문제에 유기적으로 연결된다고 주장할 것입니다. 우리는 주로 《논리철학 논고*Tractatus Logico-Philosophicus*》를 다루게 될 것입니다. 니체의 경우에 우리는 끝에서 출발했지만, 비트겐슈타인의 경우에 관해서는 시작에서 출발하게 될 것입니다. 대칭적인 이유에서 말입니다. 우리는 《논리철학 논고》를 하나의 예술작품으로서, 반철학의 예술작품으로서 논의할 것입니다. 예술에 대한 일종의 대각선적diagonal 관계를 통해 철학과 과학 사이의 매듭의 문제를 논하는 특정한 반철학의 작품으로서 말입니다. 저는 우리가 철학 자체의 관점에서, 또한 예술적 절차와 고전적인 논리적 절차 사이의 교차의 관점에서, 그 문제를 성공적으로 다룰 수 있기를 바랍니다.

내년의 일정에 대해서는 이상입니다! 모두 즐거운 여름방학 되세요!

감사의 말

강의 노트와 원래 오디오 테이프에서 녹취한 필사본을 제공해준 아니크 라보에게, 또한 자기만의 독창적이고 적절한 논평을 해준 다니엘 피셔에게, 그리고 우리가 강의 필사본을 활용하도록 제공해준 프랑수아 뒤베르에게 큰 감사를 전한다.

참고문헌

Bolzano, B., *Les Paradoxes de l'infini*, collection "Sources du savoir", Seuil, Paris, 1999.

Borreil, J., *L'ArtisteRoi*. Essais sur les représentations, "Bibliothèque du Collège international de philosophie", aubier, Paris, 1990.

Deguy, M., *Aux heures d'affluence, Poèmes et proses*, collection "Fiction et Cie", seuil, Paris, 1993.

Deleuze, G., *Nietzsche et la philosophie*, collection "Quadrige", PuF, Paris, 2014.

Freud, S., *L'Analyse finie et l'Analyse infinie*, sous la direction de J. laplanche, collection "Quadrige", PuF, Paris, 2012.

Heidegger, M., *Nietzsche*, tome 1, traduit de l'allemand par P. Klossowski, Gallimard, Paris, 2006.

Kofman, S., *Explosion I*. De l' "Ecce Homo" de Nietzsche, Galilée, Paris, 1992.

Nancy, J.- L., "Dei paralysis progressiva", republié dans *Une pensée finie*, Galilée, Paris, 1991.

Nietzsche., *Ainsi parlait Zarathoustra*, textes établis et traduits de l'allemand par G. Blanquis, aubier, Paris, 1954.

________, *Aurore*, traduit de l'allemand par é. Blondel, O. Hansen - Love et T. leydenbach, présentation et notes par é. Blondel, Flammarion, Paris, 2012.

________, *Le Crépuscule des idoles*. Le Cas Wagner. Nietzsche contre Wagner. L'Antéchrist, traduction, introduction et notes par H. albert, mercure de France, Paris, 1942.

________, *Le Crépuscule des idoles (fragment)*, traduit de l'allemand par é. Blondel, Hatier, Paris, 1983.

________, *Dernières lettres, hiver 1887~hiver 1889*, traduction, présentation et notes par C. Perret, rivages, Paris, 1989.

________, *Ecce Homo, Comment on devient ce que l'on est*, traduit de l'allemand par J.-C. Hémery, traduction revue, préfacée et annotée par D. Astor, collection "Folio bilingue", Gallimard, Paris, 2012.

________, *Essai d'autocritique et autres préfaces*, traduit de l'allemand par M. de Launay, seuil, Paris, 1999.

________, *Le Gai Savoir*, textes établis et traduits de l'allemand par H. Albert, mercure de France, Paris, 1921.

________, *La Naissance de la tragédie*, textes établis par G. Colli et M. Montinari, traduits de l'allemand par M. Haar, Ph. Lacoue-labarthe et J.-L. Nancy, collection "Folioessais", Gallimard, Paris, 2014.

________, *Œuvres philosophiques complètes, XIII : Fragments posthumes (automne 1887~mars 1888)*, sous la direction de G. Colli et m. montinari, traduit de l'allemand par P. Klossowski, Gallimard, Paris, 1976.

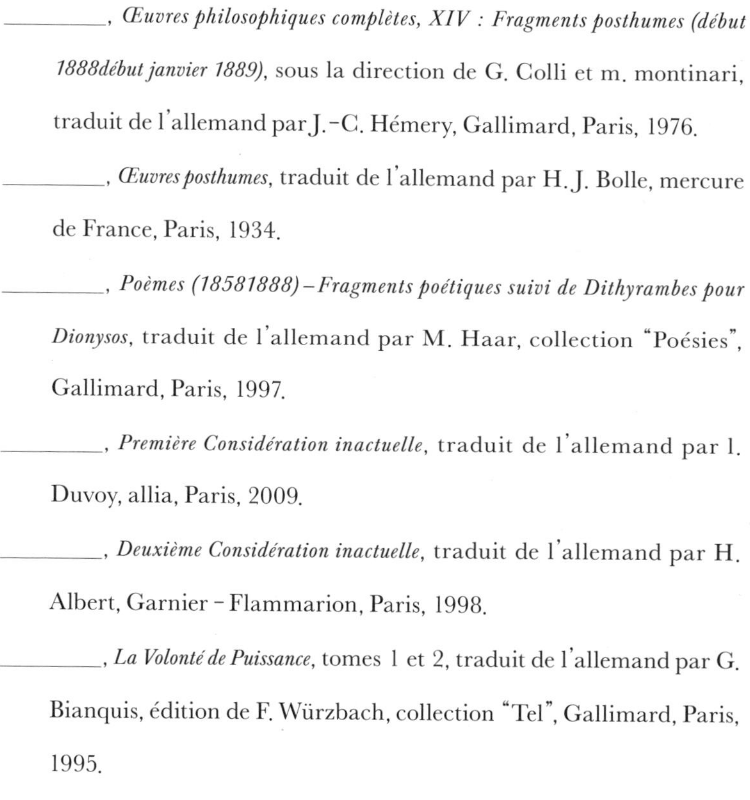

_________, *Œuvres philosophiques complètes, XIV : Fragments posthumes (début 1888début janvier 1889)*, sous la direction de G. Colli et m. montinari, traduit de l'allemand par J.-C. Hémery, Gallimard, Paris, 1976.

_________, *Œuvres posthumes*, traduit de l'allemand par H.J. Bolle, mercure de France, Paris, 1934.

_________, *Poèmes (18581888)–Fragments poétiques suivi de Dithyrambes pour Dionysos*, traduit de l'allemand par M. Haar, collection "Poésies", Gallimard, Paris, 1997.

_________, *Première Considération inactuelle*, traduit de l'allemand par l. Duvoy, allia, Paris, 2009.

_________, *Deuxième Considération inactuelle*, traduit de l'allemand par H. Albert, Garnier-Flammarion, Paris, 1998.

_________, *La Volonté de Puissance*, tomes 1 et 2, traduit de l'allemand par G. Bianquis, édition de F. Würzbach, collection "Tel", Gallimard, Paris, 1995.

Tellermann, E., *Distance de fuite, Poésie*, Flammarion, Paris, 1993.

공동 작업

Cahiers de Royaumont. Philosophie n° 6. Nietzsche, compte rendu publié sous la direction de G. Deleuze, minuit, Paris, 1966.

Le Millénaire Rimbaud, sous la direction de M. Deguy, collection "l'extrême Contemporain", Belin, Paris, 1993.

Pourquoi nous ne sommes pas nietzschéens, de A. Boyer, A. Comte-Sponville, V.

Descombes, R. Legros, Ph. Raynaud, A. Renaut avec L. Ferry et P.-A. Taguieff, collection "Biblio-essais", Le Livre de poche, Paris, 2002.

여기에 니체 세미나를 진행한 해에 부분적으로 사용했던 책들을 명기한다. 때로 번역의 몇몇 세부 내용을 바꾸긴 했으나 그런 경우는 드물어서, 내가 개입한 부분을 일일이 다 밝히진 않아도 될 것이다. 덧붙여 쿠르트 파울 얀츠가 저술한 기념비적인 니체 전기의 제3권 "자유로운 철학자의 말년, 질병*Les dernières années du libre philosophe, la maladie*"(피에르 루쉬와 미셸 발루아가 독일어를 프랑스어로 옮김, 파리: 갈리마르 출판사, 1985)을 활용했음을 밝혀둔다. (알랭 바디우)

옮긴이의 말

1

모두가 아는 것처럼, 니체는 근대 지성사 가운데 매우 중요한 인물로 자리한다. 그는 프로이트 및 마르크스와 함께 우리가 아는 근대성(20세기적 성격)을 여는 대표적인 사상가로서, '신의 죽음'을 선언하고 노예 도덕으로서의 기독교 도덕과 합리성에 기반한 서구 전통을 깨기 위해 망치를 든 철학자로 알려져 있다. 《알랭 바디우 세미나: 프리드리히 니체》는 바디우가 1992~1993년 진행했던 강의를 독자들에게 들려주는 기록이며, 반철학자들에 관한 일련의 시리즈 가운데 첫 번째 강좌다(해당 강좌들에는 비트겐슈타인, 라캉, 성 바울에 관한 강좌가 포함된다).

약간은 개인적인 이야기가 되겠지만, 이 책이 흥미로운 점은 바디우가 일반적으로 니체에 대해 취하던 비판적이고도 적대적인 태도를 접어두고 상당히 우호적인 태도를 취한다는 데 있다. 바디우는 기본적으로 니체를 반철학자로 규정하며, 니체가 보이는 철학 — 특히 플라톤 전통에 따른 철학과 바그너 음악에 대한 적대적 태도—에 상당히 비판적인 시각을 견지한다. 하지만 이 책에서 바디우가 니체에게 보내는 눈길에서는 적어도 얼마간 우호적인 태도가 감지된다. 이 강의록에 붙이는 서문에서 보듯 1990년대 프랑스의 반동적 지식인들이 함께 쓴 《우리는 왜 니체주의자가 아닌가》라는 책까지 거론하며, ('적의 적은 나의 친구'라는 상당히 상투적인 문구를 떠올리게 하는) 다소 작위적인 이유를 대면서 니체 읽기를 시작하는 정도이긴 하지만 말이다.

2

바디우는 어떤 이유로 이 중요한 철학자에게 '반철학자'라는 이름표를 붙이는 걸까? 또 그에 앞서 '반철학'이란 어떤 것인가? 일반적으로 '반철학'은 17세기에 자유사상가들 담론에 반대하여 기독교 신앙을 옹호하는 입장을 취했던 지식인들의 사상을 가리키는 말로 쓰이기 시작했다(예를 들자면, 신이 존재하거나 존재하지 않음에 상관없이 신의 존재를 믿는 것이 이익이 된다는 논리를 제시하는 파스칼의 도박). 하지만 이후 이 개념은 보다 넓은 범위에서 철학—특히 플라톤이나 아리스토텔레스로부터 내려오는 전통에 선 철학—을 비판하며 그런 입장과 반대 위치에 서는 대항적 담론 일반을 지칭하는, 약간은 모호한 의미를 갖게 된다. 바디우는 이 책에서 '반철학'의 명확한 정의를 제공하지 않지만, 니체에 관한 주해를 통해 그 개념을 구축해나가는 작업에 착수한다.

이를 위해 그는 세 가지 서로 뒤얽힌 문제들 아래 니체를 탐구한다. "이 세미나에서 제가 사용할 전략은 니체에 관한 세 가지 질문—니체 텍스트의 지위에 관한 장소적인topique 질문, 20세기가 어떤 의미에서 니체적이었는지를 묻는 역사적인 질문, 그리고 이와 함께 새롭게 싹트는 예술의 문제에 관한 유적인 질문—을 뒤얽는 것입니다." 이 과정에서 바디우가 사용하게 될 주된 텍스트는 니체의 마지막 시기라 할 수 있는 1886~1888년의 텍스트, 그리고 하이데거와 들뢰즈라는 두 중요한 철학자 각자가 제시한 니체 해석이다. 강좌 전체에 걸쳐 하이데거와 들뢰즈의 해석은 지속적으로 니체를 다시 돌아보는 데 일종의 준거로서 기능한다.

3

먼저 하이데거의 관점에서 볼 때, 니체의 철학은 일종의 사건적 성격을 갖는다. 서구 사상사의 주류를 이루며 고대 그리스로부터 내려오는 '존재' 중심의 철학적 흐름을 니체는 일종의 허무주의로 취급하고, 오래된 가치들을 '무에의 의지'가 거둔 승리라고 분석한다. 실제로 니체는 오래된 가치들을 전복함으로써, 즉 무에의 의지에 맞서는 '긍정의 정오'를 제시함으로써 허무주의를 극복하고자 한다. 그러나 하이데거의 해석에서, 이러한 사건적 새로움은 가치 평가와 전복의 힘을 획득하기 위한 '힘에의 의지'와 그 전복이 영구적으로 반복되는 '영원 회귀'에 의해 유지될 것이며, 니체의 단절 —그가 말하는 철학적 행동 — 은 형이상학과 플라톤주의에 내부적인 것으로 남게 된다. 즉 그 행동은 아무리 급진적이라 하더라도 여전히 형이상학의 폐지가 아닌 그 완료의 가장자리로 남게 된다는 것이다.

한편 들뢰즈의 니체 해석에서 중요한 것은 '비극'이다. 여기서 비극이라 함은 평가 불가능한 토대로서의 삶과 이에 계산될 수 없는 방식으로 부과되는 우연(고대 그리스적 의미에 따른 숙명)의 상호 관계를 말하는 것으로, 들뢰즈는 니체의 철학을 비극적 철학으로 규정한다. 비극적 철학이란, 삶의 가치는 평가될 수 없는 것이지만 이에 부과되는 우연을 있는 그대로 받아들이고 긍정하는 철학을 말하는 것이다. 이러한 철학은 들뢰즈가 분석에 도입하는 의미와 의미의 다수성을 통해 구성되는데, 말하자면 그러한 의미들은 가치의 유형을 나타내는 이름들인 십자가에 달린 자, 디오니소스, 아리아드네, 성 바울, 소크라테스, 바그너, 차라투스트라, 그리고 최종적으로 모든 것을 아우르는 이름인 '니체'로 구성된다. 바디우에 따르면 이러한 의미 혹은 가치의 유형으로서의 이름들로 이루어진 연결망은 전적으로 의미의 공통성 속으로 되돌려지는데, 들뢰즈의 독해는 바로 이런 점을 놓치고 있다. 즉 니체가 고유명의 모호함을 통해 그 자신의 진리 범주를 구성한다는 점을 말이다.

4

여기서 바디우의 니체 해석은 하이데거보다는 들뢰즈의 입장에 가깝다. 바디우가 보기에 하이데거의 입장은 니체 철학에 대한 헤겔화 혹은 변증법화에 가까운 것으로, 니체의 철학적 행동에서 허무주의 극복을 위한 계획을 찾아내며, 역사의 단절이 아닌 변증법적 연속성의 확보를 주장하는 것이다. 이에 반해 들뢰즈의 입장에서 제시되는 '니체'라는 고유명의 모호성은 바디우로 하여금 자신의 주요 개념들 가운데 하나인 '사건'을 소환하게 한다. 간단히 이야기하자면, 바디우 철학에서 사건은 어떠한 의미나 의도도 없이 발발하고, 그것에 이름을 붙이기 전까지는 인식되지도 않으며, 상황을 구성하는 지식의 체계에 구멍을 내어 상황 전체에 변화를 가져오는 모호한 것이다. 심지어 '니체'라는 이름을 알리는 고지자로서의 니체에게서 나타나는 그 자체의 순환성 역시 사건에 나타나는 특징 중 하나다. 그런 의미에서 '니체'는 사건의 이름이 되는 것이다.

바디우는 역사를 둘로 쪼개는 니체의 철학적 행동을 '원정치적 행위'라 지칭하는데, 여기서 원정치적이라 함은 역사의 흐름에 단절을 가져오는 정치적 혁명으로는 충분치 않다는 니체의 입장을 반영한다.✦ 말하자면 니체가 주장하는 바는 초과적·과잉적 정치이며, 새로운 정치의 기원의 구성을 의도하는 것이다. 프랑스 대혁명을 전형적인 예시로 하는 정치적 혁명이 충분히 혁명적이지 않은 까닭은, 그것이 평등이라는 원한 감정의 표징과 오래된 기독교적 찌꺼기의 영향 아래 있기 때문이다. 그러므로 원元정치는 비기독교적인 폭발물의 발견을 의도한다. 원정치적 행위는 극복하는 것, 부정에서 긍정으로 나아가는 것이며, 이러한 행위는 세계를 긍정할 가능성을, 오래된 세계의 잔해에 대해 '예'라고 말할 가능성을 만들어내는 것이다. '예'라고 말하는 긍정의 가능성은 언어 개념과 밀접하게 관련되어 있다. '예'라고 말하기에서 '긍정'과 '말하기'는 둘 다 중요하다. 니체는 이러한 원정치적 차원을 통해, 언어에서 현실에 대한 적절한 재현이 아닌 창조의 수단을 발견하는 반철학자가 된다.

바디우는 이로부터 니체를 한 사람의 '반철학자'로 판단할 수 있는 여섯 가지 근거를 제시한다. 이때 해당 근거들은 모두 철학이 '거기 있음[il y a]'을 중심으로 하거나 혹은 이에 반한다고 보는 바디우의 철학 이해(그리고 반철학 이해)와 연결된다. 바디우가 말하는 근거란 다음과 같다.◆ 첫째, 니체의 철학에서 '거기 있음'은 '삶'이며, 이 개념은 평가의 척도는 될 수 있지만 평가의 대상이 될 수는 없다. 둘째, '존재'는 '거기 있음'에 대한 부정확한 명칭이다. 즉 반反철학은 반反존재론이다. 셋째, 수학과 논리는 하나의 기호 체계로 통합되며, 수학의 본질은 논리다. 이에 따라 수학은 사유가 아니라 이해를 경유하는 하나의 문법으로서, 언어와 연결된다. 넷째, '존재'란 없으며, 오직 힘의 관계들만이 있을 뿐이다. 다섯째, 적합한 언어 즉 세계 속에 있는 대상과의 일치를 추구하는 언어란 없으며, 반철학적 행동(니체에게는 철학적 행동)의 매개는 세계와의 일치라는 언어의 이상 아래서 발견될 수 없다. 여섯째, 그러므로 사유의 매개는 강렬한 허구의 매개, 즉 예술의 매개다. 우리는 이 같은 여섯 가지 논점이 '진리 범주의 폐기'라는 작용에 속함을 관찰할 수 있다. 다시 말해 이들 논점은 모두 객

관적인 진리 혹은 전체를 아우르는 진리 따위는 없음을 보이는 것이란 얘기다.✦✦

5

이후 바디우는 바그너와 니체의 복잡미묘한 갈등 관계에 관한 이야기를 이어가며, 철학의 유구한 테마인 철학과 예술의 관계로 논의의 방향을 돌린다. 니체가 초기에 바그너와 맺었던 호혜적 관계, 또 이 관계가 마치 호러물처럼 변하게 되는 이야기는 일단 제쳐놓도록 하자. 니체가 독일 대학의 대표자라고 착각했던 바그너, 그리고 바그너의 모든 것을, 심지어 바그너의 아내까지 원했던 니체에 관한 일화

✦ 바디우는 니체의 원정치적 행위의 정치적 차원에 관한 논의를 잠시 지나가듯 제공한다. 여기서 바디우가 가져오는 것은 니체의 '국가' 비판인데,《차라투스트라는 이렇게 말했다》 인용구("국가, 그러니까 모든 차가운 괴물 중 가장 차가운 놈으로 선정되는 괴물")로 시작되는 이 대목은 국가와 인민(혹은 민족)에 근거한 주권 성립의 허구성을 지적하고 있다.

✧ 바디우가《비트겐슈타인의 반철학》에서 밝히는 '반철학'의 성격은 다음과 같다. 첫째, 진리 범주를 폐기한다. 둘째, 철학을 하나의 행위로 본다. 셋째, 이 전례 없는 행위가 철학적 행위를 파괴하며, 이와 동시에 철학의 유해한 성격을 해명한다. 바디우에 따르면 이 세 가지의 결합 작용이 바로 반철학이라는 것이다.

✦✦ 한 가지 분명히 해둘 점은 바디우가 이러한 논점들에서 '국지적인 진리' 개념을 추출해내고 있다는 것이다. 모든 것에 적용되는 항상 옳은 진리란 언제나 진리의 폭력으로 기울게 됨을 바디우는 이해하고 있으며, 바디우의 네 가지 진리 절차는 각각의 개별적인 진리를 아우르는 범주 같은 것이라 볼 수 있다. 때로 바디우는 현대 철학자란 반철학의 지형을 횡단해야 한다고 말하기도 하는데, 여기서 그 예시를 보게 된다.

는 이미 전기를 통해 잘 알려진 바이니 말이다. 바그너와 결별한 뒤 말년의 니체는 예술에서 허무주의를 극복할 가능성에 관해 성찰한다. 바디우가 보기에, 이러한 성찰에서 니체의 철학적 행동은 허무주의의 잔해로 구성된 긍정의 가능성을 창조하는 일이다. 그런데 허무주의에서 창조로 넘어가는 이 같은 이행을 가능케 하는 것은 무엇인가? 바디우는 그것은 곧 허무주의의 잔해로부터의 창조를 가능케 하는 예술이며, 예술의 두 가지 형식인 시와 춤이 니체에게 중심적인 것이라고 여긴다.

요컨대 예술은 원정치적 행위의 가능성이다. 그러나 이 행위를 달성할 수 있는 자는 누구인가? 그 예술을 지탱할 수 있을 형상에 대한 탐색에서, 니체는 우선 바그너를 발견하지만 곧 바그너가 에우리피데스 같은 인물임을, 즉 비극의 연극화 혹은 변증법화를 통해 예술의 죽음을 촉진하는 인물임을 인식하게 된다. 니체는 원정치적 행위를 지탱할 능력을 갖춘 예술을 '위대한 예술'이라 명명하며, 이 '위대한 예술'은 진정한 예술가를 필요로 한다. 그러나 진정한 예술가란 어떤 사람인가? '위대한 예술'의 담지자로서 '참된 예술가'는 비극으로서의 진리를 보는 자다. '위대한 예술가'는 허무주의를 회피할 수 있는 유일한 예술가이지만, 이런 종류의 예술가에게는 또 다른 종류의 예술가 — 아폴로 같은 예술가, 데카당스(퇴폐)로 이끄는 나타남과 환상의 인간 — 라는 반대급부가 있다. 그러므로 예술은 허무주의로부터 우리를 구할 수 있는 유일한 힘이면서도 또한 데카당스의 가능성이 되기에, 예술가란 어떤 모호한 인물상으로 남는다.

6

니체를 통해 철학과 예술의 관계는 완전히 바뀐다. 일반적으로 철학과 예술의 관계를 이야기할 때는, 예술적 감성을 이념적으로 나타내는 담론으로서의 미학을 거치게 된다. 바디우에 따르면 "미학은 예술에 대한 철학적 배치의 작업"이다. 최후의 미학으로 간주되는 헤겔 미학은 철학에 의한 예술의 지배를 의미하는 것으로, 니체는 이런 지배를 피하기 위해 '철학과 예술 사이에 미학esthétique을 통한 것이 아닌 다른 관계가 있을 수 있는가' 하는 질문 — 비미학적inesthétique 관계에 대한 질문 — 에 이른다. 바로 이런 질문에서 '미학이 아닌 것' 즉 '비미학'이라는 기묘한 말을 제목에 내건 바디우 저서가 나오게 된 것이다. 바디우는 철학과 예술의 관계를 먼저 세 가지로 구별해낸다. 첫 번째는 지도적 관계다. 여기서 예술은 내재적 진리를 만들어낼 능력이 없고 진리의 유사물을 생산하기에 철학의 감시 아래 놓이며, 이때 진리는 예술에 외부적이다. 두 번째는 낭만적 관계다. 여기서 진리는 예술에 내재적이다. 그러나 이러한 관계에서 진리를 생산할 능력은 오로지 예술에만 있다. 세 번째는 고전적 관계다. 여기서 예술은 유용하고 만족을 주는 것(혹은 즐거움을 주는 것)이며, 진리보다는 오히려 그럼직한 개연성에 초점을 맞춘다. 바디우는 이 세 가지 관계가 이미 완전히 포화되었음을 이야기한 다음, 네 번째 관계의 가능성을 이야기한다. 네 번째 관계에서 예술은 내재적인 진리를 생산할 능력을 지니며 어떤 것으로도 환원될 수 없는 진리 생산의 절차가 된다. 그렇기에 예술적 진리는 절대적으로 단독적이며, 오로지 예술적 절차에서만 주어진다. 이 관계를 통해 예술은 철학의 지배에서 벗어나 철학과 서로 동등한 관계를 정립하게 된다. 예술은 진리를 생산하고, 철학은 예술의 진리를 재현하는 상호 분업 관계를 말이다(《비미학》에서 이 관계는 '유적인' 관계 혹은 도식으로 언급된다).

7

이 책 후반부에서 비중 있게 다뤄지는 철학과 예술의 관계에 관한 논의는 상당 부분 《비미학》에서 재론된다. 특히 예술적 사유의 가벼움을 이야기하는 춤에 관한 논의가 그렇고, 앞서 언급한 철학과 예술의 네 가지 관계에 관한 논의가 그렇다. 단정적으로 말하긴 어렵겠지만, 바디우에게 남겨진 니체의 유산이 바로 이런 부분에 나타나는 것 아닐까 싶다. 그 밖에도 바디우는 니체의 텍스트를 훑어가며, 본인 사유 체계와의 공통점을 여러 대목에서 찾아낸다. 가령 차라투스트라의 노래를 가져와 이야기하는 국가 비판을 보면 바디우가 《메타정치론》에서 제시한 '국가에 대한 거리' 개념이 아른거린다. 또 바디우가 반철학의 판단 근거로 제시한 여섯 가지 논거에 관한 논의에서는, 강의가 진행될 당시 그가 《존재와 사건》의 수학적 존재론에서 《세계의 논리》의 논리적 현상학으로 이행하는 중간 단계로서 연구 중이던 위상수학이나 직관주의 논리에 관한 편린이 스치기도 한다. 어찌 보면 이 책 서문에서 '내 친구가 된 니체' 혹은 '말년의 니체'를 언급하는 이유가 여기서 발견되는 듯도 하다. 친구로서, 하지만 적으로서의 니체, 말년의 광기로 스스로를 반철학에 희생시켰던 니체를 말이다. 물론 서문 말미에서 바디우는 "빈곤하지만 결정적인 반철학의 군주prince pauvre et définitif de l'antiphilosophie"라는 타이틀을 니체에게 부여함으로써, 반철학 담론에 빠져들지 않는 철학자의 자세를 견지한다. 하지만 이 대목에서도 그저 모든 것을 잃어버린 '거지 왕자prince pauvre'가 아닌, 자신의 반철학으로 후대에 사유의 유산을 아낌없이 나눠주고 스스로 빈곤의 길을 간 '행복한 왕자' 이미지가 아른거린다면 나의 지나친 착각인 걸까.

어쨌든 철학자에게 중요한 것은 이러한 반철학이 남긴 유산 위에, 혹은 그 잔해 위에 철학이 나아갈 길을 놓는 일이다. 그런 의미에서 니체가 브라네스에게 보낸 편지 문구를 인용하며 이 글을 맺는 것이 좋겠다(이 책에서 바디우가 인용하고 있기도 하다). "당신이 나를 발견한 이후로, 나를 찾는 것은 복잡하지 않습니다. 어려운 것은 이제 나를 잃어버리는 것입니다." 바디우는 현대 철학이 반철학을 가로질러야 한다고 말하지만, 이는 달리 얘기하자면 반철학이 남긴 유산을 토대 삼아 철학 자체를 변화시켜야 한다는 의미이기도 하다. 그것이 바로 바디우가 우리에게 알려주는 반철학자 니체의 '의미'다.

2023년, 경주에서

찾아보기

알랭 바디우 세미나 목록

1983~1984	일자: 데카르트, 플라톤, 칸트
1984~1985	무한: 아리스토텔레스, 스피노자, 헤겔
1985	네 번째 학기 — 존재 1. 존재론적 형상: 파르메니데스
1986	첫 번째 학기 — 존재 2. 신학적 형상: 말브랑슈
1986~1987	존재 3. 물러남의 형상: 하이데거
1987~1988	진리와 주체
1988~1989	베케트와 말라르메
1989~1990	플라톤: 국가
1990~1991	악의 이론, 사랑의 이론
1991~1992	정치의 본질
1992~1993	반철학 1. 니체
1993~1994	반철학 2. 비트겐슈타인
1994~1995	반철학 3. 라캉
1995~1996	반철학 4. 성 바울

1996~1998	주체의 공리적 이론
1998~2001	20세기
2001~2002	현재의 이미지: 삶이란 무엇인가?
2004~2007	사유를 향하기, 실존을 향하기
2007~2010	오늘날을 위해: 플라톤을!
2010~2012	'세계를 변화시키기'란 무엇을 뜻하는가?

옮긴이 박성훈

생물학 전공자였으나 지금은 철학 및 신학 관련 책을 번역하고 있다. 알랭 바디우의《철학을 위한 두 번째 선언》,《수학 예찬》,《정치는 사유될 수 있는가》,《참된 삶》,《검은색》,《메타정치론》(공역),《비트겐슈타인의 반철학》(공역),《행복의 형이상학》, 피터 홀워드의《알랭 바디우: 진리를 향한 주체》, 올리버 펠섬의《알랭 바디우》, 테드 W. 제닝스의《무법적 정의: 바울의 메시아 정치》,《예수가 사랑한 남자》,《데리다를 읽는다/바울을 생각한다》, 지그문트 바우만의《이것은 일기가 아니다》(공역) 등을 우리말로 옮겼다.

알랭 바디우 세미나

프리드리히 니체

1판 1쇄 발행 2023년 1월 10일

지은이	알랭 바디우	옮긴이	박성훈
펴낸곳	(주)문예출판사	펴낸이	전준배
편집	박해민 백수미 이효미	디자인	최혜진
영업·마케팅	하지승	경영관리	강단아 김영순

출판등록 2004.02.12. 제 2013-000360호 (1966.12.2. 제 1-134호)
주소 04001 서울시 마포구 월드컵북로 21
전화 393-5681
팩스 393-5685
홈페이지 www.moonye.com
블로그 blog.naver.com/imoonye
페이스북 www.facebook.com/moonyepublishing
이메일 info@moonye.com
ISBN 978-89-310-2303-9 03160